GUIDE TO THE AUDITING OF

工业企业审计编审委员会◎主编

工业企业审计
[实务指南]

INDUSTRIAL ENTERPRISES

人民邮电出版社
北 京

图书在版编目（CIP）数据

工业企业审计实务指南 / 工业企业审计编审委员会
主编. -- 北京：人民邮电出版社，2021.6
ISBN 978-7-115-56046-9

Ⅰ. ①工… Ⅱ. ①工… Ⅲ. ①工业企业—审计—指南
Ⅳ. ①F239.62-62

中国版本图书馆CIP数据核字（2021）第033420号

内 容 提 要

随着企业股份制化、集团化、多元化，跨区域、跨国界经营特征越来越明显，工业企业如何对复杂经营活动进行有效的监督显得越来越重要，工业企业审计制度的建立势在必行。纵观我国工业企业的审计制度，我们可以发现当前许多工业企业在这个方面还存在很多问题，严重制约着企业的健康发展。本书旨在帮助审计从业人员提升审计技能，完善审计制度。

本书由业内多位审计专家联袂打造，在介绍审计基本概念和程序的基础上，详细阐述了工业企业审计各个环节，包括采购与付款审计，生产与存货审计，销售与收款审计，资金管理审计，固定资产审计，费用审计，建设项目审计，筹资与投资审计，税务管理审计，数据化信息系统审计，常规、专项、离任审计，舞弊审计，财务报表审计，以及经济效益审计。书中提供了大量的审计图表、流程、模板和案例，是工业企业审计人员必备工具书。

本书适合工业企业内部审计和外部审计从业人员、企业中高层管理者和高等院校相关专业师生阅读。

◆ 主　　编　工业企业审计编审委员会
　　责任编辑　贾淑艳
　　责任印制　胡　南
◆ 人民邮电出版社出版发行　　北京市丰台区成寿寺路 11 号
　　邮编 100164　电子邮件 315@ptpress.com.cn
　　网址 https://www.ptpress.com.cn
　北京虎彩文化传播有限公司印刷
◆ 开本：787×1092　1/16
　印张：26.5　　　　　　　　2021 年 6 月第 1 版
　字数：460 千字　　　　　　2025 年 3 月北京第 6 次印刷

定　价：118.00 元

读者服务热线：（010）81055656　印装质量热线：（010）81055316
反盗版热线：（010）81055315

普华审计实务工具书系列
丛书编审委员会
（按姓氏汉语拼音字母顺序排列）

程广华　胡顺淙　孙卫国　肖天君
亚　东　张　锋　紫阳

本书编审委员会

执行主编：孙卫国

副 主 编：郭天润　常智华　常海燕　杨裕华　李春凤

陈明勇　万　可　张　锋　于元春　谭竹均

张晓奋　谢波平（按撰写顺序排列）

审校人员：蔡小东　曹　萌　戴　阳　邓兰兰　黄　蓉

李　海　刘　虹　刘　杏　刘会芳　施　文

王淑梅　王轩娇　伍　伟　伍继红　肖良兰

杨杭州　周家柱　朱　燕　朱庆伟

（按姓氏汉语拼音字母顺序排列）

前　言

随着企业股份制化、集团化、多元化，跨区域、跨国界经营特征越来越明显，工业企业如何对复杂经营活动进行有效的监督显得越来越重要，工业企业审计制度的建立势在必行。纵观我国工业企业的审计制度，我们可以发现当前许多工业企业在这个方面还存在很多问题，严重制约着企业的健康发展。本书旨在帮助工业企业审计从业人员提升审计技能，完善审计制度。除此之外，工业企业审计技能也具有通用性，可以应用在批发零售业、物流仓储业等。

我们希望这本书能够成为从业人员的必备工具书。《易经》有云："取法乎上，仅得其中；取法乎中，仅得其下。"工具书的质量水准很大程度上取决于编写团队的水平。本书的编写有幸得到很多行业中坚力量和企业优秀管理者的支持和参与，他们都是行业内的佼佼者，很多人具有注册会计师、国际信息系统审计师、注册信息安全工程师等资质，同时他们也都具有多年的相关工作经历；他们有的担任副主编，执笔章节的写作，有的担任审校人员，为本书的编写建言献策。

我们力求呈现给读者一本既具有系统性又具有实操性的实务操作指南，所以每个章节的编写都尽量立足实际。本书每章都按照先总后分，先理论后实务的原则编写，写作思路是先从总体上介绍相关审计模块，然后总结审计思路，最后列举相关审计案例。本书在进行了审计概述，介绍了内部审计程序后，详细介绍了工业企业审计的主要模块，即采购与付款审计，生产与存货审计，销售与收款审计，资金管理审计，固定资产审计，费用审计，建设项目审计，筹资与投资审计，税务管理审计，数据化信息系统审计，常规、专项、离任审计，舞弊审计，财务报表审计和经济效益审计。书中列举了大量的图表、案例，读者可以拿来即用，快速提升审计技能。

本书共有 16 个章节，执行主编孙卫国负责全书篇章架构的设计，并统筹校对定稿，同时执笔第一章、第二章、第五章和第十一章。副主编郭天润负责第三章，常智华负责第四章，常海燕负责第六章，杨裕华负责第七章，李春凤负责第八章，陈明勇负责第九章，万可负责第十章，张锋负责第十二章，于元春负责第十三章，谭竹均负责第十四章，张晓奋负责第十五章，谢波平负责第十六章。

感谢加入编委会的其他成员，他们是周家柱、曹萌、朱庆伟、杨杭州、刘会芳、邓兰兰、蔡小东、李海、朱燕、刘杏、戴阳、刘虹、王轩娇、施文、黄蓉、伍继红、肖良兰、伍伟、王淑梅。

你即将展开阅读的这本书，或许会带给你极大的惊喜。它的价值在于你我的亲身参与和对之的全部好奇。马尔克斯语："文字有一个极大的好处，它是水平和无限的，它永远不会到达某个地方，但是有时候，会经过朋友们的心灵。"

本书在编写过程中参阅了部分著作和文献，在此谨向各位作者表示诚挚的谢意！

由于我们的学术水平和能力有限，本书难免有不足之处，恳请读者批评指正，以利我们未来完善。

目 录

第一章

审计概述

随着我国经济建设的发展，企业发展日新月异，很多企业所有权和管理权相分离，社会对审计监督越来越重视，除了审计署及其下属的审计机关对政府的财政收支或者国有金融机构和国有企事业组织财务收支进行审计外，越来越多的专业人员加入社会审计和企业内部审计中来，审计的队伍在壮大，审计岗位的社会需求也越来越多。

对于政府审计以外的审计，我们根据目前的整体环境，将其分类为内部审计、社会审计、管理会计三个方面进行讲解。其中，社会审计主要涉及内部控制审计和财务报表审计，本章简要表述内部控制审计，财务报表审计将在第十五章详尽表述。另外，严格来说，管理会计并不属于独立的审计分项，但作为当下火热的涉及审计学的项目，我们将其列为一个单项。

当然，审计实务操作中还有很多细项审计分类，如税务师事务所出具的企业所得税汇算清缴鉴证报告、会计师事务所出具的高新技术企业专项审计报告、工程造价咨询事务所出具的工程建设管理专项审计报告等，在这里就不一一赘述。

第一节　内部审计

一、内部审计概述

审计是一种独立的经济监督、评价和鉴证活动。

审计是由专职机构或人员接受委托或授权，以被审计单位的经济活动为对象，对被审计单位在一定时期的全部或部分经济活动的有关资料，按照一定标准进行审核检查，收集和整理证据，以判明有关资料的合法性、公允性、一贯性和经济活动的合规性、效益性，并出具审计报告的监督、评价和鉴证活动。

内部审计是组织内部的一种独立客观的监督和评价活动，它通过审查和评价经营活动及内部控制的适当性、合法性和有效性来促进组织目标的实现。

通俗地说，内部审计就是企业规模达到一定程度，企业所有者对内部管理已无法亲力亲为，或企业所有权和管理权已经分离，企业的日常管理通过职业经理人机制来进行，通过设立内部审计机构对内部管理人或职业经理人进行监督和制约的一种方式；当然也存在企业的高层管理者通过设立内部审计机构辅助完善企业内部管理的情况。

IIA（Institute of Internal Auditors，国际内部审计师协会）关于内部审计的定义：内部审计是一种独立、客观的确认和咨询活动，旨在增加价值和改善组织的运营。它通过应用系统、规范的方法，评价并改善风险管理、控制和治理过程的效果，帮助组织实现目标。

目前，国内设立内部审计岗位的，一般都是规模以上的大中型企业或者上市公司；

也存在一些小型企业为完善内部管理而设立审计岗，但并不一定能够保证持续性和稳定性，企业对岗位的设置只是为了短期需要，并没有长远规划。所以小型企业的内部审计需求，最好通过管理咨询公司来完成；审计从业人员在面对这种岗位需求时，也要结合自身情况慎重选择。

二、审计的独立性

独立性是审计的本质特征，也是审计区别于其他管理活动的独特之处，它表现在组织机构、业务工作、经济来源和人员上的独立等。

组织机构的独立，是审计工作独立性的基本保障。

业务工作的独立，是指审计工作不能受任何部门、单位和个人干扰，审计人员要保持形式和实质上的独立，对被审查事项做出评价和鉴定。

经济来源的独立，是审计工作保持独立性的物质基础。

人员上的独立，要求审计人员与被审计单位不存在经济利害关系，不参与被审计单位的行政或者经营管理活动。

审计人员要不要参与到企业的具体运营事项中？如果实质参与具体经营事项，审计人员在审计相应经营项目时，就可能会出现自己审计自己的尴尬。

有的企业会要求审计人员参与具体经营，为具体经营把关或为审计问题的改善提建议，如果不参与，则有可能影响工作稳定——这就是一个"要面包还是要独立"的问题。

审计具有专业性，但审计工作者对企业整体运营情况不一定透彻了解，所以建议审计人员提出建设性问题解决方案，但不要在经营决策中贸然充当重要参与者。在实际工作中，从业人员需要结合自身所处的审计环境，灵活变通，适当处理。

在实践案例中，也有审计部门和人员因为工作得到企业治理层肯定，获得了部分运营项目的直接机会。这是治理层的授权操作，其评判监督直接上升到治理层，而对于这样是否会影响独立性的考量，本书暂不展开讨论。

三、内部审计的部门设置

对于内部审计机构的设置，根据其所隶属企业的领导层次的不同可分为以下几种体制：

（1）董事会领导体制；

（2）监事会或审计委员会领导体制；

（3）总经理领导体制；

（4）财务副总经理领导体制。

内部审计机构在本单位主要负责人或者权力机构的领导下开展工作。

审计机构如果是在董事会、监事会或审计委员会的领导下开展工作，那么独立性和威慑性要强一些；在其他体制下，独立性可能会受限，如财务总监领导体制，如果审计人员检查出财务核算问题（纳税申报缴税差错、税务筹划偏差、财务管理漏洞等），财务总监可能会要求内部协调或是暂时放置某些事项，这时候审计人员是否要反映问题就要看具体审计环境了。

CIA（Certified Internal Auditor，国际注册内部审计师）有一些对审计沟通的技巧表述，"首席审计官一定要与董事会或是审计委员会充分沟通，让他们充分认识到审计的重要性"。审计重在改善企业经营管理，增加价值；如果未摸清审计环境或是应对不当，"出师未捷身先死"，那么即使你才华横溢，一旦失去施展的平台也只能是"长使英雄泪满襟"。

一般上市公司的审计部，名义上级是上市公司审计委员会。我国《上市公司治理准则》中提出的审计委员会的主要职责包括：

（1）监督及评估外部审计工作，提议聘请或者更换外部审计机构；

（2）监督及评估内部审计工作，负责内部审计与外部审计的协调；

（3）审核公司的财务信息及其披露；

（4）监督及评估公司的内部控制；

（5）负责法律法规、公司章程和董事会授权的其他事项。

四、内部审计机构的职责

（1）对本单位及所属单位贯彻落实国家重大政策措施情况进行审计。

（2）对本单位及所属单位发展规划、战略决策、重大措施以及年度业务计划执行情况进行审计。

（3）对本单位及所属单位财政财务收支进行审计。

（4）对本单位及所属单位固定资产投资项目进行审计。

（5）对本单位及所属单位的自然资源资产管理和生态环境保护责任的履行情况进行审计。

（6）对本单位及所属单位的境外机构、境外资产和境外经济活动进行审计。

（7）对本单位及所属单位经济管理和效益情况进行审计。

（8）对本单位及所属单位内部控制及风险管理情况进行审计。

（9）对本单位内部管理的领导人员履行经济责任情况进行审计。

（10）协助本单位主要负责人督促落实审计发现问题的整改工作。

（11）对本单位所属单位的内部审计工作进行指导、监督和管理。

（12）国家有关规定和本单位要求办理的其他事项。

五、内部审计机构的权限

（1）要求被审计单位按时报送发展规划、战略决策、重大措施、内部控制、风险管理、财政财务收支等有关资料（含相关电子数据，下同），以及必要的计算机技术文档。

（2）参加单位有关会议，召开与审计事项有关的会议。

（3）参与研究制定有关的规章制度，提出制定内部审计规章制度的建议。

（4）检查有关财政财务收支、经济活动、内部控制、风险管理的资料、文件并现场勘察实物。

（5）检查有关计算机系统及其电子数据和资料。

（6）就审计事项中的有关问题，向有关单位和个人开展调查和询问，取得相关证明材料。

（7）对正在进行的严重违法违规、严重损失浪费行为及时向单位主要负责人报告，经同意作出临时制止决定。

（8）对可能转移、隐匿、篡改、毁弃会计凭证、会计账簿、会计报表以及与经济活动有关的资料，经批准，有权予以暂时封存。

（9）提出纠正、处理违法违规行为的意见和改进管理、提高绩效的建议。

（10）对违法违规和造成损失浪费的被审计单位和人员，给予通报批评或者提出追究责任的建议。

（11）对严格遵守财经法规、经济效益显著、贡献突出的被审计单位和个人，可以向单位党组织、董事会（或者主要负责人）提出表彰建议。

六、我国内部审计准则概述

国内的内部审计准则体系由中国内部审计协会制定，协会下设准则委员会负责内部审计准则的起草、修改和论证工作。

2005年以来，中国内部审计协会发布了5项《内部审计实务指南》，分别是《内部审计实务指南第1号——建设项目内部审计》《内部审计实务指南第2号——物资采购审计》《内部审计实务指南第3号——审计报告》《内部审计实务指南第4号——高校内部审计》《内部审计实务指南第5号——企业内部经济责任审计指南》。

2013年8月20日，中国内部审计协会以公告形式发布了新修订的《中国内部审计准则》，公告显示：为了适应内部审计的最新发展，更好地发挥内部审计准则在规范内部审计行为、提升内部审计质量方面的作用，中国内部审计协会对2003年以来发布的内部审计准则进行了全面、系统的修订。经中国内部审计协会第六届常务理事会审议通过，现予发布，自 2014 年 1 月 1 日起施行。现行的《内部审计基本准则》《内部审计人员职业道德规范》以及 1 ~ 29 号具体准则同时废止。公告准则包括内部审计基本准则、内部审计具体准则（20 项）、职业道德规范三个部分。

2016 年 2 月 20 日发布了两个补充具体准则《内部审计具体准则——经济责任审计》《内部审计具体准则——审计档案工作》；2019 年 5 月 6 日补充发布了具体准则《内部审计具体准则——内部审计业务外包管理》。

2019 年 12 月 26 日中国内部审计协会发布组织修订的《第 3101 号内部审计实务指南——审计报告》，自 2020 年 1 月 1 日起施行。2009 年 1 月 1 日起施行的《内部审计实务指南第 3 号——审计报告》同时废止。

中国内部审计协会制定的准则体系遵循《中华人民共和国审计法》及其实施条例，以及其他有关法律、法规和规章。2018 年 1 月 12 日审计署公布《审计署关于内部审计工作的规定》，自 2018 年 3 月 1 日起施行。

七、国际内部审计组织及其工具

国际内部审计师协会（IIA）是世界范围的内部审计师组织。该协会于 1941 年在美国纽约成立，在联合国经济和社会开发署享有顾问地位，是最高审计机关国际组织的常任观察员，是国际政府财政管理委员会、国际会计师联合会的团体会员。截至 2019 年 4 月，共有 170 多个国家和地区加入该组织，会员人数超过 20 万人。

《国际内部审计专业实务框架》（IPPF，以下简称《框架》）是 IIA 发布的权威标准的概念性框架。该《框架》是内部审计师了解和学习最新国际内部审计标准的权威工具书，也是社会各界人士了解和认识内部审计职业的权威读物。《框架》自 2009 年第一次发布以来，根据 IIA 建立的持续审核机制，按每三年一次的频率，对标准体系进行适时调整或更新。最新的《框架》由三个部分构成：内部审计的使命、强制性指南和推荐性指南。

八、内部审计人员资质考试

很多企业内部审计人员毕业于财经类专业，也有部分人员毕业于工程管理类专业。内部审计人员可以参与的资质考试列举如下。

职称类：高级会计师、高级审计师、税务师、造价师、建造师、资产评估师、中级会计师、中级审计师、管理会计师等。

注册类：注册会计师、国家司法考试、注册信息安全专业人员（CISP）等。

学历教育类：会计硕士、审计硕士、金融硕士、工商管理硕士等，以及经济学类博士、博士后。

证书类：ACCA（特许公认会计师公会会计师）、CIA（国际注册内部审计师）、CCSA（国际注册内部控制自我评估资格证书）、CISA（国际信息系统审计师）、CRMA（国际注册风险管理确认师）、CMA（美国注册管理会计师）、CFA（美国特许金融分析师）等。审计从业人员可以根据自己的能力和需要，选择性考取相关的证书。

九、内部审计获证的方法

根据《内部审计具体准则第 3 号——审计证据》的说明，内部审计人员可以采用包括审核、观察、监盘、询问、函证、计算、分析性复核七种方法获取审计证据。

1.审核

审核是指内审人员对企业内部或外部生成的，以纸质、电子或其他介质形式存在的记录或文件进行审查。审核这些记录或文件的目的是获取审计证据，验证审计结论。

审核可以是检查原始凭证，看其是否有涂改、伪造痕迹等；审核也可以是检查、审阅和复核书面资料，看其是否按内部控制程序的要求，进行连续编号、经由各级职权人员签字审批确认等；审核还可以是将原始凭证与记账凭证核对，总分类账与明细分类账核对，银行日记账与银行对账单核对，以及对报表数据的核对等。

通过审核，内审人员可以对各种有效证据进行查对，例如，机动车行驶证、土地所有权证、不动产权证、中标批文、合同文本等，内审人员对其进行审核后取得的审计证据具有较高的可靠性。审核是较常见、较有效的审计方法之一。

案例一

审计人员在查对被审计单位的权利证件时，发现被审计单位提供的机动车行驶证复印件上列示的所有人并非固定资产所有人（即被审计单位），经过追查审计，最终发现被审计单位私自变卖企业资产、所得款项未入企业账户的事实。

2.观察

观察是指内审人员对企业的经营场所、实物资产和有关业务活动及内部控制的执行情况等进行实地查看，以取得审计证据的方法。

通过观察获取审计证据是一门很深的学问，它需要审计人员具备严谨的思维和丰富的审计经验，同时了解审计项目的所有细节。

观察还要注意方式和方法。相关人员察觉到自己在被观察时，其从事活动或执行程序的方式可能会与日常做法有所差异，这就不利于审计人员取得真实、有效的证据。

在实际内审工作中，观察一般会与询问等取证方法结合起来实施。在观察具体经济活动的同时，审计人员可以询问被审计人员或业务活动的执行人员，以便获得更多有效的审计证据。

通过观察，内审人员可以发现企业的业务活动和内部控制制度的实际执行效果，通过观察得到线索，找到其薄弱环节，并追踪审计，于细微之处直观地获得审计证据。

案例二

某集团审计部审计人员在一次对集团下属公司的审计中，观察到在公司材料收货量方时，收货人员使用的计量工具即伸缩杆尺的连接锁扣缺失，这就给收货人员操纵收货数量留下空间。针对这个情况，审计人员在审计报告中提出了质疑。之后在进行二次过磅称量核对时发现材料缺失价值几十万元，从而验证了这个质疑。

3. 监盘

监盘是被审计单位在盘点各种实物资产、现金、票据、有价证券等时，内审人员现场监督并进行适当抽查而取得审计证据的方法。

通过监盘，内审人员能获得第一手的实物证据，确认企业的有形资产是否确实存在。但要验证存在的资产是否确实为企业所有，仅仅靠监盘取得实物证据是不够的。所以，在实际审计时，监盘还常与审核、函证等审计方法结合起来运用。

监盘也是评价资产状况和质量的一种有效方法。例如，对于一些存在保质期的货物，在监盘过程中，我们可以将监盘与观察相结合，查看存货是否按先进先出法发出，是否因超额采购产生不当存货，是否有临期存货，是否有保管不当已毁损或是已过期未处理存货。

案例三

资本市场有一家有趣的公司——獐子岛，该公司从事海水养殖和海洋食品加工开发业务，拥有自己的海洋和淡水牧场。2014 年 10 月 31 日，公司发布公告称，受北黄海冷水团异常变化的影响，部分海域底播虾夷扇贝发生重大损失，决定对大额存货进行核销处理及计提大额存货跌价准备，合计影响净利润 7.63 亿元。信息披露后，市场出现大量质疑，集中反映獐子岛涉嫌三年前虾夷扇贝底播苗种造假、大股东违规占用资金等问题。

其中一个值得反思的问题就是会计师事务所审计人员的监盘程序实施不到位。2014 年 10 月 18 日、20 日、25 日，獐子岛的财务人员和船上作业人员对 2011 年、2012 年的底播虾夷扇贝的部分海域进行盘点，大华会计师事务所的审计人员负责监盘，盘点方式为拖网船进行选点抽样盘点。审计人员仅用 3 天时间就完成了对 2012 年底播虾夷扇贝的 0.25% 以及 2013 年底播虾夷扇贝的 0.25% 的海域面积的监盘。

在如此紧张的时间内对这么大的海域面积完成了监盘，并据此推出整体海域虾夷扇贝的存货存量结果，其审计工作的可靠性与真实性难以令大众信服。监盘结果显示，在对底播虾夷扇贝进行监盘时，并无专家组参与，如此庞大且特殊的生物资产存货监盘项目只靠审计人员这样的非生物资产研究者进行预估并对资产减值情况进行判断，获得的审计证据证明力较弱。

无独有偶，2018年1月31日，獐子岛发布重大事项停牌公告：根据《企业会计准则》关于年度终了的存货盘点规定及公司相关制度，公司正在进行底播虾夷扇贝的年末存量盘点，大华会计师事务所同步实施监盘。目前发现部分海域的底播虾夷扇贝存货异常。根据《企业会计准则》的相关规定，可能对部分海域的底播虾夷扇贝存货计提跌价准备或核销处理，相关金额将全部计入2017年度，预计可能导致公司2017年度全年亏损。2018年2月10日，獐子岛发布公告称公司及高管人员收到了大连证监局行政监管措施决定书。

2018年3月10日，獐子岛公告称公司因涉嫌信息披露违法违规，目前正在被中国证券监督管理委员会立案调查，如公司存在重大违法行为，公司股票可能被深圳证券交易所实施退市风险警示并暂停上市，请广大投资者注意投资风险。因公司涉嫌信息披露违法违规，根据《中华人民共和国证券法》的有关规定，中国证监会决定对公司立案调查。公司已于2018年2月10日在指定信息披露媒体上披露了《关于公司收到中国证监会立案调查通知的公告》。

大华会计师事务所对獐子岛公司2017年年报审计出具了保留意见的审计报告，对公司内部控制审计出具了否定意见的内部控制鉴证报告。

2019年7月11日，獐子岛发布《关于收到中国证券监督管理委员会行政处罚及市场禁入事先告知书的公告》。证监会调查说明：一、獐子岛涉嫌财务造假，内部控制存在重大缺陷，其披露的2016年年度报告、2017年年度报告、《关于底播虾夷扇贝2017年终盘点情况的公告》和《关于核销资产及计提存货跌价准备的公告》涉嫌虚假记载；二、獐子岛披露的《关于2017年秋季底播虾夷扇贝抽测结果的公告》涉嫌虚假记载。

2019年11月15日，獐子岛公告：因底播虾夷扇贝死亡，预计核销存货成本及计提存货跌价准备合计金额27 768.22万元，约占截至2019年10月末上述底播虾夷扇贝账面价值30 690.86万元的90%，对公司2019年经营业绩构成重大影响。有网友评论道："你可以骗我一次两次，但别一次又一次考验我的智商。"

2019年12月14日，獐子岛公告，公司七届董事会第八次会议审议通过《关于聘用亚太（集团）会计师事务所（特殊普通合伙）为公司2019年度审计机构的议案》。与獐子岛合作8年之久的大华会计师事务所与其分道扬镳。后续还有较多关于獐子岛的事项，这里就不再展开了。

4. 询问

询问是内审人员利用手中已掌握的部分资料、证言、证据以及其他线索，对被审计部门当事人、证人及其他相关人员当面进行口头询问，以便进一步了解和核实有关情况，查清事实，获取新的证据和线索的审计方法。

询问取证的审计方法贯穿于审计全过程。虽然在一般情况下，除非相关人员主动举报，询问本身不足以发现重大舞弊行为，询问取得的证据也不足以直接形成某项审计结论，但由于询问可以直接获得大量信息，尤其是通过分别询问不同知情人，比较分析他们对同一事实描述的异同，可以为还原事实真相提供审计方向，所以在内部审计工作中，询问被用到的频率非常高。

案例四

在舞弊审计过程中，也有通过询问直接固定审计证据的范例。在某审计人员询问疑点供应商的过程中，供应商发现自己被怀疑，为能继续保持和单位的业务往来关系，其坦白交代了贿赂企业业务联系人员的事实，双方签订谅解书进行确认。审计人员根据疑点供应商提供的款项往来证据，直接确定了内部人员受贿的事实。

5. 函证

函证是指内审人员为了获取某些重要项目客观事实的证据，通过直接向有关第三方发函了解情况和取得证据的一种审计方法。

在实际审计工作中，通常可能会使用函证的审计事项包括对应收账款和其他应收款等债权类项目的审计，对应付账款和其他应付款等债务类项目的审计，对银行存款、有价证券及重大投资项目等事项的审计等。

函证所获得的审计证据由于得到了外部第三方的确认，其可靠性较高。因此，函证是受到高度重视的常用审计方法。

案例五

某快餐连锁集团公司出纳利用职务之便侵占企业账户资金1 000多万元，为逃避监管，其作案手法不断升级：通过软件制作打印虚假银行对账单躲避财务核对；通过替换会计师事务所交由其转银行的银行询证函第1页期末余额项躲避外部审计；在会计师事务所升级为询证函直接邮寄银行时，以经常与银行往来而人员熟络的便利，编造理由拿到快递件篡改数据。这里至少有两方面值得思考：第一，在日益电子化的今天，如果企业以网银办理业务，将操作端与审核端分人操作，是否可以规避此类风险？第二，会计师事务所邮寄银行询证函，在分页侧加盖骑缝章，回寄时进行核对，是否可见端倪？

6. 计算

计算是指内审人员以人工方式或使用计算机辅助审计技术，对记录或文件数据的准确性进行核对，所以计算又可以称为**重新计算**。

审计实践涉及计算的范围非常广泛。内审人员可能需要计算某一月份、某一产品的销售总额是否正确，对某一月份的纳税申报情况进行复核检查，也可能需要加总核对日记账和明细账，或对固定资产折旧费的计算过程和结果进行检查等。在计算确认审计证据时，如果发现确实有计算错误，应先分析出现差错的原因，然后再分别处理。

7. 分析性复核

分析性复核是指内审人员通过分析和比较信息之间的关系或计算相关的比率，确定审计重点、获取审计证据和支持审计结论的一种审计方法。

为了确定审计重点，提高工作效率，保证审计质量和控制审计风险，分析性复核的审计方法应贯穿整个审计过程。但是，不同审计阶段的作用和侧重点各有差异。

审计初期阶段：分析性复核倾向确定审计重点，帮助编制审计计划和审计方案。

审计实施阶段：分析性复核的目的主要是对经济活动和内部控制进行测试，以获取审计证据，提高工作效率和保证审计质量。

审计完成阶段：分析性复核的作用主要是验证其他审计程序所得出结论的合理性，以保证审计质量和评估审计风险等。

根据《内部审计具体准则第 15 号——分析性复核》文件的要求，内部审计人员执行分析性复核发现意外差异时，应采用以下方法对其进行调查和评价：

（1）询问管理层获取其解释和答复；

（2）实施必要的审计程序，确认管理层解释和答复的合理性与可靠性；

（3）如果管理层没有作出恰当的解释，应扩大审计测试，执行其他审计程序，作进一步的审查，以便得出结论。

十、内部审计人员的未来发展

内部审计人员的初始职务是内审专员或是学员，进阶职务是审计主管、审计经理、审计总监、总经理、集团高管层等。当然，从行业发展现状来说，大部分从业者的发展方向是审计经理、审计总监或是审计部门负责人。

由于内部审计与财务专业的相通性，也存在审计人员与财务人员之间进阶的穿插，审计主管可能晋升为财务经理、审计经理可能晋升财务总监等。

由于现代企业的发展，内部审计由风险导向审计向管理审计转变，审计人员越来越多地参与企业经营各流程的内部管理审计，从而也积累了企业内部管理专业知识，一部分审计人员可能会跨专业到其他职能部门任职晋升。

　　审计进阶职位还要看所在集团人力资源的组织框架，例如，部分集团公司总部不设经理岗，那么审计的进阶路径是：审计专员、审计主管、审计主任……要具体公司具体分析，每个公司都会略有不同。

　　内审人员应当通过不断学习增加知识、提高技能，增强其他能力，从而为自己的进阶之路储备力量。"工欲善其事，必先利其器"，只有不断增加自身的知识储备，才能在机会来临时快速抓住。

　　（1）内审人员有责任继续接受教育，维持其专业水平，不断了解内部审计标准、程序和技术等方面的改善和最新发展。内审人员可以通过参加专业协会、会议、研讨会、大学课程、单位内部培训项目等途径获得继续教育。

　　（2）鼓励内审人员获得恰当的专业资格证书，如注册会计师、国际注册内部审计师、税务师、高级审计师、高级会计师、会计师、审计师、资产评估师等，用来展示其专业技能水平。

　　（3）拥有专业资格证书的内审人员应该获得充分的专业继续教育，以满足与所持专业资格证书相关的要求。

　　（4）鼓励目前尚未拥有专业资格证书的内审人员积极学习，考取适合自身和企业发展的技能证书。

第二节　内部控制审计

一、内部控制审计概述

　　2008年6月28日，财政部、证监会、审计署、银监会、保监会在北京联合召开企业内部控制基本规范发布会暨首届企业内部控制高层论坛。会议发布了《企业内部控制基本规范》（以下简称基本规范），就贯彻实施基本规范做出了部署，并就加强企业内部控制进行了深入研讨和经验交流。

　　2010年4月26日，财政部、证监会、审计署、银监会、保监会等五部委联合发布了《企业内部控制配套指引》。该配套指引包括《企业内部控制应用指引》（1~18号）、《企业内部控制评价指引》和《企业内部控制审计指引》。这些指引连同此前发布的《企业内部控制基本规范》，标志着适应我国企业实际情况、融合国际先进经验的中国企业内部控制规范体系基本建成。

　　为确保企业内控规范体系平稳顺利实施，财政部等五部门制定了实施时间表：2011年1月1日起首先在境内外同时上市的公司施行，2012年1月1日起扩大到在上海证券交易所、深圳证券交易所主板上市的公司施行；在此基础上，择机在中小板和创业板上市公司施行；同时，鼓励非上市大中型企业提前执行。

这一套控制规范被称为中国的《萨班斯法案》，自正式实施之日起，执行企业内控规范体系的企业，必须对本企业内部控制的有效性进行自我评价，披露年度自我评价报告，同时聘请具有证券期货业务资格的会计师事务所对其财务报告内部控制的有效性进行审计，出具审计报告。注册会计师发现在内部控制审计过程中注意到的企业非财务报告内部控制重大缺陷，应当提示投资者、债权人和其他利益相关者关注。

我们先回顾一下《萨班斯法案》的颁布历程。2002 年，由于安然公司等大型企业的财务丑闻"彻底打击了美国投资者对美国资本市场的信心"，美国通过了《萨班斯法案》（又名《公众公司会计改革与投资者保护法案》），该法案的主要内容包括：设立独立的上市公司会计监管委员会，负责监管执行上市公司审计的会计师事务所；特别加强执行审计的会计师事务所的独立性；特别强化公司治理结构并明确了公司的财务报告责任及大幅增强了公司的财务披露义务；大幅加重了对公司管理层违法行为的处罚措施；增加经费拨款，强化美国证券交易委员会（SEC）的预算以及职能。

我国五部委发布的企业内部控制规范体系，从规章制度的层面要求上市公司建立企业的内部控制规范，并接受会计师事务所的审计。这套规范一方面推动了企业内部治理的完善，建立健全了现代企业制度；另一方面也增加了会计师事务所的业务项目，使内部控制审计蓬勃发展起来。

内部控制是由企业董事会、监事会、经理层和全体员工实施的，旨在实现控制目标的过程。内部控制的目标是合理保证企业经营管理合法合规、资产安全、财务报告及相关信息真实完整，提高经营效率和效果，促进企业实现发展战略。

内部控制审计是通过对被审计单位的内控制度的审查、分析测试、评价，确定其可信程度，从而对内部控制是否有效做出鉴定的一种现代审计方法。内部控制审计是内部控制的再控制，它是企业改善经营管理、提高经济效益的自我需要。

通常，我们表述的内部控制审计是指会计师事务所接受委托，对特定基准日内部控制设计与运行的有效性进行审计。建立健全和有效实施内部控制，评价内部控制的有效性是企业董事会的责任。在实施审计工作的基础上对内部控制的有效性发表审计意见是注册会计师的责任。

注册会计师执行内部控制审计工作，应当获取充分、适当的证据，为发表内部控制审计意见提供合理保证。注册会计师应当对财务报告内部控制的有效性发表审计意见，并对内部控制审计过程中注意到的非财务报告内部控制的重大缺陷，在内部控制审计报告中增加"非财务报告内部控制重大缺陷描述段"予以披露。

注册会计师可以单独进行内部控制审计，也可将内部控制审计与财务报表审计整合进行（以下简称整合审计）。在整合审计中，注册会计师应当对内部控制设计与运行的有效性进行测试，以同时实现下列目标：

（1）获取充分、适当的证据，支持其在内部控制审计中对内部控制有效性发表的意见；

（2）获取充分、适当的证据，支持其在财务报表审计中对控制风险的评估结果。

一些大型企业或集团公司，在公司内部设立内控部门，负责公司内部控制体系架构的设立和内部控制制度的实施。在具体实施过程中可能会要求内部审计人员参与其中。内控制度体系关键控制点和内部审计需着重关注部分通常存在很多相通之处，所以内审人员如果对内部控制体系十分了解，将会对内部审计工作大有助益。

二、COSO 框架

内部控制审计是对企业的内部控制体系进行审计，而我们看到，很多企业如中国石化、中国移动等，在早期制定企业内部控制手册时，均表述遵循了 COSO（The Committee of Sponsoring Organizations of the Treadway Commission，美国反虚假财务报告委员会下属的发起人委员会）框架。COSO 框架主要由两部分构成：COSO 内部控制框架、COSO 企业风险管理框架。

1.COSO 内部控制——整体框架

美国反虚假财务报告委员会于 1987 年签署了报告，号召研究并制定一个统一的内部控制框架。1992 年 9 月，COSO 委员会提出了报告《内部控制——整体框架》（1994 年进行了增补），即 COSO 内部控制框架。COSO 内部控制框架被广泛地选作构建和完善内部控制体系的标准，这是因为：虽然 COSO 内部控制框架并非唯一的内部控制框架，但却是美国证券交易委员会唯一推荐使用的内部控制框架，《萨班斯法案》第 404 条款的"最终细则"也明确表明，COSO 内部控制框架可以作为评估公司内部控制的标准。

COSO 内部控制框架提出五个互相关联的组成要素，根据公司的规模和结构，公司可采用不同的方式来实施这些组成要素，但是所有公司都必须涉及这五个组成要素。因此，在对内部控制进行评估时，管理层必须考虑以下每个组成要素。

控制环境。控制环境是内部控制体系的基础，是有效实施内部控制的保障，直接影响着公司内部控制的贯彻执行、公司经营目标及整体战略目标的实现。控制环境反映了公司的总体态度，是内部控制其他组成要素的基础。控制环境包括职业道德、员工的胜任能力、管理理念和经营风格、组织结构、权利和责任的分配、人力资源政策与措施、董事会与审计委员会，以及反舞弊等内容。

风险评估。风险评估是识别及分析影响公司目标实现的风险的过程，是风险管理的基础。在风险评估中，应识别和分析对实现目标具有阻碍作用的风险。

控制活动。控制活动是确保管理层的指令得到贯彻执行的必要措施，存在于整个机构内所有级别和职能部门，包括批准、授权、查证、核对、经营业绩评价、资产保全措施和职责分工等活动。

信息与沟通。信息与沟通指公司经营管理所需的信息被识别、获得并以一定形式及时地传递，以便员工履行职责。信息不仅包括内部产生的信息，还包括与公司经营决策和对外报告相关的外部信息。畅通的沟通渠道和机制使公司员工能及时取得他们在执行、管理和控制公司经营过程中所需的信息，并交换这些信息。

监督。监督是对内部控制体系有效性进行评估的持续过程，包括持续监督、独立评估和缺陷报告等。

2.COSO 企业风险管理——整体框架

2004 年 9 月，COSO 委员会发布《企业风险管理整体框架》，在内部控制的基础上，扩展、提供了一个更强有力的框架，更广泛地专注企业的全面风险管理。该框架的提出目的并不是取代内控框架，而是将内控框架与风险管理融为一体。公司可以依靠这个企业风险管理框架去满足企业内控的需要，通过采用更全面的风险管理方法使企业持续发展。

企业风险管理由八项相互关联的要素组成，它们均来自管理层经营企业的方式，并融入管理过程本身。这些要素包括以下几项。

内部环境。内部环境确定了一个企业的基调，为企业管理层和员工审视和应对风险的方式奠定基础，包括风险管理理念和风险容量、诚信和道德价值观，以及进行经营活动所处的环境。

目标制定。为了使管理层识别出影响目标实现的潜在事件，企业必须提前制定目标。企业风险管理要为管理层负责，使制定目标的流程到位，并使选择的目标与企业的使命并行不悖，同时这些目标也要与企业的风险容量相一致。

事件识别。公司必须识别出影响企业实现目标的各种外部和内部事件，并区分风险和机遇。可以在管理层制定企业战略或目标的过程中对机遇加以考虑。

风险评估。公司应对风险进行分析，考虑其发生的可能性和影响，以作为确定如何管理风险的基础；还应对企业固有风险及残存风险进行评估。

风险反应。管理层应选择风险反应方案——规避风险、接受风险、减少风险或分担风险，采取一系列措施使风险维持在企业的风险承受度和风险容量范围之内。

控制活动。公司应确立和实施政策和程序，以有助于确保风险反应方案得到有效地贯彻执行。

信息与沟通。相关信息以某种形式、在一定时限内得到识别、获得和传达沟通，从而保证员工履行自己的职责。从广义上讲，自上而下、自下而上的沟通都应能顺畅进行，贯穿整个企业。

监督。公司应监督整个企业风险管理过程，并根据需要做出修改。通过持续性监督活动、独立评估或两者兼而有之来完成监督。

三、内部控制审计与财务报表审计的关系

1. 内部控制审计与财务报表审计的相同点

表 1-1 展示了内部控制审计与财务报表审计的相同点。

表 1-1　内部控制审计与财务报表审计的相同点

序号	项目	内容
1	终极目的一致	提高财务报表预期使用者对财务报表的信赖程度
2	都采用风险导向审计方法	识别和评估财务报表重大错报风险并予以应对
3	运用的重要性水平相同	对于同一财务报表，在两种审计中运用的重要性水平应当相同
4	识别的重要账户、列报及其相关认定相同	对于同一财务报表，在两种审计中识别的重要账户、列报及其相关认定应当相同
5	了解和测试内部控制设计和运行有效性的基本方法相同	询问、观察、检查及重新执行等程序共有

2. 内部控制审计与财务报表审计的区别

表 1-2 展示了内部控制审计与财务报表审计的区别。

表 1-2　内部控制审计与财务报表审计的区别

序号	项目	内部控制审计	财务报表审计
1	了解和测试内控的目的不同	为了对内部控制有效性发表意见	为了识别、评估和应对重大错报风险，据此确定实质性程序的性质、时间安排和范围
2	测试范围不同	应当针对所有重要账户和列报的每一个相关认定获取控制设计和运行有效性的审计证据	可以不测试内部控制的运行有效性；也可以综合运用控制测试和实质性程序
3	测试期间要求不同	仅需要对内部控制在基准日前足够长的时间（可能短于整个审计期间）内的运行有效性获取审计证据	如果注册会计师选择综合性方案，需要获取内部控制在整个拟信赖期间运行有效的审计证据
4	对控制缺陷的评价不同	应当评价识别出的内部控制缺陷是否构成一般缺陷、重要缺陷或重大缺陷	需要确定识别出的内部控制缺陷单独或连同其他缺陷是否构成值得关注的内部控制缺陷

（续表）

序号	项目	内部控制审计	财务报表审计
5	对控制缺陷的沟通要求不同	对于重大缺陷和重要缺陷，应当以书面形式在出具内部控制审计报告前与管理层和治理层沟通；如果认为审计委员会和内部审计机构对内部控制的监督无效，应当就此以书面形式直接与董事会沟通。此外，应当以书面形式与管理层沟通其在审计过程中识别的所有其他内部控制缺陷，并在沟通后告知治理层	应当以书面形式及时向治理层通报值得关注的内部控制缺陷；除非在具体情况下不适合直接向管理层通报，同时应采用书面方式向相应层级的管理层通报
6	审计报告的形式和内容及所包括的意见类型不同	内部控制审计报告不存在保留意见的意见类型，如果内部控制存在一项或多项重大缺陷，注册会计师应当对内部控制发表否定意见；如果审计范围受到限制，注册会计师应当解除业务约定或出具无法表示意见的内部控制审计报告	标准无保留意见、保留意见、否定意见、无法表示意见以及带强调事项段或其他事项段的非标意见

四、内部控制审计工作的实施

注册会计师应当按照自上而下的方法实施审计工作。自上而下的方法是注册会计师识别风险、选择拟测试控制的基本思路。注册会计师在实施审计工作时，可以将企业层面控制和业务层面控制的测试结合进行。

注册会计师在测试企业层面控制时应当把握重要性原则，至少应当关注：

（1）与内部环境相关的控制；

（2）针对董事会、经理层凌驾于控制之上的风险而设计的控制；

（3）企业的风险评估过程；

（4）对内部信息传递和财务报告流程的控制；

（5）对控制有效性的内部监督和自我评价。

注册会计师在测试业务层面控制时应当把握重要性原则，结合企业实际、企业内部控制各项应用指引的要求和企业层面控制的测试情况，重点对企业生产经营活动中的重要业务与事项的控制进行测试。注册会计师应当关注信息系统对内部控制及风险评估的影响。

注册会计师在测试企业层面控制和业务层面控制时，应当评价内部控制是否足以应对舞弊风险。

注册会计师应当测试内部控制设计与运行的有效性。如果某项控制由拥有必要授权和专业胜任能力的人员按照规定的程序与要求执行，能够实现控制目标，表明该项控制的设计是有效的。

如果某项控制正在按照设计运行，执行人员拥有必要授权和专业胜任能力，能够实现控制目标，表明该项控制的运行是有效的。

注册会计师应当根据与内部控制相关的风险，确定拟实施审计程序的性质、时间安排和范围，获取充分、适当的证据。与内部控制相关的风险越高，注册会计师需要获取的证据应越多。

注册会计师在测试控制设计与运行的有效性时，应当综合运用询问适当人员、观察经营活动、检查相关文件、穿行测试和重新执行等方法。询问本身并不足以提供充分、适当的证据。

注册会计师在确定测试的时间安排时，应当在下列两个因素之间做出平衡，以获取充分、适当的证据：

（1）尽量在接近企业内部控制自我评价基准日实施测试；

（2）实施的测试需要涵盖足够长的期间。

注册会计师对于内部控制运行偏离设计的情况（即控制偏差），应当确定该偏差对相关风险评估、需要获取的证据以及控制运行有效性结论的影响。

在连续审计中，注册会计师在确定测试的性质、时间安排和范围时，应当参考以前各年度执行内部控制审计时了解的情况。

按内部控制缺陷成因，可将缺陷分为设计缺陷和运行缺陷；按缺陷影响程度则可分为重大缺陷、重要缺陷和一般缺陷。注册会计师应当评价其识别的各项内部控制缺陷的严重程度，以确定这些缺陷单独或组合起来，是否构成重大缺陷。

五、内部控制审计报告

1. 关于内部控制审计的理论知识

（1）符合下列所有条件的，注册会计师应当对财务报告内部控制出具无保留意见的内部控制审计报告：

企业按照《企业内部控制基本规范》《企业内部控制应用指引》《企业内部控制评价指引》，以及企业自身内部控制制度的要求，在所有重大方面保持了有效的内部控制；

注册会计师已经按照《企业内部控制审计指引》的要求计划和实施审计工作，在审计过程中未受到限制。

（2）注册会计师认为财务报告内部控制虽不存在重大缺陷，但仍有一项或者多项重大事项需要提请内部控制审计报告使用者注意的，应当在内部控制审计报告中增加强调事项段予以说明。

注册会计师应当在强调事项段中指明，该段内容仅用于提醒内部控制审计报告使用者关注，并不影响对财务报告内部控制发表的审计意见。

（3）注册会计师认为财务报告内部控制存在一项或多项重大缺陷的，除非审计范围受到限制，应当对财务报告内部控制发表否定意见。

注册会计师出具否定意见的内部控制审计报告，还应当包括下列内容：重大缺陷的定义；重大缺陷的性质及其对财务报告内部控制的影响程度。

（4）注册会计师审计范围受到限制的，应当解除业务约定或出具无法表示意见的内部控制审计报告，并就审计范围受到限制的情况，以书面形式与董事会进行沟通。

注册会计师在出具无法表示意见的内部控制审计报告时，应当在内部控制审计报告中指明审计范围受到限制，无法对内部控制的有效性发表意见。

注册会计师在已执行的有限程序中发现财务报告内部控制存在重大缺陷的，应当在内部控制审计报告中对重大缺陷做出详细说明。

（5）注册会计师对在审计过程中注意到的非财务报告内部控制缺陷，应当区别具体情况予以处理。

注册会计师认为非财务报告内部控制缺陷为一般缺陷的，应当与企业进行沟通，提醒企业加以改进，但无须在内部控制审计报告中说明。

注册会计师认为非财务报告内部控制缺陷为重要缺陷的，应当以书面形式与企业董事会和经理层沟通，提醒企业加以改进，但无须在内部控制审计报告中说明。

注册会计师认为非财务报告内部控制缺陷为重大缺陷的，应当以书面形式与企业董事会和经理层沟通，提醒企业加以改进；同时应当在内部控制审计报告中增加非财务报告内部控制重大缺陷描述段，对重大缺陷的性质及其对实现相关控制目标的影响程度进行披露，提示内部控制审计报告使用者注意相关风险。

（6）对于在企业内部控制自我评价基准日并不存在，但在该基准日之后至审计报告日之前（以下简称期后）内部控制可能发生变化，或出现其他可能对内部控制产生重要影响的因素，注册会计师应当询问是否存在这类变化或影响因素，并获取企业关于这些情况的书面声明。

注册会计师知悉对企业内部控制自我评价基准日内部控制有效性有重大负面影响的期后事项的，应当对财务报告内部控制发表否定意见。

注册会计师不能确定期后事项对内部控制有效性的影响程度的，应当出具无法表示意见的内部控制审计报告。

2.内部控制审计报告样例

（1）某上市公司无保留意见内部控制审计报告样例

内部控制审计报告

德师报（审）字（20××）00××号

上海 ABC 集团股份有限公司全体股东：

按照《企业内部控制审计指引》及中国注册会计师执业准则的相关要求，我们审计了上海 ABC 集团股份有限公司（以下简称"ABC 集团"）20×× 年 12 月 31 日的财务报告内部控制的有效性。

一、企业对内部控制的责任

按照《企业内部控制基本规范》《企业内部控制应用指引》《企业内部控制评价指引》的规定，建立健全和有效实施内部控制，并评价其有效性是 ABC 集团董事会的责任。

二、注册会计师的责任

我们的责任是在实施审计工作的基础上，对财务报告内部控制的有效性发表审计意见，并对注意到的非财务报告内部控制的重大缺陷进行披露。

三、内部控制的固有局限性

内部控制具有固有局限性，存在不能防止和发现错报的可能性。此外，由于情况的变化可能导致内部控制变得不恰当，或对控制政策和程序遵循的程度降低，根据内部控制审计结果推测未来内部控制的有效性具有一定风险。

四、财务报告内部控制审计意见

我们认为，ABC 集团于 20×× 年 12 月 31 日按照《企业内部控制基本规范》和相关规定在所有重大方面保持了有效的财务报告内部控制。

××会计师事务所　　　　中国注册会计师：××（签名并盖章）

（盖章）　　　　　　　　中国注册会计师：××（签名并盖章）

中国　上海　　　　　　　20××年××月××日

（2）某上市公司否定意见内部控制审计报告样例

内部控制审计报告

广会审字（20××）××号

AB 药业股份有限公司全体股东：

按照《企业内部控制审计指引》及中国注册会计师执业准则的相关要求，我们审计了 AB 药业股份有限公司（以下简称"AB 药业"）20××年××月××日的财务报告内部控制的有效性。

一、企业对内部控制的责任

按照《企业内部控制基本规范》《企业内部控制应用指引》《企业内部控制评价指引》的规定，建立健全和有效实施内部控制，并评价其有效性是 AB 药业董事会的责任。

二、注册会计师的责任

我们的责任是在实施审计工作的基础上，对财务报告内部控制的有效性发表审计意见，并对注意到的非财务报告内部控制的重大缺陷进行披露。

三、内部控制的固有局限性

内部控制具有固有局限性，存在不能防止和发现错报的可能性。此外，由于情况的变化可能导致内部控制变得不恰当，或对控制政策和程序遵循的程度降低，根据内部控制审计结果推测未来内部控制的有效性具有一定风险。

四、导致否定意见的事项

重大缺陷是内部控制中存在的、可能导致不能及时防止或发现并纠正财务报表出现重大错报的一项控制缺陷或多项控制缺陷的组合。

在本次内部控制审计中，我们注意到 AB 药业的财务报告内部控制存在以下重大缺陷。

（1）AB 药业资金管理、关联交易管理存在重大缺陷，存在关联方资金往来的情况，其行为违反了 AB 药业日常资金管理规范及关联交易管理制度的相关规定。

（2）AB 药业财务核算存在重大缺陷，未能反映公司实际财务状况，导致前期会计差错需更正。

（3）AB 药业治理层及内部审计部门对内部控制的监督不到位，使得 AB 药业监督系统在日常监督工作中没有发现上述缺陷，并按要求及时汇报和纠正。

有效的内部控制能够为财务报告及相关信息的真实完整提供合理保证，而上述重大缺陷使 AB 药业内部控制失去这一功能。

管理层已识别出上述重大缺陷，并将其包含在企业内部控制评价报告中。在 AB 药业 20××年财务报表审计中，我们已经考虑了上述重大缺陷对审计程序的性质、时间安排和范围的影响。除 AB 药业 20××年度财务报表出具的审计报告"形成保留意见的基础"所述事项外，本报告并未对我们在 20××年××月××日对 AB 药业

20××年财务报表出具的审计报告产生影响。

五、财务报告内部控制审计意见

我们认为，由于存在上述重大缺陷及其对实现控制目标的影响，AB药业于20××年××月××日未能按照《企业内部控制基本规范》和相关规定在所有重大方面保持有效的财务报告内部控制。

六、非财务报告内部控制的重大缺陷

在内部控制审计过程中，我们注意到AB药业的非财务报告内部控制存在重大缺陷；内部治理存在重大缺陷，导致内控制度无法有效执行。因涉嫌信息披露违法违规，AB药业已于20××年××月××日收到中国证券监督管理委员会立案调查通知书。

由于存在上述重大缺陷，我们提醒本报告使用者注意相关风险。需要指出的是，我们并不对AB药业的非财务报告内部控制发表意见或提供保证。本段内容不影响对财务报告内部控制有效性发表的审计意见。

××会计师事务所　　　　中国注册会计师：××（签名并盖章）

（盖章）　　　　　　　　中国注册会计师：××（签名并盖章）

中国　广州　　　　　　　20××年××月××日

第三节　管理会计

一、管理会计概述

2014年10月27日，财政部发布了《关于全面推进管理会计体系建设的指导意见》（财会〔2014〕27号），文件说明要建立与我国社会主义市场经济体制相适应的管理会计体系。争取3~5年内，在全国培养出一批管理会计人才；力争通过5~10年左右的努力，使中国特色的管理会计理论体系基本形成，管理会计指引体系基本建成，管理会计人才队伍显著加强，管理会计信息化水平显著提高，管理会计咨询服务市场显著繁荣，我国管理会计接近或达到世界先进水平。

2016年6月22日，财政部颁发了关于印发《管理会计基本指引》的通知（财会〔2016〕10号）；2016年10月8日，财政部颁发了《会计改革与发展"十三五"规划

纲要》（财会〔2016〕19号）；2017年9月29日，财政部颁发了《管理会计应用指引第100号——战略管理》等22项管理会计应用指引（财会〔2017〕24号）；2018年8月17日，颁发了《管理会计应用指引第202号——零基预算》等7项管理会计应用指引（财会〔2018〕22号）；2018年12月27日，颁发了《管理会计应用指引第204号——作业预算》等5项管理会计应用指引的通知（财会〔2018〕38号）。

我国的管理会计指引体系包括三部分：基本指引、应用指引、案例。管理会计指引体系以管理会计基本指引为统领，以管理会计应用指引为具体指导，以管理会计案例示范为补充。

管理会计的目标是通过运用管理会计工具方法，参与单位规划、决策、控制、评价活动并为之提供有用信息，推动单位实现战略规划。

管理会计工具方法是单位应用管理会计时所采用的战略地图、滚动预算管理、作业成本管理、本量利分析、平衡计分卡等模型、技术、流程的统称。管理会计工具方法具有开放性，随着实践发展不断丰富完善。

管理会计工具方法主要应用于以下领域：战略管理、预算管理、成本管理、营运管理、投融资管理、绩效管理、风险管理等。

未来企业内部审计将逐步从风险导向审计向管理审计转变，并运用前瞻性的眼光来改善企业的经营活动并增加价值，多方体现审计的价值。因此，很多企业已经开始要求审计人员具有管理会计的知识储备。考虑篇幅有限，我们在这里不一一细述已颁布的各项管理会计应用指引，在后面的章节中会简要介绍管理会计报告。

二、管理会计报告

管理会计报告是指企业运用管理会计方法，根据财务和业务基础信息加工整理形成的，满足企业价值管理和决策支持需要的内部报告。

管理会计报告是管理会计活动成果的重要表现形式，旨在为报告使用者提供满足管理需要的信息。管理会计报告按期间可以分为定期报告和不定期报告，按内容可以分为综合性报告和专项报告等类别。

企业管理会计报告体系可按照多种标准进行分类，包括但不限于以下分类。

按照企业管理会计报告使用者所处的管理层级，可分为战略层管理会计报告、经营层管理会计报告和业务层管理会计报告；按照企业管理会计报告内容，可分为综合企业管理会计报告和专项企业管理会计报告；按照管理会计功能，可分为管理规划报告、管理决策报告、管理控制报告和管理评价报告；按照责任中心，可分为投资中心报告、利润中心报告和成本中心报告；按照报告主体整体性程度，可分为整体报告和分部报告等。

1. 战略层管理会计报告

战略层管理会计报告是为战略层开展战略规划、决策、控制和评价，以及其他方面的管理活动提供相关信息的对内报告。战略层管理会计报告的报告对象是企业的战略层，包括股东大会、董事会和监事会等。

战略层管理会计报告包括但不仅限于战略管理报告、综合业绩报告、价值创造报告、经营分析报告、风险分析报告、重大事项报告、例外事项报告等。这些报告可独立提交，也可根据不同需要整合后提交。

战略管理报告的内容一般包括内外部环境分析、战略选择与目标设定、战略执行及其结果，以及战略评价等。

综合业绩报告的内容一般包括关键绩效指标预算及其执行结果、差异分析以及其他重大绩效事项等。价值创造报告的内容一般包括价值创造目标、价值驱动的财务因素与非财务因素、内部各业务单元的资源占用与价值贡献，以及提升公司价值的措施等。

经营分析报告的内容一般包括过去经营决策执行情况回顾、本期经营目标执行的差异及其原因、影响未来经营状况的内外部环境与主要风险分析、下一期的经营目标及管理措施等。

风险分析报告的内容一般包括企业全面风险管理工作回顾、内外部风险因素分析、主要风险识别与评估、风险管理工作计划等。

重大事项报告是针对企业的重大投资项目、重大资本运作、重大融资、重大担保事项、关联交易等事项进行的报告。

例外事项报告是针对企业发生的管理层变更、股权变更、安全事故、自然灾害等偶发性事项进行的报告。

战略层管理会计报告应精练、简洁、易于理解，报告主要结果、主要原因，并提出具体的建议。

2. 经营层管理会计报告

经营层管理会计报告是为经营管理层开展与经营管理目标相关的管理活动提供相关信息的对内报告。经营层管理会计报告的报告对象是经营管理层。

经营层管理会计报告主要包括全面预算管理报告、投资分析报告、项目可行性报告、融资分析报告、盈利分析报告、资金管理报告、成本管理报告、绩效评价报告等。

全面预算管理报告的内容一般包括预算目标制定与分解、预算执行差异分析以及预算考评等。

投资分析报告的内容一般包括投资对象、投资额度、投资结构、投资进度、投资效益、投资风险和投资管理建议等。

项目可行性报告的内容一般包括项目概况、市场预测、产品方案与生产规模、厂址选择、工艺与组织方案设计、财务评价、项目风险分析，以及项目可行性研究结论与建议等。

融资分析报告的内容一般包括融资需求测算、融资渠道与融资方式分析及选择、资本成本、融资程序、融资风险及其应对措施和融资管理建议等。

盈利分析报告的内容一般包括盈利目标及其实现程度、利润的构成及其变动趋势、影响利润的主要因素及其变化情况，以及提高盈利能力的具体措施等。企业还应对收入和成本进行深入分析。盈利分析报告可基于企业集团、单个企业，也可基于责任中心、产品、区域、客户等进行。

资金管理报告的内容一般包括资金管理目标，主要流动资金项目如现金、应收票据、应收账款、存货的管理状况，资金管理存在的问题以及解决措施等。企业集团资金管理报告的内容一般还包括资金管理模式（集中管理还是分散管理）、资金集中方式、资金集中程度、内部资金往来等。

成本管理报告的内容一般包括成本预算、实际成本及其差异分析、成本差异形成的原因及改进措施等。

业绩评价报告的内容一般包括绩效目标、关键绩效指标、实际执行结果、差异分析、考评结果，以及相关建议等。

经营层管理会计报告应做到内容完整、分析深入。

3. 业务层管理会计报告

业务层管理会计报告是为企业开展日常业务或作业活动提供相关信息的对内报告。报告的对象是企业的业务部门、职能部门以及车间、班组等。

业务层管理会计报告应根据企业内部各部门、车间或班组的核心职能或经营目标进行设计，主要包括研究开发报告、采购业务报告、生产业务报告、配送业务报告、销售业务报告、售后服务业务报告、人力资源报告等。

研究开发报告的内容一般包括研发背景、主要研发内容、技术方案、研发进度、项目预算等。

采购业务报告的内容一般包括采购业务预算、采购业务执行结果、差异分析及改善建议等。采购业务报告要重点反映采购质量、数量以及时间、价格等方面的内容。

生产业务报告的内容一般包括生产业务预算、生产业务执行结果、差异分析及改善建议等。生产业务报告要重点反映生产成本、生产数量以及产品质量、生产时间等方面的内容。

配送业务报告的内容一般包括配送业务预算、配送业务执行结果、差异分析及改善建议等。配送业务报告要重点反映配送的及时性、准确性以及配送损耗等方面的内容。

销售业务报告的内容一般包括销售业务预算、销售业务执行结果、差异分析及改善建议等。销售业务报告要重点反映销售的数量结构和质量结构等方面的内容。

售后服务业务报告的内容一般包括售后服务业务预算、售后服务业务执行结果、差异分析及改善建议等。售后服务业务报告重点反映售后服务的客户满意度等方面的内容。

人力资源报告的内容一般包括人力资源预算、人力资源执行结果、差异分析及改善建议等。人力资源报告重点反映人力资源使用及考核等方面的内容。

业务层管理会计报告应做到内容具体、数据充分。

4. 企业管理会计报告相关流程

企业管理会计报告相关流程包括报告的编制、审批、报送、使用、评价等环节。企业管理会计报告由管理会计信息归集、处理并报送的责任部门编制。

企业应根据报告的内容、重要性和报告对象等，确定不同的审批流程。经审批后的报告方可报出。

企业应合理设计报告报送路径，确保企业管理会计报告及时、有效地送达报告对象。企业管理会计报告可以根据报告性质、管理需要进行逐级报送或直接报送。

企业应建立管理会计报告使用的授权制度，报告使用人应在权限范围内使用企业管理会计报告。

企业应对管理会计报告的质量、传递的及时性、保密情况等进行评价，并将评价结果与绩效考核挂钩。

企业应当充分利用信息技术，强化管理会计报告及相关信息集成和共享，将管理会计报告的编制、审批、报送和使用等纳入企业统一信息平台。

企业应定期根据管理会计报告使用效果以及内外部环境变化对管理会计报告体系、内容以及编制、审批、报送、使用等进行优化。

企业管理会计报告属内部报告，应在允许的范围内传递和使用。相关人员应遵守保密规定。

三、管理会计案例索引

1. 上汽集团"人人成为经营者"的全面预算管理实践

据《新会计》2015 年第 2 期《企业集团全面预算管理案例研究——来自上汽集团实践》一文的介绍，上汽集团通过有效运用全面预算管理工具，为集团经营目标的合理制定和有效执行提供了坚实的数据基础。

2. 风险地图在央行内部风险管理的管理实践

据《中国内部审计》2019 年第 1 期《风险地图在央行的构建与应用》一文的介绍，央行通过风险地图的构建，实现了如下应用效果：提高了内审项目开展的有效性，满足了风险管理的整体性需求，满足了风险管理的持续性需求，实现了风险管理的直观化，实现了风险管理的双维度预警。

3.企业环境成本核算体系应用在太白酒业的实践

《财会通讯》2019 年第 16 期《基于物质流成本会计的企业环境成本核算体系应用——以太白酒业为例》一文探讨了将物质流成本会计引入企业环境成本核算的要点、程序方法，以清晰地反映各个生产环节的资源消耗情况，从中发现问题，以实现环境保护和企业效益的双赢。

四、中总协与管理会计师

中国总会计师协会（以下简称中总协）成立于 1990 年，是经民政部批准，跨地区、跨部门、跨行业的全国非营利一级社团组织，业务指导单位是财政部（工商信息显示已脱钩）。

中总协自成立以来，在服务财政、服务会员、维护会员合法权益、实行会员自律管理等方面做了大量卓有成效的工作，受到会员的欢迎；组织开展管理会计师职业资质培训认证工作，探索管理会计人才培养的各种途径，成为中总协的职能之一。

根据财政部《会计行业中长期人才发展规划（2010—2020）》（财会〔2010〕19 号）及《财政部关于全面推进管理会计体系建设的指导意见》（财会〔2014〕27 号）等文件要求，中总协积极推动管理会计应用作用，自 2015 年 11 月试点开展 "管理会计师专业能力培训" 工作，为来自企业、行政事业单位的财务管理人员提供了系统规范的管理会计专业能力培训，帮助企业、行政事业单位财务管理人员了解和掌握管理会计最新理论和工具方法，为促进企业转型升级、加强行政事业单位内部管理、提升财务管理人员的履职能力做出了有力贡献。

但是因为国内的管理会计师的认证起步较晚，相较于美国注册管理会计师（CMA）在国内的推广，知名度和影响力反而稍显不足，当然这里面或许也同时牵扯着培训机构与认证机构的利益纠葛。

2020 年 5 月 8 日中总协发布了《关于印发〈管理会计师专业能力考试办法（试行）〉等相关考试制度的通知》（中总秘〔2020〕38 号），《通知》规定，将管理会计师专业能力考试分为初级、中级、高级。

根据《中国总会计师协会管理会计师专业能力证书定期签注管理办法》，管理会计师专业能力证书的有效期为两年，每两年签注一次。证书经中国总会计师协会签注后方具有连续有效性。签注内容为持证人员过去两年期间所接受的继续教育和培训情况，以学时记录为签注依据，中级证书持证人员每年应接受不少于 24 学时的继续教育培训，初级证书持证人员每年应接受不少于 16 学时的继续教育培训。不符合签注条件未能签注或者到期未能办理签注的，其所持证书将自动失效。对失效证书，中总协将定期在协会网站予以公布。

五、美国管理会计师协会和美国注册管理会计师

CMA（Certified Management Accountant，美国注册管理会计师），是美国管理会计师协会（The Institute of Management Accountants，简称 IMA）颁发的专业资格证书，在全球管理会计及财务管理领域具有一定高度和权威，被很多外资企业或世界 500 强企业采用并作为人力资源评估标准之一。

CMA 考试有两个科目，主要内容如下。

第一部分为财务规划、绩效与分析。考试主要内容包括外部财务报告决策（15%），规划、预算与预测（20%），绩效管理（20%），成本管理（15%），内部控制（15%），科技与分析（15%）。这些内容主要是针对企业内部运营，寻求提升内部竞争力和整体绩效的方法，帮助企业降低成本，提升利润，从而提高绩效。概括来看，这部分主要是"向内求"，致力于考察提升企业运营的能力。

第二部分为战略财务管理。考试主要内容包括财务报表分析（20%）、公司财务（20%）、决策分析（25%）、风险管理（10%）、投资决策（10%）、职业道德（15%）。这些内容主要是针对企业在资本市场怎样获得利润最大化，向外部要利润；公司理财（投资、融资、控股）、风险管理、决策分析。概括来看，这部分主要是"向外求"，考察如何为企业谋取更大的发展。

第二章

内部审计程序

在第一章中，我们对内部审计、内控审计、管理会计进行了整体的概括叙述，大家对审计的框架体系应该有了一个整体印象。本书主要介绍工业企业审计，偏重内部审计的要求，重点介绍内部审计程序；对于社会审计部分的财务报表审计程序，则在第十五章进行详细介绍。

审计程序是保证实现审计目标的手段：一方面，可以保证审计质量，降低审计风险，提高审计效率，减少资源消耗；另一方面，可以保障审计组织和审计人员依法审计，保障审计人员和被审计单位的合法权益。

第一节　内部审计程序概述

一、内部审计程序概念

内部审计流程是指内部审计人员在实施具体审计工作过程中采取的行动和步骤。

不同的单位，组织形式不同；不同的审计项目，需要取得的审计证据可能也有所不同。鉴于审计工作的专业独特性和审计人员工作习惯的差异，对于不同的审计项目，不同的内审人员可能采用不同的审计流程；即便同一个审计项目，不同的审计人员也可能采用不同的审计流程。但是万变不离其宗，通常情况下，一项完整的内审具体工作都包括审计准备、审计实施、审计终结和后续审计等流程，并且一般在上年末或次年初，审计部门会制定本部门的年度审计计划，并经公司有权部门批准，作为审计部门未来一整年的工作规划。

二、制定年度审计计划

年度审计计划一般由内部审计机构负责人制定，并且报组织适当管理层批准后施行。计划通常包括以下基本内容：内部审计年度工作目标，需要执行的具体审计项目及其先后顺序，各审计项目所分配的审计资源，后续审计的必要安排。内部审计部门一般都会依据企业实际情况、管理层对不同项目的关注程度以及本部门历年审计内容的经验和下一年的总体规划等情况，考虑拟定下一年度的内部审计总体计划。

从某种程度来说，内部审计就是老板的"一杆枪"，"枪"指到哪里就打到哪里；首席审计官应与老板有充分的沟通，了解老板的关切和关注的重点；老板关切和关注的方面，则是审计计划要考虑摆在第一位的审计重点。

公司治理层或高级管理层对下属单位有疑虑的部分，或者需要优先了解的某些项目的实际情况，这些都是审计计划要考虑的项目；在历次审计过程中，审计发现管理混乱现象多的地方，审计整改汇报不明的，这些都属于要优先计划的项目；容易滋生腐败和产生舞弊的项目，也是制定审计计划时要重点考虑的。通常的审计程序难以发现管理层舞弊和串通舞弊的情况，审计部门必须设计和实施专门的审计程序。审计部门在制定年度审计计划时，应将存在潜在重大舞弊的项目列为专项审计项目来考虑。

制定审计计划时，还要考虑审计周期，在项目重要性相近时，审计间隔周期长的项目要优先于审计间隔周期短的项目，比如3年未审计的项目在排期时要排在1年未审计的项目之前。

审计计划一般要考虑常规审计和专项审计。管理人员在下一年度是否离任，我们一般不会预先知晓，所以实际执行时，离任审计一般要结合年度审计计划来穿插安排。另外，对于需要追踪审计的舞弊情况，其可能是在常规审计和专项审计中发现的，也可能是有举报线索的，这些在制定年度审计计划时难以预见，需要我们适当调整工作计划。

部门年度审计计划制定完成以后，报经上级管理部门审批同意，再传送到审计委员会、高管层、董事会报备。具体的审批报备程序依照公司的议事流程要求执行。

年度审计工作计划通常包括以下基本内容：

（1）年度工作目标；

（2）具体审计项目及其先后顺序；

（3）各项目所分配的审计资源；

（4）后续审计的必要安排。

三、一般项目审计工作流程图

下面，我们简要看一下内部审计具体项目的常用审计流程（如图2-1所示）。各企业按照实际要求和审计环境，在流程上会有所增减。

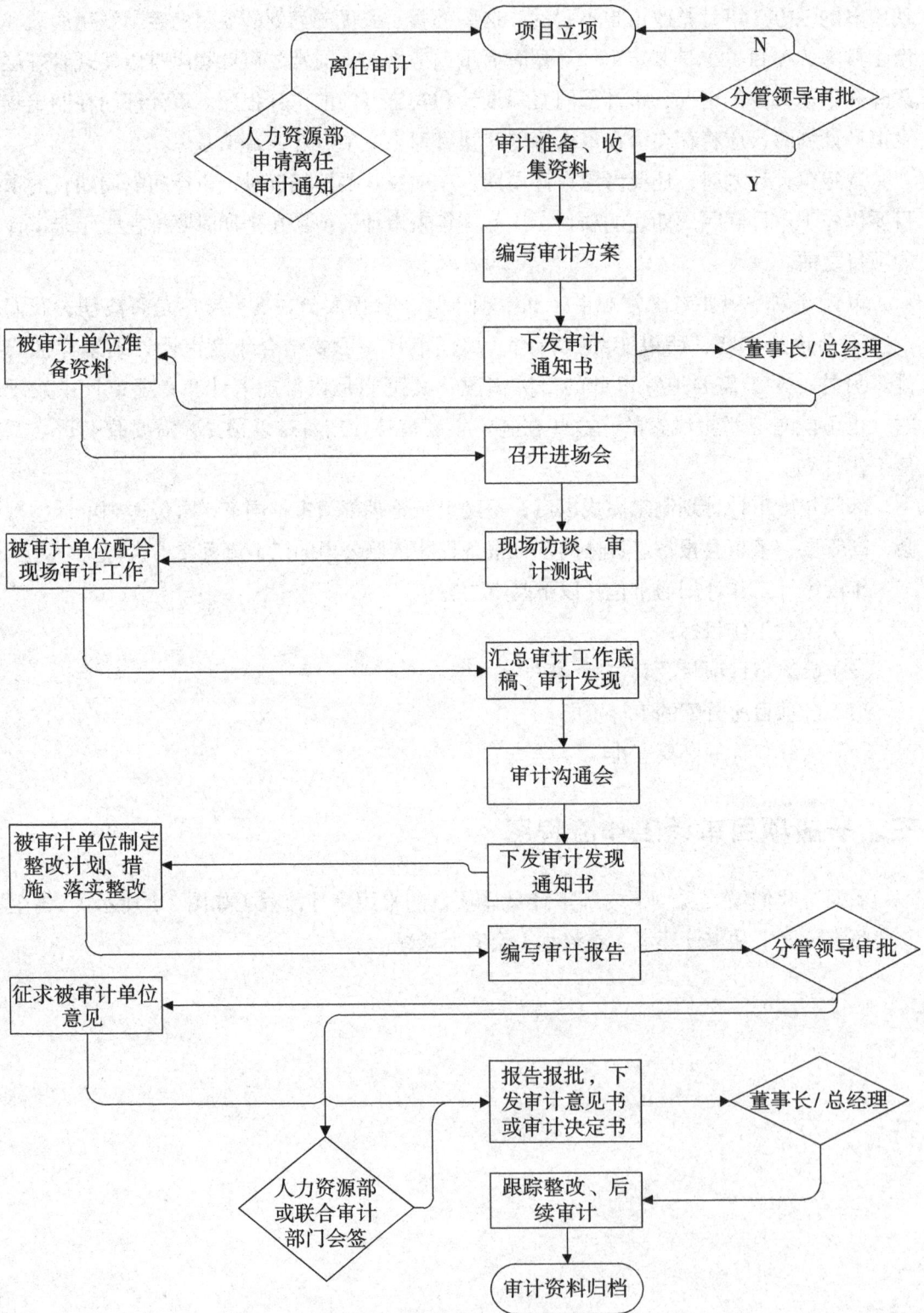

图 2-1　一般项目审计工作流程

第二节 内部审计具体程序

一、审计准备阶段

1. 审计立项

审计立项是指确定具体的内部审计项目，即审计对象。审计对象包括公司下属的各分子公司，各职能部门，各项经营活动或项目、系统等。审计立项需报分管领导审批通过后方可实施；如果已经有经审批通过的年度审计计划书，日常可以按计划书开展审计项目，只有计划外的审计项目需要单独立项。

立项依据包括但不限于以下三个方面：

（1）审计部通过系统地对公司经营活动进行风险分析，来制定年度内部审计工作计划表，经批准后逐项实施；

（2）由公司董事长、董事会（审计委员会）下达的计划外的专项审计任务；

（3）由被审计单位提出审计要求，经批准实施审计业务。

2. 审计准备

（1）确定具体项目审计工作目标与范围

审计的范围、内容包括但不限于：

①公司内部控制系统的恰当性、有效性，通常涵盖公司经营活动中与财务报告和信息披露事务相关的所有业务环节，包括但不限于销售与收款、采购与付款、生产与存货管理、固定资产管理、资金管理、投资与融资管理、人力资源管理、费用支出管理、信息系统管理和信息披露事务管理等；

②财务会计信息、资料的准确性、完整性、可靠性，具体内容包括货币资金审计、债权债务审计、成本费用审计、个人借款专项审计、固定资产审计、存货审计、财务报表审计等；

③经营活动的效率和效果，如经济效益审计；

④对经营过程中遵守相关法规、政策、流程、计划、预算、决算、程序、合同协议等遵循、执行情况；

⑤专项审计，即对具体的项目模块进行的审计。

（2）收集、研究审计对象的背景资料

①被审计单位的性质、规模、经营范围、股权结构和资产负债等基本概况。

②组织架构、人员编制、业务构成等资料。

③财务报表、预算资料、银行账户及其他有关的财务资料。

④与审计事项有关的内部控制制度、业务流程和职责分工。

⑤公司章程、重要经济合同、协议、会议纪要等日常运营资料和有关的政策法规等。

⑥以前接受审计情况和审计跟踪后续情况。

⑦当审计对象为某一项目、系统时，背景资料主要指其立项资料、预算资料、合同及相关责任人资料等。

（3）确定项目审计人员

不同的审计项目要求审计人员具备不同的知识和技能，应根据实际业务的需要，安排适当的审计人员，成立审计小组，指定审计项目负责人，初步确定审计时间，并对审计工作进行具体的安排。对于有专业技能要求而项目审计人员不具备的，必要时可以邀请外部专家参与。

3. 编写审计方案

审计项目实施前，一般应编制审计方案。审计组应根据审计项目的要求和被审计单位具体情况，确定审计目标和审计重点，编制审计方案。在被审计单位背景资料不全或实施突击性检查等情况下，审计人员也可以在审计过程中制定和完善审计方案。当然，根据公司审计环境情况，也可以直接开展审计工作。

审计方案是对从审前调查、组成审计组到出具审计报告整个过程中基本工作内容的综合规划，在发出审计通知书之前召开审计小组会议讨论通过审计方案，并应由审计部负责人审核批准；实施联合审计的，各模块的审计内容由相应的协同部门负责人审核，重要审计事项报经审计部分管领导批准后实施。内部审计人员应在考虑组织风险、管理需要及审计资源的基础上，制定审计方案，对审计工作做出合理安排。

审计方案主要应包括以下内容：

（1）被审计单位和审计项目名称；

（2）审计依据、审计目的、审计范围及审计期间；

（3）重点审计目标和重点内容及审计程序；

（4）预计的审计工作进度、时间；

（5）审计组人员构成及分工和审计注意事项；

（6）被审计单位配合事项；

（7）其他有关的内容。

4. 下发审计通知书

对于已立项的审计项目，审计部应在审计实施前获得公司董事长或总裁、副总裁等直属分管高层领导审核、批准与授权。审计人员应在审计进场前下达"审计通知书"，正式通知被审计对象（被审计单位负责人、财务负责人等）。在经授权实施突击审计的情况下，审计部门可不预先通知被审计单位。审计通知书应包括以下各项内容：

（1）通知书文号、被审计单位；

（2）抄送对象、通知书主题；

（3）项目名称、审计时间、内容与范围；

（4）审计组成员；

（5）被审计单位主要配合事项；

（6）审计资料清单；

（7）其他有关的内容。

（审计通知书示例见本节末。）

二、审计实施阶段

审计实施阶段又可称为现场审计阶段，是指审计项目经过充分准备后针对高风险领域或显示可能存在重大问题的领域进行审计的阶段，也是将审计方案付诸实施、化作实际行动的阶段。

1. 审计座谈会

现场审计开始前，审计组应根据实际情况组织召开首次座谈会，与被审计单位负责人、财务负责人及其他相关人员进行沟通、对接。了解被审计单位的基本情况、运营特点，说明审计的目的、范围以及审计中需提供的各种资料和需要协助的事项，相互指定具体业务的联络人等。审计座谈会可以是被审计单位管理层的审计进场动员会，也可以是审计负责人与被审计单位管理层骨干的小范围沟通会，具体由企业的审计环境决定。

2. 实地观察

审计人员应实地观察被审计单位的经营活动性质、地点、工作环境、设备、职员及业务情况，对被审计单位的业务活动获得感性认识。审计人员实地考察的对象包括厂房、车间、设备、仓库、行政及其他职能部门，观察生产过程、审批过程、业务单据流转过程、内部控制执行情况、人员工作状态，感受被审计单位的组织文化和氛围，为判断审计风险领域、评估内控环境提供依据。在实地观察中，审计人员应对不寻常的经营活动有所警觉，如无效的指标、闲置的设备、缺乏保养的机器等。

3. 现场访谈

审计人员应与被审计单位负责人、各部门负责人及业务人员就其负责的事项、风险管控、业务发展等情况进行沟通，了解公司经营和管控信息，确定关键控制点，评估重要性。访谈一般应由两名以上审计人员在场，并做好访谈记录；进行舞弊审计时对于关键证人的访谈，既要考虑对关键证人的保护，还要考虑访谈地点、周边环境、保密性等。

4. 实施检查

审计组成员应按照审计方案及项目经理的分工安排，运用详查、抽样、分析性复核等方法，依据规定的程序实施现场审计，收集审计证据。被审计单位曾在历年经过审计的，审计人员应注意利用原有的审计档案资料，以及经核实的外部审计组织的审计成果。审计人员应根据职业判断来选取合适的方法提高工作效率。主要审计方法如下。

（1）分析性程序，主要运用比较、比率和趋势分析方法更好地分析被审计单位的经营情况，审计人员根据财务报表和有关业务（项目）数据之间的勾稽关系，通过比较和分析各项指标（实际与预算，年度内各月数据，年度间数据，账户间关系，财务和经营比率与前期、同类经营机构的比较，趋势分析等），对所发现的异常情况应予以充分关注，从而采取更详细的审计程序，有针对性地审查重点领域。

（2）审计人员应在认真研究、分析被审计单位现有内部控制系统的相关制度、规定等文件的情况下，对内部控制系统设计的恰当性进行评价。通过符合性测试来描述和分析内部控制设计与执行的合理性、符合性、有效性。采取的方法主要有绘制流程图，进行文字说明，通过内控调查表或询问相关人员等方式获得内部控制执行情况的相关信息。

（3）信息系统的内部控制涉及被审计单位活动的信息收集、处理、传递和保管各个环节。企业各下属单位和部门的信息系统控制的有效性、恰当性直接影响其资金、资产安全及财务等信息的准确性、完整性。审计人员应对被审计单位信息系统的内控制度进行研究与分析，并根据实际情况进行相关的测试。

（4）在对内部控制系统进行描述和测试后，审计人员应对被审计单位的内部控制情况进行分析并做出初步评价，分析重大风险领域，确定控制薄弱环节以及审计的重点，提出审计改进建议或意见。

（5）了解各施工工序之间的衔接关系，分析材料、设备在各工序之间的验收、入库、出库、转移、登记等流程是否完善，监察实际工作中是否遵守执行各项流程，做出初步评价，评估风险，确定控制薄弱环节，并提出审计改进建议或意见。

（6）实质性测试是在对内部控制的初步评价基础上，为取得直接证据（包括文件、函证、笔录、复算、询问等）而运用适当的审计技术详细审查、评价被审计单位的经营活动，主要是对财务报表的真实性和财务收支的合法性进行审查，以得出审计结论的过程。

一般的审计方法有审核、监盘、观察、询问、函证、计算、分析性复核等。对于采购、生产、存货、销售、资金等循环审计，从第三章开始逐一有详尽阐述，此处先就其他项目审计时应关注的内容进行介绍。

（1）在审计对外投资事项时，应重点关注以下内容：

①对外投资是否按照有关规定履行审批程序；

②对外投资财务尽调和法律尽调是否完善，可行性分析是否全面；

③是否按照审批内容订立合同，合同是否正常履行；

④是否指派专人或成立专门机构负责研究和评估重大投资项目的可行性、投资风险和投资收益，并跟踪监督重大投资项目的进展情况；

⑤涉及委托理财事项的，关注企业是否将委托理财审批权力授予企业董事个人或经营管理层行使，受托方诚信记录、经营情况和财务状况是否良好，是否指派专人跟踪监督委托理财的进展情况；

⑥涉及证券投资事项的，关注企业是否针对证券投资行为建立专门的内部控制制度，投资规模是否影响企业正常经营，资金来源是否为自有资金，投资风险是否超出企业可承受范围，是否使用他人账户或向他人提供资金进行证券投资，独立董事和保荐人（包括保荐机构和保荐代表人，下同）是否发表意见（如适用）。

（2）在审计购买和出售资产事项时，应重点关注以下内容：

①购买和出售资产是否按照有关规定履行审批程序；

②资产购入价是否公允，资产处置价是否公允；

③是否按照审批内容订立合同，合同是否正常履行；

④购入资产的运营状况是否与预期一致；

⑤购入资产有无设定担保、抵押、质押及其他限制转让的情况，是否涉及诉讼、仲裁及其他重大争议事项。

（3）在审计对外担保事项时，应重点关注以下内容：

①对外担保是否按照有关规定履行审批程序；

②担保风险是否超出企业可承受范围，被担保方的诚信记录、经营情况和财务状况是否良好；

③被担保方是否提供反担保，反担保是否具有可实施性；

④独立董事和保荐人是否发表意见（如适用）；

⑤是否指派专人持续关注被担保方的经营情况和财务状况。

（4）在审计关联交易事项时，应重点关注以下内容：

①是否确定关联方名单，并及时予以更新；

②关联交易是否按照有关规定履行审批程序，审议关联交易时关联股东或关联董事是否回避表决；

③独立董事是否事前认可并发表独立意见，保荐人是否发表意见（如适用）；

④关联交易是否签订书面协议，交易双方的权利义务及法律责任是否明确；

⑤交易标的有无设定担保、抵押、质押及其他限制转让的情况，是否涉及诉讼、仲裁及其他重大争议事项；

⑥交易对手方的诚信记录、经营情况和财务状况是否良好；

⑦关联交易定价是否公允，是否已按照有关规定对交易标的进行审计或评估，关联交易是否会侵占上市公司利益。

（5）在审计募集资金存放使用情况时，应重点关注以下内容：

①募集资金是否存放于董事会决定的专项账户集中管理，企业是否与存放募集资金的商业银行、保荐人签订三方监管协议；

②是否按照发行申请文件中承诺的募集资金投资计划使用募集资金，募集资金项目投资进度是否符合计划进度，投资收益是否与预期相符；

③是否将募集资金用于质押、委托贷款或其他变相改变募集资金用途的投资，募集资金是否存在被占用或挪用现象；

④发生以募集资金置换预先已投入募集资金项目的自有资金、用闲置募集资金暂时补充流动资金、变更募集资金投向等事项时，是否按照有关规定履行审批程序和信息披露义务，独立董事、监事会和保荐人是否按照有关规定发表意见（如适用）。

（6）在审计业绩快报时，应重点关注以下内容：

①是否遵守《企业会计准则》及相关规定；

②会计政策与会计估计是否合理，是否发生变更；

③是否存在重大异常事项；

④是否满足持续经营假设；

⑤与财务报告相关的内部控制是否存在重大缺陷或重大风险。

（7）在审计信息披露事务管理时，应重点关注以下内容：

①公司是否已按照有关规定制定信息披露事务管理制度及相关制度，包括各内部机构、控股子公司以及具有重大影响的参股公司的信息披露事务管理和报告制度；

②是否明确规定重大信息的范围和内容，以及重大信息的传递、审核、披露流程；

③是否制定未公开重大信息的保密措施，明确内幕信息知情人的范围和保密责任；

④是否明确规定公司及其董事、监事、高级管理人员、股东、实际控制人等相关信息披露义务人在信息披露事务中的权利和义务；

⑤公司、控股股东及实际控制人存在公开承诺事项的，公司是否指派专人跟踪承诺的履行情况；

⑥信息披露事务管理制度及相关制度是否得到有效实施。

（8）一般财务审计应包括以下内容：

①加总相关明细账户余额与总账余额，比较核对二者是否一致；

②运用统计抽样，抽查会计记录（从凭证到账户）；

③抽查清点库存物品等账面存货，确定存货的保管情况以及存货资产的存在性、完整性及计价的准确性；

④清查固定资产，确定资产的管理、使用情况及增减值情况；

⑤盘点现金，核对银行存款余额，确定货币资金的安全性及账实核对情况；

⑥函证主要往来账户余额，选取无法函证或未取得回函的重要账户实行替代程序，确定往来结算的准确性；

⑦审核收费系统的收入日报表、销售日报表、现金收入日报表，交叉核对并与系统核对一致；

⑧审核各类经济合同，对重要合同签订的招标、投标及执行情况进行审查与评价；

⑨审查工程的预算、决算资料，复算工程量，确定工程支出的合理性、准确性；

⑩检查采购计划、采购合同与发票、入库单、付款支票是否一致；

⑪采用分析性复核程序，审查成本计算的准确性、折旧计提的正确性等；

⑫检查涉税项目，确定被审计单位是否遵守国家税收法律、法规及其他规定，是否按时、足额缴纳税款；

⑬审核费用的发生情况、审批手续，确定其真实性、合法性、合理性。

（9）工程联系单、结算书审核应关注以下内容：

①联系单中应完整地表述事实经过、涉及的范围以及可计取的费用计算点，并要有完整的工程量或可计量的相关数据，需附现场签证单；如有施工范围签证的，除确认面积、方量等工程量以外还需附签证的施工范围图；要关注联系单的时效性，项目部联系单要上报公司，完成审核和计费并送建设单位；

②结算书的编制依据及计价口径；

③结算书的计量过程及计量方式；

④结算资料的完整性及可计费性；

⑤结算拟审价的准确性；

⑥项目总成本、总收入与评审数据的相关分析（内含预计总成本与实际成本偏离的原因、预计总收入与实际拟收入偏离的原因、毛利偏差及亏损的问题所在）。

5. 审计内部沟通和中期报告

根据与被审计单位的沟通、实地观察、资料的查阅与研究及现场实施情况，项目经理应组织召开项目组会议，进行审计方案的补充及小组人员的安排。

在审计实施过程中，项目组成员应经常交流、讨论，直至审计项目结束；要及时沟通业务进展情况，确定是否需要更改业务计划、扩展业务程序、扩大审计范围，以及时解决存在的问题，提高工作效率和业务质量。

审计项目经理可在业务实施过程中就有关事项与被审计单位的高级管理层进行沟通，目的是使发现的问题能够及时解决，降低组织风险。沟通中期进展情况的最好方式是编制中期报告。中期报告可以是书面的或是口头的，可以正式报送，也可以非正式报送，但是它不能代替最终的审计报告。需要注意的是，对基层运营事项有怀疑的，审计人员在与基层管理者讨论之前，最好不要向高一层管理部门提交材料，除非发生可疑的舞弊行为。这是因为一方面我们的怀疑需要论证，另一方面跨级沟通易引起被审计单位的抵触情绪。

需要编制中期审计报告的情况包括审计周期过长，审计项目内容复杂，突发事件导致对审计的特殊要求，组织适当管理层需要掌握审计项目进展信息，其他需要提供中期审计报告的情形。

案例一

某化学品集团审计人员到子公司审计时发现，这家公司的日常化学品业务操作过程与近期发生反应釜泄漏、人员中毒安全事故的同行业企业存在相似之处，此事项影响重大需要立即整改，审计人员在审计小结记录相关事实，并及时给管理层提供了一份中期报告。

6. 整理审计底稿

审计人员在实施审计时，应对审计工作进行记录，编制审计工作底稿，经项目经理复核后，交被审计单位签字确认。审计工作底稿分为纸质底稿和电子文档底稿。在汇总审计工作底稿、归纳审计发现时，底稿及证据要真实、完整、清晰。审计发现与确认要清晰、准确，审计结论要恰当，审计建议要具有可操作性。

（1）审计人员应在审计工作底稿记录证明材料的名称、来源和时间等，对审计工作底稿的真实性负责。

（2）审计工作底稿应由审计人员根据审计方案确定的内容编制，可形成综合工作底稿或"一事一稿"。

（3）审计工作底稿应包括以下主要内容：

①被审计单位名称；

②审计项目名称及实施时间；

③审计过程记录；

④审计人员对审计事项的评价、初步处理意见及建议；

⑤编制者姓名及编制日期；

⑥复核者姓名及复核日期；

⑦其他应说明的事项。

其中，审计过程记录的内容包括：

①实施审计具体程序的记录及资料；

②审计测试评价记录；

③审计方式及其调整变更情况记录；

④审计人员的判断、评价、处理意见和建议；

⑤审计组讨论记录和审计复核记录；

⑥审计组核实与采纳被审计单位对审计报告反馈意见的情况说明；

⑦其他与审计事项有关的记录和证明资料。

审计工作底稿附件包括：

①被审计单位财务收支有关的资料；

②与被审计单位审计事项有关的法律文件、合同、协议、会议记录、往来函件、公证、鉴定等资料原件、复印件或摘录件；

③其他有关的审计资料。

（4）相关工作底稿之间，应保持清晰的勾稽关系。相互引用时，应交叉注明底稿名称及编号。对需要补充和修改的审计工作底稿，项目经理应要求审计人员进行补充和修改。

（5）审计工作底稿未经审计部负责人批准，不得向外提供。审计工作底稿必须归类整理，纳入审计项目档案。

以上是按部就班的审计底稿流程，如果审计人员工作熟练、观察敏锐、思路分析重点突出，在结合企业的审计环境情况下，可以直接跳出这些条条框框，直接注重审计发现的获取。

7. 审计发现小结

（1）审计人员应用书面文字、图表等详细阐述相关的审计发现，审计人员成文的审计发现应有相关的审计证据来支持。

（2）召开审计结果沟通会，应就审计工作底稿内容与被审计单位交流，通报审计过程、审计结果及审计发现的问题，并讨论审计建议的可行性。审计沟通要以事实、制度为依据，并充分听取被审计单位意见，对争议事项可由被审计单位出具书面说明。根据会议的沟通结果，确认是否需要补充相关审计资料或重新开展审计调查，对重大异议应提请补充资料或追加审计。

三、审计终结阶段

1. 审计报告整理

通过实施有效的查核、取证并初步形成审计结论，内审人员可以进入审计项目的终结阶段。

审计的终结阶段，也称为审计报告阶段，是审计工作的总结阶段。这一阶段的工作主要是提出审计结论，编制审计报告，经适当复核后形成审计报告。其主要流程步骤如下。

（1）现场审计工作结束后，项目经理应根据审计结果沟通会情况、审计工作底稿、审计小结及相关资料，在综合分析、归类、整理、核对的基础上，及时出具审计报告征求意见稿。

（2）审计部对审计报告征求意见稿应内部集体讨论，形成统一意见后送交被审计单位征求意见；可以要求被审计单位自收到审计报告征求意见稿之日起若干日内，将书面意见及审计整改计划送交审计组，逾期不送，可视为对审计报告没有异议。

（3）审计组对被审计单位就审计报告提出异议的问题应进行核实、沟通，认为需要修改或调整审计报告的，可做必要的修改或调整。审计组可以对被审计单位提出的异议持保留意见，但需将书面的异议文件与审计报告同时报送上级领导。

（4）审计部应将审核后的审计报告及被审计单位的反馈意见交审计部分管领导审定。其中涉及金额巨大、情节严重的要提交公司董事会（审计委员会）审定。

（5）审计报告应用简洁、扼要的文字阐述审计目标、审计范围、审计人员执行的审计程序以及审计结论，并适当地表明审计人员的意见，做到语言简练、表达确切、观点鲜明。被审计单位对审计结论和建议的看法也可根据需要呈现在审计报告中。报告内容应包括：

①审计依据、审计范围、审计时间；

②被审计单位基本情况（包括企业性质、财务隶属关系、企业规模、经营成果等）；

③与审计事项有关的事实，包括主要业绩和发现的问题；

④对审计事项的评价，概述已审计项目内容，对已审事项的真实性、合法性、风险性、效益性及内控制度等进行评价；

⑤依据有关法律、法规、规章和具有普遍约束力的决定、规定和命令，对审计中发现的问题进行责任初步界定，提出纠正、改善意见或建议；对违规违纪行为提出处理、处罚的意见或建议；

⑥报告日期。

（6）审计报告中对下列事项不作评价：

①审计过程中未涉及的具体事项；

②证据不足、评价依据和标准不明确的事项。

如何才能写好审计报告？ 首先，要言之有物，要有的放矢，片面注重形式会显得底气不足；"巧妇难为无米之炊"，前期一定要做好审计发现工作，这样审计报告才能"骨肉丰满"。其次，要注重遣词造句，突出重点；报告要简短、平实，尽量不用模棱两可的词汇（如大概、好像、也许等），多用可量化指标或数据。

2. 审计报告报批、执行

（1）审计部将正式审计报告的定稿、被审计单位的不同意见（如有）、审计决定书（如有）报经直属领导、上级高层审批通过后，由审计部将审计报告正式下达被审计单位和有关部门，主送被审计单位主要负责人、财务负责人，抄送其他相关管理人员。被审计单位应对审计报告中提出的审计问题积极整改（需有关部门配合执行的，有关部门应予以配合）。

（2）被审计单位应在审计报告或审计发现事项通知书发送之日起若干工作日内回执审计部审计发现事项行动计划表。

（3）审计决定书报经上级高层批准后下发。审计决定书适用于公司各职能部门及分、子公司违反规定的有关行为。审计决定书主要内容包括：

①审计报告认定的被审计单位违规违纪的行为事实；

②对违规违纪行为的定性，做出的处理、处罚决定及其依据；

③需要进行整改的事项；

④处理、处罚决定执行的期限和要求。

（4）审计报告、审计决定书下发后，审计部应进行日常跟踪监督审计报告处理意见执行情况，并根据被审计单位对审计发现事项采取的行动的推进力度、进展及遇到的困难，有选择地实施必要的后续审计程序，确保审计效果。被审计单位未按规定期限和要求执行处理意见或审计决定的，审计部应责令其执行；仍不执行的，提请公司做出处分。

3. 审计资料归档

（1）审计项目结束后，审计人员应对审计资料进行整理、装订、编号，形成内部审计档案。

（2）应将记录和反映审计部门在履行审计职能活动中直接形成的具有保存价值的各种文字、图表、声像等不同形式的记录资料及审计通知书、审计方案、审计报告、审计行动计划表、审计决定书、审计工作底稿和附件归入审计档案。

（3）审计工作底稿是记录审计过程与审计发现的书面证据，审计工作底稿按统一格式填写，完整的工作底稿需由填写人及复核人签名，工作底稿附件含各类审计证据，审计事项的请示、回复及被审计单位经营管理资料等。

（4）内审部门应当将已移交的电子审计档案在本部门至少保存 5 年，其中的涉密信息必须符合保密存储要求。

（5）审计档案的借阅一般应限定在审计部门内部。凡需将审计档案借出审计部或要求出具审计结论证明的，应由审计部分管领导批准。

四、审计后续阶段

审计后续阶段即后续审计，是在审计终止后一段时间，再就同一项目已经审计过的内容对被审计单位进行追踪审计。

后续审计的目的主要是检查审计结论和处理决定的执行和落实情况。如果后续审计发现审计当时形成的、经被审计单位认可的审计意见没有执行，应立即采取措施，使审计决定得以实施。如果通过后续审计发现了新问题，应依据其重要程度，确定组织新的审计工作时间和方式等。

后续审计一般在审计终止后的半年内进行，具体间隔多久，应根据实际情况来定，一般可依据审计决定或审计意见要求的整改落实计划书的期限来确定。

根据审计项目重要程度的不同，可以采用不同的后续审计方法。后续审计可独立进行，也可直接把追踪整改结果作为下次审计工作的一部分来执行。

总之，内部审计工作是一项有组织、有步骤、有规律可循的管理活动。为了实现审计目标，高效完成审计任务，并保证审计工作质量和降低审计风险，内审人员在执行审计工作时，需要认真按流程办事。当然，也不应过于教条，内审人员可以结合各企业的审计环境和具体要求开展工作，为改善企业经营管理活动、增加价值贡献审计力量。

第三节　内部审计相关附表

以下分别是审计通知书示例、审计需提供的资料清单示例、工程项目类审计需提供的资料清单示例、审计工作底稿示例、审计报告封面示例，以及常规审计报告示例。

审计通知书示例

ABC 实业集团股份有限公司

审计通知书

集团审字〔20××〕××号

关于对 ×× 公司进行审计的通知

被审计单位名称：

根据年度审计工作计划（或集团总裁室安排等），集团审计部计划自20××年××月××日起，对你公司进行审计。请予以积极配合，提供有关资料和必要的工作条件。

集团总裁：

集团审计部

20××年××月××日

主送：[键入被审计单位领导]

抄送：[键入审计部领导，主要业务人员]

审计需提供资料清单示例

被审计单位名称：

因审计需要，需贵单位提供如下资料，并在"提供人/部门"栏注明提供人或部门；如无法提供请在"备注"栏说明，谢谢。

序号	资料名称	时间范围	要求	提供人	备注
一	**会计报表类**				
1	财务报表		提供参阅		
2	存货清单、存货盘点表		提供参阅		
3	固定资产清单和盘点报告		提供参阅		
4	纳税申报表		提供参阅		
5	外部审计报告及税务鉴证报告		提供参阅		
6	会计凭证、账册		提供参阅		
7	年度计划预算审批件		提供参阅		
8	银行对账单		提供参阅		
9	三项费用月度统计表		提供参阅		
10	……				
二	**文件资料**				
1	财务制度及费用报销标准		提供参阅		
2	组织架构及人员编制		绘表列示		
3	各种内部规定、财务管理制度		列表说明		
4	重要合同（采购、销售、资产类）		列表说明		
5	营业执照和税务登记证		提供参阅		
6	章程、设立文件		提供参阅		
7	……		提供参阅		
三	**各项经营循环（流程）**				
1	公司简介		提供参阅		
2	生产管理流程		提供参阅		
3	存货管理流程		提供参阅		
4	销售管理流程		提供参阅		
5	财务请款报账流程		提供参阅		
6	固定资产购建流程		提供参阅		
7	收款流程		提供参阅		
8	……				
四	**其他资料**				

制表：集团审计部

日期：20××年××月××日

工程项目类审计需提供资料清单示例

被审计单位名称：

一、结算评审文件		备注
1. 竣工结算分析表	☐	
2. 结算编制过程汇总表	☐	
3. 竣工图核查反馈表	☐	
4. 硬质及安装投标量与结算量对比表	☐	
5. 主要材料价格对比表	☐	
6. 联系单 / 签证单登记表	☐	
7. 结算与审计报表	☐	
8. 资料审查表	☐	
9. 结算书（软件版及 Excel 导出版）	☐	
……		
二、审计定案文件		
1. 审计定案分析报告	☐	
2. 结算审核对比表（量差、价差、扣减原因等）	☐	
……		
三、证明材料部分		
1. 招标文件、中标通知书、询标纪要	☐	
2. 投标文件（商务标）	☐	
3. 施工合同及补充合同	☐	
4. 开工报告、竣工报告、延期报告	☐	
5. 联系单、签证单、设计变更单	☐	
6. 工程量计算稿	☐	
7. 竣工图	☐	
8. 隐蔽验收记录（需要时提供）	☐	
9. 其他相关证明文件	☐	

制表：集团审计部　　　　　　　　　　　　　日期：20×× 年 ×× 月 ×× 日

审计工作底稿示例

ABC 实业集团股份有限公司

内部审计工作底稿

编号		报告编号	集团审第〔×〕号
被审计单位		审计项目	
编制人		编制日期	
复核人		复核日期	
查证内容及事实			
审计结论			

审计报告封面示例

集团审字〔20××〕××号

关于××公司常规审计
审计报告

主送：

　　××公司总经理

　　××公司财务经理

抄送：

　　集团公司董事长

　　集团公司总裁

　　集团公司审计委员会

20××年××月

常规审计报告示例
关于××公司常规审计报告

根据集团审计部20××年度工作计划，审计小组于××年××月××日至××月××日对××公司进行了常规审计，审计重点为公司内控制度体系规范、财税管理、资产管理、采购管理、生产管理、销售管理、人资管理等，现将审计结果报告如下。

一、基本情况

二、存在的主要问题

1.（此处略。）

2.（此处略。）

三、审计建议

1.（此处略。）

2.（此处略。）

集团审计部

20××年××月××日

第三章

采购与付款审计

采购与付款业务内部审计是指内部审计人员根据有关法规及公司内部控制制度，按照一定的程序和方法，对采购及付款部门各流程和控制环节合规性、合理性与有效性进行监督、检查和评估的活动。

采购审计的目的主要是促进企业合同采购，满足生产经营需要，规范采购行为，预防与堵塞管理漏洞，减少采购成本，降低公司费用，进而增加公司效益。采购与付款业务内部审计能评估采购执行情况，梳理采购业务操作流程，明确相关人员责任，威慑违法乱纪人员，为采购业务决策提供管理建议。

无论是基于控制采购成本所占的比重，还是出于增加公司盈利能力考虑，采购与付款业务审计都是企业内部审计重点项目。

第一节　采购与付款审计概述

企业的采购与付款业务包括购买商品、劳务和固定资产，以及企业在经营活动中为获取收入而发生的直接或间接的支出。

企业的支出从性质、数量和发生频率上看是多种多样的。部分支出与企业收入的形成直接相关，部分支出会形成企业资产，而这些资产为企业正常生产经营活动的开展奠定了基础。

本章主要探讨与购买货物和劳务及其款项支付相关的内部审计业务的开展。

一、采购与付款业务的目的与意义

在企业组织结构中，采购部门作为企业的成本中心，应对其所发生的成本、费用进行归集、分配，并对成本、费用支出加以控制。

通用电气前任首席执行官杰克·韦尔奇（Jack Welch）曾说："在一家公司里，采购和销售是仅有的两个能够产生收入的部门，其他部门发生的都是管理费用。"由于企业成本中约70%是采购成本，削减采购成本将极大提升企业盈利能力，专业高效的采购成本管理将帮助企业获得战略性竞争优势。

根据毕马威会计师事务所的统计，降低1%的采购成本可能使利润上涨5%~10%。但采购成本控制绝不只是简单地降低成本，片面强调低采购成本，有时会给企业发展带来更大的风险，如质量风险、技术风险、安全风险、缺货风险等。

高性价比要求企业在考量企业采购成本的同时，也要满足企业的基本质量要求。同时，采购管理还必须考虑企业的长期发展战略及核心竞争力的需求。

企业要进行有效的采购管理，必须建立一套完整、可行的管理制度，保证企业取得有利于企业产品或服务质量的物料，保持企业成本的持续优化，实现企业存货投资和损失的最小化，提高公司的盈利水平和竞争地位，保证企业的运营效率不断提高、经营效果持续改善。

　　大型集团公司每年的物资采购金额从几千万元到几百亿元不等，内部审计能帮助企业优化采购流程，提高采购效率，达到持续降低采购成本的目的，企业可以因此产生很好的管理收益。

二、采购与付款业务的特征

　　采购与付款业务的特征主要体现在两个方面：一是该业务所涉及的主要凭证和账户，二是该业务中的主要业务活动。

　　在企业经营活动中，采购业务与支付货款过程密切相关。企业的采购与付款业务是由向供应商购入商品、劳务或其他资产，确认负债以及偿还负债等有关业务活动组成的。根据财务报表项目与业务循环的相关程度，采购与付款业务所涉及的财务报表项目主要是资产负债表项目，一般包括预付账款、固定资产、在建工程、工程物资、固定资产清理、无形资产、开发支出、商誉、长期待摊费用、应付票据、应付账款和长期应付款等；所涉及的利润表项目通常为销售费用和管理费用。

（一）主要凭证和账户

　　采购与付款业务通常需要经过请购、订货、验收、仓储和付款等程序，在内部控制比较健全的企业，其处理、控制采购与付款业务通常需要使用很多凭证与会计记录，典型的采购与付款业务所涉及的主要凭证与会计记录有以下几种。

1. 请购单

　　请购单是由产品制造、资产使用等部门的有关人员填写，送交采购部门，申请购买商品、劳务或其他资产的书面凭证。

2. 订购单

　　订购单是由采购部门填写，向另一企业购买订购单上所指定的商品、劳务或其他资产的书面凭证。

3. 来料检验通知单

　　采购部门和验收部门确认交货与订购单上的要求是否相符，据此整理成收货明细资料，生成来料检验通知单。

4. 验收单

　　验收单是收到商品、资产时所编制的凭证，列示从供应商处收到的商品、资产的名称、种类和数量等内容。

5. 入库单

入库单是商品验收合格，仓库部门入库时签发的记载品名、规格、数量、单价等内容的单据。

6. 退货通知单

退货通知单是因采购商品入库前不符合质量检验标准所开出的凭证。

7. 卖方发票

卖方发票（供应商发票）是供应商开具的，交给买方以载明发运的货物或提供劳务的种类、数量、应付款金额和付款条件等事项的凭证。

8. 付款凭单

付款凭单是采购方企业应付凭单部门编制的，载明已收到的商品、资产或接受的劳务，应付款金额和付款日期的凭证。付款凭单是采购方企业内部记录和支付负债的授权证明文件。

9. 转账凭证

转账凭证是指记录转账业务的记账凭证，它是根据有关转账业务（即不涉及库存现金、银行存款收付的各项业务）的原始凭证编制的。

10. 付款凭证

付款凭证包括现金付款凭证和银行存款付款凭证，是指用来记录库存现金和银行存款支出交易的记账凭证。

11. 应付账款明细账

应付账款明细账即列示单个贷方（供应商）账户的明细分类账。

12. 库存现金日记账和银行存款日记账

库存现金日记账是出纳人员根据审核无误的现金收款、付款凭证和银行存款付款凭证逐日逐笔登记的账簿。银行存款日记账是由出纳人员根据审核无误的银行存款收付凭证，序时逐笔登记的账簿。

13. 供应商对账单

供应商对账单是由供应商按月编制的，标明期初余额、本期购买（数量）金额、本期支付给供应商的款项和期末余额的凭证。供应商对账单是供应商对有关业务的陈述，如果不考虑买卖双方在收发货物上可能存在的时间差等因素，其期末余额通常应与采购方相应的应付账款期末余额保持一致。

（二）主要业务活动

采购商品或取得劳务是企业组织生产和满足销售需要的前提。采购与付款主要业务活动程序是"请购和订购商品或劳务→验收及储存→记账及付款"，这些业务主要涉及生产部、采购部、验收部、仓储部、财务部等部门。如果条件允许，一个企业应尽可能地将各项职能活动指派给不同的部门或职员来完成，这样，每个部门或职员都可以独立检查其他部门和职员工作的准确性，以保证业务处理的正确、可靠。

以采购货物为例，典型的采购与付款业务主要涉及以下活动。

1. 请购商品或劳务

企业采购商品或劳务，首先应提出采购申请。企业根据顾客订单及销售预算编制生产预算，测算一定期间内的货物（商品、原料、资产）需求，生产部门根据生产预算及相应的物料需求，签发预先编号的生产通知单和材料需求报告，列示所需要的材料和零件，结合库存存货数量确定采购货物数量。仓库根据需求报告对需要购买的货物填写请购单，报采购部门。其他部门也可以对所需要购买的生产预算以外的项目编制请购单报采购部门。

大多数企业对正常经营所需物资的购买均做一般授权。例如，仓库在现有库存达到再订购点时，就可直接提出采购申请，其他部门也可为正常的维修工作和类似工作直接申请采购有关物品。但对资本支出和租赁合同，企业则通常要求做特别授权，只允许指定人员提出请购。请购单可由手工或计算机编制。由于企业内不少部门都可以填列请购单，请购单可能不便事先被编号，为加强控制，每张请购单必须经过对这类支出预算负责的主管人员签字批准。

请购单是采购业务轨迹的起点。

2. 编制订购单

采购部门在收到请购单后，只能对经过批准的请购单发出订购单。对每张订购单，采购部门应确定最佳的供应来源。对一些大额、重要的采购项目，应采取竞价方式来确定供应商，以保证供货的及时性和质优价廉。

订购单应正确填写所需要的商品品名、规格、数量、价格、供应商名称和地址等信息，预先予以顺序编号并经过被授权的采购人员签字。其正联应送交供应商，副联则送至企业内部的验收部门、应付凭单部门和编制请购单的部门。随后，应独立检查订购单的处理，以确定是否实际收到商品并正确入账。

3. 验收商品

有效的订购单代表企业已经授权验收部门接受供应商发运来的商品，由验收部门执行来料入库前的品质检验。供应商交货后，验收部门首先应确认所收商品与订购单上的要求是否相符，如商品的品名、规格、数量、到货时间等，然后再盘点商品并检查商品质量及有无毁损。

验收后，验收部门应对已收货的每张订购单编制"一式多联"、预先按顺序编号的验收单，作为验收和检验商品的依据。验收完毕后，应立即将货物送交仓库或其他请购部门，并将验收单副联分送采购部、存储部门和应付凭单部门。验收人员将商品送交仓库或其他请购部门时，应取得经过签字的收据，或要求其在验收单的副联上签收，以确立相关部门对所采购的资产应负的保管责任。

若验收不合格，验收部门应编制"一式多联"的退货通知单，经上级主管审核后，将不合格品连同退货通知单的供应商联一起退回给供应商。

4. 储存已验收的商品

仓库部门将已验收商品办理入库，生成"一式多联"入库单。已验收商品的保管与采购的其他职责相分离，可减少未经授权的采购和盗用商品的风险。存放商品的仓储区应相对独立，限制无关人员接近。

5. 编制付款凭单

记录采购业务之前，应付凭单部门应编制付款凭单。编制付款凭单应注意以下事项：

（1）确定供应商发票的内容与相关的订购单、验收单的一致性；

（2）确定供应商发票计算的正确性；

（3）编制有预先顺序编号的付款凭单，并附上支持性凭证（如订购单、验收单和供应商发票等），这些支持性凭证的种类，因业务对象的不同而不同；

（4）独立检查付款凭单计算的正确性；

（5）在付款凭单上填入应借记的资产或费用的账户名称；

（6）由被授权人员在凭单上签字，以示批准照此凭单要求付款；

（7）所有未付凭单的副联应保存在未付凭单档案中，以待日后按照此凭单要求付款。

6. 确认与记录负债

要正确确认已验收货物和已接受劳务的债务，准确、及时地记录负债。该记录对企业财务报表和实际现金支出具有重大影响。与应付账款确认和记录相关的部门一般有责任核查购置的财产，并在应付凭单登记簿或应付账款明细账中加以记录。在收到供应商发票时，应付账款部门应将发票上所记载的品名、规格、价格、数量、条件及运费与订购单上的有关资料进行核对，如有可能，还应与验收单上的资料进行比较。

应付账款确认与记录的一项重要控制是要求记录现金支出的人员不得经手现金、有价证券和其他资产，恰当的凭证记录与记账手续对应付账款职能而言是必不可少的控制。

在手工系统下，应将已批准的未付款凭单送达财务部门，由其据以编制有关记账凭证和登记有关账簿。会计主管应监督为采购业务而编制的记账凭证中账户分类的适当性；通过定期核对编制记账凭证的日期与凭单副联的日期，监督入账的及时性。独立检查会计人员则应核对所记录的凭单总数与应付凭单部门送来的每日凭单汇总表是否一致，并定期独立检查应付账款总账余额与应付凭单部门未付款凭单档案中的总金额是否一致。

7. 付款

通常由应付凭单部门负责确定未付凭单在到期日付款情况。企业有多种款项结算方式，以支票结算方式为例，编制和签署支票的有关控制包括：

（1）独立检查已签发支票的总额与所处理的付款凭单总额的一致性；

（2）应由被授权的财务部门人员负责签署支票；

（3）被授权签署支票的人员应确定每张支票都附有一张已经适当批准的未付款凭单，并确定支票收款人姓名和金额与凭单内容的一致性；

（4）支票一经签署就应在其凭单和支持性凭证上用加盖印戳或以打洞等方式将其注销，以免重复付款；

（5）支票签署人不应签发无记名甚至空白的支票；

（6）支票应预先顺序编号，保证支出支票存根的完整性和作废支票处理的恰当性；

（7）应确保只有被授权的人员才能接近未经使用的空白支票。

8. 记录现金、银行存款支出

在手工系统下，财务部门应根据已签发的现金（转账）支票编制付款记账凭证，并据以登记现金日记账、银行存款日记账及其他相关账簿。以记录银行存款支出为例，有关控制包括：

（1）会计主管应独立检查记入银行存款日记账和应付账款明细账的金额一致性，以及和支票汇总记录的一致性；

（2）通过定期比较银行存款日记账记录的日期与支票副本的日期，独立检查入账的及时性；

（3）独立编制银行存款余额调节表。

三、采购与付款业务的内部控制

在审计过程中，为了提高审计效率和审计质量，审计人员需要将采购与付款业务的控制测试、实质性程序结合使用。如果被审计单位具有健全并且运行良好的相关内部控制，审计人员则可以把审计重点放在控制测试和交易的实质性程序上，这样可大大减少实质性程序的工作量，提高审计效率。

对每一项内部控制目标，也就是实施相应控制测试和交易实质性程序所要达到的审计目标，审计人员必须了解被审计单位的内部控制，确定其存在哪些关键的内部控制，并确认每一目标的有效控制和薄弱环节，对每一目标的控制风险做出初步评估，然后制定计划确定对哪些控制实施控制测试。而对与这些目标有关的、旨在发现金额错误的交易实质性程序，则应根据对控制风险的初步评估和计划实施的控制测试加以确定。当审计人员对每一个目标均制定了审计测试程序后，把这些审计测试程序综合起来，便可构成一个能够有效执行的审计方案。

（一）采购与付款业务关键风险点

企业采购业务至少应当关注下列风险：

（1）采购计划安排不合理，市场变化趋势预测不准确，造成库存短缺或积压，这可能导致企业生产停滞或资源浪费；

（2）供应商选择不当，采购方式不合理，招投标或定价机制不科学，授权审批不规范，可能导致采购物资质次价高，出现舞弊或遭受欺诈；

（3）采购验收不规范，付款审核不严，可能导致采购物资、资金损失或信用受损。

（二）采购与付款业务的内部控制目标

企业应当结合实际情况，全面梳理采购与付款业务流程，完善采购与付款业务相关管理制度，统筹安排采购计划，明确请购、审批、购买、验收、付款、采购后评估等环节的职责和审批权限，按照规定的审批权限和程序办理采购业务，建立价格监督机制，定期检查和评价采购过程中的薄弱环节，采取有效控制措施，确保物资采购满足企业生产经营需要。

采购与付款循环的内部控制目标主要包括：

（1）所记录的采购都确已收到物品或已接受劳务，并符合采购方的最大利益；

（2）已发生的采购业务均已记录；

（3）所记录的采购业务估价正确；

（4）采购业务的分类正确；

（5）采购业务按正确的日期记录；

（6）采购业务被正确记入应付账款和存货等明细账中，并被正确汇总；

（7）企业应按照《现金管理暂行条例》《支付结算办法》等有关货币资金内部会计控制的规定办理采购付款交易。

（三）采购与付款业务的内部控制要点

受采购与付款业务影响的主要相关交易和账户余额有应付账款、管理费用、销售费用、预付账款、应付票据等科目。采购与付款业务涉及的关键内部控制点如下。

1. 请购商品或劳务环节的控制

（1）需按制度要求填制和保管请购单，均需要填写商品名称、请购原因、规格、数量、交货期等重要事项。

（2）请购单须经核准后才可被传递到下一个步骤。

2. 订购单环节的控制

采购员须按采购制度的要求生成订购单，具体包括：

（1）所有请购单须在一定期间内执行订购，以免造成缺货；

（2）对不同部门的同一类物料，须将其汇总后统一订购；

（3）采购订单下发前须核对目前库存是否在安全库存以下；

（4）采购订单下发前须核对该类物料的最小订购批量；

（5）对有多个合格供应商的物料，须向三个以上合格供应商询价并议价，选择单价较低的供应商下达订单；

（6）计算交货期前，须给所有物料的订购留有适当的前置期（物料前置期是指从发出订购单到最终收到货物的时间间隔）等；

（7）所有订购单均须经采购主管核准后才能发给供应商。

3. 来料检验环节的控制

来料检验需按既定程序和要求执行，具体包括：

（1）来料检验通知单需连续编号管理；

（2）来料检验通知单需在规定时间内完成检验，生成入库单；

（3）如果是不合格品，须同时生成退货通知单；拟退回供应商的物料，需单独存放，并明确标示；

（4）需定期或不定期对免检产品进行抽检，并需详细保留抽检记录等；

（5）所有验收单均需经检验科主管核准后才能办理入库手续。

4. 入库环节的控制

入库单需有对应的验收单作为依据，除免检物料外，所有物品没有验收单不能办理入库手续。

5. 退货环节的控制

如果来料不良，需要退货，也需按规定程序办理相关手续，具体包括：

（1）退货通知单需有对应的验收报告作为依据；

（2）所有的退货单均需及时反馈给对应的供应商；

（3）所有的不合格品均需及时退回供应商，并经供应商收货确认。

6. 收取发票环节的控制

（1）发票和入库单在货物名称、数量、规格和单价上需保持一致。

（2）发票需及时入账。

7. 付款环节的控制

（1）需按与供应商签订的合同，及时给供应商付款，并核销相应的应付账款。

（2）须定期与供应商对账。

（四）采购与付款业务的基本内部控制制度

企业的采购与付款业务包括一般商品或劳务的采购和固定资产的采购，其内部控制一般包括以下内容。

1. 适当的职责分离

适当的职责分离有助于防止各种有意或无意的错误。企业应当建立采购与付款业务的岗位责任制，明确相关部门和岗位的职责、权限，确保办理采购与付款业务的不相容岗位相互分离、制约和监督。企业不得由同一部门或个人办理采购与付款业务的全过程。企业采购与付款业务的不相容岗位通常包括以下这些类别：

（1）请购与审批；

（2）询价与确定供应商；

（3）采购合同的订立与审批；

（4）采购与验收；

（5）采购、验收与相关会计记录；

（6）付款审批与付款执行；

（7）付款记录与付款执行。

以上这些都是对企业提出的、有关采购与付款业务相关职责适当分离的基本要求，以确保办理采购与付款业务的不相容岗位相互分离、制约和监督。

2. 完善的授权审批和审核制度

企业应当建立采购与付款业务的授权制度和审核批准制度，明确审批人对采购与付款业务的授权批准方式、权限、程序、责任和相关控制措施，规定经办人办理采购与付款业务的职责范围和工作要求。审批人应当根据采购与付款业务授权批准制度的规定，在授权范围内进行审批，不得超越审批权限。

经办人应当在职责范围内，按照审批人的批准意见办理采购与付款业务。企业应按照请购、审批、采购、验收、付款等规定的程序办理采购与付款业务，并在采购与付款各环节设置相关的记录、填制相应的凭证，建立完整的采购登记制度，加强请购手续、采购订单（或采购合同）、验收证明、入库凭证、采购发票等文件和凭证的相互核对工作。

3. 请购与审批制度

企业应当建立采购申请制度，依据购置商品或劳务的类型，确定归口管理部门，授予相应的请购权，并明确相关部门或人员的职责权限及相应的请购程序。

企业应当建立严格的请购审批制度。对于超预算和预算外采购项目，应当明确审批权限，由审批人根据其职责、权限，以及企业实际需要对请购申请进行审批。

4. 采购与验收制度

（1）采购

企业应当根据物品或劳务等的性质及其供应情况确定采购方式。一般物品或劳务等的采购应采用订单采购或合同订货等方式。机器设备等固定资产的采购应由采购部门、设备管理部门、使用部门共同参与采购。如果采购金额较大，可采用招投标的方式。小额零星物品或劳务等的采购可以采用直接购买等方式，但应由经授权的部门事先对价格等有关内容进行审查。

（2）验收

企业应当根据规定的验收制度和经批准的订单、合同等采购文件，由独立的验收部门或指定专人对所购物品或劳务等的品种、规格、数量、质量和其他相关内容进行验收，出具检验报告、计量报告或验收证明。对验收过程中发现的异常情况，负责验收的部门或人员应当立即向有关部门报告；有关部门应当查明原因，及时处理。

5. 付款制度

企业应当按照《现金管理暂行条例》《支付结算办法》和《内部会计控制规范——货币资金》等规定办理采购付款业务。企业财会部门在办理付款业务时，应当对采购发票、结算凭证、验收证明等相关凭证的真实性、完整性、合法性及合规性进行严格审核。企业应当建立预付账款和定金的授权批准制度，加强预付账款和定金的管理，由专人按照约定的付款日期、折扣条件等管理应付款项，已到期的应付款项需经有关授权人员审批后，方可办理结算与支付。企业应当建立退货管理制度，对退货条件、退货手续、货物出库、退货货款回收等做出明确规定，及时收回退货款。企业应当定期与供应商核对应付账款、应付票据、预付款项等往来款项，如有不符，应查明原因，及时处理。

6. 监督检查

企业应当建立对采购与付款循环内部控制的监督检查制度，明确监督检查机构或人员的职责权限，定期或不定期地进行检查。

企业监督检查机构或人员应通过实施控制测试和实质性程序检查采购与付款业务内部控制制度是否健全，各项规定是否得到有效执行。

采购与付款内部控制监督检查的内容主要包括采购与付款业务相关岗位及人员的设置情况，重点检查是否存在采购与付款业务不相容职务混岗的现象；采购与付款业务授权批准制度的执行情况，重点检查大宗采购与付款业务的授权批准手续是否健全，是否存在越权审批的行为；应付账款和预付账款的管理，重点审查应付账款和预付账款支付的正确性、时效性和合法性；有关单据、凭证和文件的使用和保管情况，重点检查凭证的登记、领用、传递、保管、注销手续是否健全，使用和保管制度是否存在漏洞。

第二节　采购与付款审计思路

采购与付款主要包括制定计划、请购、询价、供应商选择、合同评审、验收入库、货款支付等环节。

采购与付款审计主要对采购与付款过程中各个环节所面临的各种风险进行审计与评估，采购与付款过程可能存在的主要问题与漏洞包括但不限于：

（1）公司没有制定相对应的管理制度与操作细则，作业方式不统一，无监督无审查；

（2）公司没有制定采购预算或预算执行松弛，物资超量采购或采购不必要的物资；

（3）采购授权不清晰，非授权人采购物资；

（4）公司没有评审定点供应商名录。采购员随便确定供应商，采购低质高价物品；

（5）供应商报价不规范、项目不齐全、手续不完备；

（6）没有三家以上供应商报价，没有谈判过程或谈判过程不记录、不公开；

（7）采购员工泄露公司采购预算或采购底价；

（8）采购价格比市场价格高，没有价格信息调查过程；

（9）"报价单"价格低于"比价单"价格，人为增加采购成本；

（10）不从厂家进货，通过中间商采购；

（11）合同签订金额超过相关人员权限；

（12）合同执行过程中价格及条款的变更依据不足；

（13）合同或订单实际执行时间、数量、金额与约定不相符；

（14）采购物资与合同约定的生产商、质量、型号不符；

（15）采购物品付款前未经仓库及使用部门审核确认；

（16）支付款项（预付款项）不按合同执行或没有后续核对与监管。

从制定采购计划到货物款项支付的整个过程中，可能由于参与人员能力不足、工作失误、客观条件限制甚至人为干预等因素，给企业的价值造成伤害，这些正是内部审计需要揭示并建议企业改进之处。

一、采购计划审计

采购业务从计划（或预算）开始，包括需求计划和采购计划。现实中，企业需求部门一般根据生产经营需要向采购部门提出物资需求计划，采购部门根据该需求计划归类汇总，考虑现有库存物资及供货周期后，统筹安排采购计划，并按规定的权限和程序审批后执行。

（一）采购计划风险分析

采购计划风险主要包括需求或采购计划不合理、不按实际需求安排采购或随意超计划采购，与企业生产经营计划不协调等。

（二）采购计划控制措施

为了保证企业采购计划贯彻执行，企业对于采购计划采取的控制措施应包括但不限于以下几项。

（1）生产、经营、项目建设等部门应当根据实际需求准确、及时地编制需求计划。需求部门提出需求计划时，不能指定或变相指定供应商。对独家代理、专有、专利等特殊产品应提供相应的独家、专有资料，经专业技术部门研讨后，提交具备相应审批权限的部门或人员审批。

（2）采购计划是企业年度生产经营计划的一部分，在制定年度生产经营计划过程中，企业应当根据发展目标实际需要，结合库存和在途情况，科学安排采购计划，防止采购过量或不足。

（3）采购计划应纳入采购预算管理，经相关负责人审批后，作为企业刚性指令严格执行。

（三）采购计划审计常规问卷

审计人员在对采购计划环节进行审计前，应当对企业与采购计划控制相关的内部环境及控制制度进行初步了解，以调查问卷形式列示，包括但不限于：

（1）公司有无书面的采购操作流程文本；

（2）公司的采购类型或方式有哪几种；

（3）负责采购的部门有哪些，分别负责何种类型的采购；

（4）采购部门采用何种组织结构，是否定期进行人员轮换；

（5）公司一般的购货流程是如何运转的；

（6）公司是否每年制定采购计划，是否依据生产和营销计划来制定采购计划；

（7）采购计划的变更是否经合理的批准。

（四）采购计划审计程序

审计人员对企业与采购计划控制相关的内部环境及控制制度进行初步了解后，应当依据所了解情况，对企业采购计划环节风险发生的可能性及其影响程度进行评估，明确关键风险点，有针对性地选择审计程序，具体程序包括但不限于：

（1）对采购部相关人员进行访谈，了解采购计划制定的依据和程序等；

（2）获得书面的采购计划制定政策的范本，对照采购政策，评估采购计划流程的符合程度；

（3）对生产部门、财务部相关人员进行访谈，了解他们对于采购计划的参与程度；

（4）查看年度采购计划的内容是否完整（包括采购品种、数量、价格、质量要求、批量进度安排及资金计划），是否有高级管理层的签字或者确认；

（5）查看生产部门、财务部的采购计划是否与采购部门的计划一致；

（6）获得月/季度采购计划，检查其是否与年度采购计划的批量进度一致；

（7）对生产部门相关人员进行访谈，了解生产计划的变更情况，获得生产计划变更文件；

（8）对采购部相关人员进行访谈，了解采购计划变更的依据和程序等；

（9）审阅更新的采购计划是否有相应的变更依据以及管理层的审批签字；

（10）从生产部门、财务部取得变更后的采购计划，检查其是否与采购部门的变更计划一致；

（11）获得采购部每月编制的采购差异报告，查看其是否有管理层的审阅记录；

（12）获得财务部对于采购资金计划与实际的差异报告，查看该差异是否与采购差异一致；

（13）对采购部相关人员进行访谈，了解差异产生的原因及其对生产的影响；

（14）对生产部门相关人员进行访谈，了解采购计划的差异对生产的影响。

二、物资请购审计

请购是指企业生产经营部门或其他需求部门根据采购计划和实际需要，提出的采购申请。

（一）物资请购风险分析

物资请购风险包括缺乏采购申请制度，请购未经适当审批或超越授权审批，可能导致采购物资过量或不足，影响企业正常的生产经营。

（二）物资请购控制措施

为了保证企业物资请购正确执行，企业对于物资请购采取的控制措施应包括但不限于以下几项。

（1）建立采购申请制度，依据购买物资或接受劳务的类型，确定归口管理部门，授予相应的请购权，明确相关部门或人员的职责权限及相应的请购程序。企业可以根据实际需要设置专门的请购部门，对需求部门提出的采购需求进行审核，并进行归类汇总，统筹安排企业的采购计划。

（2）具有请购权的部门对于预算内采购项目，应当严格按照预算执行进度办理请购手续，并根据市场变化提出合理采购申请。对于超预算和预算外采购项目，应先履行预算调整程序，由具备相应审批权限的部门或人员审批后，再行办理请购手续。

（3）具备相应审批权限的部门或人员审批采购申请时，应重点关注采购申请内容是否准确、完整，是否符合生产经营需要，是否符合采购计划，是否在采购预算范围内等。对不符合规定的采购申请，应要求请购部门调整请购内容或拒绝批准。

（三）物资请购审计常规问卷

审计人员在对物资请购环节进行审计前，应当对企业与物资请购控制相关的内部环境及控制制度进行初步了解，以调查问卷形式列示，包括但不限于：

（1）询问采购需求从提出、审批通过到采购部进行处理的控制流程；

（2）公司是否定期核对采购计划执行情况；

（3）超采购计划的采购需求是否经合理的批准；

（4）询问是否存在紧急采购，如有，紧急采购的流程是什么，频率如何。

（四）物资请购审计程序

审计人员对企业与物资请购控制相关的内部环境及控制制度进行初步了解后，应当依据所了解情况，对企业物资请购环节风险发生的可能性及其影响程度进行评估，明确关键风险点，有针对性地选择审计程序，具体程序包括但不限于：

（1）从请购单中用判断抽样抽取若干个样本，检查是否有需用部门负责人审核签字，是否经其他管理层人员批准签字；

（2）询问企业对超计划采购的审批权限规定；

（3）询问采购部门或相关部门是否有专人定期将采购需求与采购计划进行比较，是否有书面记录；

（4）从需求与计划比较记录中，用判断抽样抽取若干个样本，检查比较是否有分析和改进措施的跟进；

（5）从采购订单中用判断抽样抽取若干个超采购计划的事项样本，跟踪至相应的调查记录，以及高级管理层的批准记录；

（6）询问管理层紧急采购的流程，查核有无专人定期复核，抽取若干个紧急采购业务分析其必要性及合理性；

（7）询问采购部门或相关部门关于采购订单审核的程序；

（8）从采购订单中用判断抽样抽取若干采购订单样本，检查订单是否有复核签字及批准签字，并检查订单是否向经批准的供应商发出，采购价格是否符合公司的定价；

（9）检查采购订单档案，检查采购订单是否事先连续编号；

（10）从采购订单中用判断抽样抽取若干个订单样本，检查完成订单是否有标记；

（11）对于长期未完成订单，调查其原因；

（12）对企业的采购部进行访谈，了解备品备件的采购流程和操作部门；

（13）获得经批准的合格供应商清单；

（14）使用判断抽样，选取若干个备品采购订单样本，与获得的合格供应商列表进行比较，确认订单的对象是在清单上可以找到的供应商；

（15）使用判断抽样，选取若干张采购发票，追踪发票付款的供应商，判断是否为经批准的供应商。

三、采购询价审计

采购数量确定以后，采购价格的高低将直接影响采购成本支出，并将最终影响企业的经营成果。采购货物不仅要价格低，也要能够满足企业最基本的要求，严格按照企业要求询价比价，以最优"性价比"采购到符合需求的物资，是采购部门的基本职责。

（一）采购询价风险分析

采购询价机制不科学，采购询价方式选择不当，缺乏对重要物资品种价格的跟踪监控，导致采购价格虚高，或者采购物资质量达不到企业要求，都可能造成企业资金损失。

（二）采购询价控制措施

为了保证采购目标的实现，企业对于采购询价采取的控制措施应包括但不限于以下两种。

（1）健全采购询价机制，采取招标采购、询比价采购、动态竞价采购、协议采购等多种方式，科学合理地确定采购价格。对标准化程度高、需求计划性强、价格相对稳定的物资，通过招标、联合谈判等公开竞争方式签订框架协议。

（2）采购部门应当定期研究大宗通用重要物资的成本构成与市场价格变动趋势，确定重要物资品种的采购执行价格或参考价格。建立采购价格数据库，定期研究重要物资的市场供求形势，对价格走势及周期性波动进行分析并加以合理利用。

（三）采购询价审计常规问卷

审计人员在对采购询价环节进行审计前，应当对企业与采购询价控制相关的内部环境及控制制度进行初步了解，以调查问卷形式列示，包括但不限于：

（1）以公开招标方式采购商品的价格如何确定，其是否包括在供应商主档案中；

（2）对于单一来源或者从有限供应商处采购商品的价格如何确定；

（3）公司的询价程序如何进行，是否有书面的记录。

（四）采购询价审计程序

审计人员对企业与采购询价控制相关的内部环境及控制制度进行初步了解后，应当依据所了解情况，对企业采购询价环节风险发生的可能性及其影响程度进行评估，明确关键风险点，有针对性地选择审计程序，具体程序包括但不限于：

（1）询问采购部门或其他相关部门采购定价的询价程序；

（2）从企业采购产品基准价格表中用判断抽样的方法抽取若干个样本，跟踪至询价记录，检查基准价格的确定是否正确，并检查询价记录的操作人及审核人的签字，以及基准价格批准人的签字；

（3）询问采购部门或其他相关部门确定采购价格遵循的程序；

（4）获得并查核采购基准价格的权限浮动表；

（5）从采购合同或订单中用判断抽样抽取若干份采购合同样本，检查其价格是否与基准价格相符或与公司的询价结果相符，并检查相关人员的签字及批准采购合同或订单人的签字；

（6）询问采购部门或其他相关部门采购定价定期更新的相关程序；

（7）检查公司采购产品基准价格表，检查其价格是否定期更新，是否有管理层的签字确认。

四、供应商选择审计

选择供应商也就是确定采购渠道，它是企业采购业务流程中非常重要的环节。

（一）供应商选择风险分析

供应商选择不当，可能导致采购物资质次价高，甚至出现舞弊行为。

（二）供应商选择控制措施

为了保证公司采购过程中，供应商选择符合企业最大利益，企业对于供应商选择采取的控制措施应包括但不限于以下几项。

（1）建立科学的供应商评估和准入制度，对供应商资质信誉情况的真实性和合法性进行审查，确定合格的供应商清单，健全企业统一的供应商数据库。企业新增供应商的市场准入、供应商新增服务关系以及调整供应商物资目录，都要由采购部门根据需要提出申请，并按规定的权限和程序审核批准后纳入供应商数据库。企业可委托具有相应资质的中介机构对供应商进行资信调查。

（2）采购部门应当按照公开、公平和竞争的原则，择优确定供应商，在切实防范舞弊风险的基础上，与供应商签订质量保证协议。

（3）建立供应商管理信息系统和供应商淘汰制度，对供应商提供的物资或劳务的质量、价格、交货及时性、售后服务及其资信、经营状况、供货条件等进行实时管理和考核评价，根据考核评价结果，提出供应商淘汰和更换名单，经审批后对供应商进行合理选择和调整，并在供应商管理系统中做出相应记录。

（三）供应商选择审计常规问卷

审计人员在对供应商选择环节进行审计前，应当对企业与供应商选择控制相关的内部环境及控制制度进行初步了解，以调查问卷形式列示，包括但不限于：

（1）企业如何选择供应商，是否有相关的政策；

（2）供应商档案的保管采用何种方式，有无保密措施；

（3）供应商资格是否定期审核，若是，审核程序是怎样的；

（4）供应商档案的授权接触控制是如何设置的。

①使用系统管理的供应商档案的逻辑接触控制是否合理，使用人是否定期更换操作密码。

②手工管理的供应商档案是否有相关的保密政策，并由专人管理。

（四）供应商选择审计一般程序

审计人员对企业与供应商选择控制相关的内部环境及控制制度进行初步了解后，应当依据所了解情况，对企业供应商选择环节风险发生的可能性及其影响程度进行评估，明确关键风险点，有针对性地选择审计程序，具体程序包括但不限于以下各项。

（1）与采购部经理进行访谈，了解供应商分类的标准以及选择供应商的标准和流程，包括：

①标准的制定方法和制定人（如质量标准由质量部门、生产技术部或试验室制定，价格标准由财务部制定等）及制定的标准（如供货质量、供货及时性、货款价格、生产能力、信誉等）；

②数据库中候选供应商的数量；

③供应商选择过程，包括是否经过招标、是否先经小规模试生产、是否由各部门综合评价等；

④所使用的档案，如书面政策、询价单据、评审表等；

⑤选择的标准及流程是否有改变及改变的频率；

⑥符合标准但未列入最终名单的供应商是否列入潜在供应商名单。

（2）了解企业选择供应商的政策（书面文件），查看其是否经管理层审批，并与以上了解到的程序进行比较，查看是否有出入。

（3）询问政策下达部门的操作人员对政策的了解程度。

（4）取得企业的供应商名单，查看其是否经过管理层的审批。

（5）采用判断抽样的方法抽取若干家供应商，查看相应的单据（如评审表等），判断其是否经过企业规定的选择流程。

（6）采用判断抽样的方法随机抽取若干张采购发票，查看其是否全部从列入名单的供应商处采购。

（7）对生产部门及采购部门进行访谈，了解其对原料的质量问题如何监控，如是否将质量有问题的原料记录在案并及时向供应商反馈。

（8）采用判断抽样的方法随机抽取若干个原料质量问题反馈记录，查看其是否及时与供应商沟通和改进情况，以及是否在对供应商的评价报告中有所反映。

（9）对采购部经理进行访谈，了解更新供应商的标准和流程，包括：

①对供应商的定期复核频率；

②对供应商的复核程序与方法（如评价报告等）。

（10）采用判断抽样的方法从供应商清单中抽取若干家供应商，查看相应的评价报告，判断是否经过企业规定的定期复核流程。

（11）从评价报告中寻找不合格的供应商，查看其是否还在最新的经管理层批准的合格供应商名单中。

（12）查看不合格的供应商名单及相关档案是否有所保存。

（13）对采购部、IT部等相关部门进行访谈，了解供应商数据更改的政策与流程、使用的单据、审批人等。

（14）采用判断抽样的方法抽取若干个数据更改记录，查看更改人是否经过适当的授权，更改的记录是否辅有相应的批准与审核单据，资料的更改是否及时。

（15）询问采购部有无对供应商档案保密的政策，并获得书面文本，复核管理层的确认记录。

（16）访谈采购部门具体业务人员，评价供应商保密政策的执行情况。

（17）访谈IT人员，了解系统中供应商档案控制的情况。

（18）在IT人员的帮助下，获得可以访问供应商档案人员的名单，了解、评估名单所列人员授权的恰当性。

（五）供应商选择审计具体程序

挖掘优质供应商对于企业降低采购成本、规避经营风险、提高经营效益具有重要的战略意义。

针对供应商选择环节，本书介绍部分审计程序，以抛砖引玉，供读者参考。在审计实践中，审计人员应根据企业实际情况进行删减或补充。

1. 采购环节内部环境审计具体程序

（1）查阅企业相关部门留存资料或咨询采购部门，了解采购部门是否制定了相应的管理制度、工作流程和操作细则，包括供应商管理、权限审批、操作规程、员工管理等的制度及规程。

（2）查阅、收集相关的资料，进行认真分析与了解，对流程及制度进行分析，确认操作细节或流程是否存在风险，对存在风险的地方进行标注，并对其风险的重要性进行分析评估。

（3）现场查看采购人员的操作过程，确定是否与制度流程规定相符合。如不相符，则记录过程并向经办人或主管了解原因，分析其不按制度操作存在的风险。

2. 供应商选择范围审计具体程序

（1）抽查固定资产、土建工程、原材料、辅助材料等每类供应商合同订单各若干份，形成合同或订单样本组，记录每个供应商的名称。如有系统则直接从系统中抽取相应数据资料。

（2）查阅所有经过领导审批的采购部存档的供应商名单，与抽查的供应商名称核对，确定名单在经办领导或委员会批准的范围内。

（3）如发现有名单不符的情况，应加大抽查力度，并选取业务量多的时段的资料，对相关的业务或供应商的采购数量进行统计，由经办人核实后签字并说明原因。

3. 供应商数据库维护审计具体程序

（1）根据抽取的合同或订单样本组，查看、比较历年供应商名单的变化，特别是重要物资的供应商变化情况，确定是否存在供应商名单较少、比较单一的情况。

（2）询问相关人员，是否进行年度供应商的考核与评审，是否及时引进新的供应商，新开发的供应商是否按流程进行资质审核，名单是否及时更新并经领导审批。

（3）询问相关人员，是否建立供应商黑名单制度，是否得到有效执行。

4. 采购员胜任能力审计具体程序

（1）以审计期间的采购合同或订单为总体样本，按照时间权重抽取每位采购员一定数量的采购合同或订单，对其所附依据资料（报价单、比价表、资质等）进行查阅。

（2）主要查阅合同或订单附件是否齐全，报价单是否达到三家或以上，报价单是否为原件，报价日期是否与要求相符，供应商是否签字盖章，比价单（三家价格汇总表）内容是否与报价单一致，是否存在两家报价都中标的情况，是否签署有相关人员的意见。对虚假报价单主要从原件、日期、签章等方面进行审核。

（3）对未达到企业要求的资料或有差错的附件进行标记，了解、分析其产生的原因及经过，整理成表格请经办人确认并签署意见。

5. 价格控制审计具体程序

（1）询问采购部有关人员，了解他们对市场价格信息的收集、分析与判断过程，及是否对市场信息进行定期或不定期的调查收集，以掌握当期市场动态。

（2）了解其是否建立供应商价格信息档案，对当期供应商的报价和变更价格进行比较分析；是否有充分的书面依据对供应商报价的合理性给予判断。

（3）如果没有建立价格信息系统及档案，则应详细了解其原因，并与相关人员讨论其重要性与可行性。

6. 公开招标审计具体程序

（1）根据采购部工作流程，了解企业采购的招标、投标与开标流程。

（2）随机抽查若干份合同或订单，查看其相关的资料，了解企业所有的采购是否公开招标、是否有招标记录、投标资料是否密封、开标是否经第三方见证、是否公开公平、谈判是否有记录等。

（3）检查采购经办人是否编制"比价表"，比价表数量与金额是否与报价表相符，是否有领导审批等。

7. 评标流程审计具体程序

（1）收集采购部一定期间所有供应商的评定与审核表（评审表）。

（2）检查评审表的内容是否充分，项目是否齐全，评分项目比重系数是否合理，审批手续是否齐全，是否存在偏向某些供应商的可能；对每个项目的评分依据进行分析，确定其评分的依据是否合理、科学。

（3）重点关注辅助材料供应商、设备供应商、基建承包商的评审资料，核对评定资料分数，累加分数是否准确，确定是否存在无任何依据更改评审表数据的情况。

8. 单一来源供应商审计具体程序

（1）收集并检查审计期间的采购会议纪要或相关审批文件。

（2）浏览相关的会议记录，确定是否有单一来源供应商审批表，审批手续是否齐全。

（3）对审定的供应商进行价格目标检查，确定其"材料价格目录表"是否经过审批，价格的变更是否经过审批等。

9. 处理及时性审计具体程序

（1）查阅合同或订单样本组对应的附件依据及审批资料，比照其签订合同或订单的依据附件，确定其报价单的项目内容、价格与合同订单是否相符，如有不符则记录并做相应的标识。

（2）检查审计期间若干份"物资采购申请表"，核查对应请购单、订购单的开具审批日期，分析请购单的提交与审批的及时性。如有不及时报送审批的，要询问原因并进行记录。

五、合同签订审计

采购合同是指企业根据采购需要与确定的供应商就采购物资、采购数量、采购价格、采购方式、违约责任等事项签订的具有法律约束力的协议，该协议对购销双方的权利、义务和违约责任等情况做出了明确约定。

依法成立的合同从成立之日起生效，具有法律约束力。供应商应按照约定时间、期限将确定品名、规格、数量、质量物资交付采购方，企业应在合同约定时间按照约定的结算方式向供应商支付确定的金额。

（一）合同签订风险分析

采购合同条款签订不当，可能导致企业物资积压、短缺或产生不合理的资金损失；未经授权对外订立采购合同，若合同对方主体资格、履约能力等未达要求，或者合同内容存在重大疏漏和欺诈，可能导致企业合法权益受到侵害。

（二）合同签订控制措施

为了保证采购合同正确签订，企业对于合同签订采取的控制措施应包括但不限于以下几项。

（1）对拟签订采购合同的供应商的主体资格、信用状况、履约能力等进行风险评估；采购合同的签订应引入竞争机制，通过采购行为实现企业利益最大化。

（2）根据确定的供应商、采购方式、采购价格等情况，拟订采购合同，准确描述合同条款，明确双方权利、义务和违约责任，按照规定权限签署采购合同。对于影响重大、涉及较高专业技术或法律关系复杂的合同，应当组织法律、技术、财会等专业人员参与谈判，必要时可聘请外部专家参与相关工作。

（3）对重要物资验收量与合同量之间允许的差异，应当以书面形式进行明确。

（三）合同签订审计常规问卷

审计人员在对采购签订环节进行审计前，应当对企业与合同签订控制相关的内部环境及控制制度进行初步了解，以调查问卷形式列示，包括但不限于：

（1）是否所有的采购都需签订合同，如不是，何种情况一定要签订合同；

（2）采购合同签订的流程是怎样的；

（3）由谁在采购合同上签字，若非法人代表，则是否有法人代表的书面授权程序；

（4）采购合同的变更是否经合理的批准；

（5）企业如何确保采购合同是与有资格的供应商签订，且定价是合理的；

（6）采购合同是否采用格式合同，格式合同是否经法律顾问审核；

（7）是否所有采购合同都需经法律部门审核，如不是，在何种情况下采购合同需经法律顾问审核。

（四）合同签订审计一般程序

审计人员对企业与合同签订控制相关的内部环境及控制制度进行初步了解后，应当依据所了解情况，对企业合同签订环节风险发生的可能性及其影响程度进行评估，明确关键风险点，有针对性地选择审计程序，具体程序包括但不限于：

（1）访谈企业采购人员，了解企业是否有标准化合同（采购订单）模板；该模板是否由法律顾问定期复核；

（2）获得标准化合同（采购订单）模板，检查是否有高级管理层和法律顾问的签字确认；

（3）获得法律顾问对标准化合同（采购订单）模板进行复核的记录，检查复核的频率；

（4）追踪复核记录中的变更在标准化合同（采购订单）模板中是否体现，检查变更是否及时更新；

（5）访谈合同（采购订单）制作人员，了解合同（采购订单）的制作是否以标准化合同（采购订单）模板为依据；

（6）用判断抽样抽取若干份合同的内部评审单，检查是否有法律顾问的复核确认；

（7）询问采购部管理层是否存在未使用标准格式的合同，若有，用判断抽样法抽取若干份未使用标准格式的合同，检查是否有法律顾问的复核确认；

（8）访谈企业管理层，了解企业是否有合同（订单）审批制度，并获得高级管理层的认可；

（9）获得书面审批制度，检查高级管理层的复核确认；

（10）访谈企业的各合同控制部门，了解合同（订单）审批过程是否执行了合同（订单）审批制度，记录合同签订前的各部门控制过程；

（11）通过判断抽样，抽取若干份合同评审表，检查上面是否有各评审部门的签字确认；

（12）访谈企业管理层，了解哪些人员被授权可以代表企业在合同（订单）上签字和签章；

（13）获得被授权的人员名单，检查各人被授权的额度；

（14）检查被授权人的书面授权书，检查授权书上是否有法人代表的授权签字；

（15）通过判断抽样抽取若干份合同（订单），对照签字人授权额度，检查是否有签字人所涉金额超过授权额度的现象；

（16）访谈合同的执行部门，了解合同（订单）的修订过程和版本的控制过程；

（17）获得合同变更的书面证据，如变更批准单或者合同审批单，使用判断抽样抽取若干份变更的采购合同（订单），检查是否有提交人的签字及相应部门的审核意见和签字，检查法律部门对于修订合同的意见和签字。

（五）合同签订审计具体程序

企业通过询价、比价，结合企业实际需要，确定了采购物资能使企业价值最大化的供应商，并已就采购数量、采购价格、采购方式、违约责任等事项进行了磋商，接下来就要通过书面方式对购销双方的权利、义务和违约责任等情况做出明确约定，利用具有法律约束力的协议保障企业的物资供应及相关权益。

如果在合同签订环节出现差错，将大幅增加企业的经营风险。

针对合同签订环节，本书介绍部分具体审计程序，以抛砖引玉，供读者参考。在审计实践中，审计人员应根据被审计企业实际情况进行删减或补充。

1. 确定审计抽查合同样本组

根据企业规模及重要性程度，抽查审计期间设备合同、工程合同、材料合同等重要类别合同各若干份，其他零星合同可视情况确定抽取数量，共同组成采购合同样本组。

2. 检查样本组合同所采购物资及数量是否确系企业需要

检查样本组合同所采购物资是否确实是企业需要的物资，审查样本组合同所采购物资数量，将其与经确认的请购数量进行核对，查看是否存在差异。

3. 检查样本组合同授权

（1）查阅样本组合同相对应的审批资料，确定是否经过有权限领导的审批，是否按规定办理，企业重要设备、工程的合同审批权限是否合理。

（2）检查需要领导授权的采购业务是否存在一份合同分拆签订，以满足企业对权限金额的要求，是否存在超授权期限签订合同的情况。

4. 审查样本组合同价格

（1）审查样本组合同所涉及大宗商品价格的情况，根据大宗商品价格网络报价，分析判断其采购价格的合理性。

（2）通过网络、电话、邮件等方式采集其他重要物资的相关价格资料，检查采购部的市场价格资料来源的广泛性与准确性，分析采购价格及供应商报价的合理性。

5. 检查样本组合同条款

（1）了解采购部关于谈判的流程，查看样本组合同相关的谈判记录或报价单等详细内容记录，对比采购合同的内容及条款，检查与供应商签订的合同是否与谈判结果一致。

（2）审查样本组合同条款是否对企业不利，违约责任是否损害企业正当权益。

（3）了解合同起草的过程是否对所列条款进行研究、审定，是否经过合同审核或咨询企业法律顾问。

6. 审查合同其他事项

（1）查看企业是否存在单一供应商采购及是否存在未满足三家或以上供应商的公开招标采购情况，如有，则记录相关内容并分析其原因及依据的合规性与合理性。

（2）审查审计期间的合同目录表，查找所有通过中间商采购的合同或订单，询问采购经办人不直接向制造商购货的原因，如果供应商为代理单位则查询其与制造商直接接洽或代理的资料证明，如有可能直接向制造商了解购货渠道、价格等相关信息。

六、物资验收审计

验收是采购过程的一个关键环节，指企业对采购物资或劳务的检验接收，以确保其数量和质量符合采购合同相关规定及生产工艺的要求。

货物验收管理是成本控制管理中的一个重要环节，验收控制的好坏直接影响企业的成本和效益。

（一）物资验收风险分析

验收标准不明确、验收程序不规范、对验收中存在的异常情况不做处理，可能造成企业账实不符、采购物资损失，严重的还会影响企业的正常生产经营。

（二）物资验收控制措施

为了保证企业物资验收工作能够严格按标准执行，企业对于物资验收采取的控制措施应包括但不限于以下几项。

（1）制定明确的采购验收标准，结合物资特性确定必检物资目录，规定相关物资出具合格质量检验报告后方可入库。

（2）验收机构或人员依据采购合同及质量检验部门出具的质量检验证明，重点关注采购合同、发票等原始单据与采购物资的数量、质量、规格型号等是否一致。对验收合格的物资，填制入库凭证，加盖物资"收讫章"，登记实物账，及时将入库凭证传递给财务部门。物资入库前，采购部门须检查质量保证书、商检证书、合格证等证明文件。验收时涉及技术性强的、大宗的和新、特物资，还应进行专业测试，必要时可委托具有检验资质的机构或聘请外部专家协助验收。

（3）对于验收过程中发现的异常情况，如无采购合同或大额超采购合同物资、超采购预算采购的物资、存在毁损的物资等，验收机构或人员应当立即向企业有权管理的相关机构报告，相关机构应当查明原因并及时处理。对于不合格物资，采购部门依据检验结果办理让步接收、退货、索赔等事宜。对延迟交货造成生产经营损失的，采购部门要按照合同约定索赔。

（三）物资验收审计常规问卷

审计人员在对物资验收环节进行审计前，应当对企业与物资验收控制相关的内部环境及控制制度进行初步了解，以调查问卷形式列示，包括但不限于：

（1）仓库收货时是否核对采购合同（或订单）；

（2）收到采购产品的数量是否经过采购部和仓库的共同确认；

（3）是否有质量检验部门对收到的产品进行质量检验；

（4）客户送货大于订购数量或质量不符合要求的情况如何处理；

（5）采购退回的操作程序如何；

（6）入库单是否事先连续编号，并有人对归档的这些单据的连续性进行检查。

（四）物资验收审计程序

审计人员对企业与物资验收控制相关的内部环境及控制制度进行初步了解后，应当依据所了解情况，对企业物资验收环节风险发生的可能性及其影响程度进行评估，明确关键风险点，有针对性地选择审计程序，具体程序包括但不限于：

（1）询问仓库及相关人员关于入库及退回方面的控制流程；

（2）从归档的入库单中用判断抽样抽取若干入库单样本，检查入库单是否有制单人及复核人签字，并跟踪至相应的采购订单，核对入库单上的产品规格、型号、数量是否与采购订单相符；

（3）询问仓库及相关人员关于企业产品检验的相关流程，有哪些属于免检产品的范围；

（4）依据抽取的入库单样本，对所有须检验的产品跟踪至相应的检验记录，检查检验手续是否符合企业政策；

（5）依据抽取的入库单样本，对所有发现的入库单上的产品数量大于采购订单量或规格、型号等的不符情况，跟踪至授权管理层批准接收的书面记录，或跟踪至相应的退回单据；

（6）若发现检验不合格产品，跟踪至授权管理层批准接收的书面记录，或跟踪至相应的退回单据；

（7）实地观察仓库的安排，检查应退产品是否放置于专门的区域并有明显的标记；

（8）询问适当管理层退回货物损失的审批程序；

（9）获取退回货物的申报表，检查是否有适当管理层的签字；

（10）获得退回货物的分析资料，如损失率分析表等，查核分析是否合理；

（11）检查入库单／退回单据，看其是否连续编号；

（12）抽取会计期末前一定期间至会计期末后一定期间所有的入库单，跟踪至相应的仓库账，检查其内容是否记录正确且记录于正确的会计期间；

（13）抽取会计期末前一定期间至会计期末后一定期间所有的退回单据，跟踪至相应的仓库账，检查其内容是否记录正确且记录于正确的会计期间；

（14）询问公司仓库与采购部门、生产部门、财务部门等相关部门信息沟通的政策及流程，如有书面的记录，查阅相关的书面记录，并评估其合理性。

七、采购付款审计

采购付款是指企业在对采购预算、合同、相关单据凭证、审批程序等内容审核无误后，按照采购合同规定及时向供应商办理支付款项的过程。

企业及时足额地按照合同约定付款，不仅是企业经济实力的体现，也能为企业树立良好的社会形象。

（一）采购付款风险分析

付款审核不严格，付款方式不恰当，付款金额控制不严，未按合同约定时间及时付款，可能导致企业资金损失或信用受损。

（二）采购付款控制措施

企业应当加强采购付款的管理，完善付款流程，明确付款审核人的责任和权力，严格审核采购预算、合同、相关单据凭证、审批程序等相关内容，审核无误后按照合同规定，合理选择付款方式，及时办理付款。

为了保证企业能够及时按合同约定支付合同款项，企业对于采购付款采取的控制措施应包括但不限于以下几项。

（1）严格审查采购发票等票据的真实性、合法性和有效性，判断采购款项是否确实应予支付，如审查发票填制的内容是否与发票种类相符合、发票加盖的印章是否与票据的种类相符合等。企业应当重视采购付款的过程控制和跟踪管理，如果发现异常情况，应当按照操作规程及时上报，并暂停向供应商付款，避免出现资金损失。

（2）根据国家有关支付结算的相关规定和企业生产经营的实际，合理选择付款方式，并严格遵循合同规定，防范付款方式不当带来的法律风险，保证资金安全。除了不足转账起点金额的采购可以支付现金外，采购价款应通过银行办理转账。

（3）加强预付账款和定金的管理，涉及大额或长期的预付款项，应当定期进行追踪核查，综合分析预付账款的期限、占用款项的合理性、不可收回风险等情况，发现有疑问的预付款项，应当及时采取措施，尽快收回款项。

（三）采购付款审计常规问卷

审计人员在对采购付款环节进行审计前，应当对企业与采购付款控制相关的内部环境及控制制度进行初步了解，以调查问卷形式列示，包括但不限于：

（1）财务记录应付账款前是否核对合同（或订单）、入库单据、发票等资料；

（2）是否有控制过程来保证应付账款及其对应的存货采购记录于同一会计期间；

（3）是否定期编制应付账款账龄分析表；

（4）企业是否合理使用供应商提供的现金折扣；

（5）企业是否有资金使用预算，应付账款的支付是否符合资金使用预算；

（6）预付款的政策和控制措施是怎样的。

（四）采购付款审计程序

审计人员对企业与采购付款控制相关的内部环境及控制制度进行初步了解后，应当依据所了解情况，对企业采购付款环节风险发生的可能性及其影响程度进行评估，明确关键风险点，有针对性地选择审计程序，具体程序包括但不限于以下几项。

（1）询问采购、财务等相关人员，了解采购付款方面的控制流程。从应付账款明细账中，用判断抽样抽取若干个凭证样本，检查是否有制单人及复核人签字，跟踪至相应的发票、合同（或订单），检查审批手续是否完备，内容是否一致。

（2）询问相关人员采购与预算比较的控制流程，抽取审计期内一定期间的比较书面记录，检查制单人签字及复核人签字，对超过重要性的波动跟踪至调查分析记录，并做出说明。

（3）向财务部相关人员了解采购应付账款的截止控制流程。抽取会计期末前一定期间至会计期末后一定期间所有的材料入库单，跟踪至相应的发票、凭证及会计账目，检查单据内容的一致性，及入账会计期间是否正确。

（4）询问财务、采购等相关人员有关暂估入账的控制流程。抽取审计期内一定期间的暂估清单，检查制单人及复核人签字，跟踪至相应的入库单、合同（或订单），并跟踪至凭证，检查内容是否一致，入账期间是否正确，查看在收到发票后是否进行应付暂估的冲回。

（5）询问财务、采购等相关人员有关采购支付的控制流程，从应付款的借方支付凭证中用判断抽样抽取若干凭证样本，检查凭证制单人及审核人签字，并跟踪至支付的审批记录，检查申请人签字、部门负责人签字及管理层批准签字。

（6）询问财务人员制作应付账款到期表的控制，用判断抽样抽取审计期内一定期间的应付账款到期表，检查制单人及复核人签字，并重点关注其是否存在过期支付或未付的应付账款。

（7）询问采购人员、财务人员是否有与供应商的对账制度，从供应商发来的函证中用判断抽样抽取若干样本，跟踪至相应的调节表，并检查差异调查分析记录。

（8）询问年末应付账款负数的处理过程，检查年末应付账款明细账，对所有负数余额进行调查，并跟踪至年末报表，确认已进行必要的重分类调整。

八、供应过程管理审计

采购过程管理，侧重于物流管理，主要是指企业根据自身的经营目标，合理确定一定期间内的物资或服务需求，按照最优性价比选择最优供应商，合理确定运输工具、运输方式，办理运输、投保等事宜，并依据采购合同跟踪制度，为企业经营目标的实现提供物资或服务保障的管理过程。

（一）供应过程管理风险分析

缺乏对采购合同履行情况的有效跟踪，运输方式选择不合理，忽视运输过程中货物灭失、毁损风险，可能导致采购物资损失或无法保证供应。

（二）供应过程管理控制措施

为了保证企业采购合同顺利执行，企业对于采购过程采取的控制措施应包括但不限于以下几项。

（1）依据采购合同中确定的主要条款跟踪合同履行情况，对有可能影响生产或工程进度的异常情况，应出具书面报告并及时提出解决方案，采取必要措施，保证需求物资的及时供应。

（2）对重要物资建立并执行合同履约过程中的巡视、点检和监造制度。对需要监造的物资，择优确定监造单位，签订监造合同，落实监造责任人，审核确认监造大纲，审定监造报告，并及时向技术等部门通报。

（3）根据生产建设进度和采购物资特性等因素，选择合理的运输工具和运输方式，办理运输、投保等事宜。

（4）实行全过程的采购登记制度或信息化管理，确保采购过程的可追溯性。

（三）供应过程管理审计常规问卷

审计人员在进行审计前，应当对企业与供应过程控制相关的内部环境及控制制度进行初步了解，以调查问卷形式列示，包括但不限于：

（1）采购物资如何跟踪，是否确定了跟踪责任人；

（2）采购运输采用何种方式，企业自提、客户运输还是委托第三方；

（3）采购物资是否投保，保费如何承担，承担方式是否符合行业惯例；

（4）采购合同（采购订单）的归档和保管程序如何，是否有连续编号。

（四）供应过程管理审计程序

审计人员对企业与采购过程控制相关的内部环境及控制制度进行初步了解后，应当依据所了解情况，对企业采购物资流转过程中风险发生的可能性及其影响程度进行评估，明确关键风险点，有针对性地选择审计程序，具体程序包括但不限于：

（1）访谈采购部相关人员，了解与供应商签订的合同（订单）的保管情况，了解采购合同（订单）的借阅是否登记；

（2）检查归档的采购合同（订单）是否有连续编号，如果有长期未归档的需要查核原因；

（3）检查归档和正在履行中的采购合同（订单），查看是否有跟踪记录，对于未按照合同进度履行的合同（订单），是否有相应的汇报、处理记录，过程是否符合制度要求；

（4）获得合同（订单）的借阅登记簿，查看借阅者的签字和日期；

（5）实地观察采购合同（或订单，包括终止及中止履行的）的保管情况，判断是否有足够的物理安全保障；

（6）实地观察合同（订单）保管地点是否有足够的安全措施。

九、采购会计控制审计

采购会计控制侧重于资金流与信息流管理，主要指为保障企业一定期间内经济目标的顺利实现，通过会计工作，运用会计特有方法，采取政策、制度、定额、计划、标准、责任和流程等控制方式和手段，对企业采购活动相关的资金运动进行的控制、监督、调整的管理过程。

（一）采购会计控制风险分析

缺乏有效的采购会计系统控制，未能全面真实地记录和反映企业采购各环节的资金流和信息流情况，相关会计记录与相关采购记录、仓储记录不一致，可能导致企业采购业务未能如实反映采购物资，使企业资金受损。

（二）采购会计控制措施

为了保证企业与采购相关的会计控制贯彻执行，企业采取的会计控制措施应包括但不限于以下几项。

（1）企业应当加强对购买、验收、付款业务的会计系统控制，详细记录供应商情况、采购申请、采购合同、采购通知、验收证明、入库凭证、退货情况、商业票据、款项支付等情况，做好采购业务各环节的记录，确保会计记录、采购记录与仓储记录核对一致。

（2）企业应指定专人通过电话、邮件、函证等方式，定期向供应商寄发对账函，核对应付账款、应付票据、预付账款等往来款项，对供应商提出的异议应及时查明原因，报有权管理的部门或人员批准后，做出相应调整。

（三）采购会计控制审计常规问卷

审计人员在对采购会计控制系统进行审计前，应当对企业与采购会计控制相关的内部环境及控制制度进行初步了解，以调查问卷形式列示，包括但不限于：

（1）企业是否有书面的费用报销程序；

（2）企业费用报销的审批是否有适当的授权；

（3）财务部门在支付费用前是否核对审批手续是否完整，并检查原始单据的合法性，复核费用的准确性；

（4）是否有专人定期对费用的波动情况进行分析；

（5）采购部门如何在信息流方面与仓库、财务部门衔接；

（6）是否有专人定期与供应商对账。

（四）采购会计控制审计程序

审计人员对企业与采购会计控制相关的内部环境及控制制度进行初步了解后，应当依据所了解情况，对企业采购会计控制环节风险发生的可能性及其影响程度进行评估，明确关键风险点，有针对性地选择审计程序，具体程序包括但不限于：

（1）对财务部或其他相关人员进行访谈，了解成本、费用审核流程、相关制度及执行状况等；

（2）获得被审计单位成本、费用审核流程或政策，并复核该流程或政策的完整性；

（3）从采购成本、费用明细账中抽取若干个样本，追查到成本、费用审核表，发票及其他原始单据，查看是否与明细账一致，成本、费用审核表的填写是否按照企业管理制度的要求，成本、费用审核表是否按权限经有权部门主管、财务人员的审批，超出预算的成本、费用是否经过额外程序的审批，原始发票是否与成本费用报销单一致，成本、费用是否记入适当的会计期间，评估成本、费用处理是否符合企业政策；

（4）获取预算外成本、费用发生的原因、频度等的相关分析报告，并评估其合理性。

第三节　采购与付款审计案例解析

案例一　关于 A 公司采购部的内部审计报告

A公司：

　　　　为了进一步建立和健全内部控制制度，完善公司采购供应流程，有效控制采购成本，提高采购工作效率，根据20××年第四季度的工作安排，审计部于20××年××月××日—××月××日对采购部及相关部门的采购情况和相关管理制度执行情况进行了审计调查。此次审计调查重点内容：是否制定采购及采购控制的相关流程、制度并有效执行，采购数量、质量、时间、价格（询价、议价、定价）等管理过程是否得到有效控制，分析评估有关效率指标（充分履行岗位职责、自购与年实际采购量的百分比、年采购金额占年销售额的实际百分比、计划采购完成率、新供应商开发个数、错误采购次数）等。

　　　　在审计调查前，我们与采购部进行了沟通，对基本情况进行了了解，制作并送发有关问卷，收集了相关制度文件。

　　　　在审计调查过程中，我们采取查阅合同及制度规范、抽查会计凭证、对有关部门提供的数据进行整理分析等审计程序，采用了调查表、询问、实地观察、检查、分析性复核等方法。现将审计调查情况汇报如下：

一、审计发现存在的问题 [①]

1. 目前采购申请依据主要是营销中心、客户服务部提交的产品需求计划，其作为指导采购行为的依据针对性不强，有些特殊要求表达不够明确。

问题解析：需求计划由生产部门（或工艺部门）提供。生产部门是产品的制造者、生产计划制定者，有能力和责任根据生产进度要求判定物料提供进度。

2. 需求计划多样化，格式、内容、要求、通知编号等不统一，物料清单不准确，这导致采购物品不符合实际需求，责任划分不明确，易产生事后扯皮，影响工作效率。

问题解析：（1）明确采购计划内容，重新设计统一表格，按信息传递部门先后顺序设计。如营销部门提出产品需求计划并经审批后，产品无变化且有物料清单的，可直接送生产部门审核签署"请按物料清单采购"意见后转采购部；有变化且有物料清单的，还应先送研发部门审核，就变化部分附送明细清单，如涉及物料清单变化的应加注变化并附减除物料明细，由研发部门专门人员传送生产部门，生产部门签署意见后转采购部执行，明确采购时限要求。

（2）规范计划编号，便于查核。

（3）物料清单要相对稳定，如有更改应及时通知营销部门、工艺部门、生产部门和采购部等相关部门协调一致。

3. 时间缺乏弹性，不易调整采购策略；采购需求中常见要求紧急采购物料现象。

问题解析：公司应按照科学的产品生产周期，精确计算从采购到产品下线入库各环节所需的时间，正确指导各环节的工作行为。让营销人员签订合同明确交货日期能做到心中有数，降低缺货风险。

4. 需求计划审批不够规范，口头请示后未补签字。

问题解析：完善审批程序。规定审批执行人权限，跟踪完结审批手续，采购部制定周期性检查需求计划表工作内容，存在未审核签字确认的（须注明未经审核原因），要求及时确认，明确责任。

5. 有部分非生产物品采购，如购置礼品、万年历等。

问题解析：非生产物品采购可直接由执行部门经办，减少采购员工作量；作为实施采购行为的基本环节，不明确的行为依据将直接导致以后各环节的混乱，易造成责任划分不清，不能有效完成采购任务，影响采购效率、效果等问题。本环节涉及营销、生产、工艺、研发等部门，应设计一份流程清晰，责

---

① 以下问题解析部分非审计报告内容，属于为解释审计思路附加。

任、标的物明确的计划程序表。

6. 欠料单20××年6月之前不够规范，后续有所改进但归集工作未完善。

问题解析：欠料单作为计划制定的重要依据应按序整理归档，形成历史资料，提炼客观合理的数据，合理计划安全采购量。

7. 计划流于形式，采购计划制定与需求申请日的间隔较长，压缩了采购实施至物料到货的间隔时间，不利于物料信息的搜集及制定采购策略，进而压缩生产制造周期，延迟交货期，会导致质量上向供应商让步，增加了采购成本。

问题解析：简化审批程序，提高审批效率，制定科学的采购周期，综合评定出一个合理的产品生产周期，使需求部门在制定需求计划时能心中有数。

8. 由于公司产品的特殊性，计划制定时也是物料采购行为实施时，有时采购行为会在计划前，无法体现计划与实际的差异。计划书未明确所含需求计划的计划号，未标示计划价。计划未做分类，不能区分是生产用料计划、研发用料计划还是维修用料计划。采购计划中有打印机、摄像机等物料，但在抽查订购单时却未见到，经了解部分物料是由研发部门自行报购的，故采购部门没有制作订购单。

问题解析：计划编制要有实质性，计划制定要分类别并完善所含内容，应加强计划的准确度和指导作用。建立实际与计划差异分析制度，对重要差异要说明原因。

9. 订购单的性质似合同，但又不具备合同要素要求。单据未按时序整理归档，部分单据未标示价格（出于供应商业务员的要求）不便于财务成本核算。

问题解析：订购单对外涉及供应商，要求能达到防止纠纷风险；对内涉及仓管、财务部门，要求能满足使用人需求。完成的订购单要按时序归档，按计划类别分月装订成册。

10. 采购员市场信息搜集不够，日常工作大多为接单采购，很少开展市场价格信息调查工作。价格信息获取手段单一，多为在供应商传真或电子回件报价基础上讨价还价。

问题解析：应加强基础信息工作，做到货比三家，寻找价优、质高、诚信的供应商。

11. 供应商等级评定工作管理薄弱，缺少第三方的参与；合格供应商评定目前由采购部和技术部评定，建议增加生产部等人员参与。

问题解析：建立并完善供应商管理制度，增加定价透明度。

12. 部分物料对供应商的依赖性太强，品管与供应商的质量标准不够协调，将直接影响成本高低、质量好坏及采购工作效率。

问题解析：目前主要物料来源多为长期供应商，价格水平逐年下浮，但仍为制约计划采购成本的瓶颈，物料成本、质量直接关系到公司效益，因此应加大供应商开发方面的工作投入，做好备选供应商甄选。

13. 仓库条件较差，钢结构库房顶棚存在见光破损现象，雨季来临时可能会渗水，影响物料保管。

问题解析： 对仓库的存储硬件做适当修缮。

14. 物料未区别管理，价值高的物料与价值低的物料混合存放，未做重点管理，建议按"ABC"分类管理法做好区分。

问题解析： 区别价值高低，分类重点管理。

15. 季度盘点无会计人员参与，仓管员只负责盘点自管项目。

问题解析： 建立监盘制度，交叉盘点，盘点结果要通过签字确认。

16. 存货抽样发现物资验收入库环节无品管参与验收。

问题解析： 增加对入库物料的品管检验。大件、大批量且质量稳定的采购基本上都能及时到位，入库率较高。但小件、小批量的物料在执行过程中问题较多，部门间协调困难。物料接收至入库过程中涉及采购员、品管员、仓管员合作与分工的安排，相互影响，单据较多将会影响工作效率，建议设计简单适用的沟通信息表。

17. 基于目前的采购计划而购入的物料领用主要以生产为主，领用完全按物料清单发放，其他部门可能不太适合使用物料清单办理物料领用。另外小件、价值低的物料领用程序报批成本可能会大于物料成本。

问题解析： 物料领用适当考虑一定的弹性，不能固化。

18. 物料、工具、用具领用手续不规范，存在白条借用、登记借用的情况，有的物料借用时间较长，存在使用后未补办出库领用手续的情况。

问题解析： 加强物料领用管理，已办理出库的物料根据领用情况及时补办出库手续，保证正确核算成本费用。

19. 入库经检验合格后，录入电脑、手工账前需填制"成品缴库单、入库单"，两种单据实质内容相同，只是使用部门不同，增加了仓管员工作量。

问题解析： 在不影响使用的前提下，单据应合二为一，增加"入库单"联数，一单多用提高效率。

20. 审批单与出库单实质内容相同，只是审批单侧重于体现授权，出库单侧重于体现实际出库数量。

问题解析： 设计出库单时增加"审批人签字"和"实出数量"栏。

二、审计建议

根据以上问题，提出如下审计意见和建议。

1. 根据公司战略规划制定当年采购政策及工作重点。

2.完善采购流程并有效执行，加强物资采购的计划管理。根据各部门上报的年度所需物资计划及仓储情况，每年第四季度统筹做好次年的物资供应计划，力争按时准确上报公司年度材料计划。

3.使用采购订单，按照采购紧急程度及时间顺序，跟进采购订单，提高效率。

4.做到物料统一管理，提高性价比。对公司所需大宗物料统一采购，在保证品质基础上争取价格优惠。

5.掌握采购物资的成本信息，建立基准价格库，进行价格比较分析，保存采购信息并定期更新，为公司财务分析、经营决策提供数据和信息支持。

6.与大宗原料等重要供应商建立长期、友好的合作关系，加强合同管理，优化供应商质量，增加供应商数量，合理选择战略性供应商，为公司营造一个宽松高效的资源环境。

20××年××月××日

案例二　关于B公司采购部的内部审计报告

B公司：

根据20××年度审计计划和审计委员会安排，自20××年××月××日至××月××日，我们审计组对采购部20××年度采购与付款情况进行了审计，现将审计情况报告如下。

一、审计内容

本次审计采取了抽查的方式进行，审计组随意抽查20××年××月一个月的订货计划书，对以下事项进行了检查。

1.检查其是否符合当期的采购政策。原材料的订货计划是否根据当期的需料计划实施，是否按管理制度及权限规定要求办理审批手续，是否预先编号，是否妥善保管订货计划。

2.分析比较物资需求计划、库存量及订货计划，检查其是否进行合理安排。

3.检查原材料采购价格的确定是否经过市场调查、询价、比价、审批等程序。

4.检查采购合同条款是否适当，有无损害公司利益，是否由指定人员审核，是否交财务部存档，合同专用章的使用是否经过适当审批。

5.检查是否按物料需求计划制定、提交订货计划，跟踪其实施过程，检查其采购价格、供应商及审批情况，比较当期实际生产及库存状况。

6. 审核供应商提供发票与订货计划、采购合同、入库单的名称、规则、数量（单价）是否一致。

7. 检查是否存在物料超收，结合物料超收标准的规定，分析超收原料的价格与数量是否经济、合理。

8. 查阅询价是否有书面记录并存档，是否作为订货计划审核的依据。

9. 查阅供应商档案，检查档案是否健全并定期更新，是否定期对供应商进行考评，考评指标是否合理；查阅近期的供应商评价表，查看是否存在大量得分较低的供应商。

10. 查阅公司是否有关于采购批准额度的权限规定。

11. 查阅公司因质量原因造成退货的标准及其执行情况，查阅退货的"出库单"，检查其是否按规定办理审批手续，退货理由是否充分、退货办理是否及时，供应商是否签字确认；退货是否符合质管部的意见，退货时是否有质管和财务核查。

二、审计结果

1. 订货计划符合当期的采购政策，原材料的订货计划都是根据当期的物料需求计划实施，且每份物料需求计划都经过生产部部长复核，订货计划则由总经理审批，方能与供方签订采购合同。采购部将每月的物料需求计划、订货计划等按规定程序归档。

2. 原材料采购价格均经过市场调查，大部分已按规定实行至少货比3家。但××原材料的供应商只有××公司，采购部已按规定复核其资质要求，并经有权领导审批执行。

3. 采购合同条款恰当，没有损害公司利益，并指定授权人员代表签订，合同专用章保管及使用规范，合同签订后交财务存档，以便审核、付款。

4. 一般情况下，订货计划应与生产部的物料需求计划一致，但在实际采购过程中，订货计划中××物料的品种、数量比生产物料需求计划多，已了解是因为采购部考虑××物料库存不多，而且日常耗用量比较大，供应商后期即将涨价，为降低采购成本，采购部在没有需料计划的前提下进行申购，并已由有权领导审批。

5. 供应商提供合法的票据，发票上的内容与仓库收料单上的一致，由于存在超收或少收的情况，所以发票上的数量与采购合同存在一定的差异。

6. 公司针对不同物料，分别允许按合同数量的5%~10%的差异标准来签收货物，如果超过规定幅度需经相关领导同意才能签收。引起合同数量差异验收的两个主要原因是双方的计量误差和运输车辆空间问题。

7. 询价均有书面记录并存档，并作为编制、审核订货计划的依据。

8. 供应商档案健全，按采购类别的不同，供应商所提供的有效证照复印本亦不同，每新增一家供应商都配有一套完整的质量体系评估报告，并每年底对供应商进行一次复评，供应商档案定期更新。

9. 公司没有明确的关于采购额度的权限规定，但每张订货计划都有总经理批准，合同的签订由采购管理员负责。

10. 公司质检部根据国家规定的标准及有关质量要求对所有采购的原材料、包装物进行检验，并在限期内出具检验报告，若有不合格品，凭检验报告单通知供应商退货或换货。在退货时，质管部与采购部人员在旁核查，未经过财务部。

三、存在问题及工作建议

成本管理工作手段单一，市场信息搜集工作少，供应商管理需进一步规范化。

1. 采购员市场信息搜集不够，市场价格信息调查工作不足。价格信息获取手段单一，多为供应商传真或电子回件报价基础上讨价还价。

工作建议：应加强基础信息工作，寻找价优、质高、诚信的供应商。

2. 供应商等级评定工作管理薄弱，每年底对供应商的复评过于简单，主观性较强。

工作建议：实地考察，深入了解供应商最新情况，建立并完善供应商管理工作，增加透明度。

3. 部分物料对供应商的依赖性太强，可能直接影响公司在成本高低、质量好坏方面的话语权。

工作建议：提高采购人员的业务素质，做好重要供应商的日常沟通工作，同时积极开发、扶持新的供应商。

4. 所有的来货均已办理签收手续，但因质量问题导致退货或换货的，仓库并没有退货出库单，退货手续不规范。

工作建议：编制采购退回管理制度，明确退货责任人。

5. 仓库的收料报告单只有仓管员1人签字，不符合相关规定。

工作建议：应采取针对性的措施加以改进。

6. 不重视与供应商往来账核对。

工作建议：建立应付账款对账制度。

四、审计结论

1. 目前主要物料来源多为长期供应商，价格上也较为稳定，但物料成本、质量仍是制约采购业务的瓶颈，并且直接关系到公司效益，因此应加大此方面的工作投入。

2. 对于内控管理存在的少量缺陷应完善改进。

案例三 关于××的专项调查报告

××公司：

（略）。

一、调查结果

20××年××月，储运中心发起12吨吊车维修申请并进行了维修，经吊车司机、储运中心负责人、储运车间主任助理进行了服务质量验收：车辆外委维修时，对拆下需更换的配件进行过确认，并派人跟踪，有监督，但没有留下相关验收记录及台账。

二、调查情况

（略）。

三、存在问题及工作建议

存在问题：车辆外委维修时，对拆下需更换的配件进行过确认，但没有相关验收记录、台账及验收人书面证明，车辆外委维修内部控制措施不健全。

工作建议：

1. 储运车间给所有车辆，按编号建立相关的维修、费用、油耗、性能等档案记录，便于管理人员对所有车况情况的掌握，并为车辆维修、购置提供决策依据；

2. 加强车辆外委维修内部控制措施。加强对外委维修过程的监管；车辆外委维修结束，应由相应技术能力的人员对更换的新配件、维修质量等进行检查、验收，在验收记录上签字确认，并经储运车间领导签字后，作为附件交商务部作为结算维修费用的依据之一。

案例四 关于××的专项调查报告

××：

20××年××月××日，××存在紧急采购申请数量较多的情况，××对此进行了调查，现将调查情况汇报如下。

一、调查结果

（一）××公司最近一年（20××年××月××日至20××年××月××日）共发生紧急采购申请39项，相对集中在20××年12月和次年1月两个月（两个月共发生 23 项），全部为备品备件类采购，其中紧急采购占全部备品备件类采购的比例为 10.63%。

（二）××发生的紧急采购事项中，除因生产发生突发事件造成生产停运及安全环保需要而发生的 6 项紧急采购申请外，其他 33 项紧急采购申请理由不充分。

（三）在所有的 39 项紧急采购招投标工作中，其中有 11 项申请采购事项只有两家单位参与投标报价，有 1 项申请只有一家单位参与投标报价，没有达到正常采购招投标需有三家（含）以上单位投标报价的要求，难以保证在充分议价基础上做出最佳采购决策。

二、调查情况

（一）最近一年来××发生的紧急采购情况

经查，根据业务类型，××采购主要分为大宗原料、备品备件两大类，其中大宗原料类采购（如××、××等）都是根据生产部的生产经营计划，按月正常采购，近一年没有紧急采购的情况发生；发生的备品备件类采购申请次数为 367 次，其中属紧急采购的申请数量为 39 次，紧急采购占比为 10.63%。近一年来××发生的紧急采购全部为备品备件类采购。

商务部相关业务人员提供的 20××年××月××日至 20××年××月××日所有紧急采购清单如下表（略）。

从上表可以看出以下几点。

1. 所有的 39 次紧急采购中，技改方面的紧急采购申请数量为 20 次、基于日常生产运营需要的紧急采购申请为 10 次、基于突发事件及安保工作的紧急采购申请 6 次、其他情况发生的紧急采购申请为 3 次。

2. 紧急采购发生的时间分布情况：（略）。

3. 部分紧急采购投标单位数量没有达到公司规定的正常招投标需有 3 家（含）以上单位投标报价的要求，难以保证在充分议价基础上做出最佳采购决策。上表中反映紧急采购事项中，有 11 项申请只有两家单位参与投标报价，有 1 项申请只有一家单位参与投标报价。

（二）申请紧急采购事项的原因调查

调查人员对部分紧急采购申请事项形成的原因进行了调查，经和紧急采购申请人及审批人交谈了解到，申请紧急采购的主要原因如下。

1. 由于技改需要而发生的紧急采购申请 20 项，原因为 20××年年底至 20××年春节前这段时间，项目立项要求时间短，为了赶时间节点，技术、生产部门申报的技改项目紧急采购情况较多。

2. 基于日常生产运营需要的紧急采购申请 10 项，原因为生产日常维修、整改及设备非停检修需要。

3. 基于突发事件及安保需要的紧急采购申请6项，申请原因为生产经营及安全环保工作需要，经调查属于此种情况确需紧急采购的有6项，分别为上表中的第5、6、9、13、27、30项。

4. 其他情况发生的紧急采购申请3项，申请原因为经营、管理需要。

5. 调查中发现，大部分紧急采购申请人认为，按目前正常的采购流程，从申请到购进物资需要25～30天；而申请紧急采购审批流程，从申请到购进物资需要7～15天。所以为了尽快购进所需物资就发起了紧急采购申请，而没有考虑工作是否真正需要，以及采用紧急采购流程对正常招投标工作造成的影响。

（三）紧急采购对采购成本的影响调查

调查人员对部分紧急采购对采购成本的影响进行了调查，通过对与公司有过合作的部分供应商的业务人员的电话沟通，发现部分紧急采购会导致采购成本的增加，但具体比例和金额比较模糊。具体情况如下表所示（略）。

按企业性质划分，供货企业分两种：一种为商贸企业，一种为生产性企业。经电话了解，从生产性企业采购的物资一般不会加价（对于特别紧急、需要加班赶工期的除外）；对于从商贸企业紧急采购的物资部分企业会加价，加价幅度为4%~6%。

由于调查人员掌握的市场信息量有限，被调查单位业务人员提供信息的真实性存在一定的不确定性，调查人员无法对××因紧急采购而导致增加的采购成本进行准确的计算（39项紧急采购总合同金额为××万元），只能定性地认为：部分紧急采购会导致采购成本的增加。

（四）决标议价情况调查

调查中发现在决标过程中存在议价后总金额相差不大，但第一轮报价最低者没能中标的情况。如2017年12月3日紧急采购评标单中共有三家单位参与第一轮报价，其中一家单位报价明显高于其他两家，且为最终报价，不具有中标机会；另外两家价格接近，其中甲公司第一轮报价最低，总金额为166 179元，在议价后金额降为164 595元；而乙公司第一轮报价金额为167 590元，但议价后金额降为164 462元，议价后比甲公司低133元，成为中标单位。具体情况如下表所示（略）。

由于在采购评标中存在议价环节，相关业务人员在议价过程中存在很大的操作空间，容易产生舞弊行为；另外，如果供应商了解到我单位在投标报价后存在议价环节，其在第一轮报价时会虚报价格，等到议价时再降低价格。

（五）评标单中没有附历史采购价格等信息

在调查过程中发现，采购评标单中没有附历史采购价格及现库存量（可替代品）等信息。采购的历史价格信息虽然不具有决定性作用，但对该物资的采购评标依然具有参考价值。

三、存在的问题及工作建议

（一）在相对集中的时间内（20××年12月和20××年1月）产生大量紧急采购申请，难以保证在充分议价基础上做出最佳采购决策，这会导致部分物资采购成本的增加。

工作建议：建议相关部门（特别是技术和生产部门）提前做好工作规划和安排，列出计划和采购节点，尽量减少或避免出现紧急采购事项；对特殊情况下确需紧急采购的，应作为例外事项管理，且应履行必要的审批程序。

（二）在采购招标中，因议价的情况普遍存在，可能导致舞弊风险。

工作建议：建议相关部门对招标中需要议价的必要性和条件做出规定，如规定只有在下列情况下才能实施议价行为：议价空间较大时、只有一家投标单位时、由于业务特殊只有个别具有资质单位满足条件时或成套设备需要原厂家提供配套的零部件时等。

（三）商务部在采购招标的评标单中没有附历史采购价格等信息。

工作建议：建议商务部在采购评标单中附历史采购价格、现库存量（可替代品）等信息，为评标人决策提供更多的信息和依据。

案例五　关于××调查报告

××：

近期向公司运输氧化铝的车辆在进厂过磅过程中自带水箱、袋装沙、石头等蓄意增重过磅，以此来增加运输物资的净重量，获取运输结算收益，审计部对该事件进行了调查，现将处理情况通报如下。

一、调查结果

公司运输物资的车辆存在在进厂过磅过程中利用自带水箱、袋装沙、石头等蓄意增重过磅行为。

二、基本情况

1.20××年××月××日××：××，公司工作人员在巡视氧化铝料场过程中发现××停车场地面存在车辆放水痕迹，随即连同机电车间相关人员调取现场监控核实，并进行了现场照片取证。

随后，工作人员要求当时未卸货的车辆进行复磅，发现其中有三辆车磅差严重，分别是：

××车辆××：××进厂，第一次过磅重量49.02吨，复磅重量48.60吨，磅差420千克。

××车辆××：××进厂，第一次过磅重量46.60吨，复磅重量46.16吨，磅差440千克。

××车辆××：××进厂，第一次过磅重量48.54吨，复磅重量48.22吨，磅差320千克。

2. 20××年××月××日××：××，××运输车入厂登记，登记时保安告知司机放水过磅。当车辆进入厂区后保安检查水箱，水箱开关完全打开，确定没有水流出，然后让车辆上磅过磅，过磅重量46.88吨。

此氧化铝运输车于××：××进入卸料区域，被车间班长发现车下有大量积水。随即对该车辆进行查验处理，并进行复磅，复磅重量46.68吨，磅差200千克。

随即查明，该车水箱开关为电控开关，第一次过磅前放水时开关未完全打开。进入净化卸料区域后因为磁场干扰，放水开关自动打开，水自动流出，司机未发现。

3. 20××年××月××日××：××，公司员工在下班回家途中，发现车号××的货车在距离公司1千米处用编织袋装沙子，行为可疑，便立即通知公司安保人员，关注此货车是否属于为公司运送氧化铝车辆。

该货车在××：××行驶至公司大门口处，由保安人员检查完水箱后，告知驾驶员将车上其他无关物资卸下，驾驶员明确表示：车上除氧化铝以外无任何不相干物资。随后由××、××对该车辆进行了监视过磅，过磅重量48.26吨；过完磅后将该车辆藏在车厢底部的工具箱打开，将运输人员事先藏匿的沙子取出，再一次对该车辆进行了复磅，复磅重量48.16吨，磅差100千克。

4. 20××年××月××日××：××，运输车辆司机两人进厂，其中一名司机躺在驾驶室卧铺，以达到皮重计量时增加皮重的目的。××：××，运输车辆在东地磅进行皮重计量为14.84吨。因生产部接商务部通知，该车在兄弟公司有作弊情况，不予装车，故该车空车出厂，××：××该车出厂时，在南地磅皮重计量为14.78吨，两次皮重差值为60千克，已超出标准误差（20千克）。监控中心发现后随即通知保安对该车进行扣留。

三、存在问题

1. 与公司合作的物流公司对所用运输车辆日常管控要求不到位，屡次出现蓄意增磅行为，通过投机取巧、弄虚作假等手段谋利，致使公司蒙受损失。

2. 之前公司对运输车辆过磅前的监督监察规范不到位，检查规范不具体，致使运输车辆司机有机可乘。

3. 公司委托安保公司员工对运输车辆检查监督不到位，对公司制定的紧急规避措施贯彻执行不到位，致使运输车辆伺机通过其他方式增重。

4. 公司商务运输合同中对此行为的严惩条款约束力不够，存在风险。

四、工作建议及处理意见

（奖惩事项略。）

××认真组织学习物流车辆蓄意增重事件，结合公司实际情况进行自检自查，并落实以下管控措施。

（1）各公司对运输车辆进出厂进行规范，并进行监督检查，存在过磅蓄意增重行为的，应报上级部门进行处理和规范，积极做好各环节监控工作，确保公司财产不受损失。

（2）将"进入厂区车辆安全管理协议""成品装运质量管理承诺书"两个协议作为运输合同的附件，附件与合同具有同等法律效力。同时要求物流公司对其内容知悉，且严格要求运输司机执行，并且在合同中明确，客户装运车辆出现作弊、违反装运质量管理承诺的，货物发出公司有权对装运车辆所在的物流公司进行损失金额3~5倍的罚款。

（3）各公司应高度重视对物流公司的监督检查工作，发现可疑行为，立即汇报处理，勇于同损害公司利益的行为做斗争。

第四章

生产与存货审计

第一节　生产审计

一、生产审计概述

　　生产审计，是指对企业职工把原材料按计划和规定程序投入生产车间加工制造成最终产品的一系列过程所实施的审计。生产过程审计要求审计人员通过运用适当的审计方法，确认被审计企业的内部控制制度是否健全，经营管理方法是否适当；用于投产的原材料与制定的标准是否一致，是否存在违反操作规程的弊端；被审计企业是否建立了健全的生产管理制度；与生产计划相关的原材料、劳动力、能源等投入是否达到标准，是否存在浪费的现象；对被审计企业的生产力水平、计划调度、物料搬运、质量管控、资源分配、成本控制及次品率进行检查。

　　生产过程审计旨在评价被审计企业投入与产出的时间、质量，以及产品输出的品种与计划的匹配程度；验证被审计企业检查期间内与生产相关的费用支出及产品成本计算的准确性、完整性及合法性；审查被审计企业与生产相适应的资金使用、占用是否合理；揭露生产过程中的缺陷和弊端。

　　对于工业企业而言，生产过程审计就是对投入与产出过程的审计。它涵盖了对产品设计、生产计划制定、材料选择、生产工时核定、费用定额、领料投产、加工产出、包装检验、产成品入库、成本核算、账务处理等诸多环节的审计。生产过程既是创造财富的过程，又是物资消耗、费用支出、成本形成的过程。因此，对生产过程实施审计，于企业而言，对其实现增加产出、降低成本、提高经济效益的目标具有重要意义。

二、生产审计思路

（一）生产计划审计

1.生产计划的制定

　　生产计划是企业生产过程的起点。行之有效的生产计划，首先需要协调好销售、仓库采购、生产三个部门的关系。销售部门所做的销售预测是生产部门生产的依据，而在实际业务中，销售并不一定是完全按照计划来执行的，在初步的销售意向达成后，销售部门会将销售计划下达生产部门，而客户往往会根据自身情况，对初始确定的交货时间及数量进行调整，这将打乱企业原有的生产安排，一旦原有的销售计划被取消，或者销售数量锐减而没有及时反馈给生产部门，或由于生产的性质，即使已将计划的变更传达给生产部门也无法及时停止生产，将会造成产品的滞销。采购部门是根据生产计划来进行采购的，一般仓储采购部门将会在保有安全库存的基础上安排采购进度。为了争取更大程度的折扣，以生产计划为基准的批量采购是企业常用的模式，而滞销的商品积压在仓库中，既增加了企业的采购成本，又增加了企业的管理成本。

另一种可能的情形是制定的销售计划已超出了企业的产能范围，而设备需要有停工检修的时间，生产人员同样也有最大工时的限制，结果是企业要么面临不能按时交货的窘境，要么为了赶进度而牺牲产品的合格率，次品率攀升，最终影响企业信誉。

2. 审计思路

审计人员可以通过对车间工人的访谈，对照生产计划安排表评价其生产计划制定的充分性；对照产品库龄分析表了解材料从采购入库到领用出库的时间间隔。审计人员最终将得出结论：车间不能按时交货是由于生产计划编制不合理，还是仓库采购订单下达不及时；呆滞的库存是否由于销售部门未与客户协调好订单签署与变更的最终时间节点。

3. 审计要点

生产计划的审计属于系统化的审计，企业想要解决生产计划安排不准确的问题，就要从多个方面入手，评估物料采购中存在的风险、评估设备实际运转性能、评估人力资源的利用效率。想要使生产计划的合理性得到实质性的改善，就需要将采购、车间生产与销售有机地结合起来，形成一种实时联动的机制，使得前端的变化能够迅速向后传导，给企业留出及时止损的反应时间。

（二）生产流程审计

1. 生产工艺流程的梳理

合适且被有效运用的生产工艺流程能够帮助企业提高生产效率，标准的生产工艺流程应该是通过反复测试的、符合批量化生产条件的、经过适当的审核批准程序后才被采纳应用的生产程序。标准的生产工艺流程一定是包含各项生产参数的流程，经过工艺部门对产品的物料消耗/损耗（包括工时）进行试验，根据试验结果或根据以前年度的定额执行情况，制定内部的产品消耗/损耗标准（或BOM），并由工艺和质量部门负责人审核。这样的一套标准加上已经制定的生产计划，可以将生产具体到每一批次甚至每一日。

在生产环节中，还有一个不容忽视的问题就是产品质量问题。如果企业产品质量不合规，售后服务压力将倍增。因此，企业应根据国家、行业相关标准，制定企业内部产品质量标准，并报管理层批准；生产中的材料耗用由专人统计并填写原料消耗表，由生产部门负责人（如车间主任）复核；生产管理部门编制生产日报表、月报表，分析差异原因，并由管理人员审核；根据实际生产过程的反馈做定期比较分析，对制定的各项标准进行重新审核及调整。以上措施的有效实施将有利于企业将产品质量问题控制在合理的范围内。

由于经济波动等原因，车间多数情况下是达不到满产状态的，剩余的生产规模便是企业应对计划外生产需求的有力保障。计划外生产事项的安排，必须是能够提升企业形象、增强企业社会影响力，能为企业创造价值的生产安排，因此，需要经过销售部门、质量管理部门、生产部门主管领导的批准。

对于生产型企业，生产安全无疑是管理层关注的一个重点领域，它涉及上岗培训、特种设备的持证上岗、日常的巡视等，需要每日形成安全巡视记录。当然，除了这些安全生产措施之外，还有一些涉及防盗、防火灾的安全措施，比如要定期进行消防设施的有效期检查，带领员工做消防演习等。

2. 审计思路

审计人员要了解物料消耗定额的制定、修订程序，如制定标准的部门、依据、审批过程等；了解消耗定额标准是否经定期的复核和更新，并检查更新报告等书面文件。通过对比生产工单和领料单，结合物料消耗定额，判断领料单所载的原材料领取数量与计划生产的产品是否匹配。

审计人员需要与质量部、技术部主管进行访谈，了解公司质量标准的制定流程，包括负责制定标准的部门、制定标准使用的参数、参考的国家或行业标准、标准的审批程序等；获取公司制定的关于质量标准的书面文件，检查其是否由技术部、质量部门制定，是否经管理层批准。与生产部门主管访谈，了解生产过程中的质量检验程序，如检验频率、抽查标准、是否有人审核、所使用的报告格式等，采用判断抽样的方法随机抽取一个或几个生产批次，追查至相应的检验报告，检查其是否符合规定的频率，抽检人是否独立，检验报告是否经审核，如有不合格产品，是否按规定处理。

通过与生产部门主管进行访谈，审计人员可以了解计划外生产的过程，以及生产指令是否经过销售部、质管部和生产部门主管批准后下达；采用判断抽样的方法抽取一个或几个计划外生产指令，能够检测计划外生产是否经过了适当的审批。

审计人员在检查生产车间的消防设施时，可以检查消防设备是否失效；到监控室观察摄像头监控的区域，可以发现是否存在监控盲区；检查上岗培训记录，能够发现车间工人是否经过了必要的岗前培训、特种设备人员是否持证上岗。

3. 审计要点

车间小仓库的长期存在会导致生产管理的失控，因为当生产出现质量异常需要再投料时，车间小仓库即可满足领料需求，而这种质量异常通常都是由于来料异常、设备异常、车间人为等因素，不经仓库的超额领料程序而直接进行的材料领取，使得管理层很难对生产过程实施监督和控制。

对企业而言，制度的制定总是要经过长期的摸索而得到优化的，流程的设置也是要以安全生产（这里的安全生产，既包括生产效益方面的因素，同时也包含质量可靠的因素）为前提的，尤其是在流程关键节点的疏忽更容易导致产品质量问题，审计人员需要有侧重地进行相关审计，对于被评价为高风险的控制点，应该实施必要的审查，如采取抽样检测、分析性复核等方式进行验证。

计划外生产需符合企业规定，计划外生产的审批通过应该建立在企业产能所能够达到的程度，未经批准即开展的计划外生产，可能由于超过了生产能力而无法完成，增加了企业违约的风险。

在对新租的仓库进行安全审计的时候，千万要注意消防设备的检查记录可能是上一任租户留下的，所以审计的时间应该从租赁房屋时开始。

（三）次品和残料控制审计

1. 次品和残料的控制

生产过程中，由于材料及工人经验不足等，生产出的产品可能被检验为次品，甚至直接报废。有些次品在经过返工后能够满足质量检测标准，若是材料原因造成的返工，则需要与供应商进行沟通，因为在大多数情况下，购进的材料数量太多，进料质检是通过抽样检测的方式完成的，甚至有时就是通过外观的检查来验收的，不良的来料在上了生产线之后才能被发现。

有些次品经过返工也无法达到质量要求，因而变成了残料、废料。除了报废的材料，另外还有生产中的下脚料或者边角料。边角料应该由生产线工人收集，并计入边角料备查簿，之后转交仓库或者边角料仓。当达到一定数量时，仓库应向主管申报，由采购部门负责变卖。变卖前还需要由审计人员进行现场监督，一方面是看计量是否准确，另一方面也要防止正常商品混入废旧品中。

2. 审计思路

次品与残料的处置应符合国家和企业的有关规定。审计人员应该检查企业制定的有关次品与残料处置的制度或规定，并确认其是否与国家相关法律相符；审计人员应实地核查仓储部门是否指定地点分类存放次品及残料，检查次品及残料账簿，确定其是否通过适当的计量由独立的人员负责记录；通过抽样检测的方法检查次品及残料的处置定价是否由适当的管理层批准，运出厂门是否经独立于仓储部门的人员批准，并经过检查。所有次品与残料的出售应开具发票，财务部依据发票及收取的货款编制记账凭证；审计人员可获取近几个月的次品及残料销售凭证，检查其是否与销售发出记录一致，是否已经确认收入，检查销售发票是否与定价一致。

3. 审计要点

审计人员应关注是否存在未经授权的次品及残料处置，次品与残料所带来的收益流入企业如果未被正确记录，将导致收益的不准确，也可能存在舞弊行为，例如，边角料被挪用或者处置报价偏低是常见的舞弊现象。

（四）产品成本核算审计

1. 产品成本核算概述

产品成本核算是指将企业在生产经营过程中发生的各种耗费按照一定的对象进行分配和归集，以计算总成本和单位成本。成本核算通常以会计核算为基础，以货币为计算单位。成本核算是成本管理的重要组成部分，对于企业的成本预测和企业的经营决策等存在直接影响。

《企业会计准则》第四十八条规定：直接为生产产品和提供劳务等发生的直接人工、直接材料、商品进价和其他直接费用，直接计入生产经营成本；企业为生产产品和提供劳务而发生的各项间接费用，应当按一定标准分配计入生产经营成本。第五十条规定：本期支付应由本期和以后各期负担的费用，应当按一定标准分配计入本期和以后各期。本期尚未支付但应由本期负担的费用，应当预提计入本期。第五十一条规定：成本计算一般应当按月进行。企业可以根据生产经营特点、生产经营组织类型和成本管理的要求，自行确定成本计算方法。但一经确定，不得随意变动。第五十二条规定：企业应当按实际发生额核算费用和成本。采用定额成本或者计划成本方法的，应当合理计算成本差异，月终编制会计报表时，调整为实际成本。

2. 审计思路

审计人员可以对财务部或其他相关人员进行访谈，了解成本核算的流程，存货计价的方法及期间费用的分摊方法等；获得书面的成本核算方法，并复核管理层对该文件的确认及所采用成本核算方法的合理性。使用判断抽样法，从最近几个月生产部门递交的生产成本核算、汇总报表中抽取 N 个样本，追查到其依据的领料单，复核单据是否连号、领料是否经仓库确认。使用分析性复核方法，分析生产成本的变动趋势，结合其他营运信息判断生产成本的变动是否合理。

对生产部门、仓库、财务部或其他相关人员进行访谈，了解领料和产成品入库的对账流程；使用判断抽样法，抽取几个月的生产成本核算、汇总报表和生产报表，复核领料数和产成品入库数是否与仓库报表的收、发数量一致；对于发现的不一致情况，查看双方是否对差异进行了调查，其结果是否合理，并复核相应的账务处理是否正确。使用分析性复核的方法，分析制造费用的变动趋势，结合其他营运信息判断制造费用的变动是否合理；获取科目余额表，查看制造费用的期末余额是否都已转入生产成本。查看和了解次品及残料的成本计算方法，并评估其合理性；复核成本核算是否经过财务主管人员的确认；获取并复核最新的标准成本批准文件范本。

使用穿行测试法对生产成本、制造费用的汇总与核算进行测试；获取生产成本、制造费用核算过程中所有原始单据和报表的范本，如领料单、入库单、生产报表、库存报表、考勤记录、工费价格清单、生产成本核算表和制造费用核算表等，复核原始单据是否预先连续编号、连续使用，成本核算表和制造费用核算表是否使用了最新的工费价格清单，各项原始单据的汇总表数额是否与生产成本核算表、制造费用核算表总数一致，是否与账户记录一致。

3. 审计要点

存货计价方法及间接费用的分摊方法对于存货核算的准确性起着至关重要的作用；实际发生的生产成本是否被及时记录并准确分摊也影响着成本的核算，进而影响销售毛利的计算。

三、生产审计案例

（一）公司简介

ABC股份有限公司属于轻工业类纺织品制造企业，主要经营中高档布料的生产。在市场上具有一定的品牌声誉和形象。公司产品均可以达到国家质检安全的规格，在制作材料方面也均以环保材料为主。

（二）审计中发现的问题

1. 领料单的签发经过了适当授权批准，材料发出汇总表经过适当的人员复核；成本计算单中，直接人工成本与人工费用分配汇总表中该样本的直接人工费用经核对相符；样本的实际工时统计记录与人工费用分配汇总表中该样本的实际工时经核对相符；制造费用分配汇总表中，样本分担的制造费用与成本计算单中的制造费用经核对相符；制造费用分配汇总表中的合计数与样本所属成本报告期的制造费用明细账总计数经核对相符。

2. 被审计单位生产领用材料虽有适当的授权批准手续，但材料的发出缺乏定额控制，容易造成材料领用环节的浪费。由于材料的发出缺乏定额控制，生产环节总会有一些领而未用的材料，被审计单位没有建立"假退料"制度，这势必会影响生产成本的正确核算。

3. 审计人员在抽样审计中发现，边角料由生产部门生产人员直接处理，未见相关的审批文件，无人员复核，经访谈相关人员得知，该公司尚未建立关于残料处置的相关控制制度。

（三）审计问题解析

（1）适当的授权审批机制将使企业的生产流程更加规范；合理的费用分摊机制将使企业的成本核算更加准确，使财务报表的可靠性增强。

（2）制定标准成本控制制度，根据标准成本物料清单以及当天生产计划执行领料程序，杜绝超额领料形成的车间小仓库，消除成本核算不准确的潜在风险，管理层发挥必要的监督管控职能，降低舞弊发生的可能性。

（3）应建立健全关于次品、残料的处置制度，授予适当的部门关于次品和残料的处置权限，同时应该制定详细的处理流程，处于监督之下并经管理层审批的残料处置能够最大限度地预防舞弊行为的发生，使企业资产得到有效处置，使财务账目更能真实反映企业的实际情况。

第二节　存货审计

一、存货审计概述

企业的存货主要包括以下种类的有形资产：在日常活动中所持有的以备出售的存货，如库存产成品和库存商品；仍处于生产加工过程为最终出售而持有的存货，如在产品、半成品及委托加工物资等；为使商品达到可供销售状态而需要消耗的存货，如原材料、燃料、包装物、低值易耗品等。有效的存货管理在企业的生产经营过程中发挥着非常重要的作用，能够帮助企业达到降低成本的效果，因此，厘清企业存货管理中的潜在风险、完善存货管理内部控制尤为必要，存货审计正是能够协助企业达成上述目标的最有效方法。

存货审计，是指对存货增减变动及结存情况的真实性、合法性和正确性进行审计。存货审计直接体现了财务状况，对于揭示存货业务中的差错弊端、保护存货的安全完整、降低产品成本和费用、提高企业经济效益等都具有十分重要的意义。

二、存货审计思路

存货管理贯穿企业生产经营的整个过程，从制定销售计划到采购入库，从原材料出库到产成品入库，从产成品出库到实现产品销售，每一步都涉及不同状态存货的调拨。存货审计旨在通过制度解读、实地观察、数据分析、穿行测试等不同方法发现管理中的漏洞，运用有效的审计方法协助管理层提出堵塞漏洞的方案，达到效益最大化目标。

（一）政策与制度解读

要了解一个企业的经营理念、价值观念、社会责任等，最好的方法就是去探寻它的企业文化，而想要知道企业某个业务模块管控是否到位，首先就要去解读与之相应的政策及制度。企业制定的与存货管理相关的一系列制度，是审计过程中衡量存货管理是否到位、风险控制是否完善的重要指南，可以帮助审计人员分析存货审计中暴露出的问题是由于管理的疏忽还是控制的缺失造成的，直击痛点，从而为企业建立更加健全的控制方案提供建设性的意见。

（二）原材料入库审计

1. 审计关键点

（1）仓库是否接受了与批准的订单不符的货物。

（2）是否存在让步接收与超额入库的情况，是否对该种情况制定了相应的审批流程。

（3）已收产品的退回是否经过合理的手续。

（4）收货及退回是否被正确、完整、及时地记录。

2. 审计思路

（1）审计人员在对原材料的入库程序进行审计时，应该首先询问仓库及相关人员关于入库及退货的相关控制流程，并取得关于该流程的文档。从企业已归档的入库单中运用判断抽样法抽取若干入库单样本，检查入库单是否有经办人及复核人签字；跟踪入库单，并与相应的采购订单比对，核实入库单上的产品规格、型号、数量是否与采购订单一致。了解企业检查入库的规定，除了检验外观及数量，询问仓库及相关人员是否对特殊材料制定了产品检验的相关流程并获取流程图；询问是否存在免检产品，获取免检产品的清单或范围；抽取若干入库单样本，复核原材料入库前是否均经过了必要的质检程序，是否有质检人员签字，关注未经检验的原材料入库，与已取得的免检材料清单进行对比，核对是否存在超出免检范围的入库事项。

（2）询问相关仓库人员企业是否建立了对不符合采购订单的供货商送货事项处理措施的相关政策并获取该政策文件，熟悉文件内容，重点关注是否有关于接受不符合采购订单的供货商送货事项的特殊规定，了解该特殊规定的相应审批程序。采用判断抽样法对抽取的样本进行分析，复核是否存在入库单上的产品数量大于采购订单量或其他规格、型号等的不符情况，跟踪流程，核实其是否有相应的退回单据，如果货物已接收，了解超额接收的货物是否属于赠送，并追踪相应的发票及付款凭证进行核实；若非赠送，则审核其是否有管理层的书面授权批准接收文件并审核其接收理由是否充分，以免造成库存呆滞。在系统中模拟超额入库，确认系统对于超额是否允许。实地观察仓库的分类安排，检查应退产品是否放置于专门的区域，是否有明显的标记。

（3）询问仓储部及保安部等相关部门，了解企业是否有明确的关于出库货物的大门放行程序，是否有放行记录，获取审计期间的书面放行记录，采用判断抽样法抽取样本，检查产品发运的放行记录，如果企业无书面放行记录，审计人员需要实地观察产品发运的放行情况并进行记录，并与相关人员确认其所记录的内容与实际情况是否相符。向仓库人员了解出库单是否有适当的人员签收，使用判断抽样，从归档的出库单、发货单据中抽取样本，检查签收程序是否完整。询问适当管理层关于退货损失的审批程序，从相关人员处获取退货申报表，检查退货是否经过了适当的审批，签字是否齐全，获得关于退货的分析资料，核查分析是否合理。

（4）询问仓库人员关于出、入库单据的管理，获取入库单与退货单据，检查其是否连续编号，检查是否存在作废的入库单。抽取某一会计期及当期审计报告出具前的所有入库单、退货单，跟踪至相应的仓库账，检查其内容是否正确记录且记录于正确的会计期间。询问企业仓库与采购部门、生产部门、财务部门等相关部门关于信息沟通的政策及流程，了解是否有书面的沟通记录并获取这些记录，查阅已取得的书面记录，评估其合理性。

3. 风险提示

仓库管理人员应警惕由于核对不细致导致误收了企业不需要的产品；质检人员应注意入库材料的质量检验，避免接收质量不佳的产品；仓库的误收有可能导致超量或不合格产品占用企业资金，导致企业资产损失；如果没有完善的退货签收流程，可能出现客户不承认收到退货的情况而使企业遭受损失；收货、退货记录不准确、不及时，信息不正确可能导致企业的采购决策失误。

（三）材料出库与产品入库审计

1. 审计关键点

（1）领用单的填写与批准是否符合企业要求。

（2）材料发出数量、品种是否正确，是否存在对无效领料单发货的情形。

（3）所有在产品和原材料的发出是否均被准确记录。

（4）所有在产品和产成品入库前是否经过检验。

（5）不合格品是否被正确区分并保存。

（6）在产品与产成品的入库是否被准确记录。

（7）原材料、在产品、产成品的货卡信息是否准确。

（8）产品的发出与经审批的销售订单是否一致。

（9）产品发出是否经过必要的审批。

（10）所有产品发出是否被准确、及时记录。

2. 审计思路

（1）审计人员可访谈生产部门、仓库保管部门或其他相关人员，了解关于原材料和在产品领用、发出的操作流程及执行状况，以及是否指定专人申领，经部门负责人审核签发。获得书面的原材料、在产品领用、发出操作流程或政策，并复核该流程或政策的完整性；获取所有领料单，检查领料单是否连号，填写是否规范，并且是否具备领料部门和仓库保管员的签字；通过人力资源部门获取企业员工按部门分类的名单，核对领料单的审批人员是否与流程规定的一致，评估在产品和原材料发出控制的有效性。检查领料单，复核其是否为必须领用的，固定资产领用是否纳入了本部门固定资产目录管理。对于直接到现场的改建、扩建、改造工程所需的各类工程物资（包括仓库内领用其他物资），工程管理人员在领料时是否注明了工程项目名称，以便于核算。

（2）获得领料单范本，使用判断抽样法，从仓库台账的在产品和原材料发出记录中抽取若干样本，追查到相应的领料单，核对其数量、品种是否与台账一致，检查领料单与出库单，是否存在超额领料，对于超额领料是否有退回，观察车间是否存在堆积的物料。检查相关人员是否根据实际用途在领料申请单上进行了标注，对用于维修的领料是否加以说明，获取维修领料记录并追踪至财务账，检查其是否根据不同情况进行了账务处理。对于领用的劳动保护用品，是否按照《劳动保护用品标准》核实后予以发放；超出标准范围发放的，是否由部门提出申请，经相应的分管领导批准后发放。

（3）取得已归档的领料单的仓库联，查看编号是否连续，若不连续，检查原因并评估其合理性。对生产部、仓库保管员或其他相关人员进行访谈，了解是否对相关部门的领料对账程序、频次做出了明确规定，访谈仓库与生产部门相关人员，了解实际执行的领料对账程序、频次，获取在产品、原材料的领用、发出调节表范本，获取全部的调节表、对账单样本，检查对账是否有双方确认的签字，对账结果是否有差异，对账双方是否对差异进行调查，调查结果是否合理，必要时对调查结果进行核实，检查对账的频次，判断是否与企业规定相一致，评估在产品和原材料发出记录对账控制的有效性。

（4）对生产部、仓库保管员或其他相关人员进行访谈，了解在产品、产成品入库的基本流程，以及产成品、在产品的存放管理要求等。获得仓库在产品、产成品质检报告范本，查阅是否有经办人签字；使用判断抽样抽取检验报告，查看是否有质检部门的签字确认，是否填写允收和拒收数量，核对允收数量与实际入库数量是否一致。

（5）向仓库管理人员了解关于不合格品的存管办法，获取书面管理文件；实地观察仓库管理状况，尤其是不合格产品的堆放、管理，观察其是否与合格产品进行了明确的区分；评估在产品和产成品存放控制的有效性。

（6）获得在产品与产成品的入库单范本，使用判断抽样法从仓库在产品和产成品收入台账的记录中抽取 N 个样本，追查到入库单仓库联，查看其是否与台账记录的一致；检查入库单编号的连续性，填写是否规范，相应部门如生产部门和仓库保管员签字是否齐全，结合以上信息评估在产品和产成品入库控制的有效性。通过访谈生产部门、仓库保管员或其他相关人员，了解仓库与生产部门的对账程序，获取在产品、产成品的产出、入库调节表范本，通过抽样调查，确认对账是否有双方的签字，对账结果是否存在差异，对账双方是否对差异进行了调查，调查结果是否合理；必要时还需对调查结果进行核实，评估在产品和产成品入库记录对账控制的有效性。

（7）使用判断抽样法，从存货明细账上抽取若干样本，检查物品货卡的填写是否正确，是否与实盘数一致，评估货卡使用的有效性。

（8）对仓库或其他相关人员进行访谈，询问发货控制流程并获取文档资料，从归档的出库单中抽取样本，检查出库单是否经过了恰当的管理层复核签字，并跟踪至相应的销售订单，核对订单内容与出库单所载记录是否相符。抽取销售人员核对出库情况的报告样本，查看销售部门是否对销售订单执行了必要的检查与核对程序。

（9）询问相关部门（如保安部和仓库等），了解出库货物的放行程序，并获取支持性材料；检查产品发运的放行记录并与已取得的放行程序进行比较，确认其执行情况；若无书面放行记录，则实地观察产品发运的放行情况并与标准程序进行比对。询问仓库管理人员在发货时收货人或货物承运人是否履行了必要的签字程序，在归档的出库单或装箱单中抽取样本，检查是否有收货签收记录。

（10）通过访谈了解发货与开票的控制流程，并获取书面流程图。检查入库单或发运单据，检查其是否连续编号，从发货记录中抽取记录样本，跟踪至出库单等原始单据，检查记录是否与原始单据内容一致，检查发运单的审批是否符合流程要求，审批是否完备。跟踪原始出库单至发货登记本，检查两者内容是否一致，并确认登记本上是否有对应的已开发票记录，跟踪至发票，检查发票开出期间是否与发运期间一致。

3. 风险提示

货品领用操作流程不规范、制度贯彻执行不彻底将导致企业运营成本增加，有可能导致企业资产的损失。领料未经适当授权、单据编号无规律、原始凭证丢失、差异未被修正、入库记录核对不及时将导致企业财务信息不完整，存在错报或虚假记录的风险。未经检验的产品入库可能引起残次品流入市场，最终导致退货率上升，影响企业形象。不合格品与合格品的混放将使得质量检测失去意义。在产品与产成品入库手续的不完善、记录的不完整将导致生产信息不准确，存货被错误记录。出库、运输、交接手续不完备有可能面临客户不承认收到货物的信用危机，导致企业资产的损失。物资领用无相应的审核审批手续将导致物资管理紊乱，可能导致舞弊行为，无法进行准确的成本核算。

（四）存货内部转移的审计

1. 审计关键点

（1）所有存货的内部转移是否满足生产、销售的需要，是否使企业运营成本最小化。

（2）存货的内部转移是否被正确处理，内部转移的所有货品在收入方和发出方是否被正确记录。

（3）异地内部转移是否符合国家法规。

（4）存货内部转移途中的损耗是否被正确地计算并明确了相关人员的责任。

2. 审计思路

（1）对生产部、销售部、仓库保管员或其他相关人员进行访谈，了解货品内部转移的基本流程，以及相关的控制要求等。获得被审计单位书面的货品内部转移操作流程或政策，复核该流程或政策的完整性，并和管理层确认。获取企业存货内部转移的单据，追踪至相应的审批流程，检查支持性材料，判断其转移的合理性；追踪因存货转移产生的成本，评估该转移行为对企业成本的影响大小。

（2）获得调拨单范本，使用判断抽样法从仓库留存的调拨单中抽取 N 个样本，查看调拨单所载数量和品种是否与台账记录一致，检查调拨单是否连号，填写是否规范，是否经过了调拨单审批部门的有效审批，调出方和调入方保管员的签字是否齐备，评估货品内部转移控制的有效性。对生产部、销售部、仓库保管员或其他相关人员进行访谈，了解货品内部转移的对账流程，以及相关的控制要求等，获得货品调拨发出、收入调节表范本，使用判断抽样法，抽取 N 个月的调节表及对账单，查看所有对账单是否均有双方确认的签字，对账结果是否存在差异，对账双方是否对差异进行了全面的调查，调查结果是否合理，是否对调查结果进行了必要的核实，评估货品调拨记录对账控制的有效性。

（3）了解异地转移相关的国家法规，询问企业关于异地转移销售的流程，获得销售明细账，用判断抽样抽取 N 笔涉及异地调拨的销售记录，追踪获取相关的原始凭证，查看增值税发票的开立是否合理、合规。

（4）询问相关管理层，了解存货内部转移的损耗率标准制定依据和超过损耗率的责任人索赔制度。获取损耗率标准表，并评估其合理性。获得损耗率定期分析报告，通过验证程序判断其关于损耗率计量的准确性，通过对比评估其报告的合理性。

3. 风险提示

如果存货内部转移原因不合理、转移过程控制不得当，将有可能给企业造成非必要的存货损耗，使企业蒙受不必要的资产损失；若存货内部转移非生产销售所必需，则可能导致运营成本的增加；异地存货转移、销售手续办理不完善，将导致财务信息不完整，容易形成错误或虚假的财务记录，进而违反国家有关规定。

（五）存货的账务处理与盘点的审计

1. 审计关键点

（1）仓库账与财务账是否一致。

（2）盘点计划是否与管理层意志相匹配，是否执行了有效的盘点。

（3）存货账面余额调整是否正确有效。

（4）寄存的存货是否被准确记录。

（5）与存货相关的材料是否得到了有效的保管。

2. 审计思路

（1）对财务部、仓库保管员或其他相关人员进行访谈，了解仓库与财务的对账流程，以及相关的控制要求等；获得货品调拨发出、收入调节表范本；使用判断抽样法，抽取数月调节表、对账单，查看对账是否有双方确认的签字，对账结果是否有差异，对账双方是否对差异进行调查，调查结果是否合理，必要时对调查结果进行核实。

（2）对财务部、仓库保管员或其他相关人员进行访谈，了解并取得盘点计划的制作、审批流程；获取存货盘点执行、盘点记录、存货调整的流程，以及相关的控制要求等；取得最近一次的盘点计划，复核评估其内容。使用统计抽样法，从存货明细账上抽取若干样本进行实盘，并与账面记录相核对；检查所盘点物品的货卡的填写是否正确，是否与实盘数一致；复核盘点记录表、盘点报告的填写情况和签字，并核实重大的盘点差异的原因，评估存货账面数量的真实性。盘点中应观察是否根据物品的体积、重量等因素进行摆放，是否兼顾了领料的频繁程度以及场内运输的效率等特征。

（3）对财务部或其他相关人员进行访谈，了解存货余额调整的审批流程，以及相关的控制要求等；抽取存货盘点差异调整的凭证，检查其调整依据是否属于管理层的共同决议，是否符合企业的管理要求，是否附有经确认的盘点差异汇总表或盘点报告，评估存货账面余额及价值调整控制的有效性。检查判断是否存在物资损失、报废、盘亏、减值等现象，该类情况是否被准确记录，账务处理是否经过了必要的审批。对于库龄时间长、金额大以及存在损耗的物品是否进行重点盘点，是否将盘点结果与系统中导出的账面数量进行核对，对于存在的差异，是否根据领料单、出入库单据、报废处置单等进行综合分析。

（4）询问并获得盘点计划，查核其中是否包括寄存货物的轮流盘点；观察寄存货物的盘点过程；对财务人员或其他相关人员进行访谈，了解外仓存货的盘点流程、盘点结果或者函证程序、函证结果及相关的控制要求；获取外仓代管存货余额的函证和函证控制表，检查函证的差异项有无解释原因和跟踪措施，必要时对调查结果进行核实，评估外仓存货的盘点、函证控制的有效性。

（5）调取历年来关于存货的出入库记录台账、存货盘点表、对账单、报表等各项资料，判断仓库管理过程中形成的各类台账、报表是否被视同会计档案进行了保管，评估其安全性与完整性。

3. 风险提示

未建立明确的存货盘点制度，可能导致管理层对企业资产监控的失效。未执行有效的盘点程序，可能致使盘点结果可信度不足、盘点不能达到管理层的期望。未进行定期检查、盘点，当物资出现毁损迹象时，账、卡、物可能出现不相符的状况。不了解仓库物资盈亏情况，不能真实反映企业的财务状况，可能会掩盖舞弊行为。

（六）残次品及呆滞存货管理的审计

1. 审计关键点

（1）残次品与呆滞存货是否被正确区分并保存。

（2）存货账面价值是否能反映其实际价值。

（3）残次品与呆滞存货的处置是否符合管理层意图与一贯性原则，处置时的账务处理是否准时、正确、完整。

2. 审计思路

（1）询问企业确定、管理残次品与呆滞货物的相关政策，取得并审核相关的政策文件；对财务部、仓库保管员或其他相关人员进行访谈，了解该类存货的管理方式，以及相关的控制要求等；实地观察库房内残次品与呆滞存货的存放管理情况，与企业管理制度相比较，评估该类存货的现场管理状况。

（2）对财务部或其他相关人员进行访谈，了解被审计单位关于计提存货跌价准备的会计政策、计提方法和依据，以及相关的控制要求等；获取被审计单位计提存货跌价准备的书面政策，检查其是否经过权力机构（如董事会或股东大会）的审批；使用判断抽样法从存货跌价准备明细账中抽取样本，对已计提跌价准备的依据、方法和数额进行复核，并与权力机构的确认文件相核对，参照国家关于存货跌价准备计提的相关要求，评估存货跌价准备计提的真实性和充分性。

（3）对财务部、仓库保管员或其他相关人员进行访谈，了解残次品与呆滞存货的处置流程，以及相关的控制要求等并获取相关材料；使用判断抽样法抽取若干关于该类存货处置的凭证，复核其依据的处置文件是否经管理层的确认，处置的数量是否有库房以外的部门共同确认，处置金额是否经过相关评估机构的评估，评估残次品与呆滞存货处置控制的有效性；获得残次品与呆滞存货货龄等的分析表，评估其合理性，查核是否有相关管理层的签字。

3. 风险提示

残次品与呆滞存货管理不当，将造成企业产成品质量问题，使企业公众信誉受到损害。

（七）存货安全审计

1. 审计关键点

（1）存货保险的范围和金额是否被合理制定。

（2）危险品、有害货品的保管和处置是否符合国家或企业规定。

（3）存货物理环境是否安全。

2. 审计思路

（1）对财务部、仓库负责人或其他相关人员进行访谈，了解存货保险的范围、依据和申购流程，以及相关的控制要求等。获取并复核管理层对存货保险申购的批准文件，获取存货的保险合同，查看代表企业签订的部门是否得到了有效的授权，保险合同签订前是否执行了相应的询价记录，是否征求了法律部门的复核意见，综合评估存货保险的充分性和有效性。询问调查了解保险返点的去向，以及是否被侵占。

（2）对仓库负责人或其他相关人员进行访谈，了解危险品、有害货品的管理、处置流程，以及相关的企业政策等；获得并复核书面的企业危险品、有害货品的管理、处置流程或政策；实地观察危险品、有害货品的存储环境，评估危险品、有害货品管理流程或政策的执行情况。

（3）对仓库保管员或其他相关人员进行访谈，了解其对人员出入库房的控制和库房物理安全的总体情况，实地观察其对闲杂人员出入库房的控制，检查临时出入库房登记簿的登记情况，结合访谈和实地观察，评估人员出入库房控制的有效性和充分性。对仓库保管员、企业消防负责人员或其他相关人员进行访谈，了解企业消防安全的总体情况、重点保护地区消防设施情况，以及相关的消防控制要求等，获取标有重点保卫地区的企业平面分布图，获取消防检查的合格证书，实地观察消防设施、消防通道的有效情况，现场观察消防设施的日期以及检查日期。让仓库人员打开监控视频，查看监控视频是否覆盖齐全，评估消防安全控制的有效性。

3. 风险提示

存货物理环境存在安全隐患、未给存货办理保险，将可能导致企业资产的非正常损失、人员伤害。危险品与有害品的保管与处置不得当，将对社会和环境造成危害，使企业遭受法律的制裁。未经授权的物理接触可能导致存货的物理损失。

三、存货审计案例

审计组对甲公司 2018 年 1 月 1 日至 12 月 31 日的存货进行审计，审计对象包括其经营本部以及下属生产子公司，执行审计时间为 2019 年 2 月 3 日至 10 日。审计目的为：检查公司内部控制制度是否完善，执行层面是否存在缺陷；检查存货盘点制度执行是否到位；检查存货计价方法是否符合会计政策要求。

（一）公司简介

甲公司是一家以生产和销售电视机为主的企业，在全国各地设有办事处和销售分公司。办事处承担着产品在当地的销售任务，还负责与各大商场接洽公司产品的寄销事宜。办事处负责在每月初向总公司的财务部门和销售部门上报上月产品的收、发情况以及月末结存情况，财务部门根据上报情况进行相应的会计处理。

（二）审计中发现的问题

1. 存货盘点情况。经审计发现，甲公司在被审计年度仅有存货会计记录与仓库记录，被审计期间未进行过定期盘点，年末也未对存货实施盘点。实物盘点是存货管理的重要组成部分，实物盘点质量的好坏对一定时期经营业绩的评估有十分重要的影响。

2. 代管材料的账务处理情况。甲公司生产所需的一项零星采购 ×× 材料由 ABC 公司代管，但在审计甲公司有关的出库业务时，未找到与代管 ×× 材料变动相应的会计记录。该种情况将导致甲公司在成本结转时可能少计成本，使核算不准确，对公司真实的利润产生影响。

3. 未见甲公司对于审计年度 12 月 20 日后发出的存货进行会计处理，仅在仓库明细账上反映了该类业务的存在，不符合会计准则和会计制度关于会计分期的要求。

4. 发出存货的计价方法。甲公司制度要求存货的发出根据批次采用移动加权平均法，而审计中发现实际存货发出时采用了先进先出法，不符合会计核算的一贯性要求，存货计价方法的随意变更将使企业面临较大的税务风险。

（三）审计问题解析

1. 公司应该建立存货盘点制度。仓库的盘点能让公司更加清楚地了解物资的库存量，提供经营所需的依据，它也是检验仓库现场管理的一个有效手段，公司应该对仓库的定期或不定期盘点提出管理要求，明确各部门在存货盘点中的责任，将存货盘点纳入考核指标，通过硬性的监督机制促使其形成一种良性发展。

2. 公司需要对代管材料做出明确的处置要求。代管材料亦属于公司的资产，做好资产变动的会计处理是对公司财务人员的基本要求，在发生代保管业务时，应及时签订代保管协议，绘制合理的代管材料流转流程，建立标准统一的代管材料交接单据，为业务人员提供具体的行动指南，也为财务人员提供可靠的记账依据。对于代管货物也应建立起盘点制度，由于客观原因无法进行实物盘点的，应该采取函证的形式对该部分存货进行确认。

3. 对于当期发生的会计事项，应该在当期完成相应的会计记录。会计信息质量的及时性要求公司应在当期对发生的业务进行会计记录，公司可对年末时点发出存货的各流程节点提出处理时间的要求，对特定事项采取集中审批以缩短处理时间。

4.《中华人民共和国会计法》第十八条规定，"各单位采用的会计处理方法，前后各期应当一致，不得随意变更；确有必要变更的，应当按照国家统一的会计制度的规定变更，并将变更的原因、情况及影响在财务会计报告中说明。"《中华人民共和国税收征收管理法实施细则》第二十四条规定，"从事生产、经营的纳税人应当自领取税务登记证件之日起 15 日内，将其财务、会计制度或者财务、会计处理办法报送主管税务机关备案。"公司应该根据其产品的特征，在初始阶段便对计价方法进行确认，在预测到当前计价方法将对未来的业务产生重大影响时，应按照相关法律法规的要求经审批后变更。

第五章

销售与收款审计

销售与收款，通俗来说，就是把企业的产品、技术或是服务销售给客户，并获取相应报酬的过程。当然，对于工业制造型企业来说，主要是商品的销售与收款。内部审计人员对销售与收款环节进行审计，就是合理监督和确认销售与收款的每个流程环节是否都得到合理监督，是否均符合企业的内部控制制度，企业实现销售的过程是否安全、合理，是否存在重大舞弊或损失等。

第一节　销售与收款审计概述

一、销售与收款流程概述

销售工作在企业运营中往往处于至关重要的地位，"酒香不怕巷子深"的案例在物资匮乏的时代确实存在，但是如今很多产业存在产能过剩的情况，销售工作的重要性愈发突显。目前我国进行供给侧结构性改革，从某种意义上说，也是因为供给过剩。

要有效地开展销售与收款业务的审计，就要先对这个环节的运营状况有明确的了解。

（一）接受客户订单

客户提出订货要求，是购买某种货物或接受某种劳务的一项申请，也是整个销售与收款业务的起点。在这个过程中会有很多其他业务同时开展，例如，通过参与展销会、电话拜访、上门拜访、广告推销等寻找目标客户；发出要约邀请，与客户就商品或服务的交易条款进行洽谈；提供样品给客户确认品质等。

在与客户就各项条款达成一致后，就可以考虑签订正式的销售合同。企业内部一般会有一系列合同签批审核流程，销售经营管理部门通过考察客户的资信情况、规模实力等，决定是否同意接受客户的采购要求。

双方正式签订销售合同后，编制一式多联的销售单，按企业内部经营流程分发到生产部、采购部、仓储部等安排后续业务开展。

（二）批准赊销信用

信用管理部门根据管理层的赊销政策，在每个客户已授权的信用额度内批准赊销业务。信用管理部门在收到销售订单后，应将销售单与客户已被授权的赊销信用额度及至今尚欠的账款余额加以比较。执行人工赊销信用检查时，应合理划分工作职责，以避免销售人员为扩大销售而使企业承受不适当的信用风险。若单以销售额为考核指标，销售人员容易放松对客户的资信要求，通过扩大授信额度以增加销售，给企业未来的账款回收带来风险。

对新客户的赊销业务授信审批，一般发生在正式销售合同签订之前。新客户授信审批前，要做好信用调查，包括获取信用评审机构对客户信用等级的评定报告。信用管理部门要在销售合同审批单上签核意见（同意、不同意或补充附加条件等），再交销售部门具体处理。

（三）销售出库和装运

以销定产的企业，生产部到仓库将合格产品办理产成品入库，而后办理销售出库手续；仓库常规备货的，直接由仓库办理销售出库手续。销售部门的销售单，可以在 ERP 系统中直接转化为销售出库单。仓库人员应严格按销售出库单发货，不得少发或多发，发货数量清点后，至少需要两名人员在销售出库单上签字。如果企业直接安排承运单位发货，须由承运单位在销售出库单或是送货单上签字确认，车辆出厂时须由保安查核承运车辆装载货物是否有企业送货单和指定运输单。

（四）开具销售发票

销售客服人员根据客户回签的出库单或送货单，以及销售订单，与客户核对数据后，到财务部门开具销售发票，并及时提供给客户。零星销售无销售订单的，根据企业经批准的商品价目表开具销售发票。发票的数量、金额应与企业的实际业务一致。增值税专用发票应达到货物流、资金流、发票流"三流"一致；严禁虚开发票，以免给企业带来税务风险。

（五）销售记录

根据销售发票和送货单记录销售情况，按新的收入确认准则，在客户取得相关商品控制权时确认收入。在税务申报时，按已开票收入和未开票收入分别填列申报。确认收入时，应同时确认对客户的应收账款。

（六）销售回款

销售回款一般采用现金、票据、银行转账等方式，其会增加企业的资金，减少应收账款。资金收入要规避资金遗失、被盗、挪用风险。现金收入应及时存入银行，采用"收支两条线"管理，防范"小金库"、截留企业资金违规使用等情况。

（七）销售退回、销售折扣与折让

如果客户对商品不满意，企业在初步分析原因后，一般会接受退货，或给予一定的销售折让。如果是承运方造成的商品毁损，另行向承运方要求赔偿。退回商品办理退货入库手续，并由销售部门出具退货原因说明，质检部门出具退货商品检验单，标明退回商品是否属合格品、是否需返回车间返修或是否需直接报废等情形。

（八）坏账处理

销售经营过程中，如果是有账期的或是赊销的，碰到客户经营不善、宣告破产、身故等情形，会造成应收账款无法收回。对这些长期逾期无法收回的应收款项，在获取无法收回的确凿证据后，应经适当审批及时做会计调整。

二、销售与收款涉及的主要凭证和记录

典型的销售与收款业务所涉及的主要凭证与记录主要有以下这些。

1. 销售合同（销售订单）

销售合同是与客户签订的书面货物销售合同或销售订单，受《合同法》法律保护。其可以采用信函、传真、电邮等方式传送。合同应有必要条款，须经客户经办人员签字确认、注明合同日期、加盖有合同效力的印章。

2. 销售单

销售单是列示客户所订商品的名称、规格、数量及其他与客户销售合同有关信息的单据，以此作为销售方内部处理客户合同的凭据。销售单中一般不包括产品单价、合同总价、联系人等敏感信息。

3. 物流凭证

物流凭证一般包括销售方的销售出库单或送货单，是用以反映发出商品的规格、数量和其他有关内容的凭据。凭据一般一式多联，一联给客户，其余联次在企业内部多部门流转。经客户回签确认的销售出库单或送货单可用作向客户开具账单的依据。

4. 销售发票

销售发票是一种用来表明已销售商品的名称、规格、数量、价格、销售金额、运费和保险费、开票日期、付款条件等内容的凭证，如增值税专用发票，开具后将抵扣联和发票联交给客户，其他联次企业留存；增值税普通发票，开具后将发票联交给客户，其他联次企业留存。

5. 商品价目表

商品价目表是用来列示已经授权批准的、可供销售的各种商品的价格清单。销售人员会有一定的浮动权限，按价目表进行相应的折扣报价。

6. 贷项通知单

贷项通知单是用来表示由于销售退回或经批准的折让而引起的应收销货款减少的凭

证。贷项通知单通常与销售发票的格式相同，但不是用来证明应收账款的增加，而是用来证明应收账款的减少。

7. 财务账目和分析表

这是指各种与销售相关的财务科目记录和分析表，如应收账款明细账、营业收入明细账、现金日记账、银行存款明细账、应收账款账龄分析表等。

8. 坏账审批表

坏账审批表是一种用来批准将某些应收款项注销为坏账，仅在企业内部使用的凭证。

9. 客户月末对账单

客户月末对账单是一种按月定期传送给客户的用于购销双方定期核对账目的凭证。客户月末对账单上应注明应收账款的月初余额、本月各项销售交易的金额、本月已收到的货款、货项通知单的数额，以及月末余额等内容。

销售与收款审计，就是对上述销售与收款业务全过程的审计，对全过程的风险控制点进行检视和审查，查漏补缺，改善企业的运营。

三、销售类型和收款方式

不同企业的销售模式不一样，类型不同，销售审计要重点关注的风险控制点也有所不同。如果是 OEM（代工生产）类型的代加工厂或是做中间体和配件类的工厂，不面向最终顾客，销售审计关注的就是企业对下游客户的销售流程；如果制造工厂同时有连锁经营业态，销售审计除了关注工厂的对外销售，还要关注连锁店铺销售和大区营销；如果制造工厂同时主营电商，销售审计在关注工厂对外销售时，还要对电商销售进行关注；有很多工厂的销售模式是多种兼有的，销售审计就要多方面考虑。

销售收款也有很多方式：现金、支票、银行汇票、银行本票、商业承兑汇票、银行电汇、以物易物等，在实践经营中，对于现金和票据收款方式进行审计，除了要进行应收账款收回的经营审计，还要关注现金和票据在收款至到达企业财务账户之间的保管问题。

第二节　销售与收款审计思路

一、销售与收款业务内控测试

（一）销售预算及订单处理

（1）是否根据企业发展规划制定销售预算并从属于企业总体预算。

（2）销售部门是否根据企业生产能力和市场需求调查、制定销售计划。

（3）企业各类型产品所接订单是否都经过了项目预审和合同评审。

（4）所有的项目预审表和合同评审表是否单独装订。

（5）是否建立包括制定价目表、折扣政策、收款政策等在内的销售定价控制制度。

（6）是否有明确的授权订立合同的规定，以及是否建立了销售合同订立和执行审批制度。

（7）有无驻外办事处擅自签订合同后交企业执行的现象存在，有无防止此现象出现的控制制度。

（8）对超过既定销售政策、信用政策等规定范围的特殊销售业务，是否履行特定授权审批程序。

（二）信用政策及折扣、折让

（1）是否建立专门的信用管理部门或岗位，并制定信用政策及监督机制。

（2）是否建立客户信用管理机制，并定期进行更新。

（3）是否根据掌握的客户信用来决定是否批准赊销。

（4）赊销业务是否遵循规定的销售政策和信用政策，并履行了相应的授权批准程序。

（5）现金（商业）折扣、折让的依据是否遵循既定的政策，并履行了相应的授权批准程序；是否遵循规定的销售政策和信用政策，并履行了相应的授权批准程序。

（6）折扣和折让的依据及批准文件是否均记录在事先连续编号的折扣、折让事项备忘录，并由专门的职员定期检查。

（三）发货及运输物流

（1）货物运输是否根据企业制度履行了必要的审批手续。

（2）计划部门是否根据连续编号的发货通知单或是销售出库单通知运输部门。

（3）运输部门在运输之前，是否进行独立验证，以确定从仓库提取的货物都附有经批准的发货清单。

（4）是否编制连续编号的运输凭证，并做运输记录。

（5）运输部门是否取得并保留客户签收货物的原始单据，并按时间顺序装订。

（6）对货物的出厂，门卫是否根据相关部门的出厂证对货物进行验证放行。

（四）销售发票管理

（1）是否有专人进行发票的管理和审核，且职责分离。

（2）销售通知财务开具发票是否填写了专门的开具发票通知单，还是口头通知。

（3）开具销售发票之前，是否独立检查存在经批准的销售单、销售出库单、装运凭证等，并进行了审核。

（4）开具销售发票时，是否检查运输凭证，以保证对所有运输的货物均已开具发票。

（5）是否对已开具发票的项目进行审核，保证了与相关单据及销售政策的一致性。

（6）空白及作废的发票保存是否适当。

（五）退换货理赔管理

（1）企业对客户退回的货物，是否及时进行清点、检验并验收，填制入库单。

（2）售后服务部是否对退货进行调查，将调查结果和意见记录在退货验收报告上，并交会计和销售部门做最后的核准。

（3）企业收到退货后销售部门是否会通知质检部门检验并找出退货原因，质检部门是否对退回货物开具相关的退货检验报告。

（4）在退货批准后是否及时入账，调整相关项目。

（5）对需做出赔偿的退货及历史退货资料，是否预计了合理的赔偿损失。

（六）售后服务管理

（1）售后服务是否分为保修期内免费服务和保修期外有偿服务。

（2）现场售后服务是否由专人审批；售后服务维修领料是否由专人审批和控制；相关人员现场售后服务完毕回企业后是否详细填写售后服务相关表单。

（七）会计记录及收款控制

（1）是否按客户设置应收账款的台账，及时登记每一客户应收账款余额增减变动情况。

（2）每笔记录是否附有有效销售单据及收款单据。

（3）是否根据应收账款的明细账户定期编制应收账款对账单，向客户寄送核对。

（4）回函与对账单上金额的差异，是否由收账部门和财会部门及时查明原因，进行处理和记录。

（5）是否建立了应收账款账龄分析制度和逾期应收账款催收制度。

（6）是否设立专职机构或指定人员对应收账款账龄较长的客户进行催收清欠。

（7）对应收账款的各种贷项调整（包括坏账冲销、折扣或折让等）是否均经过管理层的批准。

（8）是否设置专人保管应收票据，进行专项记录。

（9）对即将到期的应收票据是否及时向付款人提示付款。

（10）对票据进行贴现、质押及背书转让，是否经审批并在备查簿中登记。

（11）收款人（出纳）是否与应收账款明细账、应收票据明细账的会计记账人员职责分离。

（12）每月是否及时核对银行对账单及送存银行代收的票据，保证款项及时入账。

（13）是否建立了适当的内部复核程序，保证账账相符，业务归类正确，计入恰当的账户。

二、销售与收款业务审计思路

（一）销售价格管理审计

1. 业务特点

在生产制造型企业中，商品价格是由直接材料、直接人工、制造费用和预期毛利组成的。

对于批量生产的常规品定价，销售价格要依据产品成本、现有售价、产品所处的生命周期、产品的毛利率水平等多项因素综合制定。销售价格在对外公布前，须由销售部门和企业管理部门组成联合评估小组进行评估，并经总经理核准之后才可以执行。

产品的生命周期包括导入期、成长期、成熟期和衰退期等不同阶段。一般而言，对于导入期的产品价格可能会做多次调整；在成长期的产品，其价格可以适当提高；处于成熟期和衰退期的产品，其价格必须相对稳定，否则将失去市场竞争力。确定产品的生命周期要考虑市场的大环境，而不是企业内或小区域的情况。

市场营销学中的定价方法，是指企业在特定的定价目标指导下，依据对成本、需求及竞争等状况的研究，运用价格决策理论，对产品价格进行计算的具体方法。定价方法主要包括成本导向、竞争导向和顾客导向等三种类型。

对于新产品的定价或是定制非标产品，一般是研发部门将物料清单给财务部的成本核算员进行测算，经财务经理复核，将测算之后的资料交给销售部总监或者产品部总监，由其根据市场及企业的产品特点设定价格，之后交企业管理层审批。

2. 审计思路

（1）检查销售部门是否按相应制度及时、科学地更新企业的价格体系；销售价格更新时，是否将最新价目表在第一时间向所有已知和潜在的客户公布。价格体系表的制定需财务部、市场部、销售部等部门多方配合，制定的价格体系表需要符合企业的销售政策，由企业高级管理层审核其合理性并签字确认。所有价格体系表的更新都必须填写正式的书面更新申请表，并予以归档备查。价格体系表的建立和修改单据都要经过适当的管理层对照销售政策进行审批。

（2）制定的价格依据是否合理，价格制定过程是否得到有效控制；销售订单或者销售合同的价格与企业的价目表是否一致；是否存在低于正常毛利率的销售，低毛利率销售是否经分级审批授权；定制化的产品成本毛利率核算是否正确；销售预测是否被准确地制定，并体现管理层的意图；销售预测是否定期滚动更新，并经过管理层的批准；是否因销售预测重大偏差，造成产品库存大量积压。

（二）客户信用管理审计

1. 业务特点

客户提出采购需求，销售部门制定销售订单后，需要经过企业的信贷部门办理批准手续。对于赊销业务，信贷部门应根据企业的赊销政策及每个顾客已授权的信用额度进行审批。企业应对每位新客户进行信用调查，需查看的基础资料包括营业执照、生产经营许可证、法人身份证等，也可参考信用评审机构对顾客信用等级的评定报告；通过查询全国企业信息系统，查看企业有无违法或诉讼情况。信贷部门人员应在销售通知单上签署是否同意赊销的意见。

企业应分别对原有客户和新客户进行审查：对于企业的原有客户，应查看过去的成交记录，确认其是否具有良好的商业信用；同时信贷部门还应考虑本次订购数量是否有异常，如企业具有良好的商业信用，且此次订购基本接近过往订购数量，可办理批准手续；如果所需数量大大超过过往历史记录，在办理批准手续前，必须要求客户提供近期的财务报表，同时查询企业履约能力，再决定是否接受赊销。

对于新客户提出的赊销购货订单，信贷部门必须要求其同时提供能够证明其资信情况的资料和财务报表。通过分析其资信情况并审查财务报表来决定是否接受其购货订单，以及允许的信贷限额的大小。还可以通过规定本订单赊销的最大数量来限定供货量；只有客户能证明其具有良好信誉时，才能允许供货数量扩大。

对于现销的采购订单，审核客户信誉授信的控制流程可以省略，但订单的接受仍需按企业订单审批流程进行审核。

2. 审计思路

（1）信用政策是否反映了企业所处市场经济环境，符合企业管理层的意志以及企业的整体战略目标；信用额度的建立和修改是否符合管理层的意志以及企业的信用政策；所有的审批文件是否专项保管。

（2）客户的信用额度是否能够真实、及时地反映客户实际情况。对于客户发生的突然情况，销售部是否及时将信息提供给信用管理部门并提交变更申请。信用管理部门统计信用额度的占用比率和出现超过额度特批情况的频度如何，是否出具信用额度的分析意见并由管理层复核。客户的档案中是否有关于信用额度决策的支持文件，如客户的财务报表、还款记录等，管理层是否进行定期复核。客户清单中是否存在黑名单客户继续赊销的情况，应收账款及信用额度中是否存在信用额度外的未经审批的销售情况。

（3）对信用额度资料的接触人员是否均经过恰当的授权，且只有经过授权的人员才可以接触信用额度的相关信息；对于 ERP 系统客户档案中信用额度的查看和修改是否采取人员权限限制。

（三）销售合同管理审计

1. 业务特点

企业通过与客户签订销售合同，明确双方责任，保护双方利益。对与客户签订销售合同的全过程进行有效控制，能合理控制企业的经营风险和财务风险，而且可以为保护企业资产安全、防止销售人员舞弊提供保障。

销售合同一般属于格式合同，业务人员只能填写合同标的、数量、金额及结算方式。销售合同审批单的审批流程是业务部门起草、部门经理审核、生产、采购、财务、法务、总经理审核。合同审批单审批完成后，由业务人员持审批单到合同章或者公章保管人处申请用印。业务人员将已填写和签章的合同快递给客户或直接送达客户，由客户签字盖章并回传后合同正式生效。

2. 审计思路

（1）确保订立销售合同的合法性与完整性，企业应制定模块化的标准合同模板，标准合同模板由企业法律顾问在相关部门协助下制定，总经理签字批准。企业签订的非制式合同需经审批，须查合同条款是否存在对企业不利的规定或法律风险。

（2）确保企业所签订的销售合同能够按时完成，避免企业交货违约风险。企业应有交货期确认程序，合同签订前销售人员须向生产部门查询合同交货期是否超出生产能力。销售合同审批单审批过程中应交采购部门和生产部门进行交期审核，审核通过后在合同评审表上签字确认。

（3）所有签订的销售合同应得到妥善的保管。销售合同应连续编号，由专人保管，销售合同的借出要有相应的审批及登记程序。

（四）合同执行管理审计

1.业务特点

合同签订后，还要做好合同执行管理。如果没有有效地管理合同的执行，可能导致产品不能按期交货或交付的产品不符合客户要求，进而出现顾客抱怨，影响客户合作意愿，引起重大合同纠纷或要求解除合同，加大企业的合同风险。

销售部门签订正式合同后，应编制统一的销售单。销售部门应先查询企业进销存管理系统并通知仓库确认是否有存货，如有存货安排仓库办理销售出库手续；如没有存货，将单据流转采购、技术、生产等部门，安排采购物料并进行生产。

2.审计思路

所有的销售订单、合同应及时地得到处理，递交发货和服务部门。企业业务操作流程中要说明订单处理的时间标准，并下达经办人员执行。应使用内部文件，记录并追踪所有的销售订单处理情况；对较长时间未处理的订单应及时调查原因。管理层应定期复核系统中的订单列表，查看异常订单状态并及时调查原因。

只有通过信用检查的客户才能进行合同的签订和销售订单的进一步处理。所有未通过信用检查的销售订单均须经过恰当管理层分级授权后才可以放行。

销售业务中不相容职责之间需进行明确的职责分工。销售订单的填制人员、发货人员和记录销售的人员应由不同部门的不同员工担任。管理层应定期复核销售订单列表和发货记录。

（五）发货作业控制审计

1.业务特点

为了确认客户是否满足发货条件，也为了确保货物能安全、及时运抵客户指定地点，企业一般会制定一系列管理制度对发货过程进行管理控制。

当产品价值较大时，为了控制经营风险，很多企业会对销售合同规定预付货款条款：签订合同后，货物发出前，客户至少预付货款 N%，对于部分信用等级不高的客户，相应条款规定需要预付货款 M% 等。

货物发出，在合理的运输周期之后，销售人员应及时与客户联系，及时确认已发出货物是否完整到达客户方，同时取得客户确认的收货证明，如有客户签章的销售出库单。

2.审计思路

先根据企业的销售合同目录查对有预付款项要求的合同，再对应查找相应合同的送货记录；从财务部门查找预付款项的到账时间，分析企业是否按合同要求，收取预付款后再进行发货作业，从而降低企业的货款坏账风险。

通过检查企业一定时段的销售出库单，查对是否有客户确认收货；如果客户确认是加盖企业收货确认章，则可以认可；如果是长期合同，客户确认是个人签名，而且人员变动不定，则为了防止中间伪冒窃货，建议企业要求客户提供有确认收货权限的人员名单证明并签章。

（六）销售收入与应收账款管理审计

1. 业务特点

货物发出后，企业应履行销售合同中的义务，即在客户取得相关商品控制权时确认收入。为了有效管理销售收入和应收账款，企业要制定一系列的控制制度来对这一过程进行管理。

所有销售产品的收入及应收账款都应准确、完整、及时地（在恰当的会计期内）记录。对销售发票的开具和管理要进行控制，对应收账款的总体水平要做好日常控制。

2. 审计思路

开立的销售发票要准确地反映交易的相关信息。经办人员要核对销售订单/合同、出库单，以及经管理层批准的价格体系表后再开具销售发票。开立的销售发票应及时递交给交易的客户，企业应要求客户收到发票后给出确认信息。应有内部文件记录所有发票的开立和作废情况，并且该档案应经管理层定期审核。作废的发票应单独存放，并进行登记。

应收账款及销售收入的操作流程要符合企业政策和会计手册的要求。对在会计期前后发生的货物发出要进行追踪和必要的审核，以确保销售产品的应收账款及收入记录于正确的会计期。定期复核销售收入、销售成本、应收账款、存货等管理报表，对重大的波动进行分析。定期向代销商发函证，及时取得代销数量及产品余额并及时确认收入及应收账款。定期检查分期付款销售清单，及时确认相应的应收账款及收入。定期与客户进行函证，确认应收账款余额。

应收账款的操作人员应与收款、销售、仓库等工作职责分离。企业应建立应收账款催收程序，定期制作已超信用条款的客户清单，并由专人进行催收。定期复核应收账款清单，检查清单上的客户是否是经过管理层信用批准的有效客户。财务人员定期制作应收账款账龄报表，并由适当的管理层复核。所有核销的坏账或对应收账款的调整应经过管理层的批准。

在销售发票的管理方面，要核对开票记录与销售订单，确认是否存在虚开或者提前开票的情况；检查是否存在发票作废的情况，分析作废的理由是否正常，原开具的发票是否收回；已开具给客户的发票是否有签收记录；核对金税系统的发票抄税信息与增值税申报表是否一致，如不一致查对原因。

（七）销售折让与销售退货管理审计

1. 业务特点

企业的发展总是不断向前的。在产品销售过程中，企业不可避免地要面对客户的抱怨。在客户抱怨时，企业通常以包修、换货等方式应对；如果确实是产品质量有瑕疵，企业会用销售折让或是销售退回等方式来处理。

销售折让，是指企业因售出的货物质量未达要求等原因而给予客户的一种价格折减；销售折让将导致销售收入减少，回收货款减少。

销售退回，是指企业已经销售的商品由于质量、品种等不符合客户要求等原因而发生的退货。销售退回将导致对应的销售收入无法实现，同时发货或退回过程中的物流成本无法补偿，给企业带来损失。

审计人员需要获取必要的审计证据来确认已发生的销售折让和销售退回是否有充分理由，是否得到必要的授权审批，被退回的存货是否安排进行检验，进行必要的维修或是退回仓库。

工业制造型企业发生退货情况，应先由质检部进行检验，分析退货原因。根据质检结果，合格品直接二次销售、可修复的次等级品返车间维修、报废品按审批流程申请报废，回收残值。如果产品质量问题是由材料供应商或是物流提供商造成的，则应向对方提交证据索赔。

2. 审计思路

销售退回政策应根据市场和竞争者的情况制定，且符合国家的法律规定，并反映管理层的意志。仓库在接收经适当审批的销售退回货物时，应核验书面的销售退货申请单，其只有经过管理层签字授权仓库才能接收和处理货物退回。

退回的货物应先经质检部门检验分析后才能办理入库。管理层定期复核销售退回的货物，并分析退回原因，以减少退货的发生；查阅大额退货记录，追踪查看是否及时分析原因改善或减少损失。仓库办理退库时，要进行货物数量的清点，并与申请退库数量进行核对（通过抽盘核实）。对在会计期前后发生的销售退回要进行追踪和必要的查对，以确保销售退回记录于恰当的会计期间，不会被用于调节管理层业绩考核。退货后应及时取得红字发票或取回原来的发票。

第三节　销售与收款审计案例解析

案例一　某门窗制造集团公司对子公司销售情况的审计报告

某门窗制造集团审计部对 Q 城生产基地子公司的销售情况进行审计，具体审计情况如下。

一、应收账款和未收回款项

（一）总体情况

截至 2019 年 5 月 31 日，应收账款余额为 38 069 812.06 元，其中不正常的应收账款 8 671 636.68 元，占应收账款余额的 22.78%，2019 年 1—5 月公司应收账款的回款率为 82.03%。

上述不正常应收账款截至 2019 年 6 月 9 日已收回 1 681 740.00 元，剩余 29 个项目，未收回货款为 6 989 896.68 元。

（二）未收回款项的重点项目

1. 客户陈某，累计欠款 1 485 920.00 元，合同约定是款到发货，客户资金困难，已向其发送催款函。通过办事处沟通，其有一部吊机为公司客户杨某施工，杨某同意将吊机使用费支付给公司作为陈某的货款，等杨某工地结束后清款，具体时间待定。该合同已经做了销售结算。

2. 客户朱某，累计欠款 1 312 360.80 元，资金困难所致。目前正在办理请款手续，预计 2020 年 3 月收回。该合同已做销售结算，已提供清款承诺书。

3. 客户郑某，累计欠款 1 298 317.40 元，欠款账龄较长，且部分原因是公司门窗产品有质量瑕疵，未能与客户进行妥善处理而引起的款项拖欠，公司需采取措施进行纠纷解决和账款催收，以提高公司资金运营效率和降低回款风险。

4. 在剩余 29 个项目中，11 个项目无担保，18 个项目有担保；在 18 个有担保的项目中，有 3 个担保人无任何相关资料及证照：GZ 市 ×× 物流有限公司、YY 市 ×× 房地产开发有限公司、YY 市 ×× 房地产开发有限公司。

二、销售项目抽查情况

从 2019 年 4 月的销售项目中，集团审计部抽查了 36 个项目，抽样比率占当月销售收入的 65.32%，本次主要对销售合同、合同评审表、销售出库单、结算单、销售回款情况、客户档案等进行核对、检查。

（一）销售合同

1. 抽查的 36 个项目中，合同单价均没有明确约定运费金额，按综合单价（含门窗单价和运费）结算，存在被认定为混合经营行为（门窗销售和运输），按主营从高适用税率的风险。

2. 抽查的合同中，有3份合同是公司非格式合同，合同号分别为1901100059、1901100068、1903160012，前两份合同没有调价条款，后一份合同有调价条款。

3. 合同1901110011签订的补充协议中，原合同签订日期有误，为"2019年2月28日"，实际应为"2019年1月12日"。

4. 36个项目中，有17个项目是垫资合同，未能出示以客户的资产和资信调查等进行判断的依据，赊销额度和赊销期限的评审依据不充分。

（二）销售出库单

1. 抽查的36个项目中，12个项目实际签收人与委托签收书指定的签收人不一致，占总体样本的33.33%，如合同1903110009委托的签收人是范××，销售出库单190411146签收人是刘××；合同1902100014委托的签收人是李××，销售出库单190410875签收人是张××。

2. 抽查的36个项目中，9个项目存在冒名签收现象，占总体样本的25%，如合同1901110023中的销售出库单190412045、190412043、190415910的签收人赵××的笔迹与委托签收人赵××的笔迹不符；合同1902110012中的销售出库单19041808、190411807、190411539的签收人朱××的笔迹与委托签收人朱××的笔迹不符。

3. 个别合同单据无客户签收，如合同1902110016中的销售出库单190411018。

4. 在审计日有7个项目部分销售出库单未签回，如合同1902110017在2019年4月共发出16份销售出库单，其中有9份未签回，占总体的56.25%。

5. 部分退货产品经技术部鉴定为公司生产质量缺陷，36个项目共退回201樘门，成本损失为252 456元；需要生产部门改进制作工艺和注意合同项目对尺寸规格的要求。

（三）客户回款

存在业务人员收取现金的现象，如合同1901110027，2019年2月现收8#金额15 000.00元；2019年2月现收29#金额50 000.00元，由业务人员收取现金交到公司。

（四）合同执行检查

1. 客户A装饰工程有限公司，截至2019年5月31日有3个项目共计欠款1 136 277.00元，占5月底应收账款总额的13.1%。按照公司核准的赊销额度100万元，该客户累计欠款已超过赊销额度136 277.00元，公司正积极催收，并已限制发货。

2. 客户徐某，累计欠款 656 880.00 元，项目尚未结算，此欠款是进度款，项目完工预计在 2019 年 12 月末。经审计人员追踪审查，徐某在 A 装饰工程有限公司担任技术总监，同时是 A 装饰工程有限公司法人程某成立的 B 基础建设有限公司的股东之一。

审计人员有理由怀疑，在 A 装饰工程有限公司因欠款超过授信额度被限制供货后，徐某以个人名义与公司签订合同，实质服务客户是 A 装饰工程有限公司项目，建议公司注意账款收回风险。

（五）客户档案

审计人员抽查了 27 个客户档案，其中法人客户 9 个，自然人客户 18 个。

4 个法人客户缺少相关档案，营业执照档案未更新（无年检日期），如 N 城×× 装饰工程有限公司、P 县×× 房地产开发有限公司。

案例二 某快消品集团公司对 S 城营销情况的审计报告

一、审计情况

某快速消费品制造企业集团审计部对公司销售中心在 S 城的营销情况进行了审计，具体审计情况如下。

1. 根据营销计划，2019 年 5 月 1 日至 5 月 15 日，S 城美加美连锁店能量饮料促销买三赠一，张贴海报宣传。实际 5 月 9 日至 5 月 15 日，审计人员陆续走访美加美 20 家门店，16 家未执行买赠活动，未见海报张贴，仅 3 家执行，1 家在审计人员问询是否有赠品时补赠。5 月 20 日查询美加美连锁供应商管理系统，显示产品库存量：能量饮料 A 品 6 980 件，能量饮料 B 品 8 152 件，共计 1.51 万件，4 月末库存为 1.92 万件。5 月 1 日至 5 月 20 日公司对美加美连锁未进行补充送货，期间实现销售 0.41 万件，销售情况未达到公司促销活动预期。

2. S 城 CP 区域申请流动促销员 4 名，实际招用 3 名促销员，其中 CP 组一名 5 月 10 日到岗，ZMT 组一名 5 月 7 日到岗，QX 组一名 5 月 12 日到岗，FG 组暂未招到，以上人员招聘情况及促销排班表至 17 日下午 CP 区域相关人员才提供给 S 城行销经理。5 月 20 日，审计人员按促销员排班表电话查询时，QX 组促销员地点变动，CP 组促销员请假休息。5 月 30 日电话查询时，ZMT 组促销员手机处于停机状态，联系片区主管解释其个人因未及时交费，已停机一周。

3. S 城计划 5 月中旬开始，在 6 条道路的路灯杆上进行挂幅广告宣传能量饮料新品，营销费用预算 10 万元已上报销售中心审批通过。审计人员实地查看时，未见任何广告条幅展示。经问询S城营销经理解释因S城经销商新品备货不足，考虑营销效益，活动实际未执行。但营销活动变动情况未向销售中心报备。

4. S城G中央商场实际摆放的堆头尺寸为一个大堆的1/4（1m×0.8m），且与其他颜色相近的特价处理产品摆放在一起，原申请尺寸为1.2m×1.8m，公司产品在堆头中未能突出显现。审计人员现场查询5月1日至5月15日仅销售65箱。促销海报上标示"有买有送"，但未标明送什么，现场也未摆放赠送产品；其从5月16日开始执行周末场外促销活动，5月末实现销量201箱，距离申请的每月1 000箱的销量还差799箱。

5. 5月28—29日，审计人员在S城CA区域4家卖场看到：

（1）A商场货品堆头在商场通道末端，审计人员在现场半个多小时未见促销人员在场；

（2）B卖场内能量饮料C缺货未下单及时补货，堆头大部分为空箱；

（3）C超市只有3层货架牌面，未进行堆头货品促销；

（4）D城市快购产品在货架底层，牌面混乱，不同口味产品与其他厂家产品穿插摆放。

二、审计总结

1. S城美加美连锁促销赠品已投放在门店，但门店未能按公司要求开展促销活动，未能扩大消费认知、拉动销量，未能及时消化公司产品在该连锁店的库存。

2. S城CP区域申请4名促销人员，实际招聘3名，未向S城行销经理及时报备；S城促销人员管理存在已在职促销人员通信方式失效、长时间不在岗等现象，需注意对人员费用的管控，防止多报人员费用。

3. S城路灯条幅广告营销计划实际未执行，截至5月31日未向公司销售中心报备，营销活动预算10万元已报批，存在冒领费用风险。

4. S城G中央商场5月促销活动实际执行与申请差异较大（堆头位置、大小、费用、销量），本月投入费用××元，销售额××元，费用占比超60%以上。预估销售每月1 000箱，按活动已开展半个月考核，比预期销售量少299箱。

5. S城货品在商超的摆放管理需进一步完善，存在货品摆放位置不理想，缺货产品未及时补充等情况。

三、审计建议

销售中心应建立促销方案执行管控流程，及时追踪当期促销活动的执行进度和效率情况，对促销活动中的人员组织、文案设计、广告宣传、堆头摆放等加强管理，防止活动中出现营私舞弊现象，损害公司利益。

案例三 某联营商户"飞单"少缴租金案例

一、审计情况

某制造公司转型后经营商场的联营商户C，在提交公司的联营营收报表上一直体现为销售不佳的状况，由于公司从其联营商户收取的场地租金是以营业收入的一定比例抽取，营收较低，导致租金收入一直提不上来，单位坪效很差。

集团审计部人员某日便装去实地查看时，发现营业现场人来人往，未现萧条景象，于是假装不经意询问当班营业员："日常生意如何？"营业员回答："还好，通常这个时点的人流量都还不错。"这引起了审计人员的怀疑，人流量不差，为什么营业收入不高？

审计人员决定秘密调查，多人分批次伪装成顾客在营业点实地观察，终于发现一条线索。此联营商户除了POS收银系统扫码收款外，还存在以支付宝收款码收款的情况。

审计人员约谈该联营商户相关人员，并要求将支付宝收款码对应账户导出供审计查对，发现商户截留营业款、部分收入未入账的事实，营业近一年，该商户合计存在90多万元的"飞单"情况，少缴联营商户租金6万元左右。

二、审计建议

在收银柜台安装监控，杜绝除联网POS收银系统的其他收款方式；定期抽样盘点联营商户的售卖货品，与存货系统核对，杜绝非入库货品另行售卖的情况。

第六章

资金管理审计

第一节 资金管理审计概述

一、企业资金管理概述

一家运行有效的企业，离不开完善的内部控制；一家健康发展的企业，离不开有效的资金管理。企业的基本目标是保持持续经营并能够盈利，要实现这个目标，首先要确保资金流的充沛，资金是企业生存和发展的血液，它贯穿于企业生产经营的整个过程，连接着企业从生产到销售的每一个环节。

资金管理并不仅仅是简单的现金流管理，它着眼于固定资金、流动资金和专项资金的管理。有效的资金管理应能帮助企业组织协调好各类资金供应，保证生产经营活动不间断地进行；能够不断提高企业资金利用效率，节约资金；能够在经营过程中发现控制弱点并提出合理使用资金的建议和措施，促进生产、技术、经营管理水平的提高。企业应该建立资金使用和分级管理的责任制；定期或不定期检查和监督资金使用情况；由专人对资金的利用效果进行考核。有效的资金管控与规范的资金运作是企业防范资金风险的有力保障。

二、企业资金管理审计

资金管理审计是审计人员围绕资金计划的制定及执行、采购资金的审批与支付、投融资计划的决策过程、营运资金的管理效率等，通过采取一系列的审计方法而进行的审计。它是对企业资金管理工作的效果与效率进行的审计。

资金管理审计涵盖了从资金预算到资金来源、资金收付、闲置资金的管理、营运资金使用效率、票据管理、印鉴管理、备用金及预借款管理等一系列管理过程的审计，也是评价企业内部控制有效性的重要方法。

三、企业资金管理审计的作用

一些企业资金管理意识淡薄，且没有资金时间价值观念，有钱时，不知如何规划使用，没钱时只顾发愁，没有长期的资金预算管理意识。有些企业没有建立完善的资金管理模式，有的企业虽然建立了，但是不能适应企业的实际需要。有的企业由于资金管理手段落后，资金控制能力不足，资金使用效益低下，尤其是某些大型集团公司，由于成员企业众多，地域分布广泛，资金管理失控，监控手段缺乏，资金使用率低，企业在经营过程中付出了沉重的代价。

资金管理审计可以增强企业资金计划的合理性，防范市场变化给企业带来的资金风险；可以客观评价企业投融资决策的适当性，避免引发资本结构不合理或无效融资可能导致的筹资成本过高或债务危机；可以提高企业营运资金的使用效率，使有限的资源获得合理配置。

第二节　资金管理审计思路

一、资金预算管理审计

1. 审计关键点

（1）是否建立完善的资金管理制度。

（2）是否根据企业经营规划制定年度资金预算。

（3）资金预算是否被有效审批与执行。

（4）超预算支付情况是否经合理审批。

2. 审计思路

（1）获取资金管理制度或其他相关制度，了解关于资金预算、货币资金管理、票据管理、印鉴管理、采购付款、备用金及预借款等相关制度规定，结合相关法律法规及企业章程初步判断制度的合理性与可执行性；若企业未建立相关制度，则判定为存在内控缺陷，需要在后期的审计程序中进行重点关注。

（2）与财务及资金管理负责人沟通，了解年度、季度、月度资金预算的编制、审批情况，获取经批准的收款、付款、投资、融资计划，结合管理制度判断资金预算的审批是否恰当、合规。

（3）抽查部分月度或季度的付款记录，与对应期间的资金预算进行对比，确认所有付款是否均在预算范围内，是否经过了恰当的审批；核对是否存在资金计划执行不完全的情况，了解其原因；对比年度整体资金执行与计划情况，比较差异；查询企业货币资金余额情况，了解企业贷款情况，分析是否有在无资金缺口的情况下办理贷款业务的情况；查看企业贷款业务明细账，获取贷款合同，比较贷款利率与当时的市场价格是否一致，深入分析判断是否存在舞弊的情况。

（4）参照已审批的资金预算，逐项核对实际支付情况，若存在预算外资金支付情况，对照预算管理制度中关于超预算资金支付需求的相应条款，检查其是否经过了合理的审批程序。

3. 风险提示

无效的资金预算管控可能导致无序的资金管理，造成资金风险。

二、货币资金管理审计

货币资金是指存在于货币形态的资金，包括现金、银行存款和其他货币资金。货币资金是企业资金运动的起点和终点，是企业生产经营的先决条件；是可以立即投入流通，用以购买商品或劳务或用以偿还债务的交换媒介；是资产负债表的一个流动资产项目，包括库存现金、银行存款和其他货币资金三个总账账户的期末余额，具有专门用途的货币资金不包括在内。

1. 审计关键点

（1）是否建立现金业务的岗位责任制，不相容岗位是否分离。

（2）现金是否有安全的存储点，是否授权专人保管现金。

（3）所有收到的现金是否都被准确、及时地记录。

（4）库存现金限额是否合理，是否存在坐支情况。

（5）库存现金记录及银行存款余额记录是否准确。

（6）现金是否定期盘点，有无恰当的监盘与复核。

（7）现金与银行支出记录是否准确。

（8）相关的财务记录是否被安全地保管。

（9）是否建立了完善的备用金管理制度。

（10）资金调拨与采购付款是否经过了有效的审批与复核。

（11）应收票据管理是否符合规定。

（12）其他货币资金管理是否符合规定。

2. 审计思路

（1）企业应建立现金业务的岗位责任制，明确相关部门和岗位的职责权限，确保办理现金资金业务的不兼容岗位相互分离、制约和监督。在现金业务中应该建立严格的授权批准制度，明确审批人对货币资金业务的授权批准方式、权限、程序、责任和相关控制措施，规定经办人办理货币资金业务的职责范围和工作要求。

审计人员可以通过对财务主管进行访谈，了解企业是否有岗位责任制、授权批准制度的相关指导手册；获得书面的财务人员岗位责任制、授权批准制度手册；对照国家相关财务法规，评估岗位责任制、授权批准制度是否合理；询问具体的操作人员，确认岗位分工政策和授权审批制度的执行情况；了解企业关于岗位轮换的相关制度要求，是否建立了关键岗位的定期轮换制度；了解是否存在出纳人员兼任稽核岗、会计档案保管和收入、支出、费用、债权债务账目类的登记工作。

（2）出纳人员对现金保管负有直接责任，企业应该为出纳员配备独立的出纳室，出纳室应配备2把钥匙，每把钥匙都需要有备份，取得备份钥匙需要经过适当的授权。

执行审计程序时，应与资金管理负责人和出纳人员沟通，了解备用金、坐收坐支、现金盘点、保险柜钥匙及密码、银行对账单、银行余额调节表等问题的程序及基本情况；实地观察保险柜的存放地点并评估其安全性与独立性，在出纳人员协助下查看保险柜所放物品，检查是否存在白条抵库的情况，判断是否存在安全隐患；询问出纳室钥匙的配备情况，了解获得备用钥匙的相关流程；查核备用钥匙领用登记簿是否有领用人的签字、是否记录了领用时间和领用原因，评估未经授权的机构或人员直接接触现金的可能性。

（3）收到客户的现金时应该为客户开具连续编号的现金收据，现金收据入账后加盖现金收讫章。单位应当指定非收款人员定期核对银行账户，每月至少核对一次，编制银行存款余额调节表。如调节不符，应查明原因，银行存款余额调节表应由财务主管审阅并签字批准后及时做账务处理。

审计人员可以通过对出纳人员的访谈，了解收到的现金是否开具收据；获取已开立的现金收据记录，检查现金收据编号是否连续；通过判断抽样法，从现金收入账中抽取若干笔现金收入业务，测试有无现金收据附件，收据上是否加盖现金收讫章。

通过对财务部的访谈，了解银行对账单的签收人，了解银行余额调节表的制作周期及制作人；通过判断抽样法，获取若干份银行余额调节表，检查财务主管是否在调节表上签字；追踪调节表中的异常项目，调查其原因并确认其是否被及时地跟进处理；追踪银行存款余额调节表中的调整项到财务账，核实调整是否被及时更新，是否存在大额长期未达账项，未达账项是否逐一核实、逐笔清理。

（4）企业应设有现金库存限额，当日收到的现金应及时存入银行，杜绝坐支情况的发生。

通过访谈了解企业有关现金库存限额和定期存入银行的规定，获取开户银行核定的企业每日现金结存规模的凭证，复核现金日记账中的每日现金余额，与规定做比较；使用判断抽样法，从现金日记账中选取若干笔连续的存款记录，追踪到原始的存款回单，并依据日期评价其及时性。通过访谈了解企业关于禁止坐支的具体规定，抽取若干笔现金收款记录，追踪之后的现金收支及存款业务，判断是否存在坐支的情况。

（5）现金日记账的账面余额必须与库存数核对一致。

通过对财务部的访谈，了解企业是否设置了现金和银行存款日记账；获取现金和银行存款日记账，复核其记录是否逐日登记，查看现金日记账与总账余额是否相符；在出纳人员协助下盘点现金，检查库存现金与现金日记账余额是否相符。获取企业所有银行账户的对账单，与企业银行账目余额进行对比，确认金额是否一致；通过积极式函证，向银行函证存款余额，复核已取得的对账单余额与回函的结果是否一致。

（6）企业应当定期和不定期地由出纳以外的人员进行现金盘点，确保现金账面余额与实际库存相符。对于不符的项目应及时查明原因进行处理。

通过访谈财务主管，了解企业是否有定期和不定期盘点现金的制度；通过判断抽样法，获取若干份现金盘点表，检查是否有盘点人的签名，检查盘点人是否为出纳以外的人员，是否有监盘人员及复核人员的签章。

（7）企业应当指定非收款人员定期对银行账户进行核对，每月至少核对一次，编制银行存款余额调节表。如调节不符，应查明原因，银行存款余额调节表应由财务主管审阅并签字批准后及时做账务处理。所有已支付的付款申请应加盖付讫章，避免重复付款。

了解是否按照《现金管理暂行条例》的规定，结合本企业的实际情况，确定了本企业现金的开支范围。抽查现金支付凭证，检查是否存在以现金结算的方式办理了不属于现金开支范围的业务。审计人员应向财务负责人了解企业资金支付程序，获得书面的控制单据，如支付申请单；通过判断抽样法，从银行日记账上选取若干笔记录，追踪到对应的付款凭证，查看所附的支付申请单是否有相应审批人员的签字；确认所附的支付申请单上是否有付讫章。

（8）企业应该有记录支票使用情况的登记簿；支票登记簿上的支票应该按编号被连续记录，作废支票也要有完整记录。企业应制定现金保管制度，严格限制接触到现金的人员，出纳室必须有足够的物理安全保证。只有经管理层授权、有工作需要的人才可以接触及修改应收账款、应付账款及现金收入、支出凭证。

审计人员应对相关财务人员进行访谈，了解支票使用的记录情况；获得支票登记簿，查看支票是否按编号连续记录；查核作废支票是否有完整记录；从支票登记本上使用判断抽样，抽取若干张作废支票的记录，追踪到具体的作废支票，查看其是否被完好地保管，支票上是否有"作废"字样。获取企业现金保管制度，分析保管制度是否健全；访谈相关财务人员，了解他们对现金保管制度的理解程度及制度的执行情况。实地观察出纳室的情况，判断是否存在安全隐患；访谈财务负责人，了解关于现金会计记录的授权接触和使用情况；现场观察财务部现金收付的运作情况，确认是否只有经过授权的人员才可以处理相关信息。

（9）企业应制定备用金管理制度，规定员工备用金额度，借出备用金款项必须执行严格的授权批准程序。定期与领用备用金的员工进行余额的核对，对存在的差异调查原因并及时调整。备用金应专款专用，业务办理完毕后应及时冲账或归还备用金。

访谈财务主管，了解企业是否有关于备用金的审批制度，并获取该项规定文件；从相关人员处获取有资格持有备用金的人员名单，抽取一定比例的员工借款记录，追踪到备用金申请单，对照备用金审批制度，检查备用金申请人是否属于名单范围内的人员，申请单是否有相关审核人员的签字。访谈财务部相关人员，了解是否有备用金定期对账制度，了解企业关于备用金对账的频率；检查对账记录，核实是否有相关责任人员的签字确认等；若对账后发现有差异，确认是否采取了及时的调查和调整措施，调取调查记录，判断其调整措施的合理性。列出备用金欠款余额清单，追踪借款人的借款时间、用途，查询该员工项下的报销明细，分析是否存在业务已办理完毕但未进行备用金核销而将公款挪作他用的情况。

（10）企业应该建立严格的资金调拨管理制度与付款授权审批制度，明确审批人对采购付款授权批准的权限、程序、责任和相关控制措施，明确付款发起人办理资金付款业务的职责范围和工作要求，规定流程发起的必要条件。支付申请单需按采购支付制度规定经过适当的审核，支付时出纳按政策规定检查付款凭证金额与申请金额的一致性，确认申请单经过适当的授权审批程序后才付款。

审计人员应与财务及资金负责人沟通，了解企业关于资金调拨的程序及基本情况；获取银行日记账及银行对账单，分析检查集团型企业子公司之间资金调拨的附属资料，分析调拨原因，检查资金调拨申请与审批情况，看其是否满足企业关于资金调拨相关制度要求，并与对方子公司资金管理人确认调拨事实；获取子公司全部银行账户并取得银行对账单、银行日记账，检查各账户间的调拨，了解调拨原因，检查审批情况，分析是否存在异常的资金调拨，是否存在无原因的频繁调拨。

抽取部分合同付款业务，复核付款对应资料；获取采购合同，检查合同关于货款支付的条款，检查付款方式是否符合企业规定；追踪与付款业务相关的发票入账情况、材料验收入库情况，检查复核痕迹并确认发票流、资金流与货物流的一致性；关注付款安全性，获取企业关于合同付款的相关制度，了解对于重要的货币资金支付业务，是否实行了集体决策和审批程序，检查付款业务是否经恰当审批，检查审批权限是否与制度要求一致，是否存在超越授权范围审批的采购付款业务；检查付款业务对应月度付款计划，确认是否在付款计划内，确认当月付款计划是否均已支付，若未完全支付，分析其原因，对于计划外付款检查其审批的恰当性，检查计划外付款占当月付款计划的比例，若比例偏高则需要关注资金计划制定的合理性。

（11）了解企业关于应收票据的管理规定，是否对出票人、承兑人、票据期限提出了具体要求，是否根据往来单位信用登记设置了白名单与黑名单；了解应收票据的接收程序、背书程序；获取应收票据登记台账，调取与应收票据相关的应付账款等科目明细账，查询凭证附件，判断票据的接收程序是否符合企业要求，所接收票据是否存在不能兑付的可能性，已背书的票据是否有接收人出具的签收证明，被背书人名称与企业批准的收款人名称是否一致，函证供应商往来余额，判断是否存在差异；查询库存的应收票据是否存在已到期未承兑的情况，了解未承兑的原因；在票据保管员的协助下盘点库存票据，对于连续背书的票据，关注是否存在背书不合格的情况。

了解公司关于票据贴现的管理办法，抽取企业票据贴现的凭证，了解是否与银行签订了贴现协议，贴现活动是否经过了适当的审批，贴现率是否符合当时的市场情况，判断是否存在舞弊的可能性。

（12）查证外埠存款是否因临时、零星采购物资所需而开立，信用证存款是否确实因在开展进出口贸易业务中采用国际结算方式所需而开立；要求企业提供书面文件，查证开立各种专户存款是否经过适当的审批手续，其数额是否合理；对于在途货币资金，应根据汇出单位的汇款通知书，查证在途货币资金的形成是否真实；在货币资金发生后是否及时入账；收到在途货币资金后是否及时注销；是否存在长期挂账不注销或一直未收到款项的情况，查明原因。应运用详查法，审查以外埠存款购进的全部商品、材料和其他物品，看其有无超出采购存款的佣金；审查"其他货币资金——外埠存款"明细账余额，查明其有无长期挂账现象，若"其他货币资金——外埠存款"占用时间长，应进一步分析查证其有无挪用资金或者不及时办理结算的问题。审查银行本票、汇票申请书，查看与收款单位有无业务往来；审查购销合同规定的结算方式是否为采用银行汇票结算；在分析使用汇票结算合理性的基础上，审查"其他货币资金——银行汇票存款"明细账，审查其是否及时办理结算，有无长期挂账而挪用汇票存款或侵占行为；核对银行存款和银行对账单，审查其款项是否与银行对账单一致，如果不一致，应分析是否为未达账项，否则，应查明是否收到无效或过期汇票。

3. 风险提示

无效的货币资金管理可能导致资金流失及舞弊风险；缺乏有效复核与审批的资金调度与付款可能导致支付错误与舞弊；脱离企业实际情况的票据贴现，或者贴现率畸高的贴现业务可能导致企业费用增高、资产流失。

三、银行账户管理审计

1. 审计关键点

（1）银行账户开立与注销是否经过必要的审批。

（2）是否满足账户分类管理的要求。

（3）账户使用是否存在风险。

（4）网银开立是否经过有效申请与审批，使用是否规范。

2. 审计思路

（1）通过访谈资金管理人员，了解企业是否制定了关于银行账户开立、变更和注销的相关授权审批制度，并获取该制度文件；通过人民银行或基本开户银行索取《已开立银行结算账户清单》，检查所开立的银行账户是否全部纳入账务核算；获取企业账户开立及注销的审批文件并与《已开立银行结算账户清单》对比，复核开、销户手续是否完备，是否存在未经审批而开立或注销的账户，是否存在审批时间晚于账户实际开立或注销时间的情况；复核账户性质变更是否经过了有效的审批；检查是否存在企业内设管理部门自行开立银行账户的情况。

（2）了解企业关于银行账户分类管理的规定，获取企业银行账户的明细及账户性质（属于常备银行结算账户或专项银行账户）；对于已设置地方收入账户的企业，抽取销售回款的相关凭证，查阅凭证附件及银行收款回单，核对收款账号是否与地方收入账号一致；获取贷款专项账户的对账单，与账表核对，复核是否存在贷款业务以外的其他结算事项；复核保证金专项账户是否与银行签订协定存款协议，是否采取了提高资金使用效率的必要措施；获取政府补助资金等类似业务的相关文件，了解关于专项资金存管的有关规定，抽取政府补助等专项资金相关的业务凭证，复核其收支是否通过专项账户分开结算；获取专项资金账户对账单原件，检查是否存在特定业务以外的收付款行为。

（3）了解企业银行账户的使用是否严格按照中国人民银行颁发的《银行账户管理规定》执行，账户是否只用于企业业务经营范围内的资金收付，是否存在账户出租、出借或转让给其他单位或个人使用的情况；检查各账户近一年或近半年来的使用情况，复核企业是否及时撤销了冗余账户。审计人员还应该了解企业的经营范围，检查企业是否在没有经营业务的地区开立账户，关注该类账户的使用情况。

（4）与财务及资金管理负责人沟通，了解是否制定了企业网上银行管理的制度，访谈相关人员，了解网银管理的相关流程及基本情况；实地观察网上银行业务是否配备专用电脑，观察付款专用电脑是否还被用于办理其他业务，是否为电脑安装了防火墙，获取所有网银 ID，了解操作员是否通过正确程序登录银行网站，是否存在使用搜索引擎或网站链接间接进入网银系统的风险操作，访谈相关人员，了解是否存在使用公用电脑登录网银系统的情况；了解网银密钥及 U 盾分别由谁保管并观察其一致性，要求保管人员登录网银检查保管人与网银系统的登记人是否一致，评估其安全性，判断是否存在网银登录及支付密码泄露情况；抽查部分网银支付的付款业务，检查支持性材料，确认付款是否被恰当申请与审批，包括付款支持性资料的审批及网银付款行为的审批，检查已付款凭证是否有付款操作员的签章。

3. 风险提示

银行账户管理制度不健全、使用不规范可能会导致舞弊的发生；网银使用授权不明确可能给企业的资金安全带来风险。

四、空白票据及财务印鉴管理审计

1. 审计关键点

（1）银行相关印章新刻、变更与销毁是否经过恰当申请与审批。

（2）印章保管与使用是否符合要求。

（3）所有票据的保管与使用是否符合安全监管要求。

2. 审计思路

（1）检查银行相关印鉴的登记台账，确认印鉴的变更、使用记录被有效登记；获取企业在工商局的备案信息、企业的章程、股东会决议，了解企业法人的登记变更信息，核实在银行的印鉴预留信息是否及时办理变更，是否与企业登记信息一致，预留印鉴信息变更是否经过了合理的授权。

（2）通过对财务主管的访谈，了解财务专用章及个人名章的保管规定；财务专用章是否由专人保管，个人名章是否由本人或其授权人员保管，票与章是否分开保管，保管人员请假需由他人保管时，是否履行代保管手续，是否注明了代保管时间和代保管人；财务印章保管人变动时，是否办理了印章交接手续，是否有相应的领导或上级进行监交，是否记录了印章交接的时间、枚数、名称。不相容印章是否分开授予合理人员保管；从印鉴保管人处了解印鉴使用是否经过登记，用印是否符合制度要求，是否经过了有效的申请与审批。抽取部分付款申请单，检查付款审批或用印审批，以确认付款及用印是否均经有效审批，并验证是否所有用印均被有效登记。印章借出时是否办理了相关手续，是否有借出使用记录。观察印鉴保管的物理地点，判断其是否采取了安全的保管措施，是否存在被盗用的风险。

（3）获取并检查票据登记台账，访谈财务人员，确认是否建立了票据登记管理制度，制度是否得到有效执行；盘点现存票据并调查异常情况的原因，检查是否根据票据种类设立了专门登记簿进行记录，并与登记台账核对，以确认票据的真实性、完整性及安全性；检查票据登记是否连号，作废票据是否被有效保管，是否加盖"作废"印章，印证票据台账的准确性；检查支票存根，并比较票据登记台账及银行日记账、银行对账单，确认真实性。了解各种票据的购买、保管、领用、背书转让、注销等环节的职责权限和程序，通过对相关财务人员的访谈了解相关规定的理解程度和执行情况；检查空白票据，查看是否存在在空白单证上加盖预留印鉴的情况。核对银行对账单余额及票据登记簿，检查是否签发了没有资金保证的票据或远期支票，以套取银行信用；检查票据相关业务凭证，核对凭证附件、合同、发票等，判断是否签发、取得和转让了没有真实交易和债权债务的票据，套取银行和他人资金。

3. 风险提示

不安全的网络支付环境，不完善的网银密钥保管、空白票据与预留印鉴管理制度，容易给企业带来资金安全风险，舞弊风险也将相应增加。

第三节 资金管理审计案例解析

案例一

1. 审计情况

甲公司是一家大型设备制造公司，其项目通过招投标获取，与其存在经常业务往来关系的有两家投标公司，分别是A招标集团有限公司和B招标公司。当有新项目招标时，甲公司先将投标保证金支付至招标公司账户，若甲公司所投项目能够中标，则招标公司向甲公司开具相应金额的发票；若甲公司未能中标，则招标公司在一段时间内将已收取的投标保证金退回至甲公司账户。

2015年，甲公司通过A招标集团有限公司投标的项目共50个，其中，中标项目32个，未中标项目18个。2016年3月，审计人员对甲公司截至2015年年末的部分往来款项进行了函证审计，收到A招标集团有限公司的回函，回函意见为"金额不符"，并备注了A招标集团有限公司账面所列的欠款金额，与甲公司的账面记录相差20万元。

审计人员查询了甲公司截至2015年与A招标集团有限公司所有的账务往来，另获取了甲公司2015年年底的所有银行对账单，经复核发现所有对账单所列事项均已进行了账务处理，不存在差异。审计人员扩大了审计范围，重新函证了与A招标集团有限公司近年来的所有资金往来明细，回函发现，差异原因系一笔2013年的款项，A招标集团有限公司反馈该笔20万元投标保证金已于2013年8月退回至甲公司账户，而审计人员查询甲公司2013年8月及以后的账务情况，未见该业务的账务处理。审计人员获取了2013年至2015年甲公司银行对账单与银行存款余额调节表，发现其中一个结算账户自2013年7月开始就存在大量未达账项，直到2013年年底也未进行账务处理，至2013年年底，累计包含3笔金额为20万元的收入记录，2笔金额为20万元的支出记录均未进行账务处理。甲公司该账户的银行存款余额调节表并未列明每项未达账项的详细情况，仅在2014年1月进行了一笔金额为20万元的收款账务记录，内容为对乙公司的预收款项，凭证后无相关附件或说明。审计人员又向乙公司发送了询证函，得到了"金额不符"的回函，甲公司预收账款科目显示对乙公司贷方余额为 20 万元，其他科目未记录与乙公司存在往来挂账，而乙公司的回函显示往来欠款余额为"零"。

审计人员重新核对了该银行账户的余额调节表，翻阅了与该账户有关的凭证，核对凭证所载事项与银行回单是否一致，从银行获取了 2015 年全年的账户收支明细，经过比对，其中一笔 20 万元收款为 A 招标集团有限公司所支付的款项，甲公司财务人员将其记入了与乙公司的往来。

2. 审计解析

经了解，甲公司往来客户较多，资金收付业务频繁，以往对于未达账项的管理不够严格，自 2014 年起，制定了新的管理办法，月末不允许出现大额未达账项，且当月未达事项必须于次月尽快调整。而该 20 万元的未达账项系 2013 年 8 月收到的款项，由于甲公司未及时对未达账项进行处理，随着时间推移，记载着款项具体情况的银行单据也已丢失，在 2014 年 1 月进行账务处理时，已无法查明未达账项的具体情况，为了平账，财务人员仅对收付款的差额进行了账务处理，因此，银行账户余额能够核对一致。而由于 A 招标集团有限公司与甲公司的往来金额相对较小，在甲公司历年的审计业务中，未将 A 招标集团有限公司列入询证范围内，且两家公司本身也一直未进行过对账，才导致了该情况的发生。

案例二

1. 审计情况

B 公司是一家工业企业，其原材料供应商遍布全国，每月采购的材料入库后，被拆解的材料外包装堆积在废品堆场，企业在生产时也会产生大量的某种主要原材料的下脚料，当达到一定数量后便将其清理，时间间隔一般是一个季度或半年，价格每吨 5 000 元以上，主要卖给了当地的私人买主。私人买主一般是在拉走废品时一并以现金形式支付收购款，企业出纳人员收到资金后应收购人要求开立收据并交给付款人，但废料收入并未进行账务处理，而是在管理层的授意下存入了企业私设的账户中。

2. 审计解析

审计人员了解到 B 公司每年都会因为采购及生产而产生大量的废品及下脚料，但 B 公司并未制定废品处理的相关管理制度，废品处理事项由仓库管理人员负责经办与统计。审计人员在检查现金日记账时，并未发现有该类收款业务，检查收据使用记录时，发现存在凭证不连号的情况，在经过深入的调查取证后，审计人员发现 B 公司存在账外废品收入，每年金额高达几十万元。

案例三

1. 审计情况

C商贸公司由于业务属性，平时资金收付业务量庞大。杨某是C公司的出纳，主要负责C公司日常资金的收付工作，负责保管公司各类票据及有价证券，同时被授权保管公司的法人印章，财务章则由财务经理负责保管，另有一名会计负责记账、报税等事宜。C公司的付款业务由出纳发起付款流程，财务主管复核后完成。在财务经理出差期间，遇有需要付款的事宜，财务经理便直接将其网银操作密码告知了杨某，或将存放财务印鉴的保险柜密码告知杨某，授权其代为办理。

由于家中突发状况，杨某需10万元资金应急，多方筹集后仍未凑够，杨某想到了自己知悉财务经理的保险柜及网银支付密码，于是偷偷将公司资金转至了个人账户，在月底之前又悄悄把资金转回公司。因为对账单也是由杨某直接从银行获取，并编制余额调节表，杨某在大批量业务往来的掩护下，并未将明细进行逐笔核对，只是确保了余额的一致，财务经理在审核调节表时也仅关注余额是否一致。

2. 审计解析

审计人员在开展审计过程中发现，C公司并未建立完善的不相容岗位分离制度，也未建立严格的分级授权审批制度，审计人员还了解到，银行对账单并非由银行直接交寄财务经理，而是由出纳获取，且出纳还负责编制余额调节表。在这种内控环境下，非常容易发生舞弊行为，且审计人员通过对余额调节表的审计也发现了杨某转移资金的事实。

第七章

固定资产审计

第一节 固定资产审计概述

一、固定资产的概念

根据《企业会计准则第 4 号——固定资产》,固定资产是指同时具有下列特征的有形资产:

(1)为生产商品、提供劳务、出租或经营管理而持有的;

(2)使用寿命超过一个会计年度。

企业的固定资产主要包括房屋、建筑物、机器、机械、运输工具及其他与生产经营活动有关的设备、器具、工具等。固定资产属于企业的非流动资产,是企业开展正常的生产经营活动必要的物质条件,其价值随着企业生产经营活动逐渐转移到产品成本中。

二、固定资产审计的必要性

《企业内部控制基本规范》将合理保证资产安全作为内部控制目标之一,同时单独制定了《企业内部控制应用指引第 8 号——资产管理》,着重对存货、固定资产和无形资产等资产提出了全面风险管控要求,旨在促进企业在保障资产安全的前提下,提高资产效能。

固定资产作为企业资产的重要组成部分,固定资产管理水平的高低直接关系到企业资产的安全、完整和效能,直接影响到企业生产经营的可持续发展能力。尤其是生产制造企业,其固定资产投入大、种类多,加强对固定资产的内部控制、提高固定资产效能就更为重要。

鉴于固定资产的重要性,企业内部审计部门理应将固定资产审计作为重点审计项目之一。

三、固定资产审计的目的

企业内部审计人员开展固定资产审计,目的是通过检查固定资产相关内部控制的健全性和有效性、固定资产的安全性和完整性,揭露固定资产管理活动中存在的漏洞及风险,促进固定资产管理水平提升,降低资产损失风险,提高固定资产效能,最终提升企业经济效益。

第二节　固定资产审计思路

企业内部审计人员开展的固定资产审计，主要是围绕企业固定资产管理的各个环节而展开，对企业固定资产的取得、保管、使用、维修、折旧、调拨、抵押、处置等环节的管理情况进行审查评价。

企业内部开展的固定资产审计，在思路上可将风险导向审计与流程合规性审计相结合，同时可综合使用检查、询问、观察、盘点、重新计算、分析性复核等审计程序及方法。

一、固定资产管理主要风险点

（1）未建立固定资产管理制度。

（2）采购及验收环节存在漏洞。

（3）固定资产入账及折旧不准确。

（4）固定资产登记缺失或内容不完整。

（5）固定资产保管、操作或维护不当。

（6）固定资产更新改造不及时、不适当。

（7）固定资产清查、盘点不到位。

（8）固定资产丢失、毁损或闲置。

（9）以明显低价转让、出租固定资产。

（10）违规以固定资产进行抵押、质押等担保活动。

（11）相关人员在固定资产管理中弄虚作假、串通舞弊等。

二、固定资产审计操作方案

（一）固定资产管理制度审计

1. 审计关键点

（1）是否建立固定资产管理制度。

（2）现有固定资产管理制度是否存在漏洞。

2. 审计思路

（1）获取固定资产管理制度或其他相关制度，了解与固定资产分类、预算、采购、验收、登记、保管、使用、维修、调拨、折旧、盘点、处置等相关的制度规定。若未建立固定资产管理制度或制度本身存在重大漏洞，则属于重大内控缺陷，审计人员在后期执行审计程序时应追加审计程序或扩大审计范围。

（2）询问固定资产归口管理部门、固定资产保管及使用部门、财务部相关人员，了解相关部门对固定资产管理制度的掌握程度及评价，了解固定资产管理制度的落实情况、管理现状及存在的问题。

（二）固定资产取得审计

固定资产取得方式包括外购、自建、投资转入、非货币性资产交换等。

1. 审计重点

（1）采购流程是否符合制度要求。

（2）固定资产初始入账是否正确。

（3）是否建立严格的固定资产交付使用、验收制度。

（4）权属证明是否及时办理。

（5）投保是否适当、及时。

2. 审计程序

固定资产取得环节的审计，可根据风险评估结果及确定的重要性水平，进行分类抽查或全查。

（1）向采购人员获取固定资产采购汇总表或合同付款进度表等相关台账资料，向管理部门获取固定资产管理台账，向财务部获取固定资产明细清单，了解固定资产新增情况，并对三方数据进行比对，关注是否存在差异，分析差异的合理性。

（2）抽查固定资产采购付款相关的会计凭证，追查至采购申请单、询价单、合同审批单、合同等资料，重点关注：

①采购申请及审批、供应商及价格的确定是否符合制度要求，采购审批过程中是否存在不相容职务；

②采购计划是否合理，是否属于预算内采购，预算外采购是否经过适当审批；

③合同签署流程是否符合制度要求，合同条款是否存在缺陷；

④付款是否违规，是否存在提前支付的情况；

⑤重大固定资产的购建有无按规定进行招标。

（3）抽查固定资产入账相关的会计凭证，与采购合同、发票、保险单、运单等文件进行核对，检查入账价值的准确性，重点关注：

①外购固定资产的，是否存在应计入固定资产价值但未计入的支出，外购固定资产的成本，应包括购买价款、相关税费、使固定资产达到预定可使用状态前所发生的可归属于该项资产的运输费、装卸费、安装费和专业人员服务费等；

②在建工程转入固定资产的，确认时点是否符合会计制度要求，入账价值是否与在

建工程的相关记录一致，是否与竣工决算、验收和移交报告等一致；

③对已达到预定可使用状态，但尚未办理竣工决算手续的固定资产，是否已按估计价值入账，并按规定计提折旧，竣工决算后是否及时调整；

④投资者投入的固定资产，入账价值是否公允，交接手续是否齐全；需经评估的是否由具备相应资格的评估机构评估。

（4）抽查固定资产验收单，并与采购申请单、采购合同等过程文件核对，重点关注：

①是否建立固定资产交付使用验收制度，是否针对不同类型固定资产提出不同的验收要求，以确保固定资产数量、质量等符合使用要求，尤其是对一些复杂大型生产设备（如定制的高科技精密仪器及建筑物等）的竣工验收，是否制定了更规范、严密的验收制度；

②外购固定资产的，是否根据合同、供应商发货单等对所购固定资产的品种、规格、数量、质量、技术要求及其他内容进行验收，出具验收单或编制验收报告；是否存在实际验收资产与采购合同不符的情况；

③自行建造的固定资产，是否由建造部门、固定资产管理部门、使用部门共同填制固定资产移交使用验收单；

④投资者投入、接受捐赠、债务重组、企业合并、非货币性资产交换、外部企业无偿划拨转入等方式取得的固定资产，是否均按规定执行验收手续；

⑤验收不合格的固定资产，是否按照合同等有关规定办理退换货或其他弥补措施。

（5）检查权属证明。对于需办理权属证明的资产，是否及时取得合法的权属证书；对于需要办理产权登记手续的固定资产，是否及时到相关部门办理。

（6）获取投保相关制度文件、已投保资产清单，并与固定资产台账登记信息核对。检查保险费支付凭证，查看保险产品询价单或报价单、保险合同、发票等相关资料，重点关注：

①是否根据固定资产性质和特点确定投保范围和政策，投保范围和政策是否足以应对固定资产因各种原因发生损失的风险，有无投保险种与可能发生的风险存在明显不对称、过度投保等情况；

②保险供应商的确定方式及流程是否合规，对于重大固定资产项目的投保，是否采用招标方式确定保险人；

③已投保的固定资产发生损失的，是否及时调查原因及受损金额，是否及时向保险公司办理相关的理赔手续；

④投保清单有无根据固定资产增减情况进行更新，本年度新增的固定资产有无加入投保清单中，已报废、核销的固定资产是否仍在投保清单中。

（7）若是上市公司，审计人员还需获取公司章程、"三会"议事规则、总经理工作细则等，了解股东会、董事会、总经理在固定资产投资方面相关的审核职责、审批权限。重点关注：

①固定资产投资决策程序是否符合公司章程、"三会"议事规则、总经理工作细则等的要求，有无相悖之处；

②涉及需要披露的重大固定资产投资，是否按照要求进行披露。

（三）固定资产登记与保管审计

1. 审计重点

（1）是否对所有固定资产进行台账管理。

（2）是否对所有资产建立固定资产标识牌。

（3）资产内部调拨或移动，是否经有效审批及记录。

2. 审计程序

（1）向固定资产管理部门获取固定资产台账，重点关注：

①固定资产管理部门是否建立固定资产台账，是否对每项固定资产的编号、名称、种类、所在地点、使用部门、保管责任人、数量、账面价值、使用年限、性能状况等内容进行详细登记，以便随时了解和掌握固定资产使用情况的全貌；

②对经营租赁、借用、代管的固定资产是否单独设立台账，避免与本企业财产混淆。

（2）对固定资产进行实地盘点，重点关注：

①是否对单项资产建立固定资产标识牌；

②固定资产标识牌是否记录固定资产名称、编号、规格型号、启用日期、使用部门等基础信息，以便于固定资产的有效识别；

③固定资产标识牌是否在编号上与固定资产台账保持对应关系，信息是否真实和完整；

④是否存在长期闲置的固定资产，闲置原因是否合理，是否对闲置的固定资产采取必要的防护措施。

（3）获取固定资产调拨单，与固定资产台账登记信息进行核对，并结合实地盘点情况进行检查，重点关注：

①内部调拨是否填制固定资产内部调拨单，明确固定资产调拨时间、调拨地点、编号、名称、规格型号等，并报经有关负责人审批通过；

②调拨固定资产涉及成本分摊的，固定资产的调拨价值是否由财务部审核批准，调拨完成后是否按规定进行成本分摊；

③固定资产调拨是否及时、经济、合理，调拨计划是否符合生产要求，是否兼顾效

率与成本。

（四）固定资产运行与维护审计

1. 审计重点

（1）是否建立岗前培训和岗位许可制度。

（2）是否建立维修保养制度、制定维修计划。

（3）维修费用及维修方式是否合理。

（4）检修后有无验收控制。

（5）固定资产升级改造是否经济、有效。

（6）维修、改造相关会计处理是否正确。

2. 审计程序

（1）获取关键设备操作手册、岗前培训等相关文件，重点关注是否针对生产线等关键设备制定严格的操作流程；是否对关键岗位实行岗前培训或持证上岗制度，以确保设备安全运转。

（2）获取维修保养相关制度、维修计划等文件，重点关注：

①是否将资产日常维护流程标准化，定期检查和保养，切实消除安全隐患；

②固定资产使用部门及管理部门是否制定合理的日常维修和大修理计划，并报经主管领导审批；

③维修审批是否存在不相容职务，申请部门与审批部门是否相分离；

④维修计划是否合理，是否存在大量计划外维修。

（3）统计固定资产修理维护费及其占固定资产原值的比例，分析各月度数据变化并与往年同期数据进行对比，同时抽查维修申请单、维修过程记录、维修合同、验收报告等相关文件，重点关注：

①各月维修费用是否正常、合理，是否存在已无使用价值但仍花费巨额资金维修的情况；

②内部维修部门是否具备相关维修能力，维修效果是否达到要求，内部维修是否经济，是否存在内部维修成本高于外部维修的情况；

③是否存在维修工作及费用应由供方承担，实际却由企业自行维修并承担费用的情况（如固定资产采购合同中约定由供方负责维修的或尚在保修期的）；

④委托外部单位进行维修的，是否对维修供应商的资质和资信进行审核，供应商的选择及维修价格的确定流程是否符合企业制度要求，外部维修是否经济。

（4）抽查维修申请单、验收报告、维修费付款凭证、放行单等相关资料文件，重点关注：

①维修完成后，是否出具验收报告，使用部门或管理部门是否对维修质量及成果进行签字确认；

②委托外部单位维修的，是否建立外发维修资产管理台账，是否存在固定资产外发维修后无人跟进、验收资产与外发维修资产不一致、外发维修资产未收回等情况。

（5）获取固定资产升级改造相关的计划、申请、可行性分析报告等文件，重点关注：

①决策前是否权衡改造活动的成本与效益；改造方案是否结合盈利能力和企业发展可持续性；改造方案是否由资产使用部门根据需要提出，与财务部门一起进行预算可行性分析，并且经过相关管理部门的审核批准；

②管理部门是否对改造方案实施过程适时监控；存在改造专项资金的，是否存在挪用情况。

（6）检查固定资产修理、改良、改扩建、升级改造相关的付款及结转凭证，关注会计处理是否准确。符合固定资产确认条件的，是否按规定增加固定资产成本；不符合固定资产确认条件的，是否在发生时计入当期损益。

（7）询问生产部门、管理部门等部门相关人员，检查相关会议记录、公告、通知等文件资料，关注是否存在因固定资产操作不当、失修、过度维修、升级改造不适当等，而造成资产使用效率低下、资源浪费、产能不够或过剩、产品残次率高，甚至发生生产事故的情况。

（五）固定资产清查盘点审计

1. 审计重点

（1）是否建立固定资产清查、盘点制度。

（2）相关部门是否定期对固定资产进行全面盘点。

（3）固定资产是否账账相符、账实相符。

2. 审计程序

（1）获取固定资产清查盘点制度、清查盘点方案及程序、往期盘点记录表，重点关注：

①使用部门或管理部门是否定期或不定期对固定资产进行盘点；

②财务部门是否定期组织固定资产使用部门和管理部门进行固定资产全面清查盘点；

③是否建立清查盘点程序，是否组成盘点小组，盘点前是否进行账账核对，盘点结果是否形成书面记录，盘点人员签字确认是否齐全；

④是否存在盘亏、盘盈等情况，是否查明原因、追究责任，相关处理是否及时、

适当。

（2）从固定资产管理部门获取固定资产台账，与财务部门的固定资产明细清单进行核对，查看是否账账相符。若账账不相符，则反映管理上存在漏洞，可能存在账外资产或资产损失，审计人员后续应加大抽盘力度。

（3）对固定资产进行审计抽盘。抽盘过程中需结合询问、观察、查阅相关会议记录等审计方法，以便更全面深入地了解固定资产现场管理情况。确定抽盘范围时，应综合考虑风险评估结果及重要性水平。如被审计单位固定资产管理存在重大缺陷或审计资源充裕的情况下，可适当扩大抽盘范围甚至全面盘点。盘点过程中，至少应有管理部门及财务部门相关人员参加，同时应重点关注：

①是否存在尚未入账的固定资产；

②是否存在丢失被盗的固定资产，是否存在实物的品牌、数量或规格型号与台账清单不一致的情况；

③是否存在长期封存或闲置的固定资产，闲置的原因是否合理，闲置的固定资产是否照常计提折旧；若存在大量闲置资产而企业的报表业绩仍较好，则需关注舞弊的风险；

④是否存在已报废但仍未核销的固定资产，是否存在刻意延迟核销时间以调节利润的情况；

⑤是否存在保管不当导致资产质量受损的情况，如日晒雨淋导致生锈腐蚀、性能下降等；

⑥已停产产品的专用设备是否妥善保管或有效利用。

（4）抽盘完成后需形成书面盘点记录及小结，并要求参与盘点人员签字确认。尤其是存在账实不相符的，应当场记录详细情况，并让所有在场人员签字，待盘点结束后再查明原因，防止扯皮。

（六）累计折旧审计

1. 审计重点

（1）折旧政策是否合理。

（2）折旧计提是否准确。

2. 审计程序

（1）获取财务报告、固定资产折旧政策、固定资产累计折旧表等折旧相关资料，重点关注：

①固定资产折旧政策是否符合会计制度的要求及企业实际，是否对固定资产进行分类折旧，各类固定资产折旧方法、折旧年限、净残值率等是否合理；

②折旧政策是否随意变更，变更是否报经适当审批；

③固定资产累计折旧表的编制是否严格遵守企业折旧政策。

（2）结合审计抽盘结果，对固定资产累计折旧表进行复核或重新计算。重点关注：

①各类固定资产累计折旧的计提是否准确；

②更新改造固定资产的，增加的原值是否真实准确，重新确定的资产原值、剩余折旧年限是否恰当；

③出租或闲置的固定资产是否正常计提折旧；

④是否存在固定资产已处置或丢失但仍正常计提折旧的情况。

（七）固定资产处置审计

1.审计重点

（1）是否建立固定资产处置相关制度。

（2）固定资产处置是否适当审批。

（3）固定资产报废管理是否完善。

（4）是否存在未入账的处置收入。

（5）处置固定资产相关的会计处理是否正确。

2.审计程序

（1）获取固定资产处置相关制度规定，重点关注是否针对出售、转让、报废、毁损、盘亏等情况采取不同的控制措施，制定不同的处置程序和审批权限。

（2）获取固定资产处置相关的文件，如处置申请、处置报告、处置合同等，重点关注：

①是否所有的固定资产处置活动均按照规定报经相关领导审批，固定资产处置审批过程中是否存在不相容职务，发起部门、审批部门、处置部门是否相分离；对于重大固定资产的处置，是否实行集体审批机制；

②固定资产处置申请文件是否对处置的缘由、交易对象、交付方式、交易价格等进行了分析论证；

③转让闲置或因技术升级而被淘汰的固定资产，是否进行了成本与效益评估；

④因固定资产盘亏或毁损而进行处置的，是否已查明原因，是否存在应追究责任未追究的情况；

⑤交易方的确定、处置价格的确定流程是否符合制度要求，是否存在售价过低的情况；对于重大固定资产的处置，是否聘请具有资质的中介机构进行资产评估，是否采取集体审议或联签制度；涉及产权变更的，是否及时办理产权变更手续。

（3）获取固定资产报废相关的文件，如报废申请、评估报告、会议纪要等，重点关注：

①是否存在未到报废期但提前报废、非技术性革新过早替换等情况；对使用期限未满、非正常报废的固定资产，是否由固定资产使用部门提出报废申请并注明报废理由，是否对清理费用、可回收残值、预计处置价格等进行估计，有无技术部门、财务部门进行技术鉴定、价值评估后的审核意见记录或中介机构的评估报告；

②单项固定资产进行部分报废的，是否采取合理的分摊方法对拟报废部分进行价值确认；复合型资产整体报废时，其中的可利用资产是否合理分配留待继续使用；

③已报废固定资产仍有残余价值的，是否建立管理台账或备查簿，是否存在报废后资产流失现象；对于可以利用的零配件，是否在确保安全环保前提下合理利用；能够通过出售方式收回残料价值和变价收入的，是否及时出售变现。

（4）获取固定资产处置的过程性文件，如盘点记录及报告、处置申请、处置报告等，并与处置合同、发票、收入凭证、营业外收支明细账等资料核对，重点关注：

①是否存在利用处置变卖收入私设小金库，处置所得现金未入账的情况；

②处置合同、发票、收入凭证等结果性文件，是否与过程审批文件一致。

（5）查看固定资产处置相关的会计凭证，并与处置报告、处置合同、发票等核对，关注会计处理是否准确，处置产生的收入或损失是否计入当期损益。

（6）若为上市公司，审计人员还需获取公司章程、"三会"议事规则、总经理工作细则等，了解股东会、董事会、总经理与固定资产处置相关的审核职责、审批权限，重点关注：

①重大固定资产处置决策程序是否符合公司章程、"三会"议事规则、总经理工作细则等规定，有无相悖之处；

②涉及需要披露的如处置重大固定资产、关联方之间购售固定资产的，是否按照要求进行披露。

（八）固定资产租赁审计

1. 审计重点

（1）出租固定资产。

（2）租入固定资产。

（3）融资租赁固定资产。

2. 审计程序

（1）获取出租固定资产清单，检查固定资产出租相关的合同、收款凭证等，重点关注：

①出租固定资产是否签订了合同，审批手续是否完备；出租合同是否对维护保养、

税金负担、租金收取、归还期限等事项进行了合理约定；

②租金是否合理，是否适当收取押金；

③是否存在长期不收租金、变相馈赠、转让等情况；

④出租的固定资产是否确属业余、闲置不用的；是否存在因出租资产而影响内部正常生产的情况；

⑤租期届满，是否及时收回固定资产；存在损坏的，是否及时索赔。

（2）检查固定资产租入相关的资产清单、合同、付款凭证等，重点关注：

①租入固定资产是否签订了合同，审批手续是否完备，租金是否合理，是否存在提前支付、多支付租金的情况；

②固定资产租入期间所发生的维护保养、税金负担、租金支付、归还期限等事项的相关约定是否合理；

③租入的固定资产是否确属企业必需，租入与外购哪个更经济，是否做过效益分析；租入的固定资产是否存在闲置不用、浪费损坏的现象；

④租期届满，是否及时归还。已支付押金的，是否及时收回押金。

（3）检查融资租赁合同、相关会计凭证等，重点关注：

①融资租赁是否经过论证，是否有成本、效益、资金流等相关的分析报告，审批流程是否适当；

②融资租赁会计处理是否符合会计制度要求，固定资产入账原值是否准确，融资费用入账是否准确等；

③融资租入的固定资产是否视同自有固定资产管理，并计提折旧。

（九）固定资产抵押、质押审计

1. 审计重点

（1）是否建立抵押、质押相关的管理制度。

（2）是否存在违规抵押、质押的情况。

2. 审计程序

（1）获取固定资产抵押、质押相关的管理制度，重点关注是否对固定资产抵押、质押的流程及审批权限进行了明确、适当的规定。

（2）获取固定资产抵押、质押合同，抵押资产清单及相关审批文件，询问固定资产管理部门、使用部门及财务部相关人员，重点关注：

①是否针对抵押、质押的固定资产专门编制清单目录；

②是否存在违规抵押、质押，固定资产抵押、质押流程及权限是否符合制度要求，是否存在未经批准的抵押、质押；

③是否合理评估拟抵押、质押的固定资产价值；需要委托专业中介机构鉴定评估固定资产价值的，是否按要求委托中介机构进行评估，并安排财务部、固定资产管理部门等相关部门人员参与现场勘验评估。

（3）若为上市公司，审计人员还需获取公司章程、"三会"议事规则、总经理工作细则等，了解股东会、董事会、总经理在固定资产抵押、质押方面相关的审核职责、审批权限，重点关注：

①固定资产抵押、质押决策程序是否符合公司章程、"三会"议事规则、总经理工作细则等规定的要求，有无相悖之处；

②涉及需要披露的固定资产抵押、质押，是否按照要求进行披露。

第三节　固定资产审计案例解析

案例一　固定资产采购审计

1. 未及时取消采购订单

（1）审计情况

2015 年 8 月，A 公司与某供应商签订采购合同，定制采购 2 套生产设备，用于生产某客户所需产品。2015 年 12 月该客户与 A 公司达成协议，取消产品订单。但 A 公司采购部门直到 2016 年 5 月才通知供应商取消设备购买，此时供应商已完成设备的定制工作，无法取消合同，A 公司需按合同约定支付设备款。最终 A 公司于 2016 年 6 月收到供应商发过来的设备，但该设备已无实际用途，只能闲置。

（2）审计解析

审计人员在盘点时发现了这 2 套闲置设备，随后向固定资产管理部门、采购部门询问闲置原因，并进一步检查了对应的合同、协议、会议纪要等资料，证实该设备的闲置为采购部未及时取消采购订单所致。定制类生产设备由于专用性极强，一般非质量问题不可退货，需要采购部门做好采购台账登记，并加强与销售、生产部门的信息沟通，及时响应变化。

2. 验收试用跟进不到位

（1）审计情况

B 公司采购一批新设备，并直接发货至某代加工商处使用。代加工商收到设备后便试用生产，但因生产出来的样品不符合要求，于是便将该批设备闲置不用。B 公司采购部门因人员更换，无人跟进代加工商的试用结果，且不久后又重新从其他供应商处购买了一套相同规格型号的设备发至该代加工商处。最终导致该批设备长期闲置，未能及时退回厂家，造成资产浪费。

（2）审计解析

审计人员对发至代加工商处使用的设备进行实地盘点时，发现了该批闲置设备。审计人员向代加工商相关人员询问闲置原因，获取了该代加工商发给B公司采购人员的邮件截图，并向B公司采购部人员了解核实。最终证实该批设备的闲置为采购部门对验收试用情况跟进不到位所致。

3. 采购计划的制定未结合库存情况

（1）审计情况

C公司总部库房闲置着大量器械，外地分、子公司却不断进行新增采购。相关部门在发起或审批采购申请时，不清楚公司固定资产总体情况，未确认内部是否有可调用的资源，一方面进行新增采购，一方面有大量固定资产闲置，可调用不调用，造成浪费。

（2）审计解析

审计人员盘点总部库房时发现大量闲置器械，同时又发现各地分、子公司持续进行新增采购，于是将总部闲置固定资产清单与各分、子公司固定资产台账进行比对，发现确实存在相似甚至相同的规格型号。随后向技术部门证实，部分闲置器械性能尚可，可直接调用或稍做改造后调用。审计人员将此情况提交A公司管理层相关部门进行评估论证后，管理层决策成立专门的固定资产管理部门，对集团总部及分、子公司的所有固定资产实行归口管理，统筹调配。

案例二　固定资产登记与保管审计

1. 保管防护不到位

（1）审计情况

暂时闲置的仓库设备暴露在室外，遭雨淋日晒，锈蚀损坏，性能变差。

（2）审计解析

审计人员在实地盘点时发现，某输送设备放置在钢棚外沿，且未加盖防雨布，锈迹斑斑。询问仓库人员，其反馈该设备为生产淡季时闲置，因已锈蚀损坏，不可直接投入使用，需待维修保养后方可使用。如果保管不善，可能导致不必要的维修。

2.无标识、未入台账

（1）审计情况

D公司杂物仓库储存了一大批闲置模具，这些模具未记入固定资产台账中，无标识，长期未用于生产，随意放置，无人保养。因无标识、无台账信息，技术部难以分辨和查找这些设备的具体规格、试用机型、供应商、试模记录、维修保养记录，给技术评估带来困难。此外，因无法明确制造商，只得找非生产厂家维修，这将导致维修费增加、技术跟进难度大。

（2）审计解析

审计人员在现场盘盈一批无标识、未入台账、随意放置的闲置模具。询问管理人员，其反馈大部分为异地调拨、分厂注销收回的模具，当时的记录已无法找到。标识不清、资产调拨手续不全、台账记录不全等问题的存在，极易导致资产损失。

3.固定资产被占用、被盗

（1）审计情况

E公司未建立固定资产管理制度，固定资产无归口管理部门，往期固定资产盘点记录表未见财务部人员签字。经询问得知，财务部从未组织对固定资产进行全面盘点，仅在年末时对价值较高的生产设备及器械进行抽盘。

（2）审计解析

审计人员发现，固定资产管理制度缺失，固定资产管理松散，固定资产损失风险高。因此，审计人员对所有固定资产进行了全面盘点，发现存在资产盘亏。经追查核实，部分台式电脑已无法找到，部分笔记本电脑被员工带回家私用，部分电动车丢失被盗但未追究保管人员责任，也未依规定上报核销。

案例三 固定资产运行与维护审计

1.固定资产"带病"运行

（1）审计情况

F公司采购一套新设备，刚投入使用即发现技术缺陷，但生产部门及技术部门违反制度规定，隐瞒不报，使设备长期"带病"运行。这一方面导致次品率飙升，另一方面导致后期维修频率、维修费用大增。

（2）审计解析

审计人员对维修台账记录进行检查分析，发现某设备维修频率偏高。向车间生产主管及技术部核实，其反馈该设备确实存在技术缺陷，次品率偏高，但因当时处于生产旺季，便未及时上报管理部门处理。违反规定隐瞒不报，让设备"带病"运行，最终会导致更大损失。

2. 未经审批擅自维修

（1）审计情况

G公司某生产设备在质保期内磨损，生产部门在未经技术部审批同意的情况下，擅自将设备外发给维修商烧焊。该设备尚在质保期，原本可以交由生产商免费维修。生产部门擅自将处于质保期内的设备交由生产商以外的维修商维修，一方面导致G公司多承担维修费，另一方面也给生产商后续的维修保养工作带来困难。

（2）审计解析

针对维修管理情况，审计人员向技术部进行询问了解。技术人员反馈，设备使用部门存在未经技术部评估，擅自外发维修的情况。据此，审计人员加大对维修申请单的抽查力度，发现确实存在多份未经技术部审批签字的维修申请单，其中就包括上述案例。

3. 外发维修无人跟进

（1）审计情况

根据H公司历来的外发维修流程，固定资产外发维修时需填制维修申请单和出厂放行单，但返厂时未强制要求填制验收单。同时，H公司存在较多外地撤厂收回的设备，这部分设备长期闲置未用，外发维修后是否返厂，生产部门也不会跟进催促。负责外修的采购人员利用此管理漏洞，变卖闲置的固定资产、虚报维修费用。

（2）审计解析

审计人员在询问外发维修情况时得知，H公司历来未强制要求外发维修返厂时编制验收单，外修设备的维修质量、返厂时间缺乏控制。于是审计人员从维修申请单和出厂放行单入手，对外发维修情况进行统计分析，并重点检查了闲置设备的外修返厂情况。同时，审计人员还邀请固定资产管理部门、技术部相关人员参与实地盘点，逐一核实闲置资产返厂数量、性能状态。最终证实该采购人员存在偷卖资产、虚报维修费用的舞弊行为。

4. 升级改造不及时

（1）审计情况

L公司为某集团外地分公司。车间及仓库扩建后，半成品生产线未及时升级改造，导致半成品的产量跟不上成品的生产需要。为满足成品生产需要，L公司长期从集团总部调运半成品，因此增加运输成本约200万元/年。

（2）审计解析

审计人员在车间现场盘点资产时，向车间主管询问产能情况，了解到L公司半成品产能紧张，需要从总部调货。于是审计人员对调货数量、运费成本进行了统计分析，同时向相关部门了解生产线扩建难度及成本，发现扩建生产线比调货更经济。审计人员提出扩建建议，经过相关部门论证分析，L公司决定在半成品仓库的非承重墙挖出门洞，腾出空间扩建一条半成品生产线。此后，L公司用更低的成本实现了半成品的自给自足，减少了不必要的运输成本。

案例四　固定资产处置审计

1. 低价处置固定资产

（1）审计情况

M公司未建立规范统一的固定资产处置流程。因模具的专用性较强，技术部更能及时、准确地评估模具的性能状况，所以历来习惯是使用部门、技术部均可决定是否报废。某技术部总监便利用此制度漏洞，将性能良好的模具伪装成无使用价值的模具，低价卖给其近亲属经营的公司。

（2）审计解析

审计人员对固定资产处置相关的会计凭证、报废申请单、变卖合同进行检查，发现模具报废的申请部门及审批部门均为技术部。其中，部分模具报废申请单只有某技术总监一人签字。追查发现，该部分报废模具均卖给了同一个买家。审计人员查询了该买家的工商登记信息，并与从人资部获取的该技术总监个人资料进行比对，发现该买家的实际控制人为该技术总监家属。审计人员顺藤摸瓜，逐步核实，最终证实该技术总监存在低价处置模具的舞弊行为。

2. 已报废的固定资产仍照常计提折旧

（1）审计情况

因仓库租期已到，且业主不同意续租，P公司需将原仓库所有固定资产搬迁至新仓库。其中一套嵌入式输送设备拆迁后无法再安装使用，不得不报废变卖。但为达成当年利润考核指标，P公司未及时核销该设备，仍然将其保留在固定资产折旧表中，正常计提折旧，报废收入作预收款处理，近百万元报废损失未及时计入当期损益。

（2）审计解析

审计人员获取了财务部的固定资产折旧表，并与管理部门的固定资产台账进行核对，发现固定资产原值存在大额差异，管理部门的固定资产台账已剔除该设备，但财务部的固定资产折旧表未剔除。经询问及查看收款凭证，证实该设备已报废变卖。

1. 叉车持有成本远超租赁成本

（1）审计情况

Y公司为某集团在外地的子公司。生产旺季，叉车超负荷运转，经常发生故障。因外部维修成本高，Y公司选择内部维修。但因内部维修人员配置有限，叉车维修质量及效率低，导致叉车不够用，耽误生产。

（2）审计解析

审计人员现场观察时，发现仓库近半叉车处于维修状态。询问得知为维修效率低所导致。审计人员对叉车折旧成本、维修成本、生产效率降低等因素进行综合分析，并向叉车租赁公司调查了解，发现公司叉车持有成本已远超叉车租赁成本。审计人员将此分析结果提交管理层决策，此后规模较小的外地子公司均开始租用叉车，叉车维修工作也由叉车租赁公司专业人员负责，叉车故障率更低，总体上租入比自购更经济。

2. 未及时退租

（1）审计情况

W公司为某集团外地新建子公司，初建期租入一批集装箱板房及变电设备，使用完毕后未及时办理退租，产生不必要的租金损失，同时因部分板房损坏，产生押金损失。

（2）审计解析

审计人员对租金支付凭证、租赁合同进行检查时发现，板房押金长期挂账，变电设备计租期间比工期还长。经询问得知，因部分板房损坏，所以出租方不愿意退还押金。同时，因主管人员未及时办理变电设备退租，导致子公司多支付两个月租金。

第八章

费用审计

第一节　费用审计概述

费用审计指对企业从事生产经营活动过程中所发生的各种损耗的审查，包括直接费用审计、间接费用审计、期间费用审计。

费用审计的业务范围颇广，涉及销售费用、管理费用、财务费用和营业外费用等。这些费用均应在会计记录上得到反映。因此，费用审计的主要目的是检查各项费用的会计记录是否始终依照公正的会计标准正确处理，并应查明有关费用计算的真实性、准确性和时间归属的适当性。

本章讲述的费用审计是针对企业的期间费用及人力资源方面的审计，包括管理费用、销售费用、财务费用和应付职工薪酬几方面的审计。

一、管理费用内部审计概述

管理费用内部审计是指企业行政管理部门为组织和管理生产经营活动而发生的各种费用进行的内部审计行为。管理费用主要包括企业行政管理部门在企业生产经营过程中发生的各种费用，如行政管理部门的工资及福利费用、差旅费、汽车费用、办公费、业务招待费、中介咨询费、诉讼费，等等。管理费用的特点是范围广，费用项目多，某些项目发生的频率较低金额却非常大。管理费用的发生还与企业管理部门设置、管理制度的制定、预算管控、绩效评价等具有密切的关系和联系。从"管理出效益"这句话我们可以看出对管理费用的审计具有较大的复杂性和必要性。

二、销售费用内部审计概述

销售费用内部审计是指企业在销售商品和材料、提供劳务的过程中发生的各种费用进行的内部审计行为，主要包括销售部门在销售过程中发生的各种费用，如销售部门的工资及福利费用、办公费、销售业绩提成、业务招待费、广告费、佣金、差旅费用、报关费用、运输费用，等等。销售费用的特点是虽然销售费用不如管理费用的范围广，但某些费用金额巨大，某些费用项目与销售收入直接相关，费用发生的合理性、合规性、真实性、归属时间的适当性都是应特别关注的事项。

三、财务费用内部审计概述

财务费用内部审计是指对企业汇兑、借贷发生的手续费、利息收入、利息支出和汇兑损益等财务费用收支项目进行内部审计的行为。

期间费用内容繁杂，项目众多，往往隐藏着一些错误、舞弊，审计人员应特别关注。

费用审计的目标可以概括如下：

（1）确定费用的内部控制是否适当；

（2）查明费用的用途、性质和金额是否合理、正确；

（3）确定费用的账务处理是否完整、正确；

（4）确定费用的分类、归属是否适当；

（5）确定费用的分配是否合理。

第二节　费用审计审计思路

企业内部审计人员开展管理费用审计，主要是对企业发生的管理费用的列支范围、列支标准、列支项目是否真实发生、有无虚假列支行为，是否符合企业管理制度、预算管理制度、绩效评价制度等。企业内部开展的管理费用审计，在思路上可将风险导向审计与流程合规性审计相结合，同时可综合使用检查、询问、重新计算、分析等审计程序。

一、管理费用审计主要风险点

1. 企业是否已建立明确的组织结构，以及相关的企业内部管理制度、预算管理制度、绩效评价体系。

2. 岗位及人员设置是否符合制度规定，是否合理。

3. 管理费用的发生是否与本企业有关，是否真实发生。

4. 与管理费用有关的金额及其他数据是否已经恰当记录。

5. 管理费用是否已记录于正确的会计期间。

6. 管理费用是否已经在财务报表中做出恰当的列报和披露。

7. 是否发生抵押、质押等担保，是否发生诉讼事项。

8. 是否存在有关人员弄虚作假、串通舞弊、侵占企业资产等涉嫌犯罪情况。

9. 注意信息化对于审计的影响，以及企业如何运用信息化降低风险，提高运营效率。

二、管理费用审计操作方案

1. 企业组织结构、内部管理制度、预算管理制度、绩效评价体系

（1）审计重点

①是否已建立明确的组织结构，如有，获取完整的组织结构文件及说明。

②是否已建立相关的内部管理制度，如有，获取内部管理制度文件及相应流程、表单。

③是否存在预算管理制度，如有，获取预算管理制度文件及说明、年度预算和中期预算数据及相应表单、审批文件、历史预算资料（如近三年预算资料）。

④是否存在绩效评价体系，如有，获取绩效评价文件及说明，主要管理人员的绩效评价方案及说明，历史绩效评价资料（如近三年绩效评价资料）。

（2）审计程序

①获取组织结构、内部管理制度，分析各项制度与管理费用的联系，了解管理费用业务申请、费用发生、报销审批、财务稽核、实际支付的流程及表单；书面或口头询问实施人员、管理人员等关键控制人员，并对答复的内容进行评价；如果缺乏以上制度，则属于重大内部控制缺陷，考虑对风险评估的影响。审计人员在执行审计程序时，可能需要更多地实施实质性程序。

②获取预算管理制度、预算周期、预算指标计算方法及说明、预算调整资料、历史年度预决算结果及其与绩效评价的联系。了解预算编制过程，询问相关人员对预算的理解程度与重视程度，分析预算指标对绩效评价的权重。如果缺乏以上制度及文件，询问相关人员是如何进行管理和跟踪业绩指标的。如果缺乏以上制度及相应的方案，属于重大内部控制缺陷，执行审计程序时，需要关注管理费用的准确性、分类、列报和披露认定的实质性程序结果。

③获取绩效评价体系、文件及说明，主要管理人员的绩效评价方案及说明，历史年度企业主要财务指标变化趋势，历史绩效评价资料（如近三年绩效评价资料）及最终绩效评价结果。关注业绩指标设置是否合理，期望值是否过高，是否符合增长规律，是否存在"逆势增长"等情况，询问相关人员对绩效评价体系、文件的理解及评价，如果经分析，业绩指标设置普遍过高，可能更需要关注管理费用的完整性、截止认定及舞弊风险，执行审计程序时，可能需要依赖实质性程序。

④询问业务人员、管理人员等关键控制人员对制度的理解及评价。重新执行管理费用的流程，获取相关表单，重点关注制度执行的有效性和完整性，记录重新执行过程中的偏离情况及异常情况，分析制度落实情况、管理现状及存在的问题。

⑤考虑信息化环境的影响。如企业采用了信息化工作环境，由于在信息化环境下，业务发生、会计核算与财务报告是由信息系统通过程序进行自动处理的，因此审计内容很有可能包括对信息系统中的相关自动控制的测试。例如，在针对差旅费发生的重大错报风险执行审计程序时，由于被审计单位对差旅费申请、审批、结算依赖于高度自动化处理，不存在或者存在很少的人工干预，针对该风险仅实施实质性程序可能不可行，其获取的审计证据，如电子发票、OA审批仅以电子形式存在，审计人员必须测试与差旅费相关的内部控制的有效性，以及差旅费结算的准确性。

2. 岗位及人员设置

（1）审计重点

①是否存在人员管理制度、明确的岗位编制、人员定额编制，如有，获取完整的管理制度、岗位目录及名称、人员名册、岗位操作标准或者操作流程、人员信息资料。

②是否存在岗位重叠、人员超编或者严重缺编情况，如有，获取相关文件及说明。

③是否存在临时工作人员、实习人员、在外兼职人员等情况，如有，获取相关说明。

④是否存在考勤制度、补贴制度、奖惩制度、离退休制度、股票期权等福利制度，如有，获取相关制度文件及人员资料。

（2）审计程序

①了解企业人力资源管理政策，获取人员招聘、入职、岗位调动、晋升、离职等管理制度，岗位目录及名称、定额编制、人员名册及信息资料、岗位操作手册标准或操作流程，并获取以上关键节点的历史资料和表单；书面或口头询问审核和审批人员、管理人员等关键控制人员，并对答复的内容进行评价；如果缺乏以上制度、流程、表单，说明内部控制可能存在重大缺陷，相关控制并非一贯进行，考虑对风险评估的影响。审计人员在执行审计程序时可能更需要依赖实质性程序。

②将获取的岗位及人员信息与实际岗位及人员、工资及福利账面金额进行核对分析，并检查历史资料和表单，询问审核人员、管理人员人员变动的情况，并对询问的结果进行评价，评估是否存在实际人员与定额人员严重不符及不合理的配置，是否存在人员不在岗而有实际支出的情况。如果缺乏以上信息或者经过分析实际情况与定额情况存在重大偏差，应当考虑偏差的原因，并与管理人员核实，判断是否存在舞弊等重大内部控制缺陷，并考虑对审计程序的影响。审计人员在执行审计程序时，可能需要更多地关注管理费用的准确性、发生、截止性认定的实质性程序结果。

③获取临时工作人员、在外兼职人员的名册，与人员管理制度、岗位编制进行核对分析，并检查历史资料，询问管理人员对临时工作人员、兼职人员的管理，并对询问结果进行评价，评估是否符合企业的人员管理制度，判断是否存在舞弊等重大内部控制缺陷，并考虑对审计程序的影响。审计人员在执行审计程序时，可能需要更多地关注管理费用的准确性、发生、截止性认定的实质性程序结果。

④获取考勤制度、补贴制度、奖惩制度、离退休制度、股票期权等福利制度文件及表单、人员信息，询问相关人员及管理人员福利发放情况，检查福利发放的表单记录、审核及审批文件、管理费用的记录、银行支出明细等记录，分析是否与福利制度规定的情况一致。重新执行相关内部控制，以获取内部控制是否存在重大缺陷的证据。如经过以上程序获取的结果表明内部控制存在重大缺陷，例如，询问、检查、分析的结果表明某些人员实际不应享有相关福利，而实际却发放了福利，表明内部控制存在重大缺陷。

再如，对企业人员社保、住房公积金、就餐费用实施检查、分析、重新计算、询问等程序，发现管理费用的实际发生金额与企业人员的数量不匹配，可能存在已离职人员的社会保险及住房公积金的企业部分仍在继续缴纳，而个人部分却只是挂账无法收回，最终导致企业多缴纳离职人员的社会保险及住房公积金费用；就餐费用通常也是实施舞弊的项目，如食堂是企业自有的食堂，对食堂机器设备、食品材料的费用，水电煤气费用往往需要重点关注，常见情况是食堂人员自行与供货商洽谈，进行采购审批、入库验收、日常管理和使用，由于食堂部门发生的项目一般比较零散，采购的金额通常也不具有重大性，这往往不会引起管理人员的关注，但是经过经年累月的操作，总金额也可能会非常大。由此可见，内部控制的不规范，与舞弊甚至串通舞弊、贪污受贿的发生具有高度相关性。审计人员需重点考虑岗位及人员设置是否符合制度，是否合理，并考虑对审计程序的影响。审计人员在执行审计程序时，可能更多地需要关注管理费用的准确性、发生、截止性认定的实质性程序结果。

3. 管理费用

（1）审计重点

①管理费用发生是否存在相关审批控制、审批流程是否形成闭环。

②管理费用是否真实发生，是否存在虚假列支。

③考虑与信息编制相关的内部控制。

（2）审计程序

①获取各类业务的审批权限、审批流程，以及相关表单和说明，利用穿行测试了解管理费用的审批流程是否执行，利用控制测试验证管理费用的内部控制是否得到有效执行，并记录偏差情况。询问业务经办人员、审核人员、审批人员的操作程序，并对答复的内容进行评价，是否存在制度文件未得到有效执行、随意执行等情况。如果偏差程度较大，考虑管理费用的发生存在重大错报的可能性，对管理费用的发生更多地实施实质性程序。

②获取整套财务报表，获取或编制管理费用明细表，并实施以下程序：

a. 计算分析管理费用中各项目发生额及占费用总额的比率，将本期、上期管理费用各主要明细项目做比较分析，判断其变动的合理性；

b. 将管理费用实际金额与预算金额进行比较；

c. 比较本期各月管理费用，对有重大波动和异常情况的项目应查明原因，必要时做适当处理；

d. 对本期发生的大额管理费用项目及虽然单笔金额不大但是经常发生的管理费用项目选取样本，检查其支持性文件，确定原始凭证是否齐全、记账凭证与原始凭证是否相符，以及财务处理是否正确。

③获取信息编制相关的内部控制文件及说明。审计人员拟实施审计程序的性质和时

间安排可能受到某些会计数据和其他信息的影响，这些数据和信息可能只能以电子形式存在，或只能在某一时点或某一期间获取。

4. 与管理费用有关的金额及其他数据

（1）审计重点

①与管理费用有关的金额及其他数据是否已恰当记录。

②已记录的金额及其他数据是否与原始记录反映一致。

③考虑与信息编制相关的内部控制。

（2）审计程序

①获取整套财务报表，包括纳税申报表、银行存款余额调节表、固定资产管理制度、无形资产摊销方法，获取或编制管理费用明细表，复核加计是否正确，并与报表数、总账数及明细账合计数核对是否相符，并做出相应记录，如发现不相符，询问记录人员不相符的原因，并评价其答复的可靠性与合理性，记录相关结果。重点审查财务账簿已经记录的金额，例如，折旧金额、摊销金额，固定资产原值或者无形资产原值已经发生变化的情况，折旧金额或摊销金额与固定资产或者无形资产原值计算不一致。

②实施实质性分析程序。

a. 考虑可获取信息的来源、可比性、性质和相关性，以及与信息编制相关的控制，评价在对记录的金额或比率做出预期时使用数据的可靠性。如前述固定资产原值变更不及时导致管理费用记录错误，主要原因可能为内部控制不合理或者未严格执行。

b. 确定已记录金额与预期值之间可接受的、无须做进一步调查的可接受的差异额。

c. 将已记录金额与期望值进行比较，识别需要进一步调查的差异。

③将管理费用中具有财务重大性的项目，如无形资产摊销、长期待摊费用摊销额等项目与各有关账户进行核对，如无形资产外购取得，还需获取无形资产转让合同、长期待摊费用合同、发票等向外单位支付的原始单据；分析其勾稽关系的合理性，并做出相应记录。

④考虑与信息编制相关的内部控制。

企业可能采用 ERP、OA 等信息系统进行内部管理，以提高工作效率、降低差错率等。如果该控制采用高度自动化处理，审计证据可能仅通过电子形式存在，其充分性和适当性通常取决于自动化信息系统相关控制的有效性，审计人员应当考虑仅通过实施实质性程序不能够获取充分、适当的审计证据。审计人员应重点关注企业是否存在与信息系统相关的内部控制，了解并测试相关内部控制，必要时重新执行相关控制，以确定相关控制是否可以信赖，以获得控制运行有效的审计结论。如果缺乏相关控制，或者控制未得到有效执行，询问管理人员未能得到有效执行的原因，实际又是通过什么方法进行管理的，并对答复的内容进行评价，考虑答复的可靠性。

5. 管理费用记录的会计期间

（1）审计重点

①管理费用记录的期间是否反映业务发生的期间。

②考虑与信息编制相关的内部控制。

（2）审计程序

①管理费用记录的期间是否反映业务发生的期间。

a. 获取预算管理制度及预算数据、绩效评价制度及考核数据、历史预算完成情况，以及绩效考核情况，了解管理部门的预算及考核情况，是否存在较大的异常波动。对本期发生的管理费用，选取样本，检查其支持性文件，确定原始凭证是否齐全、记账凭证与原始凭证是否相符，以及财务处理是否正确。

b. 从资产负债表日后的银行对账单或付款凭证中选取项目进行测试，检查支持性文件（如合同或发票），关注发票日期和支付日期，追踪已选取项至相关费用明细表，检查费用所计入的会计期间，评价费用是否被记录于正确的会计期间。

c. 抽取资产负债表日前后记账凭证及原始凭证，实施截止测试，若存在异常迹象，应考虑是否有必要追加审计程序，对于重大跨期项目应做必要调整。某些费用项目的发生并非依赖于发票，而财务人员在入账时可能更加关注发票的取得而忽略了权责发生制的制度规定，如租赁费用，至本年末，本公司尚未收到出租方开出的发票，其次年初才到达本公司，且公司内部可能还存在交接环节，财务人员收到的日期可能更迟，财务人员应当在本年的财务报表中确认租赁费用，将其计入管理费用，以准确反映经营成果。如存在财务人员跨期确认的情况，审计人员应当询问做出这样处理的原因，并对答复的可靠性和合理性进行评价，考虑是否存在人为调节费用以达到调节利润的目的，并做出相应的审计调整。

②考虑与信息编制相关的内部控制。

对企业采用了某些信息系统进行管理的情况，审计人员应重点关注信息系统的内部控制，如对系统账期的设定、科目的设定，成本中心、利润中心、业务部门的关账日期等系统基础性设定的控制。这些控制对财务报表的影响重大而广泛，审计人员应当实施控制测试，对关键项目应重新执行相关的内部控制，以获取相关控制运行有效性的结论。如缺乏相关的控制，询问管理人员缺乏的原因及实际是如何管理的，并对答复的可靠性和合理性进行评价。审计人员还应当考虑对风险评估的影响和对舞弊的影响，重点检查是否存在人为调节管理费用以操控利润的情况。

6. 管理费用在财务报表中的列报和披露

（1）审计重点

①确定管理费用是否已按照企业会计准则的规定在财务报表中做出恰当的列报和

披露。

②考虑与信息编制相关的内部控制。

（2）审计程序

①获取预算管理制度及绩效评价制度、本年及上年的财务报表，获取或编制本年管理费用明细表，并实施以下程序：

a. 将本期、上期管理费用各主要明细项目做比较分析，判断其变动的合理性；

b. 将管理费用实际金额与预算金额进行比较；

c. 比较本期各月管理费用，对有重大波动和异常情况的项目应查明原因，询问管理层，必要时做适当处理。

了解预算编制的过程，询问预算编制人员各类明细费用分类的标准并获取相关表单，将管理费用与预算数进行对比分析，对偏离程度较大的项目，询问预算跟踪人员，获取差异原因，对其答复的可靠性和合理性进行评价；将本期管理费用明细项目的发生额与上年同期的管理费用明细项目的发生额进行对比分析，找出波动较大的项目，分析原因，并询问相关管理人员，对其答复进行评价；将本期各月管理费用明细项目的发生额与上年同期的管理费用明细项目的发生额进行对比分析，找出波动较大的项目，分析原因，并询问相关管理人员，对其答复进行评价，分析是否存在为了完成预算指标、绩效评价目标而人为调节费用项目的情况，如有，询问相关管理人员，并做出相应的审计处理。

②考虑与信息编制相关的内部控制。

如某企业可能会将财务报表列报和披露集成于信息控制系统，提高工作效率的同时减少人为干预。审计人员在这一审计目标中，应重点关注信息系统的内部控制，如对系统科目核算范围、分类标准、记账规则、报表生成等系统基础性设定的控制。这些控制对财务报表的影响重大而广泛，审计人员应当实施控制测试，对关键项目应重新执行相关的内部控制，以获取相关控制运行有效性的结论。如缺乏相关的控制，询问管理人员缺乏的原因及实际是如何管理的，并对其答复的可靠性和合理性进行评价，审计人员还应当考虑对风险评估的影响和对舞弊的影响，重点检查是否存在为了预算指标、绩效评价指标而人为调节管理费用项目的情况。

7. 诉讼或仲裁相关事项

（1）审计重点

①是否发生抵押、质押等担保，是否发生诉讼或仲裁事项。

②财务处理是否符合规范。

（2）审计程序

①获取银行询证函、征信记录，了解企业是否发生与诉讼或仲裁相关的事项，并询问法务部门或律师顾问关于诉讼的进程、估计诉讼或仲裁的结论，对于担保情况，应重

点查看银行回函和征信记录中关于担保的说明，询问管理人员是否已发生债权人要求实现担保物权的事项，并获取相关文件以证实管理人员答复的可靠性和合理性。

②对企业很可能承担担保责任、败诉或者仲裁不利结果，导致经济利益流出企业的事项，财务记录应当做出恰当反映，以准确反映经营成果，财务记录如未反映，审计人员应当询问管理人员未反映的原因，并给出相应的审计调整建议。

8. 舞弊行为

（1）审计重点

①是否存在操纵、伪造或者窜改会计记录或者支持性文件的行为。

②是否存在错误表达或者故意漏记的情况。

③是否存在贪污、盗窃、侵占或者挪用企业资产等情况。

（2）审计程序

①根据前述预算制度、绩效评价制度，分析是否存在畸高的业绩目标或者为了满足外部人士的需求对费用管控存在不切实际的预期，是否存在管理层个人财务状况受到管理费用管控的影响，如果存在，考虑管理人员实施舞弊的动机或压力；对从事超出正常经营过程的重大关联方交易，管理费用建立在重大估计的基础上同时这些估计涉及主观判断或不确定性，难以印证、管理人员频繁更换、相关管理费用的发生由一人操作、对控制的监督不充分（包括自动化控制）等情况，分析是否存在人为操纵、伪造或者篡改会计记录或者支持性文件、错误表达或者故意漏记等。

②是否存在贪污、盗窃、侵占或者挪用企业资产等情况。

a. 管理用资产的某些特性或特定情形可能增加被侵占的可能性，例如，持有或者处理大额现金，体积小、价值高或者需求较大的存货，如办公用品，尚未记录或者未对管理用资产做出完整、及时盘存核对。

b. 管理层或关键岗位员工对相关控制不够重视，或者不满企业的福利政策等。例如，忽视监控或者降低与侵占资产相关的风险意识、某些人员在行为或者生活方式方面发生的变化可能已经表明资产被侵占、容忍小额盗窃资产的行为等。

如果可能存在以上情形，审计人员需重点实施以下审计程序：

a. 在拟实施审计程序的性质、时间安排和范围中增加不可预见性；

b. 强调在整个审计过程中对舞弊风险保持适当关注的重要性；

c. 复核大额和异常的费用开支是否适当，复核高级管理人员的费用报告的金额及适当性；

d. 考虑将识别出的舞弊行为上报至治理层。

第三节 费用审计案例解析

一、企业的组织结构、内部管理制度、预算管理制度、绩效评价体系对管理费用的影响分析

1. 组织结构更新不及时导致错报

（1）审计情况

A集团公司是一家从事农牧业、生产制造、物流服务、连锁事业部、金融投资、进出口业务的大型企业，企业职工上万人，有总裁办、总经理室、财务中心、采购中心、行政中心、信息中心等数十个管理部门。A集团公司对内部经营管理采用矩阵式结构（即职能部门化和产品部门化相融合的一种管理形式），各部门之间管理人员也存在着相互调用的情形。每年随着公司业务的发展情况，相应的组织结构也会进行调整。例如，子公司B公司的总经理，由于工作业绩和某方面工作能力比较突出，集团领导层赋予其管理多个子公司的权力。

（2）审计解析

审计人员在实施审计前，应当获取A集团公司的组织结构图，并与上年度进行对比，分析变化情况。获取的组织结构应当详细，包括集团层面直至各个业务层面，并获取相关人员信息、岗位信息、隶属公司、职责范围、核算方式等。在审计过程中，审计人员将获得的以上信息与财务记录核对，发现财务部门将应属于生产成本的办公耗材费用计入了管理费用，费用归属不正确；存在部门、公司、费用项目设置错误的情况。审计人员在询问了财务记录人员、管理人员后，确定错误原因为：公司组织结构已经更新，而财务部门未进行及时更新导致财务记录错误。审计人员做出相应的审计调整建议并建议完善组织结构变更的流程，以避免错误的再次发生。

2. 预算管理制度、绩效评价体系方面存在的舞弊情况

（1）审计情况

A公司每年均会对公司经营情况实施预决算管理，对预决算的编制过程十分重视，每年均于10月左右编制下一年度的经营预算、资产负债预算及现金流量预算，并会对相关财务指标设置预期值。A集团公司会对预决算的结果进行绩效评价，该绩效评价实行公司、部门、人员全覆盖，上至董事长，下至车间班组人员，均有相应的考核指标，根据岗位不同设置不同的考核维度及考核权重。由于A公司对预决算及绩效评价的重视，管理人员及其他人员也会非常重视绩效评价的结果，这直接影响着个人的工资及福利水平。

（2）审计解析

审计人员在实施审计前，应当获取 A 公司的预决算信息，以及历史预决算信息（如近三年的预决算结果），包括从集团层面到各个业务层面的预决算结果，还应当获取 A 集团公司对于各子公司、各部门、各管理人员的绩效评价指标、评价维度、评价结果。分析是否存在重大的异常波动情况，如有，询问预决算人员和管理人员异常波动的原因，并实施检查程序，检查相关文件，以证实其答复的可靠性和合理性，并保持对舞弊的怀疑。因为绩效评价的结果关系着管理人员的收入水平，这可能是管理人员实施舞弊的动机或者压力，可能对管理费用的发生、完整性、截止性等认定产生广泛的影响。审计人员应当在审计过程中保持应有的职业怀疑，在检查相关文件时，重点关注预算目标设置的合理性、预算目标是否经过调整及调整的原因、绩效评价的目标是否合理、绩效评价的结果是否严格按照绩效管理制度进行。审计人员在对预决算及绩效评价进行审计时，还应当注意信息化环境的影响，因为现代规模以上的企业采用信息化管理的情况较为普遍，尤其是对预决算的进程进行跟踪管理。因此，审计人员应当充分熟悉信息化管理工具，并对相关的控制进行测试，以分析是否存在人为调节的可能情况。例如，在针对差旅费发生的重大错报风险执行审计程序时，由于被审计单位对差旅费申请、审批、结算高度依赖于自动化处理，不存在或者很少存在人工干预，针对该风险仅分析差旅费的发生金额、检查相关单据可能不可行，因为获取的审计证据，如电子发票、OA 审批可能仅以电子形式存在，审计人员必须测试与差旅费相关的内部控制的有效性。

二、与岗位及人员相关的舞弊情况

1. 岗位及人员虚增

（1）审计情况

A 公司由于经营范围跨度较大，经营较分散，各个业务单元、各个子公司拥有对人员管理较大的自主性，例如，采购中心负责集团内部农牧业、生产制造、物流服务、连锁事业部的行政管理工作，行政中心负责人对下属行政人员的选聘、入职、考核、晋升、调动、辞退等具有很强的自主性，而集团总部对行政中心的人员设置只会做出原则性的规定，具体操作层面是由行政中心负责人负责的。行政中心负责人对人员的管理除了要遵守集团的人员管理原则，更多地是依据农牧业、生产制造、物流服务、连锁事业部的业务情况设置岗位。因此，管理费用中行政中心的人员工资及福利依赖于行政中心人员设置的合规性和合理性。

（2）审计解析

结合上述获取的组织结构，审计人员通过获取集团各部门、各子公司的人员编制、岗位设置、岗位任职条件、薪资福利水平等与人员费用关系密切的资料，对比工资发放记录、福利发放记录等，通过检查、询问等程序，发现存在人员设置不合理甚至是舞弊的情况。审计人员继续调查管理人员近亲属在公司的任职情况，了解该亲属工作流程，观察其工作过程并与其交流，发现该人员知识、技能与该岗位任职条件严重不匹配，且工作处于严重不饱和的状态。进过进一步的调查，审计人员发现存在管理人员利用职务便利，将近亲属安排在某些重复性的辅助岗位的情况。

2. 瞒报考勤的情况

（1）审计情况

A集团公司连锁事业部由于办公地点较为分散，日常采用签到的方式对管理人员进行考勤，月末由连锁事业部行政文员进行考勤统计，并汇总上报至集团人力资源部，人力资源部根据考勤、岗位职级、工资及补贴标准等测算工资及福利费。

（2）审计解析

审计人员对考勤大数据进行分析，发现可疑人员的异常考勤情况，对部分日期的考勤进行调查、询问，了解到某经理助理的考勤存在虚报的情况。虚报大致情况为：该经理助理通过先打卡，而后谎称去某某门店视察，实际则为外出购物娱乐。审计人员通过对被视察人员的询问，了解到该经理助理多次采用这种方式以"外出至某某门店"为由虚报考勤，实际是去购物娱乐或交友等。审计人员将遇到的此类情况上报至管理层，并提出改进考勤方式的建议。

3. 未及时停保

（1）审计情况

A集团下属某物流子公司人员本年工资、社保及住房公积金各月金额与上年对比几乎无变化或变化很小，然而该物流公司的本年各月均有离职和入职的情况。

（2）审计解析

审计人员通过检查工资发放记录、社保及公积金记录，并与人员信息对比，以及观察该物流公司实际上班情况，发现有多人有社保和公积金缴纳记录，而实际没有上班的情况，经过询问人力资源部门、业务管理人员，证实这些人员实际为已离职数月甚至一年以上的员工，而人力资源部门由于以往并未实施与业务管理部门核对实际在岗人员这项工作，导致公司仍然在为这些已经离职的员工缴纳社保及公积金，造成社保及公积金费用公司部分每月均在实际支出，而个人部分却只是在不断地挂账，最终公司不得不全部承担社保及公积金的支出。审计人员将该情况上报至管理层，并提出每月人力资源部门应当与业务管理部门核对实际在岗人员的建议，以避免社保及公积金暂停或转出不及时，造成公司利益受损。

三、管理费用常见舞弊项目

1. 会议培训费

（1）审计情况

A 集团公司为提高管理水平，每年均鼓励内部管理人员引进提高管理技能的课程，并根据课程的内容和参加人员的数量进行激励。2017 年某管理人员为公司高级管理人员推荐"卓有成效的管理者"知识培训、2018 年该管理人员又为公司高级管理人员推荐"阿米巴经营"知识培训。

（2）审计解析

审计人员通过对这两次培训费的记账凭证及原始凭证检查发现，其没有会议通知文件，发票抬头为某旅行社，询问参会人员及举办单位发现这两次培训内容为某峡谷漂流，实质内容与应有的培训内容毫无关联；通过检查费用价格、支付方式、旅行社的返利情况发现为公司推荐课程的管理人员存在吃回扣的情况，审计人员将这一舞弊情况上报至董事会，并提出关于会议培训费的改进建议。

2. 车辆费用

（1）审计情况

A 集团公司为工作人员提供班车接送服务，每个工作日早上上班前和下午下班后，班车会从公司开出，经固定线路接送工作人员。公司对班车加油和过路费采取实报实销的管理制度。

（2）审计解析

审计人员通过对比本年与上年、本年各月的油费、过路费发现存在异常，经现场乘坐、公里数测算、油耗测算，发现油费存在重大异常的情况：因为该班车每日均为固定线路，而所载人数也基本不会有大的波动，同时期油价未见明显上涨，油费总额却出现大幅上涨。经过对班车司机工具的检查和对其的询问，证实班车司机在每次加油后，都会将油箱中的油抽出一部分偷偷卖掉，以非法获利。审计人员将该情况上报至管理层，并提出对加油管理的建议。

3. 业务招待费的舞弊情况

（1）审计情况

A 集团公司经常进行新产品开发，并邀请有关人员进行体验，同时还利用自媒体宣传公司在食品领域的先进理念。平时媒体接待工作由办公室钱助理负责，办理完毕后，由钱助理负责报销相关费用。

（2）审计解析

在审计工作中，业务招待费也是存在重大错报风险的重要项目，主要存在虚假列支、张冠李戴等现象。例如，将私人消费的项目开具发票抬头为本公司的发票，并报销至单位领取报销款等。在钱助理的费用报销中，审计人员通过检查发现：

①用面额较大的餐饮定额发票来报销实际花费金额较少的费用，发票面额是 1 000 元，而实际的消费金额是 800 元；

②对个人消费开具以本公司为抬头的发票。审计人员在本公司业务招待费审计项目中，通过检查财务记录、费用报销单、领款凭证及银行明细，发现存在两笔同样金额的费用发票，每笔金额为 5 000 元，第一笔 5 000 元的发票，摘要项目为招待某自媒体公司人员就餐费，钱助理采用现金报销的方式领取报销款，第二笔 5 000 元发票的摘要项目为支付某自媒体业务宣传费，通过银行转账的方式打款至助理银行账户。两笔费用发生在不同的时期，但是发票开具日期为同一日。这两笔费用发票引起了审计人员的警觉，为了核实是否真实发生，审计人员通过实地拜访相关酒店，了解到该酒店最贵的一档套餐为 3 888 元，平时 3~4 人的就餐费用一般为 1 000 元左右，并获取了当日钱助理所消费的点菜单。

审计人员对两笔 5 000 元的餐费发票产生了可能存在舞弊的职业怀疑，通过对领款员工及管理人员的询问，证实当日宴请了某自媒体产品经理两人，钱助理将自媒体发布的广告交予审计人员查看。审计人员将只招待两个人并消费 5 000 元的疑问、酒店人员的答复、相关单据进一步向该员工和管理人员核实，证实了宴请当日是钱助理刷卡支付的，当钱助理将发票提交管理人员审核时，管理人员并未仔细核实当日所消费金额；并且由于领款员工将该两笔费用在不同时期报销，管理人员只记得存在过该事项，所以在报销单据上签字审核，财务人员依据审核后的报销单据支付了两次同样的费用。后经确认，第一次的 5 000 元费用，实际消费并没有 5 000 元，属于多报费用，第二次的 5 000 元费用，是钱助理个人消费费用，与公司无关。

4. 差旅费的舞弊情况

（1）审计情况

A 集团公司下属的子公司分布在全国各大城市，员工日常出差主要使用滴滴快车、火车、飞机等交通工具，住宿采用公司指定的酒店，公司根据岗位级别进行实报实销。

（2）审计解析

审计人员通过检查差旅费的发生，发现存在以下异常情况：

①滴滴快车的车费存在着只有发票没有行程单，或者有行程单，但是行程单的路线与出差计划所列严重不符，经调查发现存在某些滴滴车费不是为了工作而发生，却将该费用报销至公司的情况；

②住宿费用方面，公司为员工指定了相关酒店，员工确实也以该酒店费用发票进行报销，但是发票却未列明住宿几日。经审计人员与酒店方核实，相关人员不用入住，只要支付一定的费用，酒店方就可以为其提供住宿发票以供报销。审计人员经过对出差人

员、出差目的地、出发时间、到达时间等方面的对比分析，发现某些管理人员并未入住指定酒店，但是却以公司制定的最高标准开具了住宿发票进行报销，经与当事人查证核实，确实存在着营私舞弊行为。

5. 咨询费的舞弊情况

（1）审计情况

A集团公司与中介机构保持良好的合作关系，特别对于内部管理方面，平时公司与咨询机构的对接，由办公室助理王主管牵头负责，王主管与咨询机构对接报销相关费用。

（2）审计解析

审计人员从财务系统中导出咨询费明细账，按照明细账将金额较大或者异常的摘要项目进行标记；结合原始凭证中咨询公司的报价资料，电话询问同类咨询公司的收费价格及依据，查看报价基础是否一致；查看合同条款是否齐全，合同印章是否与当时参与报价的公司一致；同时查看了款项支付是否符合公司规定的程序。经过对比分析发现，在王主管负责对接的某次高新技术企业资格认定的咨询服务中，咨询机构的费用报价偏高，比同类咨询公司的价格高出30%左右，经过对咨询公司的询问了解到，如果价格高一些，可以给相关人员回扣。最终查明，王主管利用帮助咨询机构提高报价的机会，获得了回扣费用。

6. 办公费用的舞弊情况

（1）审计情况

A集团公司人员数量较多，办公设施及耗材需求量较大，更换较频繁，仅打印机耗材一项，每年支出约30万元。

（2）审计解析

审计人员在A集团公司实施的2018年内部审计工作过程中，发现存在办公室文员串通舞弊的情况。该内部审计人员在该项目审计的过程中首先获取了该项支出的财务记录、相关凭证单据，以及管理用固定资产等资料，在实施分析的基础上，检查相关凭证，发现每次该项费用的发生只有该文员和供应商的签字，无其他审核或审批程序。经过测算、实地观察，以及咨询同类供应商，分析该项费用存在舞弊的可能，并结合该文员的日常生活、消费等情况，核实了舞弊的情况。该文员想到该项费用每次发生额不大，且管理存在漏洞，预计管理人员不会发现，就利用这一控制缺陷与供应商串通实施了舞弊行为，虚构多次实际并无实物送达的耗材采购，冒领公司资金，危害了公司利益。

第九章

建设项目审计

第一节 建设项目审计概述

一、建设项目

建设项目又称工程建设项目，亦称"基建项目""投资项目"，叫法不同，但没有实质性的区别，它是指按一个总体规划或设计进行建设的，由一个或若干个互有内在联系的工程组成的工程总和。

建设项目的总体规划或设计是对拟建工程的建设规模、主要建筑物、构筑物、交通路网、场地、绿化等进行合理规划与布置所作的文字说明和图纸文件。如新建一座工厂，它应该包括厂房车间、办公大楼、食堂、库房等建筑物，以及它们之间的道路。这些建筑物或构筑物都应包括在一个总体规划或设计之中，我们将其称为一个建设项目或工程建设项目。

1. 建设项目的构成

根据建设项目的组成内容和层次不同，按照从大到小依次可分为单项工程、单位工程、分部工程和分项工程。建设项目由单项工程组成，单项工程由单位工程组成，单位工程又由分部工程组成，分部工程又可划分为若干个分项工程。分项工程是建筑工程计量与计价的基本部分。了解建设项目的组成，既是工程施工与建造的基本要求，也是工程项目审计计算工程造价的组成单元。

2. 建设项目的分类

建设项目按其建设性质，可分为新建项目、扩建项目、改建项目、迁建项目和恢复项目。

按照建设规模，可分为大型、中型、小型项目，以及限额以上和限额以下技术改造项目。

按照投资来源，可分为政府投资项目和非政府投资项目，以及中央项目、地方项目和合资项目。

按照项目的投资效益和市场需求，可分为竞争性项目、基础性项目和公益性项目。

按其投资在国民经济各部门中的作用，可分为生产性工程项目和非生产性工程项目。其中生产性工程项目主要包括工业建设项目、农业建设项目、基础设施建设项目、商业建设项目，非生产性工程项目主要包括办公用房、居住建筑、公共建筑、其他建设项目。

3. 建设项目的特点

建设项目工期时间跨度一般较长，有的长达数年，投资金额较大，项目产品类型包括房屋、厂房、建筑物、道路、设备安装等大型建设项目。在项目实施过程中，成本费用种类繁多，隐蔽工程较多，各种风险因素也较多。了解建设项目的分类和特点，有利于审计人员根据建设项目的特点做好审计准备工作。

二、建设项目审计

建设项目审计又称工程项目审计，是指由审计人员依据国家的有关法律、法规和制度规范，对建设项目从投资立项到竣工决算交付使用各阶段经济管理活动进行审查、监督、分析和评价的过程。建设项目审计是对工程建设项目的真实性、合法性、合理性和效益性进行的审核、稽查。

按过程分类，可以分为事前决策审计、事中跟踪审计、事后决算审计等。

按类别分类，可以分为财务收支审计、投资效益审计、内控管理审计等。

建设项目审计具有连续性、综合性、交叉性特点，是对建设项目活动实施前后连贯的、一致性的审计监督。

三、建设项目审计内容

建设项目审计内容涵盖建设项目全过程，是对建设项目全过程进行的综合审计。既可以对建设项目某个阶段进行跟踪审计，又可以根据管理需求对建设项目效益、管理、控制等方面进行审计评价。建设项目审计涉及工程投资立项、概算、招投标管理、合同管理、施工管理、进度质量安全管理、工程验收计量、竣工决算、移交使用等全部内容。建设项目不同阶段的审计内容主要包括以下几个方面。

1. 项目前期情况

项目前期情况主要包括项目投资立项、项目建议书、可行性研究报告、项目估算、勘察设计、投资概算、施工图设计预算、建设准备、招标采购、工程量清单、招标控制价、经济合同、监理合同等情况。

2. 项目实施情况

项目实施情况主要包括项目施工建设情况、项目建设计划进度执行情况、项目概预算控制情况、资金使用情况、施工成本控制情况、财务收支核算情况、税费情况、物资收发存管理情况、工程质量情况、隐蔽工程情况、中期结算情况、计量收款情况、工程分包情况、建筑材料与设备购置情况等。

3. 项目竣工决算情况

项目竣工决算情况主要包括竣工结算情况、变更签证及合同外结算情况、竣工决算编制依据情况、项目建设及概预算执行情况、交付使用财产情况、投资效益评价情况、投资结余情况、竣工决算交验情况等。

四、建设项目审计作用

建设项目审计主要具有经济监督、经济评价、经济鉴定、支持决策、提高管理效能等作用。

1. 经济监督作用

经济监督是指通过项目审计监督，对建设项目的全部或部分建设活动进行检查和督促。具体地说，就是把项目的实施情况与其目标、计划和规章制度、各种标准，以及法律法令等进行对比，对那些不合法规的经济活动进行纠正纠偏。

2. 经济评价作用

经济评价是指通过项目审计和检查，评定项目的重大决策是否正确，项目计划是否科学、完备和可行，实施状况是否满足工程进度、工期和质量目标的要求，资源利用是否优化，以及控制系统是否健全、有效，机构运行是否合理等。

3. 经济鉴定作用

经济鉴定是指通过项目审计，审查项目实施和管理的实际情况，确定相关资料是否符合实际，并在认真鉴定的基础上做出书面的证明。

4. 支持决策作用

支持决策是指通过实施项目审计，提出改进项目组织、提高工作效率、改善管理方法的途径，帮助项目组织者在合乎法规和制度的前提下更合理地利用现有资源，提高管理效益，顺利实现建设项目的目标。

五、建设项目的审计准备

开展建设项目审计前，审计人员应做好必要的准备工作。其应制定审计工作计划，合理配置审计资源，组建审计工作小组，抽调落实专业胜任的审计人员，明确审计工作要求，按照计划时间节点完成审计工作任务。

1. 制定审计工作计划

审计计划是审计人员为了完成审计业务，达到预期的审计目的，在具体执行审计程序之前编制的工作计划。审计计划是对本年度要实施的具体审计项目做出规定，是预期的审计目标范围。审计计划有利于工作按步骤进行，有利于工作安排。企业一般需要在年度工作计划中制定建设项目的审计计划，审计计划要经权力机构会议决策批准，必要时以文件形式发布，以确保预期计划的实现。审计计划以制度的形式督促落实和执行，是后面开展各项审计工作的前提和保障。

表 9-1 是一份审计工作计划表示例，仅供参考。

表 9-1　2019 年度 G 集团有限公司审计项目计划表

序号	单位	审计项目名称	开始实施时间	项目结束时间
1	G 集团有限公司	关联交易、风险防控专项审计	2019 年 3 月 10 日	2019 年 5 月 10 日
2		AB 汽配城项目完工效益审计	2019 年 5 月 10 日	2019 年 6 月 10 日
3		W 经理经济责任审计	2019 年 6 月 25 日	2019 年 7 月 25 日
4		BC 内部控制专项审计	2019 年 8 月 1 日	2019 年 9 月 1 日
5	H 建筑有限公司	QC 项目期间费用专项审计	2019 年 5 月 20 日	2019 年 6 月 20 日
6		MP 项目过程跟踪审计	2019 年 6 月 20 日	2019 年 7 月 20 日
7		RX 路网项目 PPP 项目专项审计	2019 年 8 月 1 日	2019 年 9 月 1 日
8		QN 项目财务收支专项审计	2019 年 11 月 5 日	2019 年 12 月 1 日

2. 组建审计工作小组

根据批准确定的年度审计计划安排，企业审计部门应组织抽调人员成立专项审计组或引进外部审计机构开展审计。建设项目审计应确保审计人员专业胜任，因为建设项目审计属跨专业领域审计，只有财务专业审计人员是不够的，需要同时配备工程技术专业和其他相关专业的审计人员；配备或抽调的人员必须实务经验丰富，专业胜任，有一定的施工现场管理经验，只有这样才能充分发挥专业人员组合"1+1>2"的效果。

3. 落实审计工作要求

为更好地发挥审计在建设项目经营管理活动中的作用，企业审计部门要认真落实年度审计计划，如无特殊情况，年初已安排的审计项目一般不予调整。审计人员应严格按照内部审计准则的规定，认真做好审前调查，编制切实可行的项目审计计划和审计工作方案，按时完成年度审计任务，出具审计报告。

六、建设项目的审计方案

在实施建设项目审计前，做好审计工作方案是十分必要的。审计方案是对审计实施工作的具体安排和部署，是对审计计划的具体执行和落实。审计工作方案一般包括如下几个方面。

1. 审计项目的基本情况介绍，包括投资主体、方式，资金规模、资金投入方式，内部机构、人员状况等。

2. 审计目标，即结合年度审计计划安排，就本次审计所要达到的目的进行阐述。如内部控制管理、流程的执行，经济效益、结算计量情况、目标责任完成情况，财务收支情况，财产物资的安全性与完整性。

3. 审计范围和内容，包括审计所涉及的时间段的选取，经济效益、目标责任完成情况，招标采购、合同及结算管理情况，会计核算、财务管理情况，材料、设备及固定资产管理情况，费用管理，债权债务情况。

4. 审计方式，包括就地审计、报送审计等。

5. 审计人员分工和进度安排，即根据审计内容，对审计小组人员进行合理分工，并制定审计的具体时间进度安排，包括审计准备、审计实施、审计报告三个阶段。

6. 审计工作要求，即工作纪律和审计工作遵循的要求，如廉洁和保密义务，以及其他与审计有关的事项。

七、建设项目审计实施

审计实施是审计工作的核心和重点，通常应对照审计工作具体方案，拟定审计思路，确定审计重点和审计措施，组织实施审计工作。

审计人员应在审计过程中运用审计技巧和手段进行抽样，测试、验证、归纳、收集必要的审计证据；核实审计证据，并运用系统的、适当的审计方法对证据进行分析、判断、推理、定性；与被审计单位沟通交流，听取被审计单位反馈意见，证实审计结论，修正审计报告，并最终出具审计报告。

审计实施贯穿项目的投资立项、设计阶段，招标采购阶段，签订合同阶段，施工管理阶段，验收交付阶段，竣工决算阶段。各阶段具有不同的审计特点和审计内容，具体审计实施思路和方法在本章第二节中详细阐述，在审计过程中应注意结合实际灵活把握和运用。

八、审计结果及其运用

审计结果及其运用是审计的最终目的。审计的成果集中反映在审计报告及后期的整改落实中，审计报告以审计结论为导向，应确立报告主题，按照重要性确立审计结论的先后顺序。

一般情况下，在阐述审计发现的问题时，金额比流程重要，系统比手工重要，高层比低层重要，常规比特例重要。应对同类、同系统、同业务、同流程、同项目的审计发现进行归类，按重要优先原则进行编写，并分层次、分小点进行论述。审计报告应反映重要的事项和证据，要注重分析问题原因，列举损失影响，强调解决方案，使整改措施切实可行。

第二节　建设项目审计思路

审计都是因管理需求而发生的，是一项集管理、技术、会计、统计、沟通、访谈等多种技能的工作，它以规范企业经营、增加企业价值为最终目标。它不但要依据现有的资料来确定某项事实，还要运用推理、判断、演练等方法来推定事实。审计目的决定了审计方向，审计方向决定了审计思路，审计思路决定了审计要采取的方法和技巧手段。审计就是通过各种审计方法和技巧去评价经营业绩成果，界定责任，同时发现问题、找出不足和差距。

建设项目审计根据工程项目的特点，围绕项目的投资立项、勘探设计、招投标、建设实施、验收和评价等阶段展开。下面我们就审计中常用的一些审计思路进行阐述。

一、内部控制分析思路

项目的内控制度是否完善，决定其合规程度或可能产生违规违纪的程度。内部控制分析思路主要是通过对业务过程内部控制中的控制关键点进行重点分析与检查，以测定内控制度可信赖程度，找出整个项目运营过程中存在的薄弱环节，再通过收集、分析、归类和整理相关的审计资料发现相关的审计线索。

1. 工作流程分析是确定管理存在问题的最简单、最便捷的方法。流程分析最常用的方法，是根据项目的管理制度与工作操作流程及操作细则进行明细分析，确定流程的关键控制点，分析容易出现问题的环节。

2. 制度分析是确定内控体系是否完善的关键因素。从项目管理体制上分析，制度是规范项目运营、规范企业个人行为的一种手段，制度是否完善是管理层监督管理项目的关键。俗话说得好："没有规矩，不成方圆。"没有制度就无法规范管理。

二、异常分析思路

所有舞弊造成的结果都是不真实的、不存在的，所以不管其手段如何隐蔽，其反映出来的表象都是异常的，这种异常往往就是审计的突破口。通过横向对比、纵向对比、平均对比等分析方法，从异常、超常中发现审计线索。下面是审计中一些常用的比较方法。

1. 多期比较。其包括将项目本年数据与上年数据比较、将本期数据与上期或上年同期数据比较，也就是我们常说的同比与环比。

2. 预算与实际比较。审计人员应将实际发生的数据与预算数据做比较，对存在的差异进行分析，以决定是否将其作为审计重点，如果发现差异较大，则应作为审计重点或目标。

3. 账户内部关系比较。这是对会计上相关联的账户科目进行分析比较，以发现异常的一种比较方法。

4. 与行业数据比较。借助外部标准来评价项目数据的合理性，如发现差异较大、不合理等，应作为审计重点及目标给予关注。

5. 与经营数据比较。将来源于经营部门的数据与财务数据进行比较，是核对内部信息资料的一种办法。差异较大可认为存在风险，可作为审计重点。

6. 与经济数据比较。将总体经营方面的数据与市场经济数据进行比较，是比较内外资料的一种方法，可以结合外部信息资料，评价企业项目的实际运营情况。

7. 与非财务数据比较。进行合理性测试，发现经营中的异常情况，可以将其作为审计重点或审计目标。

审计人员应通过以上分析性程序，将发现的不合常理、违法乱纪、有差错而且得不到合理解释的事件作为审计重点与审计目标，进行重点抽查与测试，以确认其风险性。

三、重点审查思路

对项目审计来说，审计人员一般应关注重点审查思路。对大资金、大合同，新业务、新客户、新技术等进行重点关注，这些重点资金、重点业务中发生违纪违法现象的概率较大，对其要投入大量时间进行关注与核实，并及时更新重要内容。除此之外，审计人员应将这些大额大批大量、新业务新技术视为高风险环节予以关注。在审计中，审计人员应侧重于业务活动的合规合法性、流程的合理性、审批的必要性、预防的重要性和涉及面的广泛性。

四、谈话调查思路

审计人员应多和广大职工交流沟通，了解实际情况。"群众的眼睛是雪亮的。"没有绝对的秘密，从职工或其他人处收集的很多信息是无法从账面上得到的。对这些信息进行梳理分析，去伪存真，是项目内部审计工作的一种很有好处的审计思路。

案例一

某建安企业承接了一条高速公路修建项目，当地政府为方便企业就近取材，批准企业开采当地一座矿山，将开采出来的山渣石用于填筑高速公路路基。审计人员发现矿山开采出来的山渣石方量大于填筑高速公路路基的用量，两者的差额用量一时无法查明。后通过审计谈话，有极少数工人透露，在项目开工时有货运司机利用管理漏洞，在矿山和项目工地之间将拉运的山渣石偷卖，造成企业损失。此谈话调查为审计提供了很有用的问题线索。

五、亲临现场思路

账本是死的，现场是活的。审计人员不能只埋头于账簿、报表、凭证、文档等资料，必要时应到现场或业务一线多走、多看、多问，这也是获得审计突破的好机会。通过现场实地观察，多问多想，不仅可以了解企业生产经营全过程，还可以发现诸多其他问题和其他审计线索，特别是对账实不符的疑问，亲临现场，一般都会迎刃而解。

例如，某企业为了提高业绩，完成下达的考核目标，虚增了存货和利润，账面上看不出破绽。后审计人员到达仓库，对存货进行现场盘点核对，财务作假水落石出。

案例二

某建安企业承接了一个房地产企业的项目，包含 36 幢电梯楼施工。为安全需要，施工方在每层均设置了采光井、电梯井钢筋网，安装电梯时施工方又陆续将采光井、电梯井的钢筋网割除。审计人员在深入施工现场走访问询后注意到，此批废料处理未入账。后经审计人员计算统计，项目累计处理的钢筋废料约 128.38 吨，价值约 12 万元，由材料员等人先后私自变卖，将款项据为己有。

六、证据分析思路

审计证据是为审计结论服务的，但并不是所有的证据都有用。审计人员要将收集到的分散的、个别的证据变成充分、胜任的审计证据，以达成审计目的。可以选择那些具有代表性的、典型的审计证据加以反映，其标准包括金额的大小，问题性质的严重程度。

金额大小标准，是指对单位财务状况或经营成果的反映产生的影响大小。

问题性质严重程度标准，是指问题引发的后果大小。如贪污受贿等行为，有些虽然金额不大，但是如果不处理，后果会越来越严重。

总之，审计人员应按照一定的方法与技巧对审计证据进行分类整理和分析，使之条理化、系统化，只有这样才能有所发现、得出审计结论并提出审计建议。

七、建设项目不同阶段的审计思路

1.投资立项阶段

投资立项阶段又称为建设项目前期工作阶段，或称决策阶段。投资立项审计主要审查拟建项目是否符合国家、行业、企业的长远规划，项目的建设有无必要，报批程序是否合规，决策方案是否经过分析、选择、控制等过程，有无先报批后论证的现象，投资估算是否合理等。

2. 设计阶段

设计阶段一般分为两个阶段，即初步设计阶段和施工图设计阶段。设计阶段主要审计设计文件的内容、要求；建设标准与规模控制情况；设计单位的资质和级别及确定过程；设计概算是否超过批准的投资估算，是否符合建设规模、建设内容的要求。

3. 招投标阶段

招投标是建设工程准备阶段非常重要的工作。招投标审计是对建设工程施工招投标活动的真实性、合规性和有效性进行审查、监督，是加强造价控制、做好"事前预防"的客观要求。主要审计包括资格预审、招标文件审计、招标过程审计、评标过程审计、中标过程审计、工程量清单及控制价审计。

4. 合同审计

建设项目合同审计主要对设计合同、监理合同、施工合同、材料设备购置合同进行审计，主要审查合同是否明确规定工程范围、工期、质量、设备和材料供应；工程造价计算原则、计费标准、付款和结算方式、协作条款和违约责任；审查合同签订是否按照公平竞争、择优择廉的原则来确定供应方；采购价格是否合理，是否大幅超出市场公允价格等。

5. 施工过程审计

施工过程审计是指项目开工至项目竣工结算之前，对项目施工过程中的工程计量、隐蔽工程、变更签证、设备及材料采购、工程进度款支付、索赔等各项活动进行的审计。施工过程审计是对上述活动的真实性、合法性进行全过程跟踪审计。重点对隐蔽工程、材料设备采购及领用存情况、工程进度结算支付、工程变更、鉴证及价款调整、索赔情况进行审计。

6. 竣工决算审计

竣工决算审计是反映建设工程的实际造价和投资结果，反映概预算执行情况，考核投资控制工作成效的审计。竣工决算主要包括项目工程的竣工结算、竣工决算、结余资金、交付财产、竣工验收。

竣工结算审计主要审查工程量清单计算数量是否准确，计价方式是否符合合同约定；工程量调整、综合单价调整是否有依据，是否符合招标文件要求和合同约定，计算结果是否准确；价格调整是否有依据。

竣工决算是指项目全过程的费用，包括建筑工程、安装工程、设备器具购置费用及工程建设其他费用等。主要审查决算编制依据是否符合有关规定，项目建设是否按批准的设计进行，是否按批准的概算内容执行，有无概算外项目和提高建设标准、扩大建设规模的问题，有无重大质量事故和经济损失；核实交付使用的财产是否完整，移交手续是否齐全、合规。核实结余资金，重点是库存物资，防止隐瞒、转移、挪用或压低库存物资价值，以及虚列往来欠款、隐匿结余资金的现象。梳理未结清的债权债务，揭示建设管理中存在的问题。审查竣工决算报表，对投资效益进行评价。

结余资金审计主要审查工程项目结余资金的账务处理是否合理、合规，是否做到账表相符、账账相符、账实相符，以及是否真实反映结余资金的情况。

竣工验收审计是指对已完工建设工程的验收情况、试运行情况及合同履行情况进行的检查和评价活动。主要审查竣工验收小组的人员组成、专业结构和分工是否合适、合规。工程验收的手续和资料是否齐全有效，验收过程有无弄虚作假行为；验收过程是否符合现行规范，审查监理机构是否对工程质量进行监理的有关资料；施工方是否按照规定提供齐全有效的施工技术资料。对隐蔽工程和特殊环节的验收是否按规定做了严格的检验；保修费用是否按合同和有关规定合理确定和控制；是否对工程完工后所进行的试运行中暴露出的问题采取了补救措施。

第三节 建设项目审计案例解析

建设项目由于经营组织模式和产品生产方式的特殊性，与其他工商业生产有着显著的区别。建设项目实施过程时间长、合同额大、隐蔽工程较多、施工中不确定因素较多。项目实施中涉及工程技术、合约造价、财务管理、招投标管理、物资设备等一系列专业领域，加之人、财、物流动性大，临时机构多，存在很多薄弱环节，实施过程管理粗放，容易出现管理漏洞，因此也容易出现各种违纪违规现象。

下面我们通过 ×× 公司的审计报告案例来解析建设项目过程中出现的一些常见问题。

案例三 关于 ×× 公司 ×× 项目审计报告

根据集团公司年度计划安排，集团审计组于 2019 年 4 月 20 日至 2019 年 5 月 25 日，对集团公司下属 ×× 公司 ×× 项目开展了审计。本次审计的主要内容为项目经济效益、内控管理制度执行情况、项目人员履职履责及廉洁从业情况。审计组通过查阅项目内控管理资料、查勘施工现场及与关键人员谈话等方式开展审计作业。审计基准日为 2019 年 3 月 31 日，审计期间为项目开工至审计日实施全过程。项目对其提供的资料的真实性、完整性负责。现将审计结果报告如下。

一、审计发现的主要问题

1. 招标管理不规范

①越权招标。××项目合同价超过 500 万元的桩基工程、土石方工程、防水工程、劳务分包工程Ⅰ标段、Ⅱ标段均应由集团公司层面组织招标，但××公司违反规定，以自主招标的方式确定中标单位。

审计解析：集团公司为加强对所属公司项目的管控，应合理控制成本，防止舞弊发生。一般对项目自行组织的招标都设有授权限额规定，超过限额的将由集团层面组织招标，由集团层面组织评标评审定标，该项目超限额自行招标，明显违反集团公司限额规定。

②施工单位投标报价高于招标工程量清单控制价。项目沥青面层工程招标，清单控制价 2 694.7 万元，由于清单控制价较低，导致流标，二次招标时，项目未经审批将控制价调整为 3 167.06 万元，由 D 公司 3 085 万元中标，超控制价 390.30 万元。

审计解析：实行工程量清单招标的，应编制招标控制价，投标人报价不得高于清单控制价，超过控制价的，应予以拒绝。

③违规选定两家单位中标，分割工作量，且中标价格与评标结果不符。××项目劳务分包工程Ⅰ标段招标，选定 TC 和 AK 二家中标，TC 投标报价 4 131.14 万元，AK 投标报价 3 996.48 万元，最终以 TC 报价作为中标价，中标后二家分割Ⅰ标段工程量，AK 分割 1 699.39 万元，TC 分割 2 431.75 万元。

审计解析：招标管理规定，中标价格应与评标结果相符，同等条件下，应选择较低价格中标。选定较高价格中标的，会增加项目实施成本，且不应选择两家中标来分割工程量。

④投标人数不符合要求。六个专业分包招标项目合格投标人均不足 3 个，未重新组织招标，现场转议标，确定中标人；××工程招标，只有 2 家单位参与开标，未履行审批程序，直接转议标，确定中标人。

审计解析：投标人不足 3 个的，应重新组织招标。不符合投标条件转议标的，要符合特定的情形并应经过相关审批程序。

⑤应招标未招标。××项目违反公司大宗物资采购单项合同 20 万元以上必须进行招标的规定，分次采购总价超过 20 万元的电缆、止水板等材料。××项目违反公司超过 20 万元劳务工程必须招标的规定，将 34.5 万元的驻地建设办公区改造工程分拆成水电改造和房间改造两个项目，与 DH 装饰工程有限公司直接签订合同。

审计解析：为管控采购成本，对超限额的采购应采用招标的方式确定，不得肢解、分散以规避招标。

⑥存在围标串标现象。针对××项目招标，OL园林有限责任公司与JL园林工程有限责任公司串通投标园林绿化分项工程，两家工程报价下浮率分别为30.01%和30.02%，但两家投标保证金均从OL园林银行账户转出。最终确定JL园林中标园林绿化分项工程，中标价为控制价下浮30.02%，实施过程中又以会议纪要的形式明确主材价格上浮10%。

审计解析： 对于发现投标价格雷同或标书相似度较高的，或负责人为同一人、使用同一账户等类似情形的，一般认定为围标或串标，应做废标处理。

2.合同管理不严谨

①存在不合规分包现象。××项目建设过程中存在六位当地承包人未签合同施工的情形，这些承包人又分别以××项目的名义与多个下游劳务班组签订劳务合同。以这种方式确定分包单位，存在一定的法律风险。

审计解析： 建筑工程主体结构不得分包，专业劳务分包要具备一定的资质，且不得再分包。为明确合同双方的权利义务，施工前应签订合同方可实施。

②存在先施工后补合同现象。审计人员通过合同评审过程资料发现，项目存在补签合同的情形。如××项目驻地建设办公区水电改造工程已开工建设，合同尚未签订；项目与H混凝土有限公司未签合同，即已购货付款。

审计解析： 为减少合同执行潜在风险，合同管理规定：合同应遵循先评审，后签订，再实施这一流程。

③合同签订程序不完善，价格确定无依据。在××项目"沥表面层"临时工程中，M公司装饰装修工程项目和L公司防腐木栏杆刷漆施工项目在确定单价过程中程序较简单，缺少市场询价记录，价格确定无依据。××项目中M公司中标市政部分施工工程，中标价为控制价下浮32%，其在实际签订合同书时，对合同内主材价格进行了调整，主材价格由中标时下浮率32%调整至22%，无任何相关调整依据。

审计解析： 对采购价格的一般要求是明确价格是否符合市场行情、有无三方或多方询价资料；合同签订是否按照公平竞争、择优择廉的原则来确定供应方；采购价格是否大幅超出市场公允价格；价格调整应取得相关依据。

④未按合同约定收取履约保证金。审计的××项目不同程度存在未足额收取下游分包单位履约保证金情形。如××项目应收分包单位履约保证金2 944.35万元，按合同约定以现金缴付的只有1 027.47万元，其他大部分是从工程款中扣除，目前下游单位仍有734.38万元履约保证金没有缴付。

审计解析： 合同的履约应按合同约定条款执行，维护公司利益，防范合同风险。

3. 结算管理不受控

①未按合同结算。××项目分项工程对不按合同履约的班组改变计量方式，导致该分项工程亏损 28.79 万元。

②重复结算。××项目对合同外工程量审核不严，对属于班组合同内的工作内容重复与班组结算，给项目造成损失 86.89 万元。××项目主材由于分包单位结算与集采结算不同步，致使部分主材费用未及时从分包单位工程结算中扣除，造成主材重复计量 102.82 万元。

③超合同结算。××项目 M 公司超合同结算 1 069.33 万元，JS 超合同结算 446.74 万元，K 建设公司超合同结算 11.74 万元。

④无依据结算。××项目将工程直接指定给股东××关联企业 L 建筑工程有限公司承建，无相关审批报告，未签订补充协议，累计结算 74.59 万元。

审计解析：结算是建设工程项目审计的重点和要点。结算应严格遵守合同规定，工程量计算数量要准确，计量要正确，计价方式要符合合同约定，改变计量方式的结算要经报批，合同外结算的要严格审核变更签证、审查相关手续是否齐备。涉及关联关系的交易，要经股东会或类似权力机构批准。

4. 资金管理不到位

①项目现场经费管理薄弱。公司缺乏对项目资金管理模式的系统筹划。项目现场的零星支出由公司财务部转入项目出纳个人银行账户。经核，公司账户转入××项目个人银行账户 840 万元，××项目现金处理方式严重违反财经纪律，公款私存，核算不实。从 2017 年 10 月开始，公司陆续将款项转入项目部职工 P 和 Q 个人银行账户，形成账外资金，公司账户累计转入 P 个人银行账户 558.78 万元，转入 Q 个人银行账户 281.21 万元，截至 2019 年 4 月 30 日，P 个人银行账户无余额，Q 个人银行账户余额为 3.71 元。

审计解析：公司项目应制定资金管理办法，明确资金使用流程，严禁公款私存现象，维护财经纪律。

②大额现金支付频繁。××项目以现金方式对外结算的形式较为普遍，累计现金支出 560.25 万元。××项目在购买零星材料、办公用品和支付临时用工等时大量使用现金，累计支出达 366.61 万元，其中项目采购员一人以现金采购零星材料支出 285.33 万元。

审计解析：现金支付结算管理办法已有规定，超过限额的结算一律办理转账支付，零星开支（1 000 元以下）才可使用现金结算。应严禁大额现金交易。

③违规对外借款。××项目违反公司规定对外借出款项，由合作方 W 编造理由借款 500 万元偿还 H 金融投资集团债务，且上述借款业务涉及合同、借款单、报告和会计核算主体均将 W 个人作为借款主体，借款主体与合作主

体不一致，在 W 没有得到合作方法定代表人授权的情况下，公司将 W 等同于合作方，风险管控意识有待提高。

审计解析：公司对外提供担保、借款应加强风险评估，应经过权力机构的批准同意。

④无委托付款。××项目在支付 M 园林绿化工程有限公司 50.17 万元材料款时，在对方没有出具授权委托书的情况下，直接将款项转至 H 个人银行账户。××项目未按合同约定，将应支付给 K 公司的款项，在没有其授权的情况下，直接支付给个人。

审计解析：公司项目应严格遵守合同约定付款，恪守信誉，改变付款方向的，一定要取得相关的授权委托；要注意保持"合同流、资金流、发票流、货物流"的对应关系。

⑤不按约定付款。××项目车辆租金 14.95 万元未按合同约定支付，而是由车辆使用人直接报销领取现金。公司未按合同约定收取 J 机械制造有限公司 7% 的管理费即支付对方设备款，致使公司损失 6.18 万元。

审计解析：公司项目应严格遵守合同约定付款，改变付款方向的，一定要取得相关授权委托。对于双方同时存在应收应付往来的，应核对清楚；对于信誉不良或未知的供应商，如存在应收款未收的情况，可以在公司应付款中先扣除相应应收款项再付款（可要求对方提供转款委托申请）。

5. 会计核算和财务管理不扎实

①业务招待费控制不严，××项目工程开工尚不到一年时间累计发生业务招待费 53.44 万元。

②白条列支屡禁不止。××项目对零星材料采购管理不严，在项目开工后的半年内，大多以白条和收据报销入账，没有发票。××项目 H 领取驻地办公房租赁费 24 万元，未提供发票，以收条作为原始单据入账。

③会计基础管理工作薄弱。××项目对凭证的处理不够规范，项目自开工以来，会计凭证未按会计工作规范的要求装订成册，一直处于零散存放状态。

审计解析：公司项目要落实财务内部控制管理制度，规范会计基础工作，规避白条入账风险，注意对开展业务（招待费）有关指标的管控约束。

6. 器材管理混乱

××项目在工程建设现场没有安装称重设备，对进场主材的数量，仅抽查部分进出工地的混凝土、钢筋车辆过磅称重，由于抽查量较小且流于形式，无法核实入库材料数量的真实性，工程所用钢筋和砼量价齐超，增加工程成本约 912 万元。在钢筋废料的处理上缺少处置记录，存在 90 吨的偏差。

审计解析：公司项目内控管理方面存在问题。要注意细化对物资器材方面的计量和管理，注意物资材料收发存计量方面的内部管理，注意下脚料处置的变卖管理。

7. 合作方选择隐患多

合作门槛过低。××公司市场经营管理制度规定，无资质、无公司的个人在经过公司领导的批准后即可以作为联营合作方。在合作方的选择上，标前考察参与部门较少，考察深度不够，确定合作方决策程序简单，存在考察不细致、选择较随意的情况，所以导致项目管理混乱，出现合作方违反承诺借取各类款项，现场失控，工程质量、工期不符合要求，诉讼案件频发的状况。

审计解析：公司对合作方的资信管理失控。合作前对合作方的资格和声誉要进行预先审查，重点关注合作方的履约能力及过往业绩表现，慎重选择。

8. 诉讼案件频发

由于管理不善，自2017年9月以来，××项目诉讼案件不断，发生材料诉讼案件7起，民间借贷案件4起，涉案标的达4 792.84万元，截至2019年4月6日，已调解诉讼案件7起，涉案标的3 129.88万元，为案件发生的支出1 824.11万元，尚在诉讼中的案件4起，涉诉标的1 662.96万元。

审计解析：公司项目的风险管理不到位，合同管理失控。应防范合同风险和法律风险，规范经营行为，防患于未然。

9. 总部管控能力亟待加强

职能部门管理分散，没有形成合力。根据××公司相关机构对××项目季度和年度管理考核记录发现，职能部门间存在各自为政的现象：各职能部门考核后各出报告，没有指定部门牵头进行汇总，考核结果由各职能部门自行掌握，未与其他职能部门共享，对发现的问题整改不彻底或未要求整改，考核流于形式，没有起到以考促管的作用，也没有通过考核加强项目管理。

审计解析：公司内控管理不到位，协调机制欠缺，部门互通互联职责不明，没有形成管理合力。

二、审计建议

1. 加强项目风险管控，切实降低经营风险。建议科学合理地设置招标条件，规范开标、评标及定标等重点环节行为，优选实力强、信誉好、价格合理的分包队伍。

2. 进一步严肃财经纪律，强化财务管控，杜绝超合同付款、未结算付款的现象，严格按照《银行结算办法》《现金管理条例》等规定，对外支付款项要通过银行转账办理，杜绝使用大额现金对外支付，防范资金支付风险。

3. 健全内部控制制度，严肃执行财经法规，规范资金管理，强化合同、成本、结算等工作的管理力度，监管前移，保证内部控制高效运行。

4.由于时间紧、工作量大、审计调查手段有限，本次审计对有些问题调查深度不够，还需运用其他方式进一步求证核实。

5.加强各项管理工作，针对审计报告提出的问题，查漏补缺，举一反三，落实整改责任，促进各项管理改进和提升。

针对此次审计中发现的问题及审计建议，你单位要严格按照集团要求，立行立改，认真制定整改方案，责任到人，限时整改，确保整改到位。

2019 年 7 月 18 日

案例四　ABC 建筑公司综合审计报告（节选）

根据公司年度计划安排，审计组于 2019 年 10 月 28 日—11 月 5 日对 ABC 公司进行了综合审计。本次审计对象为 ABC 公司及所属项目部。本次审计期间为 2017 年 12 月—2019 年 9 月 30 日。本次审计的目的：

1.评价 ABC 公司财务状况及经营业绩情况；

2.检查和评估 ABC 公司内部控制流程的建立和执行情况，以及是否存在缺陷；

3.检查重大事项是否履行必要的决策程序，是否符合公司制度要求。

本次审计的内容包括项目管理、财务管理、物资管理、资产处置、非生产性费用控制等。审计通过核实、测试、抽样等认为必要、合适的审计手段，履行必要的审计程序，针对存在的不足和缺陷发表审计意见和建议。

一、公司概况

ABC 公司是在原 AB 项目结束后组建成立的公司，公司负责人 G 某，高级经济师，一级建造师。公司现有人员 56 人，其中管理人员 15 人，技术工人 16 人，当地工人 25 人。公司建账于 2017 年 12 月，公司设定专人负责主管工程、财务、物资、行政等事务，履行相关职能部门职责。累计签约合同金额 31 283 万元，涉及房建、路桥等领域。公司承建的主要项目有 10 个，详见表 1。

表 1　ABC 公司项目合同情况明细表

序号	项目名称	合同金额	合同工期
1	BF 镇污水处理项目	5 268 685	2017 年 11 月 1 日—2019 年 4 月 30 日
2	国航 YSLB 项目	1 165 000	2018 年 3 月 14 日—2019 年 5 月 12 日
3	LSE 领馆复建项目	5 715 607	2018 年 4 月 23 日—2019 年 5 月 20 日

（续表）

序号	项目名称	合同金额	合同工期
4	KL 砂石料场项目	4 465 000	2018 年 2 月 9 日至今
5	HW 办公楼装修项目	6 589 146	2018 年 8 月 10 日—2018 年 11 月 25 日
6	HR 办公楼装修项目	4 547 140	2018 年 5 月 15 日—2019 年 7 月 4 日
7	KL 复建大桥项目	35 499 730	2018 年 3 月 31 日—2019 年 6 月 15 日
8	AFH 使馆项目	206 670 615	2018 年 7 月 10 日—2020 年 12 月 30 日
9	JH 医院项目	41 730 479	2018 年 7 月 10 日—2019 年 12 月 7 日
10	PKST 学校项目	2 205 366	2017 年 12 月 2 日—2018 年 6 月 30 日

二、公司财务状况

2019 年 9 月 30 日，ABC 公司资产总额为 4 522.50 万元，负债总额为 4 235.69 万元，净资产总额为 286.82 万元。明细见表 2。

表 2　ABC 公司财务状况表

单位：万元

科目名称	金额	科目名称	金额
货币资金	886.23	预收账款	2 570.31
预付账款	91.23	应付职工薪酬	11.94
其他应收款	200.05	应交税费	17.12
存货	3 080.48	其他应付款	1 636.31
固定资产原值	309.55	未分配利润	294.73
固定资产净值	264.51	外币报表折算差额	− 7.91
资产合计	4 522.50	负债及权益合计	4 522.50

我们通过审计公司的资产负债表，就公司的财务状况，发现存在如下状况。

1.ABC 公司货币资金 886.23 万元，现金结存量较大，沉淀资金闲置，没能充分、合理地利用资金，集团公司为 ABC 公司代垫的人工费材料费高达 1 636.31 万元，承担着较高的财务风险和利息负担。

审计解析：ABC 公司货币资金存量较大，资金闲置。公司应采取积极措施，打通资金回流渠道，及时将沉淀资金回笼到集团公司账上，减少集团公司资金占用和利息支出，和集团公司资金形成良性互动。

2.ABC 公司存货 3 080.48 万元，占资产总额的 68%，较年初净增加 1 519.30 万元，净增长趋势较快。存货已完工但未结算工程款，存货与预收账款相抵后仍有 510.17 万元未结算工程款，未结算工程款占用大量资金。

审计解析：公司应加大已完工程的结算力度，加强项目合同和结算管理，减少未结算工程款占用大量资金的情况，积极规避结算风险，加快未结算工程款变现回笼速度。

3.ABC 公司的其他应收款 200.05 万元，主要是项目备用金、个人借款。审计人员注意到公司用现金支付分包商 L 某个人分包款 181.35 万元（审计日后已累计付出 375 万元），无相关合同约定或分包结算凭据，个人借款金额较大，违反公司财务制度关于借款的规定。其他的借支款项发生时间较长，没有及时做出清理和扣还。

审计解析：公司应制定切实可行的备用金使用与核销管理办法，严格控制备用金拨付，定期进行备用金清理，拨付的项目备用金应及时进行核销冲账。支付的个人工程分包款账务处理错误，应调入预付账款核算，完善手续，凭合同约定付款并及时办理分包结算销账。

4.固定资产原值 164.01 万元，累计折旧 45.04 万元，净值 118.97 万元。主要是生产用机器设备及管理用车辆。在建工程主要是建造的公司基地办公营地，累计投资 145.54 万元。审计人员注意到该营地已于 2018 年年初建成并投入使用，公司至今未办理竣工决算。

审计解析：公司应及时办理在建工程的竣工结算，及时转入固定资产核算，并自达到预定可使用状态时开始计提折旧，及时分摊资产价值，已达固定资产状态的在建工程后续发生费用不应资本化。

5.负债主要是预收账款和其他应付款。预收账款可与业主或总承包方办理结算后转入工程结算，与存货项目抵销。剔除预收账款和存货项目的可抵销因素，其他应付款主要是占用集团代垫付的人工费、材料费等。

审计解析：公司应尽可能地减少对集团公司垫资款的占用，充分利用负债经营，发挥供应商的商业信用，发挥负债经营的财务杠杆效应。

三、经营成果与业绩完成情况

2017 年 12 月—2019 年 9 月，ABC 公司累计实现营业收入 3 725.56 万元，营业成本 3 444.38 万元，财务费用 −103.90 万元，所得税费用 50.42 万元，净利润总额 294.73 万元，详见表 3。该公司经营业绩考核指标完成情况见表 4。

表 3　ABC 公司利润情况表

单位：万元

科目名称	2017 年	2018 年	2019 年 1—9 月	合计
营业收入		1 652.12	2 073.44	3 725.56
营业成本		1 647.24	1 797.14	3 444.38
财务费用		−27.77	−76.13	−103.90

（续表）

科目名称	2017 年	2018 年	2019 年 1—9 月	合计
企业所得税		11.23	39.19	50.42
利润总额	− 17.18	21.42	313.24	—

表4　经营业绩考核指标完成情况表

单位：万元

考核指标	2018 年度		2019 年度	
	考核指标数	完成数	指标数	完成数（1—9 月）
产值数	3 500	2 100	5 100	2 695.95
新签合同额	5 000	1 036	20 000	18 880
主营业务收入	5 000	1 652.12	8 250	2 073.44
利润总额	400	21.41	500	290.50
收款率	集团代垫、代付资金全额收回，利润足额上缴	未上缴	1 800	0

我们通过对审计公司利润表及业绩考核表的分析，发现存在如下状况。

1.年度经营业绩完成情况。审计人员通过对两个考核年度计划指标与实际完成数的对比发现，两个年度考核指标完成情况很不理想，各项指标完成值离目标值差距较大，均未完成计划任务。

审计解析： 公司应科学地做好年度预算任务的测算上报，对下达的年度预算任务目标应组织分解落实措施，提前筹划。公司可与下属具体项目签订目标责任状，层层下达，量化考核经营目标，做到人人有担子、层层有压力，通过压力传导调动各种资源，争取完成下达的目标任务，使公司战略目标实现有所保障。

2.公司的累计收入 3 725.56 万元，累计盈利 317.48 万元，综合净利率 8.52%，主营业务毛利率 7.54%。但分年度差异很大，其中 2018 年度综合净利率仅为 1.30%，主营业务毛利率仅为 0.3%，2019 年度综合净利率 15.11%，主营业务毛利率 13%，实现利润情况年度波动较大，不够均衡，成本管控过程薄弱，存在人为控制调节利润的情况。

审计解析： 公司应深入分析成本管控方面存在的原因及影响因素，以便有针对性采取应对措施，保持项目的平稳发展，保持利润的均衡实现。

3.审计人员注意到非经营性因素对净利润影响较大。其中财务收益对净利润的累计影响 103.90 万元，占净利润的 32.73%，税金及附加以及所得税费用对净利润的累计影响达 116.21 万元，占净利润的 36.60%，而真正的经营业务利润占比不多。

审计解析：公司应积极开展税收筹划，合理避税。同时积极关注汇率波动对经营损益的影响，做好不可控风险因素的预测。

四、项目管理控制

我们通过对项目的检查发现，公司在项目决策流程、项目成本过程监管、项目完工结算方面存在缺陷。

1. 公司对部分项目缺少必要的决策程序。审计人员抽查了 KL 砂石料场项目、HR 办公楼装修项目、国航 YSLB 项目、HW 办公楼装修项目发现，公司承接项目时没有合同评审，没有形成会议纪要或未见经营决策过程。其中 KL 砂石料场项目合同中没有竣工日期，合同没有履行完毕，并造成经营亏损。

审计解析：公司应认真执行企业重大事项决策制度。对项目的决策应履行必要的决策程序，提高决策水平，防范决策风险。公司在承接项目过程中应加强对项目的可行性和风险评估，加强标前评审，对项目的履约能力、风险因素、支付结算等重要方面进行决策评审，避免出现经营性亏损项目和大额集团垫资项目。

2. 公司对项目成本管控没有分析资料，没有分解落实和履行必要的过程监管。公司没有对项目的整体成本进行预算策划分析，缺少生产、财务、劳资等相关部门对预算成本的控制分析，缺乏料、工、费等实际发生与计划成本的对比分析管理，项目成本管理过程粗放。

审计解析：公司应加强对在建项目成本的整体策划，加强项目总成本的预算，加强对项目的目标成本控制、组织管理，加强成本过程监控，做到科学对比及纠偏分析。

3. 公司项目结算工作滞后。审计人员检查发现，公司无专职合约人员，结算台账记录不全，对已完工工程结算不够及时，结算资料没有及时归档，有的项目已经完工，无结算无收款，如 HW 办公楼装修项目。各项目结算收款情况见表 5。

表 5　ABC 公司项目结算收款情况表

项目名称	合同金额	已结算（已收款）	未结算未收款	备注说明
BF 镇污水处理项目	5 268 685	5 005 250.7	263 434.3	质保金
国航 YSLB 项目	1 165 000	1 165 000	0	
LSE 领馆复建项目	5 715 607	3 198 421.03	2 517 185.97	
KL 砂石料场项目	4 465 000	2 423 525.65	2 041 474.35	
HW 办公楼装修项目	6 589 146	4 016 013	2 573 133	
HR 办公楼装修项目	4 547 140	3 648 985	898 155	

（续表）

项目名称	合同金额	已结算（已收款）	未结算未收款	备注说明
KL 复建大桥项目	35 499 730	未办结算		待结算
AFH 使馆项目	206 670 615	15 866 970.22		预付款
JH 医院项目	41 730 479	417 304.79		预付款
PKST 学校项目	2 205 366	2 205 366	0	

审计解析：公司应建立合约台账管理，及时跟踪项目进展与结算情况，做到结算及时、收款及时，减少未结算工程款资金占用。

五、物资管理

我们检查公司物资的请购、采购、验收、保管、调拨等相关业务流程。通过对项目物资收发存的检查发现如下情况。

1. 物资采购流程

目前大部分物资通过集团集采中心采购，履行了必要的招投标流程。项目当地物资采购因受客观条件限制，没有履行招投标程序，但物资的请购缺乏必要的审批控制，请购物资与生产经营计划需求无对应关系，物资采购无计划管理，采购过程中无询价记录。

审计解析：加强物资请购审批管理。物资请购与生产经营或生活所需紧密相连，做好生产需求→项目审核→领导审批→执行采购→验收入库的流程对应关系，确实做到所需所购。

2. 物资收发存流程

（1）物资验收入库手续欠缺，仅凭业务经办人员在发票上签字予以核销，缺少必要的验收核实监督手续。

（2）物资调拨手续欠缺，项目之间调拨物资没有履行必要的手续，物资领用缺乏必要的控制和领用手续，项目的物资管理粗放。

（3）物资保管手续欠缺，现场物资缺乏专人管理，项目物资没有建立台账管理，库存物资的管理存在以盘存数倒挤发出的情况，库存管理存在漏洞。

（4）物资账实相符管理欠缺，库存物资没有执行定期盘点制度，造成账实是否相符无法证实。

审计解析：建立物资验收入库与领用发出管理，履行采购、验收、出入库、定期盘点等关键控制点流程。建议公司将现有物资彻底全面盘点一次，建立健全物资台账，加强物资监管，责任到人，出现账实不符的情况应及时进行盈亏分析和报损账务处理。

完善项目间物资调拨管理。项目之间的物资调拨应履行必要的调入调出手续，做好物资收发记录，加强监管责任。

物资的盈亏损失与报批处理需经过授权审批，对于重大物资损失处置不当在必要时应进行追责。

3. 大宗材料采购

项目当地大宗材料没有集中采购。对于项目生产用大宗材料如钢筋、水泥、石子等采购没有进行集中采购。

审计解析：建立大宗材料集中采购制度。出于节省成本的考虑，大宗材料可实现集中付款采购。

六、其他重大事项

公司在重大事项的决策方面除前述第四条、第六条述及的重大事项决策外，审计人员还发现以下情况。

1. 在途物资损失的处理无报批记录。审计人员注意到账面上在途物资352 235.90 元，是公司通过集团总部采购的随车吊汽车一部，因清关原因，公司已花清关费 6.5 万元和海运费 1.66 万元，但一直未能提货成功，会计直接根据上市审计调账分录转销进入营业外支出做损失处理，无相关报损处理批准资料，无资产处置报告。

审计解析：重大的物资、设备和借款的损失处置需要查明原因，应就损失的原因和状况做出具体说明，并履行必要的批准程序，必要时进行追责。

2. 在建工程未履行必要的报批手续。公司营地建设作为长期的、重大的固定资产构建开支，没有履行必要的报建决策手续。

审计解析：在建工程等固定资产投资购建要按年度预算计划进行，上报公司批准后执行。

3. 对个人大额借款直接核销处理，缺少必要的报批凭证。审计人员注意到2018 年 12 月 55# 凭证，陈××、万×× 因业务费开支借用备用金 10 万元直接作核销处理，无票据核销或其他报批销账说明。

审计解析：个人借支核销应该有完整、真实的业务开支票据；无法说明理由的无票核销申请应不予批准，个人借支款项应返还公司。

七、其他事项

审计人员注意到，公司承继了援建 AFH 使馆项目结束后的大型机械设备和剩余的工程物资等，其未能及时入账核算，造成账外资产。

审计解析：为维护公司财产安全，账外资产须纳入账内核算，固定资产和工程物资材料按盘盈入账处理。财务人员应做好物资和周转材料的备查账登记管理，以及大型设备的租赁价值管理。

八、审计建议

由于本次审计时间紧、人手少，很多细节审计未深入展开，建议集团公司对口管理职能部门派驻专业人员深入现场，对口指导，切实帮扶，规范 ABC 公司内部管理。

本次审计，ABC 公司在物资管理、财务管理等方面存在较多的内部控制缺陷，ABC 公司管理层应尽快制定各项管理制度，健全内控制度体系，明确相关人员职责，维护公司的财产安全。特别是应对项目的财务管理、成本管理、物资管理、合约结算与工程款催收方面加大管控力度，并在以后的工作中加大落实力度。

针对审计报告揭示的问题，ABC 公司应进行根源分析，制定和落实整改措施和方案，并于审计报告下发之日起 20 日内向审计部提交整改措施和计划。人力资源中心应对相关责任人制定问责措施，于 5 个工作日内提交问责措施，审计部将进行整改计划的后续跟踪和验证。

2019 年 11 月 18 日

审计案例综合解析

以上两份审计报告是某集团为加强对所属子公司的内控管理，提高管理效益、堵塞管理漏洞而实施的内部审计活动。

通过审计，在项目内控管理方面发现了诸多问题，如招标采购不合规、合同管理不规范、无合同结算付款、未按合同约定收款、超合同结算、合同外结算未报批、物资管理混乱、现金管理公私不分、备用金清收不力、会计核算基础薄弱、发票涉税风险等。围绕以上问题，针对这些内部管理容易出现问题的地方，审计人员一一提出审计建议，要求整改规范。

第十章

筹资与投资审计

第一节　筹资与投资审计概述

筹资与投资循环，指企业从筹集资金、使用资金到取得资金收益的周而复始的过程，是企业经济业务的重要环节。筹资主要由借款交易和股东权益交易组成。投资活动主要由权益性投资交易和债权性投资交易组成。本业务循环的政策性强，发生次数少但交易金额较大，对企业现金流量、财务状况、损益计量等都有较大影响。该环节涉及较多资产和负债类账户，很多舞弊类现象会在筹资与投资循环中出现。本业务循环中审计风险较高，审计人员需要分析评价固有风险、控制风险，并在此基础上对业务循环进行实质性审查。

筹资与投资的业务流程如下。

1. 确定资金需求量。

根据企业进行的股票、债券投资和联营项目或偿还债务、调整资本结构等具体内容，决定资金需求量。企业生产、研究开发、投资等部门根据各自业务发展需要提出资金需用量，交财会部门统筹安排，制定筹资计划。

2. 选择筹资方式。

财会部门根据掌握的信息，研究筹资渠道、筹资可能性、资金成本和财务风险，确定最佳筹资方式。

3. 审批授权。

企业通过借款筹集资金需经管理层的审批，其中每次发行债券均要由董事会授权；企业发行股票必须依据国家有关法规或企业章程的规定，报经企业最高权力机构（如董事会）及国家有关管理部门批准。

4. 签订筹资协议。

5. 取得资金。

6. 还本付息或发放股利。

7. 选择并决定投资项目。

企业根据投资目的、投资原则，对投资项目进行可行性研究。战略性投资由企业最高管理层提出，战术性投资项目由投资管理部门或开发部门提出，经财务、市场、生产、研究开发等方面专家论证可行后，交管理当局审批。根据公司章程授权，总经理、董事会或股东会分别做出相应的投资决策。

8. 签订投资协议并执行。

9. 投资项目管理。

将有关投资的各种原始文件归档保管，跟踪投资过程。对于股权投资，应区别控股与非控股情况，派出董事长、董事、监事、总经理、财务总监等管理人员参与生产经营或参与重大决策；对于债权性投资，由投资管理部门适时了解投资项目情况，及时向管理当局报告。

10. 收回投资本息。

通过了解筹资与投资业务的流程，筹资与投资循环中所涉及的资产负债表项目主要包括以公允价值计量且其变动计入当期损益的金融资产、应收利息、应收股利、以公允价值计量且其变动计入其他综合收益的金融资产、以摊余成本计量的金融资产、长期股权投资、投资性房地产、短期借款、交易性金融负债、应付利息、应付股利、长期借款、应付债券、实收资本（或股本）、资本公积、盈余公积、未分配利润等；筹资与投资循环中所涉及的利润表项目主要包括财务费用、投资收益等。

第二节　筹资与投资审计思路

根据实践经验，高效筹资与投资审计应该要从多个方面进行把握，要有大局意识，先从大的方面观察，再去审查细节。

一、投融资项目审计涉及资金筹集、资金投放，审计人员必须了解被审计单位的业务特征，以帮助确定资本循环账户金额。通过了解筹资与投资业务控制环境，进行内部控制测评，确定内部控制健全性、有效性，评价固有风险、控制风险，进而控制审计风险。

二、企业完全依靠自有资金和资本积累往往是不行的，适当使用财务杠杆，才能推动企业的发展。从整体来看，筹资审计先要了解企业的融资结构是否合理、融资成本是否适当、融资资金使用是否得当。从细节上来看，我们以财务科目的审计角度进行说明。

一、筹资审计

筹资审计包括对短期借款、长期借款、应付债券、长期应付款、借款费用等的审查。具体如下。

（一）短期借款的审查

短期借款是指企业向银行和其他金融机构借入的、偿还期限在一年以内的各种借款。通过对短期借款的审查，查明短期借款合理性、有关业务的合法性、有无低计短期借款、账务处理是否正确等。应取得或编制短期借款明细表，列明借款数额、借款条件、借款日期、还款期限、借款利率和余额，复核其正确性，并与总账、明细账核对。具体如下。

1. 确定短期借款期末余额的真实性。

（1）审查有关借款的账簿记录、借款凭证及有关文件，确定借款业务的真实性和一致性。

（2）将银行借款对账单与短期借款余额进行核对，并编制调节表。

（3）短期借款期末余额较大或有关业务的内部控制存在薄弱环节时，向有关债权人进行函证或直接向债权单位调查核实。

2. 对短期借款偿还真实性、及时性和合规性的审查。

审查账簿记录，验证短期借款账户借方发生额同有关付款凭证是否一致、还款是否及时。如果逾期偿还，在进行借款转期时，转期手续是否齐备。

3. 对短期借款入账完整性的审查。

（1）审查各项借款的日期、利率、还款期限及其他条件，确定记账是否存在问题。

（2）向被审计单位开户银行或其他债权人函证，确定是否存在未登记的短期借款。

（3）分析利息费用账户，验证利息支出是否合理。如果利息支出不合理，应进一步审查利息支出凭证，证实有无隐瞒借款的情况。

4. 验证利息计算及账务处理的正确性。

根据短期借款的有关资料，验算应付利息费用，查明相关的会计记录是否正确。如果发现合同规定利率明显偏离市场利率，则应审核确定借款业务中是否存在各种舞弊行为、违法行为。

5. 验证短期借款在资产负债表中披露的恰当性。

除一般借款在"短期借款"科目列示之外，其他因抵押而取得的借款应在报表附注中详细说明。审计人员应审查被审计单位对短期借款项目的反映是否充分。

（二）长期借款的审查

1. 编制长期借款及利息费用明细表。

2. 函证长期借款。

3. 验证长期借款期末余额。

4. 长期借款抵押、担保情况的审查。

5. 未入账负债的审查。

（1）查阅企业相关部门的会议记录、文件资料，了解企业筹集的全部债务资金的来源。

（2）向债权人函证负债金额，确定负债记录的完整性。

（3）分析利息费用账户，验证利息支出是否合理，以查明有无支出来自未入账的长期负债利息。

（4）询问取得资产的融资方式、复核货币资金的收入来源等。

6. 长期借款合同履行情况的审查。

根据长期借款合同有关条款，查明贷款发放、使用和归还是否符合借款合同的规定，企业有无违约行为。

7. 长期借款分类和记账正确性的审查。

（1）审核账务处理的有关凭证，查明长期借款入账是否及时、科目及金额是否正确、归还的借款本金和利息核算是否正确。

（2）如果企业取得外币借款，应查明各期期末是否根据汇率变动及时调整借款金额、不同记账汇率引起的差额期末作为汇兑损益处理是否合规。查明发生的利息及外币折合差额的会计处理是否合规、正确。

（3）账表核对，查明长期借款在财务报表中的分类和反映是否恰当。审查一年内到期的长期借款是否列为流动负债。

8. 长期借款在资产负债表中披露恰当性的审查。

在资产负债表中，"长期借款"科目的期末余额扣除将于一年内到期的长期借款数额后的余额应加以列示。

（三）应付债券的审查

1. 债券溢价或折价摊销的审查。

审计人员应根据有关应付债券的利息、溢价或折价等账户的分析表，审查利息费用应付利息、溢价或折价摊销的计算是否正确。

（1）债券溢价的审查。根据"应付债券""利息费用""债券溢价摊销计算表"等账表和有关文件、凭证，查明债券溢价发行及其摊销的账务处理是否正确。

（2）债券折价的审查。根据"应付债券""利息费用""债券折价摊销计算表"等账表及有关凭证，查明债券折价发行及其摊销的账务处理是否正确。

2. 验证应付债券期末余额的真实性。

（1）审查应付债券业务的有关凭证及偿还记录，确定其期末余额是否真实。

（2）向债权人及债券承销人函证应付债券期末余额的真实性。

3. 发行收入完整性的审查。

查阅企业发行债券收到货币资金的收据、汇款通知单、相关的银行对账单、债券存根簿或函证保管机构，确定债券发行收入是否实际收到，入账金额是否完整。

4. 债券发行合法性的审查。

审计人员应向被审计单位索取有关文件资料，查明发行债券是否有国家证券管理部门的正式批文、公司权力机构的正式决议和我国《公司法》及其他法律法规要求的资料。

5. 债券偿还情况的审查。

审核用来偿还债券的支票存根等原始凭证，查明债券偿还的真实性。对债券偿还的其他方式，查明以下几点。

（1）发行新债券赎回旧债券时，是否正确处理新旧债券差价。

（2）提前偿还债券时，支付的利息是否正确，提前偿还时相关的未摊销折价或溢价是否正确计入当期损益。

（3）可转换公司债券是否按照发行转换债券办法向债券持有人换发股票。对附有赎回选择权的可转换公司债券，是否按照借款费用处理原则对赎回日支付的利息补偿金进行了处理。

（4）应付债券设有偿债基金或准备账户时，每年划拨数额是否适当。对有违反偿还规定的情况，违约严重时应将有关事项反映在财务报表中，将应付债券由长期负债转作流动负债处理；如发行债券时已将某些资产抵押或担保，应对抵押或担保资产进行核实。

6.确定债券及有关业务在财务报表中披露的正确性。

应以到期日为标准，将应付债券划分为流动负债和长期负债。在一年内到期的应付债券列示在流动负债项目中，其余部分则列示在长期负债项目中。

（四）长期应付款的审查

长期应付款是指企业除长期借款、应付债券以外的其他各种长期负债。

1.长期应付款真实性的审查。

审查融资租赁、引进设备项目的经济合同和各项原始凭证，查明长期应付款业务是否真实存在。

2.长期应付款计价正确性的审查。

（1）查阅融资合同及其他有关文件，验证应付融资租赁费计算是否正确。融资租入固定资产的资本化及其金额的确定是否符合有关的规定。承租人是否将租赁开始日租赁资产公允价值与最低租赁付款额现值中的较低者作为租入资产的入账价值，将最低租赁付款额作为长期应付款的入账价值，其差额作为未确认融资费用。是否按照规定将归属于租赁项目的手续费、律师费、差旅费、印花税等初始直接费用计入租入资产价值。

（2）查阅引进设备项目经济合同及有关凭证、账簿，查明引进国外设备价款计算是否正确。

3.长期应付款项利息费用处理的审查。

融资租入固定资产或引进设备而发生长期负债的，借款费用在资产尚未达到预定可使用状态以前应计入资产价值；在资产达到预定可使用状态后不应计入资产的价值。审计人员应确定企业借款费用（包括外币折合差额）是否按规定处理。

4.租赁合同、引进设备经济合同履行情况的审查。

（1）审查合同规定的固定资产是否按期到货，质量、数量、品种规格是否与合同规定的一致。

（2）审查是否按合同规定的期限和方式、数额归还借款，有无违约行为。合同履行发生纠纷时应查明原因和责任。

5. 函证长期应付款的期末余额。

长期应付款期末余额较大，或者发现异常事项时，应函证债权人，确认应付款项余额是否真实。

6. 审查长期应付款披露的正确性。

审计人员应查明财务报表中长期应付款余额与其账户余额是否一致；是否按规定将不同类别的长期应付款在财务报表或其附注中分别列示。是否在财务报表中将与融资租赁相关的长期应付款减去未确认融资费用的差额，分别以长期负债和一年内到期的非流动负债列示。是否在附注中披露与融资租赁有关的下列信息：各类租入固定资产的期初和期末原价、累计折旧额；资产负债表日后连续三个会计年度每年将支付的最低租赁付款额，以后年度将支付的最低租赁付款额总额；未确认融资费用的余额及分摊未确认融资费用所采用的方法。

（五）借款费用的审查

企业发生的借款费用当中，属于符合资本化条件的资产购建或者生产的，应当予以资本化，计入相关资产（固定资产、投资性房地产和存货等）价值；其他借款费用，应当在发生时根据其发生额确认为费用，计入当期损益。

1. 借款费用资本化的审查。

借款费用只有同时满足下列条件，才能资本化：资产支出包括为购建或者生产符合资本化条件的资产，以支付现金、转移非现金资产或者承担带息债务形式发生的支出；借款费用已经发生；为使资产达到预定可使用或者可销售状态所必要的购建或者生产活动已经开始。在资本化期间内，审查每一会计期间的利息（包括折价或溢价的摊销）资本化金额，是否按照下列规定处理。

（1）资本化金额按照为购建或者生产符合资本化条件的资产而借入专门借款当期实际发生的利息费用，减去尚未动用的借款资金的利息收入或进行暂时性投资收益后的金额确定。

（2）为购建或者生产符合资本化条件的资产而占用了一般借款的，一般借款应予资本化的利息金额等于累计资产支出超过专门借款部分的资产支出加权平均数乘以所占用一般借款的资本化率。资本化率应当根据一般借款加权平均利率计算确定。

（3）借款存在折价或者溢价的，应当按照实际利率法确定每一会计期间应摊销的折价或者溢价金额，调整每期利息金额。

（4）在资本化期间内，每一会计期间的利息资本化金额不应当超过当期相关借款实际发生的利息金额。

（5）在资本化期间内，外币专门借款本金及利息的汇兑差额应当予以资本化，计入符合资本化条件的资产的价值。

（6）专门借款发生的辅助费用，在所购建或者生产的符合资本化条件的资产达到预定可使用或者可销售状态之前发生的，计入符合资本化条件的资产的价值；在所购建或者生产的符合资本化条件的资产达到预定可使用或者可销售状态之后发生的，计入当期损益。

（7）符合资本化条件的资产在购建或者生产过程中发生非正常中断，且中断时间连续超过3个月的，应当暂停借款费用的资本化。在中断期间发生的借款费用应当确认为费用，计入当期损益，直至资产的购建或者生产的符合资本化条件的资产达到预定可使用或者可销售状态达到一定周期，一般适合的周期是一年以上。

（8）购建或者生产的符合资本化条件的资产的各部分分别完工，且每部分在其他部分继续建造过程中可供使用或者可对外销售，应当停止与该部分资产相关的借款费用的资本化。购建或者生产的资产的各部分分别完工，但必须等到整体完工后才可使用或者可对外销售的，应当在该资产整体完工时停止借款费用的资本化。

2.财务费用的审查。

（1）财务费用的确认首先应符合财务费用性质的规定，还应检查确认的时间是否符合权责发生制原则和划分资本性支出与收益性支出的原则。

（2）财务费用发生额审查其确为筹集生产经营资金的活动而发生，审查其数额确为抵减利息收入、汇兑收益等的净支出；审查其计算的正确性。

（3）财务费用结转合规性审查其财务费用应于期末全部转作当期损益，该账户期末应无余额。

3.其他项目的审查。

（1）计算短期借款和长期借款各个月份平均余额，审查被审计单位是否多计或少计利息费用。

（2）根据审查期内银行借款期限、借款额及利率等资料，验证当期利息支出额的正确性。

（3）复核利息支出净额，查明当期银行存款利息收入是否已扣除。

（4）检查"库存现金""银行存款"账户中外币货币资金明细账，以及用外币表示的债权、债务账户，审查其期末余额和期末外汇汇率验证汇兑损益的正确性。

（5）通过账证核对，证实有关金融机构手续费的真实性。

4.审查企业在附注中披露借款费用的正确性。

审查企业是否在附注中披露与借款费用有关的信息，包括当期资本化的借款费用金额、当期用于计算确定借款费用资本化金额的资本化率等。

二、投资审计

投资审计包括长期股权投资审查、投资性房地产审查、以公允价值计量且其变动计入当期损益的金融资产审查、以公允价值计量且其变动计入其他综合收益的金融资产审查、以摊余成本计量的金融资产审查。

（一）长期股权投资审查

企业的长期股权投资是指不准备在一年内变现的投资，主要包括股票投资和其他投资。对长期股权投资的审查，应按以下步骤和方法进行。

1. 编制或取得投资明细表。

2. 核查投资计价的正确性。

（1）以支付现金方式向其他单位投资的，是否按照实际支付的金额作为初始投资成本。

（2）以发行权益性证券取得的长期股权投资，是否按照发行权益性证券的公允价值作为初始投资成本。

（3）通过非货币性资产交换取得的长期股权投资，是否以换出资产的公允价值和应支付的相关税费作为换入资产的成本，公允价值与换出资产账面价值的差额计入当期损益。

（4）通过债务重组取得的长期股权投资，是否以享有股份的公允价值确认为对债务人的投资，重组债权的账面余额与股份的公允价值之间的差额，计入当期损益；已对债权计提减值准备的，应当先将该差额冲减减值准备，减值准备不足以冲减的部分，计入当期损益。

3. 验证投资收益。

企业进行长期股权投资的记账方法有成本法和权益法两种。不同的记账方法，对投资收益的确认有着不同的影响。审查时应注意企业采用成本法还是权益法，是否符合有关规定，账务处理是否正确。在成本法转化为权益法或权益法向成本法转化过程中账务处理是否合法。

4. 投资收回、出售与转让的审查。

审查投资的收回时，企业是否及时地收到了款项和相应地冲减了原投资账户。转让、出售是否及时入账。与其他单位联营在联营期满或联营单位解散后，收回投资的实物形态是否由联营各方协商确定，收回投资价值量减少是否合理，减少的价值是否作为投资损失处理。

5. 长期股权投资减值准备的审查。

审查长期股权投资减值准备的计算依据是否恰当、充分，记录是否正确、完整，期末余额是否正确，财务报表的反映是否正确。

6.确定长期股权投资业务在财务报表中披露的正确性。

企业是否在附注中披露与长期股权投资有关的下列信息：子公司、合营企业和联营企业清单及投资企业的持股比例和表决权比例；合营企业和联营企业当期的主要财务信息；被投资单位转移资金的能力受到严格限制的情况，当期及累计未确认的投资损失金额；与对子公司、合营企业及联营企业投资相关的或有负债。

（二）投资性房地产审查

投资性房地产是指为赚取租金或资本增值，或两者兼有而持有的能够单独计量和出售的房地产。由于工业企业涉及自购投资性房地产业务较少，一般是出于产业转型将自有房产出租，本章我们对此进行简要描述。

1.审查投资性房地产计价的正确性。

外购投资性房地产的成本，可直接归属于该资产的其他支出。自行建造投资性房地产的成本为该项资产达到预定可使用状态前所发生的必要支出构成。以其他方式取得的投资性房地产的成本，满足"与该投资性房地产有关的经济利益很可能流入企业、该投资性房地产的成本能够可靠地计量"确认条件的，应当计入投资性房地产成本；不满足确认条件的，应当在发生时计入当期损益。

2.审查投资性房地产的账务处理的正确性。

在投资性房地产的账务处理中，检查是否将自用房地产和作为存货的房地产作为投资性房地产处理，审查企业采用的计量模式是否适当。成本模式计量的建筑物是否按照企业会计准则的规定计提折旧；成本模式计量的土地使用权是否按照企业会计准则的规定进行摊销。采用公允价值模式计量时是否同时满足下列条件：企业能够从活跃的房地产交易市场上取得同类或类似房地产的市场价格及其他相关信息对投资性房地产的公允价值做出合理的估计；公允价值模式计量应当以资产负债表日投资性房地产的公允价值为基础调整其账面价值，公允价值与原账面价值之间的差额计入当期损益。

3.房地产用途转换业务处理的审查。

4.投资性房地产信息披露的正确性。

（三）其他投资项目的审查

1.以公允价值计量且其变动计入当期损益的金融资产审计。

如果一项或一组金融资产不属于为收取合同现金流而持有的或为收取和出售现金流而持有的业务模式，则按照以公允价值计量且其变动计入当期损益的金融资产处理。

审计目标一般包括：确定以公允价值计量且其变动计入当期损益的金融资产是否存在，确定以公允价值计量且其变动计入当期损益的金融资产是否归被审计单位所有，确定以公允价值计量且其变动计入当期损益的金融资产的增减变动及其损益的记录是否完整，确定以公允价值计量且其变动计入当期损益的金融资产的计价是否正确，确定以公允价值计量且其变动计入当期损益的金融资产期末余额是否正确，确定以公允价值计量且其变动计入当期损益的金融资产的披露是否恰当。

2. 以公允价值计量且其变动计入其他综合收益的金融资产审计。

对于以公允价值计量且其变动计入其他综合收益的金融资产，企业管理金融资产的模式是既以收取合同现金流为目标又以出售该金融资产为目标；该金融资产的合同条款约定：在特定日期产生的现金流量仅为对本金和以未偿付本金金额为基础的利息支付。

以公允价值计量且其变动计入其他综合收益的金融资产的审计目标一般包括：确定以公允价值计量且其变动计入其他综合收益的金融资产是否存在；确定以公允价值计量且其变动计入其他综合收益的金融资产是否归被审计单位所有；确定以公允价值计量且其变动计入其他综合收益的金融资产的增减变动及其损益的记录是否完整；确定以公允价值计量且其变动计入其他综合收益的金融资产的计价是否正确；确定以公允价值计量且其变动计入其他综合收益的金融资产减值准备的计提方法是否恰当，计提是否充分；确定以公允价值计量且其变动计入其他综合收益的金融资产减值准备的增减变动记录是否完整；确定以公允价值计量且其变动计入其他综合收益的金融资产及其减值准备期末余额是否正确；确定以公允价值计量且其变动计入其他综合收益的金融资产及其减值准备的披露是否恰当。

3. 以摊余成本计量的金融资产审计。

以摊余成本计量的金融资产，企业管理金融资产的模式是以收取合同现金流为目标；该金融资产的合同条款约定：在特定日期产生的现金流量仅为对本金和以未偿付本金金额为基础的利息支付。

以摊余成本计量的金融资产的审计目标一般包括：确定以摊余成本计量的金融资产是否存在，确定以摊余成本计量的金融资产是否归被审计单位所有，确定以摊余成本计量的金融资产的增减变动及其损益的记录是否完整。

第三节　筹资与投资审计案例解析

一、内容与目标

本案例反映了投资会计核算过程中的问题及其审计程序。学习本案例，可了解投资业务中内部控制的关键点及其测试过程，明确该业务所存在的主要会计舞弊形式，掌握其审核程序与方法，以及审计调整的过程及结果。

二、案例背景与过程

新芜会计师事务所受天宇股份有限公司董事会委托，对天宇股份有限公司进行年度会计报表审计。根据双方所签订的审计约定书，项目组于 2019 年 3 月 6 日至 4 月 5 日对该公司 2018 年度的会计报表进行了审计。本案例主要反映投资的审计过程及相关问题。投资筹资审计包括对企业以公允价值计量且其变动计入当期损益的金融资产、以摊余成本计量的金融资产、以公允价值计量且其变动计入其他综合收益的金融资产、长期股权投资、短期借款、长期借款、应付债券、长期应付款和借款费用的审计。

天宇公司主营业务范围为：工程机械、喷涂机械、管道构件等。1—12 月，公司共计实现主营业务收入 85 642 万元，实现净利润 5 125 万元，分别比上年同期增长 62.38% 和 21.56%。

（一）对投资进行控制测试

审计人员首先通过调查表等方法对其进行了调查了解，以文字描述的形式对调查结果进行了描述，并运用检查凭证法、实地考察法等对投资的内部控制进行了测试，在此基础上，发现公司投资的内部控制方面存在的问题主要是没有定期对长期投资资产（股票、债券）进行盘点：长期投资资产由证券公司代为保管，没有建立定期的核对制度；存放在企业内部的有价证券，也没有建立定期的盘点制度。为此，审计人员指出天宇公司应建立并完善对长期投资资产（股票、债券）的定期盘点制度，强调核对和盘点工作应由企业的内部审计人员或不参与有价证券保管、记录和买卖的其他财会人员进行，以防止舞弊行为的发生。

（二）对投资进行实质性程序

1. 审查发现投资成本不真实。审计人员对天宇公司长期投资业务进行审查时，将"长期股权投资"账户与有关货币资金及"应收股利"等账户相互核对，发现 4 月 10 日购入 A 公司股票 2 000 000 股，实际买价为 8 000 000 元，其中买价中包含已宣告但尚未支付的股利 180 000 元，另支付印花税 64 000 元，经纪人佣金 24 000 元，该公司将所支付的款项全部作为权益资本，计入"长期股权投资"账户，5 月 8 日 A 公司发放红利，该公司将所得红利计入"其他业务收入"账户。审计人员对有关会计人员指出：企业在以货币资金购买股票时，如果企业实际支付的价款中含有已宣告尚未发放的股利，应按认购股票实际支付的价款扣除已宣告但尚未支付的股利作为长期股权投资的入账价值，对于已宣告但尚未支付的股利，应在"应收股利"科目核算。

2. 审查发现存在利用现金股利，虚减投资收益的情况。审计人员王正发现该公司 4 月购入 B 公司的股票 500 000 股，预计持有时间为 4 个月。每股面值为 1 元，每股购入价 1.2 元，实际支付金额为 620 000 元，其中包含已宣告发放但未支付的股利 20 000 元。

该公司作以下分录：

借：以公允价值计量且其变动计入当期损益的金融资产 600 000

投资收益 20 000

贷：银行存款 620 000

此笔分录会计科目的对应关系存在问题，为什么刚买的股票，就会计入"投资收益"呢？审计人员审阅了该笔投资业务的原始凭证，发现投资收益借方所反映的是已宣告发放但未支付的股利。根据审计过程中所取得的审计证据，审计人员认定上述会计处理是错误的，该公司把本应作为"应收股利"的 20 000 元错计入了"投资收益"。后查明，该企业为了当期少纳所得税，故意冲减投资收益。应调账如下：

借：应收股利 20 000

贷：投资收益 20 000

3. 盘点和询证有价证券。根据不同的保管方式，审计人员采取不同的审查方法。由证券公司代为保管的，由于保管机构拥有严密的财产保管制度和证券存取制度，一般不会发生资产的个人盗用，可通过询证的方式加以证实，同时可通过查询公司的证券交易账户进行核对。

对存放在天宇公司内部的有价证券，采取突击式的盘点，在证券保管员、会计人员、有关领导和审计人员同时在场的情况下进行。清点时由原证券保管员将证券和经双方签字的证券移交记录交给清点人员，清点人员每清点一批就将数目报给持有证券明细表的审计人员，边清点边核对，清点后将证券交给保管员，双方在移交记录上再次签字。清点时，审计人员不仅清点数目，同时检查证券的真伪，警惕伪造证券的可能性。此外，审计人员还确定了证券的所有权。对盘点数与账面数的差异，审计人员应进一步查明原因。

4. 审查发现长期借款利息计入错误，以减少或增加当期利润。根据企业会计制度规定，企业为购建固定资产而借入的专门借款所发生的借款利息，在所购建的固定资产达到预定可使用状态前所发生的，应当予以资本化，计入所购建固定资产的成本。在所购建的固定资产达到预定可使用状态后所发生的，应于发生当期直接计入当期财务费用。在实际中容易出现以下两种问题：

将应计入所购建固定资产成本的借款利息错误地计入财务费用，以降低在建工程成本，增加财务费用，减少当期利润；

将应计入财务费用的利息错误地计入所购建固定资产的成本，以增大在建工程成本，减少财务费用，增加当期利润。两种情况都是会计舞弊。

本案例中的问题属于第一种。审计人员发现天宇公司 2018 年 3 月 10 日的第 58 号凭证分录为：

借：财务费用   500 000

   贷：长期借款   500 000

其摘要为工程借款利息支出。经与原始凭证核对，并实际查验该工程，该工程尚未竣工。根据有关规定，该项工程借款利息支出在尚未完工并办理竣工手续之前应计入"在建工程"。华兴公司应做如下调整：

借：在建工程   500 000

   贷：财务费用   500 000

5. 审查发现权益融资过程存在问题。权益融资中容易发生未遵守资本保全原则、无形资产投资超过企业注册资金规定的比例、多列或少列资本公积或盈余公积等会计舞弊形式。

盈余公积是企业从净利润中提取形成的。该公司为了少纳所得税，故意隐瞒收入。把本应作为投资收益的股利收入错入了盈余公积账。本案例中，在盈余公积总账下"一般盈余公积"明细账中，发现贷方一处记录摘要内容为"收到股利收入"金额为1 000 000元，审计人员调阅了该笔记账凭证，记账凭证显示的会计分录为：

借：银行存款   1 000 000

   贷：盈余公积   1 000 000

所附原始凭证为银行通知单，显示对方付款理由为"年底分派股息"。再查阅该公司"对外投资"账户，确有对外长期股权投资。据此认定公司故意隐瞒收入，把本应作为投资收益的股利收入错入了盈余公积账目，审计人员要求公司做了调整。

6. 投资活动存在重大错报的相关问题及审计过程。通过了解、调查、描述、测试与评价对被审计单位进行了控制测试。根据各科目的重要性水平，实施实质性程序。

审计人员发现天宇公司存在以下问题。

（1）由审计人员验资后发现天宇公司长期占用被投资单位D公司的资金，公司根据占用资金数额冲减了长期股权投资D公司的账面价值。

（2）E公司系天宇公司于2018年1月1日在国外投资设立的联营公司，其2018年度会计报表反映的净利润为4 500万元。天宇公司占E公司40%的股权比例，对其财务和经营政策具有重大影响，故在2018年度会计报表中采用权益法确认了该项投资收益1 800万元。E公司2018年度会计报表未经任何审计事务所审计。

（3）天宇公司拥有F公司一项长期股权投资，账面价值500万元，持股比例30%。2018年12月31日，天宇公司与G公司签署投资转让协议，拟以450万元的价格转让该项长期股权投资，已收到价款300万元，但尚未办理产权过户手续。天宇公司以该项长期股权投资正在转让之中为由，不再计提减值准备。

（4）天宇公司2018年7月1日以资金1 500万元投资H公司，拥有30%股份。12月31日天宇公司根据H公司的报表（净利润750万元，所有者权益为2 250万元，免交所得税）确认225万元的投资收益。审计人员在审计时发现H公司经审计其报表净利润为 –750万元，所有者权益为750万元。

（5）天宇公司于2018年9月1日和M公司签订并实施了金额为5 000万元、期限为3个月的委托理财协议，该协议规定M公司负责股票投资运作，天宇公司可随时核查。2018年12月1日，天宇公司对上述委托理财协议办理了展期手续，并于同日收到M公司汇来的标明用途为投资收益的300万元款项，天宇公司据此确认投资收益300万元。

（6）天宇公司对N公司长期股权投资（无市价）为5 000万元，N公司在2018年8月已经进入清算程序。在编制2018年度会计报表时，天宇公司对该项长期股权投资计提了1 000万元的减值准备。

审计解析

（1）针对事项1，由于天宇公司不能随意冲减长期股权投资，且不同性质的科目不能随意冲销，审计人员建议天宇公司把占款与长期股权投资的冲销原渠道冲回，但需要在财务报表附注中披露关联方占用资金的事项。

（2）针对事项2，因为E公司2018年度财务报表未经任何注册会计师审计且在海外，审计人员无法获取充分、适当的审计证据证实2018年度财务报表中采用权益法确认该项投资收益1 800万元的准确性，审计范围受到限制，故注册会计师考虑发表无法表示意见的审计报告。

（3）针对事项3，由于尚未办理产权转移手续，不知道股权转让是否完成。审计人员应当追加审计程序，以查明天宇公司长期股权转让是否真正完成。如果查明股权转让确实已经完成了，应当建议天宇公司处置该项长期股权投资。如果股权转让尚没有真正完成，应当建议天宇公司根据长期股权投资的可收回性计提减值准备。

（4）针对事项4，因为被投资公司经审计的财务报表净利润和所有者权益均发生变化，应按经审计的报表确认投资收益，其调整分录为：

借：投资收益   4 500 000
　　贷：长期股权投资——损益调整   4 500 000

（5）针对事项5，由于尚未获取充分、适当的审计证据支持，所以审计人员应当取得并审查委托理财资金账户及股票账户对账单，并向H公司发询证函以证明此笔投资收益的真实性。

（6）针对事项6，因为N公司已经进入了清算程序，应当考虑全额计提减值准备或确认投资损失。

第十一章

税务管理审计

税务管理对于提高企业的经济效益、促进企业的长远发展有着重要的意义和作用，所以越来越多的企业开始加强对税务风险的重视，做好税务管理。在税务管理过程中，税务管理审计发挥着重要的作用，企业可以从税务管理的内部审计着手，切实推动企业实现更好的发展。

第一节　税务管理审计项目概述

在很多专业知识书籍中，没有"税务管理审计"这个章节，也没有对这个专业审计循环的介绍。而在日常内部审计实务中，税务管理审计往往是可以体现审计增值的重要部分，掌握丰富税务专业知识的审计人员，可以从税务管理方面为企业增加价值。

本章表述的税务管理审计，是内部审计人员利用扎实的专业知识，审计企业内实体税务管理情况；对企业是否按章纳税防范税务风险、是否充分使用税务优惠政策、是否有合理合法纳税筹划空间、是否存在错报多纳税造成企业税务损失等进行梳理，从而规范企业内部的税务管理。

本章表述的税务管理审计与税务审计有所不同，税务审计是税务机关利用规范的审计流程、专业的审计技术和工具，对纳税人申报纳税信息的真实性、准确性进行审核评价，并采取相应措施的管理性手段，税务机关具有税收执法权。二者在主体、内容和客体上均有所区别。

税收执法权是指税收机关依法征收税款，依法进行税收管理活动的权力，具体包括：税款征收管理权、税务检查权、税务稽查权；税务行政复议裁决权、其他税务管理权。其他税务管理权，如税务行政处罚。具体种类：警告（责令限期改正）、罚款、停止出口退税权、没收违法所得、收缴发票或者停止发售发票、提请吊销营业执照、通知出境管理机关阻止出境等。

社会审计中有会计师事务所、税务师事务所等社会机构提供的涉税鉴证和税务咨询，常见的涉税报告有企业所得税汇算清缴鉴证报告、研发费用加计扣除鉴证报告、清算鉴证报告等。

从内部审计来说，要想做好税务管理审计，审计人员要以专业能力胜任工作，有充分扎实的个人税法知识储备，对税法与纳税实践有深入的研究，对各项最新的税务相关法律法规要及时进行知识更新。

第二节 税务管理审计思路

做好税务管理审计工作没有捷径，只有熟悉各项税收法律和行政法规、财政部和国税总局的各项公告规定，才能在日常工作中有敏锐的检查发现。我们在后面的叙述中会对一些易混淆或易疏忽的法规规章进行提示。

我国税收政策文件体系可划分为法律、法规、规章和规范性文件，其中包含18个税种：企业所得税、个人所得税、增值税、消费税、关税、房产税、契税、车辆购置税、船舶吨税、印花税、城市建设维护税、车船税、耕地占用税、土地增值税、资源税、城镇土地使用税、烟叶税、环境保护税；还有部分附加的税费由税务部门征收。

目前经过全国人民代表大会常务委员会立法颁布的税法一共有9部，包括《中华人民共和国企业所得税法》《中华人民共和国个人所得税法》《中华人民共和国烟叶税法》《中华人民共和国船舶吨税法》《中华人民共和国车辆购置税法》《中华人民共和国环境保护税法》《中华人民共和国车船税法》《中华人民共和国耕地占用税法》《中华人民共和国资源税法》。

依据国家全面落实税收法定要求，全国人大正在推进《增值税法》《消费税法》《印花税法》等法律的制定，也在讨论制定《房地产税法》。税法等相关法律法规一直在完善过程中，审计人员的审计思路也要随之不断更新。

一、企业所得税项目

（一）关于购进固定资产加速折旧规定和优惠政策

《企业所得税法》第三十二条规定：

企业的固定资产由于技术进步等原因，确需加速折旧的，可以缩短折旧年限或者采取加速折旧的方法。

《企业所得税法实施条例》第九十八条规定：

企业所得税法第三十二条所称可以采取缩短折旧年限或者采取加速折旧的方法的固定资产，包括（一）由于技术进步，产品更新换代较快的固定资产；（二）常年处于强震动、高腐蚀状态的固定资产。

采取缩短折旧年限方法的，最低折旧年限不得低于本条例第六十条规定折旧年限的60%；采取加速折旧方法的，可以采取双倍余额递减法或者年数总和法。

《关于设备、器具扣除有关企业所得税政策的通知》（财税〔2018〕54号）规定：

1. 企业在2018年1月1日至2020年12月31日期间新购进的设备、器具，单位价值不超过500万元的，允许一次性计入当期成本费用在计算应纳税所得额时扣除，不再分年度计算折旧；单位价值超过500万元的，仍按《企业所得税法实施条例》《财政部国家税务总局关于完善固定资产加速折旧企业所得税政策的通知》（财税〔2014〕75号）、《财政部国家税务总局关于进一步完善固定资产加速折旧企业所得税政策的通知》（财税〔2015〕106号）等相关规定执行。

2.本通知所称设备、器具，是指除房屋、建筑物以外的固定资产（优惠期是否会延长需后期更新查对）。

【审计思路】

1.根据实施条例规定，审查企业是否存在这两类资产的购进：由于技术进步，产品更新换代较快的固定资产；常年处于强震动、高腐蚀状态的固定资产。这两类购进资产可以采用缩短折旧年限方法如年数总和法或是双倍余额递减法进行加速折旧，享受税收优惠；但是要求是：最低折旧年限不得低于《企业所得税法实施条例》第六十条规定折旧年限的60%；如果企业存在低于税法规定的折旧年限的60%的情况，需要及时纳税调整，以免造成要求补缴税款、征收滞纳金和罚款的风险。

2.财税〔2018〕54号规定，企业在2018年1月1日至2020年12月31日期间新购进的设备、器具，单位价值不超过500万元的，允许一次性计入当期成本费用在计算应纳税所得额时扣除；单位价值超过500万元的，仍按企业所得税法实施条例等相关规定执行。公司可以查对在其期间是否有新近购置的价值在500万元以下的设备、器具，是否需要一次性计入当期成本费用；查对是否存在单位价值超过500万元以上的设备、器具一次性计入了当期成本费用的情况，如存在则需要进行调整，按《企业所得法实施条例》及相关加速折旧规定进行处理（优惠期是否延长需后期更新查对）。

（二）关于企业购置并实际使用的环境保护、节能节水、安全生产等专用设备的相关优惠政策

《企业所得税法实施条例》第一百条规定：

企业所得税法第三十四条所称税额抵免，是指企业购置并实际使用《环境保护专用设备企业所得税优惠目录》《节能节水专用设备企业所得税优惠目录》和《安全生产专用设备企业所得税优惠目录》规定的环境保护、节能节水、安全生产等专用设备的，该专用设备的投资额的10%可以从企业当年的应纳税额中抵免；当年不足抵免的，可以在以后5个纳税年度结转抵免。

享受前款规定的企业所得税优惠的企业，应当实际购置并自身实际投入使用前款规定的专用设备；企业购置上述专用设备在5年内转让、出租的，应当停止享受企业所得税优惠，并补缴已经抵免的企业所得税税款。

【审计思路】

根据实施条例规定，企业在购置并实际使用环境保护、节能节水、安全生产等符合优惠目录中的专用设备的当年，该专用设备的投资额的10%可以从企业当年的应纳税

额中抵免；当年不足抵免的，可以在以后 5 个纳税年度结转抵免。如果企业存在购置目录中的专用设备，可以享受相应的优惠；但需要注意的是：享受前款规定的企业所得税优惠的企业，应当实际购置并自身实际投入使用前款规定的专用设备；企业购置上述专用设备在 5 年内转让、出租的，应当停止享受企业所得税优惠，并补缴已经抵免的企业所得税税款。

（三）关于企业所得税减免的规定

关于企业所得税减免，《企业所得税法》第二十七条规定：

企业的下列所得，可以免征、减征企业所得税：

1. 从事农、林、牧、渔业项目的所得；

2. 从事国家重点扶持的公共基础设施项目投资经营的所得；

3. 从事符合条件的环境保护、节能节水项目的所得；

4. 符合条件的技术转让所得；

5. 本法第三条第三款规定的所得。

《企业所得税法》只是总括地对几个可享受免征、减征企业所得税的大项进行了概括，但未详细说明；《企业所得税法实施条例》对其进行了详述：

第八十六条　企业所得税法第二十七条第（一）项规定的企业从事农、林、牧、渔业项目的所得，可以免征、减征企业所得税，是指：

（一）企业从事下列项目的所得，免征企业所得税：

1. 蔬菜、谷物、薯类、油料、豆类、棉花、麻类、糖料、水果、坚果的种植；

2. 农作物新品种的选育；

3. 中药材的种植；

4. 林木的培育和种植；

5. 牲畜、家禽的饲养；

6. 林产品的采集；

7. 灌溉、农产品初加工、兽医、农技推广、农机作业和维修等农、林、牧、渔服务业项目；

8. 远洋捕捞。

（二）企业从事下列项目的所得，减半征收企业所得税：

1. 花卉、茶以及其他饮料作物和香料作物的种植；

2. 海水养殖、内陆养殖。

企业从事国家限制和禁止发展的项目，不得享受本条规定的企业所得税优惠。

第八十七条　企业所得税法第二十七条第（二）项所称国家重点扶持的公共基础设施项目，是指《公共基础设施项目企业所得税优惠目录》规定的港口码头、机场、铁路、公路、城市公共交通、电力、水利等项目。

企业从事前款规定的国家重点扶持的公共基础设施项目的投资经营的所得，自项目取得第一笔生产经营收入所属纳税年度起，第一年至第三年免征企业所得税，第四年至第六年减半征收企业所得税。

企业承包经营、承包建设和内部自建自用本条规定的项目，不得享受本条规定的企业所得税优惠。

第八十八条　企业所得税法第二十七条第（三）项所称符合条件的环境保护、节能节水项目，包括公共污水处理、公共垃圾处理、沼气综合开发利用、节能减排技术改造、海水淡化等。项目的具体条件和范围由国务院财政、税务主管部门商国务院有关部门制定，报国务院批准后公布施行。

企业从事前款规定的符合条件的环境保护、节能节水项目的所得，自项目取得第一笔生产经营收入所属纳税年度起，第一年至第三年免征企业所得税，第四年至第六年减半征收企业所得税。

第八十九条　依照本条例第八十七条和第八十八条规定享受减免税优惠的项目，在减免税期限内转让的，受让方自受让之日起，可以在剩余期限内享受规定的减免税优惠；减免税期限届满后转让的，受让方不得就该项目重复享受减免税优惠。

第九十条　企业所得税法第二十七条第（四）项所称符合条件的技术转让所得免征、减征企业所得税，是指一个纳税年度内，居民企业技术转让所得不超过500万元的部分，免征企业所得税；超过500万元的部分，减半征收企业所得税。

【审计思路】

对可享受税收优惠的法律法规条文细则要熟练掌握，涉及哪些行业明细要有了解，以免因不熟悉法条而遗漏申请享受。例如，光伏电站属于国家重点扶持的公共基础设施项目，可申请备案，享受企业所得税"三免三减半"的税收优惠；固废项目属于从事规定的符合条件的环境保护、节能节水项目的所得，可以享受企业所得税"三免三减半"的税收优惠。

技术转让所得超额分级减免税收，技术转让所得不超过500万元的部分，免征企业所得税；超过500万元的部分，减半征收企业所得税。假设企业有600万元技术转让所得，那么应是500万元技术转让所得免税，100万元技术转让所得减半征收。审计人员需要查对企业是否存在将全部600万元技术转让所得全部申报减半征收，从而造成企业税务损失的情况。

企业如果存在多项目性营业收入，其中部分属于以上的减免税项目，部分不属于可减免项目，应分开独立核算；避免将非减免税项目取得的所得申报为减免税收入，多计享受税收优惠政策的收入，少缴纳应缴税款，从而给企业造成税务风险。如有这种状况，应及时进行调整纠正。企业可以通过检查"主营业务收入""其他业务收入""主营业务成本""其他业务成本"账户的明细项目和金额，准确归类不同项目的收入和成本。

（四）有关加计扣除优惠的规定

《企业所得税法》第三十条规定：

企业的下列支出，可以在计算应纳税所得额时加计扣除：

（一）开发新技术、新产品、新工艺发生的研究开发费用；

（二）安置残疾人员及国家鼓励安置的其他就业人员所支付的工资。

《企业所得税法实施条例》对该项目的具体规定：

第九十五条　企业所得税法第三十条第（一）项所称研究开发费用的加计扣除，是指企业为开发新技术、新产品、新工艺发生的研究开发费用，未形成无形资产计入当期损益的，在按照规定据实扣除的基础上，按照研究开发费用的50%加计扣除；形成无形资产的，按照无形资产成本的150%摊销。

第九十六条　企业所得税法第三十条第（二）项所称企业安置残疾人员所支付的工资的加计扣除，是指企业安置残疾人员的，在按照支付给残疾职工工资据实扣除的基础上，按照支付给残疾职工工资的100%加计扣除。残疾人员的范围适用《中华人民共和国残疾人保障法》的有关规定。企业所得税法第三十条第（二）项所称企业安置国家鼓励安置的其他就业人员所支付的工资的加计扣除办法，由国务院另行规定。

《关于提高研究开发费用税前加计扣除比例的通知》财税〔2018〕99号文件规定：企业开展研发活动中实际发生的研发费用，未形成无形资产计入当期损益的，在按规定据实扣除的基础上，在2018年1月1日至2020年12月31日期间，再按照实际发生额的75%在税前加计扣除；形成无形资产的，在上述期间按照无形资产成本的175%在税前摊销（优惠期是否会延长需后期更新查对）。

【审计思路】

部分企业管理人员认为加计扣除一般是取得高新技术企业认证的企业才适用的税收优惠政策，这是一个误解，往往会造成企业少享受税收优惠，造成税务损失。

为落实研究开发费用税前加计扣除优惠政策，财政部、国家税务总局先后下发了《财政部　国家税务总局　科技部关于完善研究开发费用税前加计扣除政策的通知》（财税〔2015〕119号）、《国家税务总局关于企业研究开发费用税前加计扣除政策有关问题的公告》（国家税务总局公告2015年第97号）、《国家税务总局关于贯彻落实研发费用加计扣除和全国推广自主创新示范区所得税政策的通知》（税总发〔2015〕146号），具体落实研发费用加计扣除所得税优惠政策。

为进一步激励中小企业加大研发投入，支持科技创新，2017年4月，国务院常务会议决定提高科技型中小企业研究开发费用税前加计扣除比例；2017年5月，财政部、税务总局、科技部先后下发了《财政部　税务总局　科技部关于提高科技型中小企业研究开发费用税前加计扣除比例的通知》(财税〔2017〕34号)、《国家税务总局关于提高科技型中小企业研究开发费用税前加计扣除比例有关问题的公告》(国家税务总局公告〔2017〕18号)和《科技部 财政部 国家税务总局关于印发〈科技型中小企业评价办法〉的通知》(国科发政〔2017〕115号),具体落实科技型中小企业研发费用加计扣除所得税优惠政策。

实务中,申请专利的新发明、新技术、新工艺的研发项目通常可作为符合要求的研发项目,对于拿不定的研发项目,建议相关人员参照相关文件规定,准备项目立项和相关资料向当地科委及时沟通问询。根据《企业所得税优惠政策事项办理办法》(国税公告2018年第23号),企业享受优惠事项采取"自行判别、申报享受、相关资料留存备查"的办理方式,具体要求需咨询当地税务机关。

根据规定,不适合研发费用加计扣除的行业有烟草制造业、住宿和餐饮业、批发和零售业、房地产业、租赁和商务服务业、娱乐业、财政部和国家税务总局规定的其他行业。

企业如有聘用残疾人员,可参照相关规定,在按照支付给残疾职工工资据实扣除的基础上,按照支付给残疾职工工资的100%加计扣除。残疾人是指在心理、生理、人体结构上,某种组织、功能丧失或者不正常,全部或者部分丧失以正常方式从事某种活动能力的人。残疾人包括视力残疾、听力残疾、言语残疾、肢体残疾、智力残疾、精神残疾、多重残疾和其他残疾的人士。残疾标准由国务院规定,实务中以持有《残疾人证》和《残疾军人证(1至8级)》的人员来判别。

(五)有关股利分配税收优惠的相关规定

《企业所得税法》第二十六条规定:

企业的下列收入为免税收入:

(一)国债利息收入;

(二)符合条件的居民企业之间的股息、红利等权益性投资收益;

(三)在中国境内设立机构、场所的非居民企业从居民企业取得与该机构、场所有实际联系的股息、红利等权益性投资收益;

(四)符合条件的非营利组织的收入。

《企业所得税法实施条例》第八十三条规定:

企业所得税法第二十六条第(二)项所称符合条件的居民企业之间的股息、红利等权益性投资收益,是指居民企业直接投资于其他居民企业取得的投资收益。企业所得税法第二十六条第(二)项和第(三)项所称股息、红利等权益性投资收益,不包括连续持有居民企业公开发行并上市流通的股票不足12个月取得的投资收益。

《个人所得税法》第二条规定:

下列各项个人所得，应当缴纳个人所得税：

（一）工资、薪金所得；

（二）劳务报酬所得；

（三）稿酬所得；

（四）特许权使用费所得；

（五）经营所得；

（六）利息、股息、红利所得；

（七）财产租赁所得；

（八）财产转让所得；

（九）偶然所得。

其中第六项在第三条税率中表述：利息、股息、红利所得，财产租赁所得，财产转让所得和偶然所得适用比例税率，税率为百分之二十。

【审计思路】

企业向投资人分配股息利润，投资人对取得的股息收入是否需要缴纳税款？根据上述法律，如果投资人是符合条件的居民企业或是在中国境内设立机构、场所的非居民企业，取得的股息收入属免税收入，免缴企业所得税；如果投资人是自然人，取得的股息红利所得，需要按照个人股息所得适用比例税率，税率百分之二十。

这里有个问题值得思考：如果投资人将已投资若干年和正常经营的某生产性企业的股权进行转让，如何进行纳税筹划？如果企业的投资部门在公开市场购买发行并上市流通的股票不足 12 个月而取得的投资收益是否需要计入应纳税所得额？

（六）有关资源综合利用收入在计算应纳税所得额时减计收入的相关规定

《企业所得税法》第三十三条规定：

企业综合利用资源，生产符合国家产业政策规定的产品所取得的收入，可以在计算应纳税所得额时减计收入。

《企业所得税法实施条例》第九十九条规定：

企业所得税法第三十三条所称减计收入，是指企业以《资源综合利用企业所得税优惠目录》规定的资源作为主要原材料，生产国家非限制和禁止并符合国家和行业相关标准的产品取得的收入，减按90%计入收入总额。

前款所称原材料占生产产品材料的比例不得低于《资源综合利用企业所得税优惠目录》规定的标准。

【审计思路】

审计人员对资源综合利用涉及的项目要有了解，如再生水、新型墙材、石膏制品、软木板、人造板、再生塑料、金属等。在审计集团下属单位时，如有综合利用资源项目，要确认是否已及时办理享受税收优惠手续，是否综合利用增值税和消费税项目的税收优惠政策。如果公司综合利用资源项目是公司主项目的附加项目或是多项目之一，需要进行税务筹划测算"在满足《资源综合利用企业所得税优惠目录》规定的标准下，成立独立经营的子公司是否可行"。

（七）小型微利企业和高新技术企业的所得税优惠政策

《企业所得税法》第二十八条规定：

符合条件的小型微利企业，减按 20% 的税率征收企业所得税。

国家需要重点扶持的高新技术企业，减按 15% 的税率征收企业所得税。

《企业所得税法实施条例》第九十二条规定：

企业所得税法第二十八条第一款所称符合条件的小型微利企业，是指从事国家非限制和禁止行业，并符合下列条件的企业：

（一）工业企业，年度应纳税所得额不超过 30 万元，从业人数不超过 100 人，资产总额不超过 3 000 万元；

（二）其他企业，年度应纳税所得额不超过 30 万元，从业人数不超过 80 人，资产总额不超过 1 000 万元。

第九十三条 企业所得税法第二十八条第二款所称国家需要重点扶持的高新技术企业，是指拥有核心自主知识产权，并同时符合下列条件的企业：

（一）产品（服务）属于《国家重点支持的高新技术领域》规定的范围；

（二）研究开发费用占销售收入的比例不低于规定比例；

（三）高新技术产品（服务）收入占企业总收入的比例不低于规定比例；

（四）科技人员占企业职工总数的比例不低于规定比例；

（五）高新技术企业认定管理办法规定的其他条件。

《国家重点支持的高新技术领域》和高新技术企业认定管理办法由国务院科技、财政、税务主管部门商国务院有关部门制定，报国务院批准后公布施行。

《关于实施小型微利企业普惠性所得税减免政策有关问题的公告》（国家税务总局公告 2019 年第 2 号）的相关规定：

根据《中华人民共和国企业所得税法》及其实施条例、《财政部 税务总局关于实施小微企业普惠性税收减免政策的通知》（财税〔2019〕13 号，以下简称《通知》）等规定，现就小型微利企业普惠性所得税减免政策有关问题公告如下：

一、自 2019 年 1 月 1 日至 2021 年 12 月 31 日，对小型微利企业年应纳税所得额不超过 100 万元的部分，减按 25% 计入应纳税所得额，按 20% 的税率缴纳企业所得税；对年应纳税所得额超过 100 万元但不超过 300 万元的部分，减按 50% 计入应纳税所得额，按 20% 的税率缴纳企业所得税（优惠期是否会延长需后期更新查对）。

小型微利企业无论按查账征收方式还是按核定征收方式缴纳企业所得税，均可享受上述优惠政策。

二、本公告所称小型微利企业是指从事国家非限制和禁止行业，且同时符合年度应纳税所得额不超过300万元、从业人数不超过300人、资产总额不超过5 000万元等三个条件的企业。

三、小型微利企业所得税统一实行按季度预缴。

预缴企业所得税时，小型微利企业的资产总额、从业人数、年度应纳税所得额指标，暂按当年度截至本期申报所属期末的情况进行判断。公告其他相关规定略。

另有关于创投企业、民族自治地方、特定的高新行业的优惠政策此处不一一叙述。

【审计思路】

审计人员在审计集团公司投资的子公司时，如公司经营规模不大，可以对照小型微利企业的定义要求，查看是否属于小型微利企业，是否对照享受相关的税收优惠政策。如属于高新技术企业，可以审阅公司高新技术企业资质的认证情况、高新成果转化项目情况以及各项当地政府对高新研发项目的扶持资金的争取情况。

（八）关于享受《企业所得税优惠政策事项办理办法》的相关规定

《关于发布修订后的〈企业所得税优惠政策事项办理办法〉的公告》（国家税务总局公告2018年第23号）相关规定：

第二条　本办法所称优惠事项是指企业所得税法规定的优惠事项，以及国务院和民族自治地方根据企业所得税法授权制定的企业所得税优惠事项。包括免税收入、减计收入、加计扣除、加速折旧、所得减免、抵扣应纳税所得额、减低税率、税额抵免等。

第三条　优惠事项的名称、政策概述、主要政策依据、主要留存备查资料、享受优惠时间、后续管理要求等，见本公告附件《企业所得税优惠事项管理目录（2017年版）》（以下简称《目录》）。

《目录》由税务总局编制、更新。

第四条　企业享受优惠事项采取"自行判别、申报享受、相关资料留存备查"的办理方式。企业应当根据经营情况以及相关税收规定自行判断是否符合优惠事项规定的条件，符合条件的可以按照《目录》列示的时间自行计算减免税额，并通过填报企业所得税纳税申报表享受税收优惠。同时，按照本办法的规定归集和留存相关资料备查。

第五条　本办法所称留存备查资料是指与企业享受优惠事项有关的合同、协议、凭证、证书、文件、账册、说明等资料。留存备查资料分为主要留存备查资料和其他留存备查资料两类。主要留存备查资料由企业按照《目录》列示的资料清单准备，其他留存备查资料由企业根据享受优惠事项情况自行补充准备。

第六条　企业享受优惠事项的，应当在完成年度汇算清缴后，将留存备查资料归集齐全并整理完成，以备税务机关核查。

【审计思路】

各项企业所得税税收优惠政策的享受，在取消备案制后，需要企业按照《企业所得税优惠事项管理目录（2017年版）》要求进行归集和留存相关资料备查。如果在税务机关抽查时发现留存备查的资料不完备或是涉嫌造假，会被税务机会认定企业不符合享受优惠政策条件而取消资格，或是要求返还已减免的相关税额，同时征收滞纳金等。审计相关子公司时，应对其留存备查的相关资料进行检查核对，监督完善备案资料，规避税务风险。

（九）关于收入归集的完整性要求

《企业所得税法》第三条规定：

居民企业应当就其来源于中国境内、境外的所得缴纳企业所得税。

《企业所得税法实施条例》第七条规定：

企业所得税法第三条所称来源于中国境内、境外的所得，按照以下原则确定：

（一）销售货物所得，按照交易活动发生地确定；

（二）提供劳务所得，按照劳务发生地确定；

（三）转让财产所得，不动产转让所得按照不动产所在地确定，动产转让所得按照转让动产的企业或者机构、场所所在地确定，权益性投资资产转让所得按照被投资企业所在地确定；

（四）股息、红利等权益性投资所得，按照分配所得的企业所在地确定；

（五）利息所得、租金所得、特许权使用费所得，按照负担、支付所得的企业或者机构、场所所在地确定，或者按照负担、支付所得的个人的住所地确定；

（六）其他所得，由国务院财政、税务主管部门确定。

【审计思路】

企业在日常经营中要正确区分销售过程中取得的收入类型，收入入账要确保完整；严格按权责发生制据实记账，不得少计或漏计收入；少计收入若被税务机关查实，不但补缴税款，可能还会缴纳滞纳金和罚款。审计人员在审计下属子公司时，要查对是否存在账外收入和小金库，一方面可能存在截留收入贪污舞弊的情况，另一方面也可能给企业带来税务风险。

（十）长期挂账的应付账款事项

《企业所得税法实施条例》第二十二条规定：

企业所得税法第六条第（九）项所称其他收入，是指企业取得的除企业所得税法第六条第（一）项至第（八）项规定的收入外的其他收入，包括企业资产溢余收入、逾期未退包装物押金收入、确实无法偿付的应付款项、已作坏账损失处理后又收回的应收款项、债务重组收入、补贴收入、违约金收入、汇兑收益等。

《关于企业取得财产转让等所得企业所得税处理问题的公告》（国家税务总局公告2010年第19号）中规定：

企业取得财产（包括各类资产、股权、债权等）转让收入、债务重组收入、接受捐赠收入、无法偿付的应付款收入等，不论是以货币形式还是非货币形式体现，除另有规定外，均应一次性计入确认收入的年度计算缴纳企业所得税。企业取得财产（包括各类资产、股权、债权等）转让收入、债务重组收入、接受捐赠收入、无法偿付的应付款收入等，不论是以货币形式还是非货币形式体现，除另有规定外，均应一次性计入确认收入的年度计算缴纳企业所得税。

【审计思路】

超账期长期未支付的应付账款往往会成为税务稽查的关注重点。一方面是有确凿证据表明无须支付的应付账款应转入营业外收入，计为应纳税所得额；另一方面长期未支付的应付款，也会被认为存在虚列成本的可能。审计人员要检查其是不是真实的业务往来，是否存在累计已交易的往来，是否是暂估入库材料未及时冲销等情况。

（十一）关于企业列支佣金的相关规定

《关于企业手续费及佣金支出税前扣除政策的通知》（财税〔2009〕29号）文件中规定：

一、企业发生与生产经营有关的手续费及佣金支出，不超过以下规定计算限额以内的部分，准予扣除；超过部分，不得扣除。

1.保险企业：财产保险企业按当年全部保费收入扣除退保金等后余额的15%（含本数，下同）计算限额；人身保险企业按当年全部保费收入扣除退保金等后余额的10%计算限额［《关于保险企业手续费及佣金支出税前扣除政策的公告》（财政部 税务总局公告2019年第72号）废止本条，规定保险企业发生与其经营活动有关的手续费及佣金支出，不超过当年全部保费收入扣除退保金等后余额的18%（含本数）的部分，在计算应纳税所得额时准予扣除；超过部分，允许结转以后年度扣除］。

2.其他企业：按与具有合法经营资格中介服务机构或个人（不含交易双方及其雇员、代理人和代表人等）所签订服务协议或合同确认的收入金额的5%计算限额。

二、企业应与具有合法经营资格中介服务企业或个人签订代办协议或合同，并按国家有关规定支付手续费及佣金。除委托个人代理外，企业以现金等非转账方式支付的手续费及佣金不得在税前扣除。企业为发行权益性证券支付给有关证券承销机构的手续费及佣金不得在税前扣除。

三、企业不得将手续费及佣金支出计入回扣、业务提成、返利、进场费等费用。

四、企业已计入固定资产、无形资产等相关资产的手续费及佣金支出，应当通过折旧、摊销等方式分期扣除，不得在发生当期直接扣除。

五、企业支付的手续费及佣金不得直接冲减服务协议或合同金额，并如实入账。

六、企业应当如实向当地主管税务机关提供当年手续费及佣金计算分配表和其他相关资料，并依法取得合法真实凭证。

《国家税务总局关于企业所得税应纳税所得额若干税务处理问题的公告》（国家税务总局公告 2012 年第 15 号）和《关于电信企业手续费及佣金支出税前扣除问题的公告》（国家税务总局公告 2013 年第 59 号）对电信企业佣金支出做出了规定和要求。

【审计思路】

审计人员在审计企业佣金时，一方面要注意非电信和保险类的其他企业按与具有合法经营资格中介服务机构或个人（不含交易双方及其雇员、代理人和代表人等）所签订服务协议或合同确认的收入金额的 5% 计算限额计算佣金支出税前扣除；另一方面要注意除委托个人代理外，企业以现金等非转账方式支付的手续费及佣金不得在税前扣除。企业为发行权益性证券支付给有关证券承销机构的手续费及佣金不得在税前扣除。

同时需要分清佣金、回扣和折扣三者的不同：

佣金，是指经营者在市场交易中给予为其提供服务的具有合法经营资格中间人的劳务报酬；

回扣，是指经营者销售商品时在账外暗中以现金、实物或者其他方式退给对方单位或者个人的一定比例的商品价款，根据《关于禁止商业贿赂行为的暂行规定》的要求，其属于违规行为；

折扣，即商品购销中的让利，是指经营者在销售商品时，以明示并如实入账的方式给予对方的价格优惠，包括支付价款时对价款总额按一定比例即时予以扣除和支付价款总额后再按一定比例予以退还两种形式。

（十二）关于广告费和业务宣传费的相关规定

《企业所得税实施条例》第四十四条规定：

企业发生的符合条件的广告费和业务宣传费支出，除国务院财政、税务主管部门另有规定外，不超过当年销售（营业）收入 15% 的部分，准予扣除；超过部分，准予在以后纳税年度结转扣除。

《关于广告费和业务宣传费支出税前扣除政策的通知》（财税〔2017〕41 号）文件的相关规定：

一、对化妆品制造或销售、医药制造和饮料制造（不含酒类制造）企业发生的广告费和业务宣传费支出，不超过当年销售（营业）收入 30% 的部分，准予扣除；超过部分，准予在以后纳税年度结转扣除。

二、对签订广告费和业务宣传费分摊协议（以下简称分摊协议）的关联企业，其中一方发生的不超过当年销售（营业）收入税前扣除限额比例内的广告费和业务宣传费支出可以在本企业扣除，也可以将其中的部分或全部按照分摊协议归集至另一方扣除。另一方在计算本企业广告费和业务宣传费支出企业所得税税前扣除限额时，可将按照上述办法归集至本企业的广告费和业务宣传费不计算在内。

三、烟草企业的烟草广告费和业务宣传费支出，一律不得在计算应纳税所得额时扣除。

四、本通知自 2016 年 1 月 1 日起至 2020 年 12 月 31 日止执行（优惠期是否会延长需后期更新查对）。

【审计思路】

由于广告费和业务宣传费在税前列支有限额要求，如果当年有超过限额的支出又想在当年税前列支，将部分费用模糊列支在其他费用科目中，会给企业带来税务风险，存在被追征少交的税款，加收滞纳金和罚款的风险；如有类似情况，企业应做好税务调整。

同时审计人员应了解相关的税务优惠，在规定的优惠期内，属于化妆品制造或销售、医药制造和饮料制造（不含酒类制造）不超过当年销售（营业）收入 30% 的部分，准予扣除；超过部分，准予在以后纳税年度结转扣除。属于签订分摊协议的关联方之间可以转移承担；烟草制造业的广告费和业务宣传费支出不得税前扣除。

（十三）关于职工教育经费的相关规定

《企业所得税法实施条例》第四十二条规定：

除国务院财政、税务主管部门另有规定外，企业发生的职工教育经费支出，不超过工资、薪金总额 2.5% 的部分，准予扣除；超过部分，准予在以后纳税年度结转扣除。

《关于企业职工教育经费税前扣除政策的通知》（财税〔2018〕51 号）文件规定：

一、企业发生的职工教育经费支出，不超过工资薪金总额 8% 的部分，准予在计算企业所得税应纳税所得额时扣除；超过部分，准予在以后纳税年度结转扣除。

二、本通知自 2018 年 1 月 1 日起执行。

【审计思路】

审计人员在审计时应检查公司职工教育经费是否真实发生，实报实销；在税务处理上，是否对超过工资、薪金总额 2.5% 低于 8% 的部分未在当年税前扣除做了纳税调整，如有类似情况，应做好调整，充分享受税收优惠政策。

二、个人所得税项目

《个人所得税法》关于扣缴义务人的相关规定：

第九条　个人所得税以所得人为纳税人，以支付所得的单位或者个人为扣缴义务人。

纳税人有中国公民身份证号码的，以中国公民身份证号码为纳税人识别号；纳税人没有中国公民身份证号码的，由税务机关赋予其纳税人识别号。扣缴义务人扣缴税款时，纳税人应当向扣缴义务人提供纳税人识别号。

《个人所得税法实施条例》关于扣缴义务人的相关规定：

第二十四条　扣缴义务人向个人支付应税款项时，应当依照个人所得税法规定预扣或者代扣税款，按时缴库，并专项记载备查。

前款所称支付，包括现金支付、汇拨支付、转账支付和以有价证券、实物以及其他形式的支付。

第二十六条　个人所得税法第十条第二款所称全员全额扣缴申报，是指扣缴义务人在代扣税款的次月十五日内，向主管税务机关报送其支付所得的所有个人的有关信息、支付所得数额、扣除事项和数额、扣缴税款的具体数额和总额以及其他相关涉税信息资料。

第三十条　扣缴义务人应当按照纳税人提供的信息计算办理扣缴申报，不得擅自更改纳税人提供的信息。

纳税人发现扣缴义务人提供或者扣缴申报的个人信息、所得、扣缴税款等与实际情况不符的，有权要求扣缴义务人修改。扣缴义务人拒绝修改的，纳税人应当报告税务机关，税务机关应当及时处理。

从相关规定来看，个人所得税对于企业来说，主要是当企业有支付给纳税人的支出时，要履行扣缴义务人的义务；从工业企业制造业的角度，主要涉及支付给个人的工资、奖金、劳务报酬、佣金、特许权使用费等。

（一）关于个人所得税的优惠政策

《关于继续有效的个人所得税优惠政策目录的公告》（财政部　税务总局公告2018年第177号）文件归纳了仍然有效的88条优惠政策，以下举例说明。

《关于进一步支持和促进重点群体创业就业有关税收政策的通知》（财税〔2019〕22号）中有关税收优惠的部分条文：

……

二、企业招用建档立卡贫困人口，以及在人力资源社会保障部门公共就业服务机构登记失业半年以上且持《就业创业证》或《就业失业登记证》（注明"企业吸纳税收政策"）的人员，与其签订1年以上期限劳动合同并依法缴纳社会保险费的，自签订劳动合同并缴纳社会保险当月起，在3年内按实际招用人数予以定额依次扣减增值税、城市维护建设税、教育费附加、地方教育附加和企业所得税优惠。定额标准为每人每年6 000元，最高可上浮30%，各省、自治区、直辖市可根据本地区实际情况在此幅度内确定具体定额标准。城市维护建设税、教育费附加、地方教育附加的计税依据是享受本项税收优惠政策前的增值税应纳税额。

按上述标准计算的税收扣减额应在企业当年实际应缴纳的增值税、城市维护建设税、教育费附加、地方教育附加和企业所得税税额中扣减，当年扣减不完的，不得结转下年使用。

......

四、企业招用就业人员既可以适用本通知规定的税收优惠政策，又可以适用其他扶持就业专项税收优惠政策的，企业可以选择适用最优惠的政策，但不得重复享受。

五、本通知规定的税收政策执行期限为 2019 年 1 月 1 日至 2021 年 12 月 31 日。纳税人在 2021 年 12 月 31 日享受本通知规定税收优惠政策未满 3 年的，可继续享受至 3 年期满为止。《财政部 税务总局 人力资源社会保障部关于继续实施支持和促进重点群体创业就业有关税收政策的通知》（财税〔2017〕49 号）自 2019 年 1 月 1 日起停止执行。

《关于完善股权激励和技术入股有关所得税政策的通知》（财税〔2016〕101 号）中有关税收优惠的部分规定：

一、对符合条件的非上市公司股票期权、股权期权、限制性股票和股权奖励实行递延纳税政策

（一）非上市公司授予本公司员工的股票期权、股权期权、限制性股票和股权奖励，符合规定条件的，经向主管税务机关备案，可实行递延纳税政策，即员工在取得股权激励时可暂不纳税，递延至转让该股权时纳税；股权转让时，按照股权转让收入减除股权取得成本以及合理税费后的差额，适用"财产转让所得"项目，按照 20% 的税率计算缴纳个人所得税。

股权转让时，股票（权）期权取得成本按行权价确定，限制性股票取得成本按实际出资额确定，股权奖励取得成本为零。

（二）享受递延纳税政策的非上市公司股权激励（包括股票期权、股权期权、限制性股票和股权奖励，下同）须同时满足以下条件。

1. 属于境内居民企业的股权激励计划。

2. 股权激励计划经公司董事会、股东（大）会审议通过。未设股东（大）会的国有单位，经上级主管部门审核批准。股权激励计划应列明激励目的、对象、标的、有效期、各类价格的确定方法，激励对象获取权益的条件、程序等。

3. 激励标的应为境内居民企业的本公司股权。股权奖励的标的可以是技术成果投资入股到其他境内居民企业所取得的股权。激励标的股票（权）包括通过增发、大股东直接让渡以及法律法规允许的其他合理方式授予激励对象的股票（权）。

4. 激励对象应为公司董事会或股东（大）会决定的技术骨干和高级管理人员，激励对象人数累计不得超过本公司最近 6 个月在职职工平均人数的 30%。

5. 股票（权）期权自授予日起应持有满 3 年，且自行权日起持有满 1 年；限制性股票自

授予日起应持有满3年，且解禁后持有满1年；股权奖励自获得奖励之日起应持有满3年。上述时间条件须在股权激励计划中列明。

6. 股票（权）期权自授予日至行权日的时间不得超过10年。

7. 实施股权奖励的公司及其奖励股权标的公司所属行业均不属于《股权奖励税收优惠政策限制性行业目录》范围（见附件）。公司所属行业按公司上一纳税年度主营业务收入占比最高的行业确定。

（三）本通知所称股票（权）期权是指公司给予激励对象在一定期限内以事先约定的价格购买本公司股票（权）的权利；所称限制性股票是指公司按照预先确定的条件授予激励对象一定数量的本公司股权，激励对象只有工作年限或业绩目标符合股权激励计划规定条件的才可以处置该股权；所称股权奖励是指企业无偿授予激励对象一定份额的股权或一定数量的股份。

（四）股权激励计划所列内容不同时满足第一条第（二）款规定的全部条件，或递延纳税期间公司情况发生变化，不再符合第一条第（二）款第4至6项条件的，不得享受递延纳税优惠，应按规定计算缴纳个人所得税。

二、对上市公司股票期权、限制性股票和股权奖励适当延长纳税期限

（一）上市公司授予个人的股票期权、限制性股票和股权奖励，经向主管税务机关备案，个人可自股票期权行权、限制性股票解禁或取得股权奖励之日起，在不超过12个月的期限内缴纳个人所得税。《财政部 国家税务总局关于上市公司高管人员股票期权所得缴纳个人所得税有关问题的通知》（财税〔2009〕40号）自本通知施行之日起废止。

（二）上市公司股票期权、限制性股票应纳税款的计算，继续按照《财政部 国家税务总局关于个人股票期权所得征收个人所得税问题的通知》（财税〔2005〕35号）、《财政部 国家税务总局关于股票增值权所得和限制性股票所得征收个人所得税有关问题的通知》（财税〔2009〕5号）、《国家税务总局关于股权激励有关个人所得税问题的通知》（国税函〔2009〕461号）等相关规定执行。股权奖励应纳税款的计算比照上述规定执行。

三、对技术成果投资入股实施选择性税收优惠政策

（一）企业或个人以技术成果投资入股到境内居民企业，被投资企业支付的对价全部为股票（权）的，企业或个人可选择继续按现行有关税收政策执行，也可选择适用递延纳税优惠政策。

选择技术成果投资入股递延纳税政策的，经向主管税务机关备案，投资入股当期可暂不纳税，允许递延至转让股权时，按股权转让收入减去技术成果原值和合理税费后的差额计算缴纳所得税。

（二）企业或个人选择适用上述任一项政策，均允许被投资企业按技术成果投资入股时的评估值入账并在企业所得税前摊销扣除。

（三）技术成果是指专利技术（含国防专利）、计算机软件著作权、集成电路布图设计

专有权、植物新品种权、生物医药新品种，以及科技部、财政部、国家税务总局确定的其他技术成果。

（四）技术成果投资入股，是指纳税人将技术成果所有权让渡给被投资企业、取得该企业股票（权）的行为。

【审计思路】

对于法规《关于继续有效的个人所得税优惠政策目录的公告》（财政部　税务总局公告 2018 年第 177 号）文件归纳了仍然有效的 88 条优惠政策，我们在上面举例说明了两项条文，如果企业招用了建档立卡贫困人口，可以对应查看是否享受了相关的税收优惠；企业的股权激励是否按相关规定享受了税收优惠。对于其他的各项优惠，读者也可以逐项学习对照。审计人员在审计企业日常事项时，如有对应的事项，可以审查税务优惠是否应享尽享。

（二）关于个人所得税法修改后优惠政策的衔接

《关于个人所得税法修改后有关优惠政策衔接问题的通知》（财税〔2018〕164 号）有关税务优惠的部分规定：

一、关于全年一次性奖金、中央企业负责人年度绩效薪金延期兑现收入和任期奖励的政策

（一）居民个人取得全年一次性奖金，符合《国家税务总局关于调整个人取得全年一次性奖金等计算征收个人所得税方法问题的通知》（国税发〔2005〕9 号）规定的，在 2021 年 12 月 31 日前，不并入当年综合所得，以全年一次性奖金收入除以 12 个月得到的数额，按照本通知所附按月换算后的综合所得税率表（以下简称月度税率表），确定适用税率和速算扣除数，单独计算纳税。计算公式为：

$$应纳税额 = 全年一次性奖金收入 \times 适用税率 - 速算扣除数$$

居民个人取得全年一次性奖金，也可以选择并入当年综合所得计算纳税。

自 2022 年 1 月 1 日起，居民个人取得全年一次性奖金，应并入当年综合所得计算缴纳个人所得税。

（二）中央企业负责人取得年度绩效薪金延期兑现收入和任期奖励，符合《国家税务总局关于中央企业负责人年度绩效薪金延期兑现收入和任期奖励征收个人所得税问题的通知》（国税发〔2007〕118 号）规定的，在 2021 年 12 月 31 日前，参照本通知第一条第（一）项执行；2022 年 1 月 1 日之后的政策另行明确。

二、关于上市公司股权激励的政策

（一）居民个人取得股票期权、股票增值权、限制性股票、股权奖励等股权激励（以下简称股权激励），符合《财政部 国家税务总局关于个人股票期权所得征收个人所得税问题的通知》（财税〔2005〕35 号）、《财政部 国家税务总局关于股票增值权所得和限制性股票

所得征收个人所得税有关问题的通知》（财税〔2009〕5号）、《财政部 国家税务总局关于将国家自主创新示范区有关税收试点政策推广到全国范围实施的通知》（财税〔2015〕116号）第四条、《财政部 国家税务总局关于完善股权激励和技术入股有关所得税政策的通知》（财税〔2016〕101号）第四条第（一）项规定的相关条件的，在2021年12月31日前，不并入当年综合所得，全额单独适用综合所得税率表，计算纳税。计算公式为：

$$应纳税额 = 股权激励收入 \times 适用税率 - 速算扣除数$$

（二）居民个人一个纳税年度内取得两次以上（含两次）股权激励的，应合并按本通知第二条第（一）项规定计算纳税。

（三）2022年1月1日之后的股权激励政策另行明确。

三、关于保险营销员、证券经纪人佣金收入的政策

保险营销员、证券经纪人取得的佣金收入，属于劳务报酬所得，以不含增值税的收入减除20%的费用后的余额为收入额，收入额减去展业成本以及附加税费后，并入当年综合所得，计算缴纳个人所得税。保险营销员、证券经纪人展业成本按照收入额的25%计算。

扣缴义务人向保险营销员、证券经纪人支付佣金收入时，应按照《个人所得税扣缴申报管理办法（试行）》（国家税务总局公告2018年第61号）规定的累计预扣法计算预扣税款。

四、关于个人领取企业年金、职业年金的政策

个人达到国家规定的退休年龄，领取的企业年金、职业年金，符合《财政部 人力资源社会保障部 国家税务总局关于企业年金 职业年金个人所得税有关问题的通知》（财税〔2013〕103号）规定的，不并入综合所得，全额单独计算应纳税款。其中按月领取的，适用月度税率表计算纳税；按季领取的，平均分摊计入各月，按每月领取额适用月度税率表计算纳税；按年领取的，适用综合所得税率表计算纳税。

个人因出境定居而一次性领取的年金个人账户资金，或个人死亡后，其指定的受益人或法定继承人一次性领取的年金个人账户余额，适用综合所得税率表计算纳税。对个人除上述特殊原因外一次性领取年金个人账户资金或余额的，适用月度税率表计算纳税。

五、关于解除劳动关系、提前退休、内部退养的一次性补偿收入的政策

（一）个人与用人单位解除劳动关系取得一次性补偿收入（包括用人单位发放的经济补偿金、生活补助费和其他补助费），在当地上年职工平均工资3倍数额以内的部分，免征个人所得税；超过3倍数额的部分，不并入当年综合所得，单独适用综合所得税率表，计算纳税。

（二）个人办理提前退休手续而取得的一次性补贴收入，应按照办理提前退休手续至法定离退休年龄之间实际年度数平均分摊，确定适用税率和速算扣除数，单独适用综合所得税率表，计算纳税。计算公式：

$$应纳税额 = \{[(一次性补贴收入 \div 办理提前退休手续至法定退休年龄的实际年度数) - 费用扣除标准] \times 适用税率 - 速算扣除数\} \times 办理提前退休手续至法定退休年龄的实际年度数$$

（三）个人办理内部退养手续而取得的一次性补贴收入，按照《国家税务总局关于个人所得税有关政策问题的通知》（国税发〔1999〕58 号）规定计算纳税。

六、关于单位低价向职工售房的政策

单位按低于购置或建造成本价格出售住房给职工，职工因此而少支出的差价部分，符合《财政部 国家税务总局关于单位低价向职工售房有关个人所得税问题的通知》（财税〔2007〕13 号）第二条规定的，不并入当年综合所得，以差价收入除以 12 个月得到的数额，按照月度税率表确定适用税率和速算扣除数，单独计算纳税。计算公式为：

$$应纳税额 = 职工实际支付的购房价款低于该房屋的购置或$$

$$建造成本价格的差额 \times 适用税率 - 速算扣除数$$

【审计思路】

审计人员应熟练了解《关于个人所得税法修改后有关优惠政策衔接问题的通知》（财税〔2018〕164 号）相关税务优惠规定，对于一次性奖金收入、股权激励、企业和职业年金、一次性补偿收入、低价向员工售房等需要代扣代缴个税时，可以对照对应的税务优惠条文，少缴或免缴个人所得税。

三、增值税和消费税项目

依据国家全面推行税收法定的要求，全国人大正在推动《增值税法》《消费税法》的立法，在可预见的未来，现行《增值税暂行条例》《消费税暂行条例》会被相关法律代替，这部分我们不展开描述，但是审计思路和前面表述的《企业所得税法》审计是相似的。

（一）关于混合销售的相关规定

《增值税法（征求意见稿）》（尚未生效）第二十七条规定：

纳税人一项应税交易涉及两个以上税率或者征收率的，从主适用税率或者征收率。

《关于全面推开营业税改征增值税试点的通知》（财税〔2016〕36 号文附件一营业税改征增值税试点实施办法）第四十条规定：

一项销售行为如果既涉及服务又涉及货物，为混合销售。从事货物的生产、批发或者零售的单位和个体工商户的混合销售行为，按照销售货物缴纳增值税；其他单位和个体工商户的混合销售行为，按照销售服务缴纳增值税。

本条所称从事货物的生产、批发或者零售的单位和个体工商户，包括以从事货物的生产、批发或者零售为主，并兼营销售服务的单位和个体工商户在内。

《关于进一步明确营改增有关征管问题的公告》（国家税务总局公告 2017 年第 11 号）规章中部分规定：

一、纳税人销售活动板房、机器设备、钢结构件等自产货物的同时提供建筑、安装服务，不属于《营业税改征增值税试点实施办法》（财税〔2016〕36号文件印发）第四十条规定的混合销售，应分别核算货物和建筑服务的销售额，分别适用不同的税率或者征收率。

……

四、一般纳税人销售电梯的同时提供安装服务，其安装服务可以按照甲供工程选择适用简易计税方法计税。纳税人对安装运行后的电梯提供的维护保养服务，按照"其他现代服务"缴纳增值税。

五、纳税人提供植物养护服务，按照"其他生活服务"缴纳增值税。

【审计思路】

审计人员在审计子公司类似业务时，首先要区分业务是混合销售业务还是兼营业务，对于混合销售业务，要区分混合销售业务的一般规定和特别规定，以免因不了解法规规章，从高适用了业务税率，使企业错误承担了税负，多缴纳税款；特别观察纳税人销售活动板房、机器设备、钢结构件等自产货物的同时提供建筑、安装服务相关的业务涉税处理。

（二）关于放弃减税、免税权的相关规定思考

《增值税法（征求意见稿）》（尚未生效）第三十二条规定：

纳税人发生应税交易适用减税、免税规定的，可以选择放弃减税、免税，依照本法规定缴纳增值税。

纳税人同时适用两个以上减税、免税项目的，可以分不同减税、免税项目选择放弃。

放弃的减税、免税项目三十六个月内不得再减税、免税。

《增值税暂行条例实施细则》第三十六条规定，纳税人销售货物或者应税劳务适用免税规定的，可以放弃免税，依照条例的规定缴纳增值税。放弃免税后，三十六个月内不得再申请免税。

《国家税务总局关于发布〈出口货物劳务增值税和消费税管理办法〉的公告》（国家税务总局公告2012年第24号）和《国家税务总局关于〈出口货物劳务增值税和消费税管理办法〉有关问题的公告》（国家税务总局公告2013年第12号）规定，适用增值税免税政策的出口货物劳务，出口企业或其他单位如果放弃免税，实行按内销货物征税的，应向主管税务机关报送《出口货物劳务放弃免税权声明表》，办理备案手续。自备案次月起执行征税政策，三十六个月内不得变更。

《关于将铁路运输和邮政业纳入营业税改征增值税试点的通知》（财税〔2013〕106号）文件第十五条规定，一般纳税人提供应税服务适用一般计税方法计税。一般纳税人提供财政部和国家税务总局规定的特定应税服务，可以选择适用简易计税方法计税，但一经选择，三十六个月内不得变更。

《财政部　国家税务总局关于部分货物适用增值税低税率和简易办法征收增值税政策的通知》（财税〔2009〕9号）规定，一般纳税人销售自产的下列货物，可选择按照简易办法依照6%征收率计算缴纳增值税〔根据《财政部、国家税务总局关于简并增值税征收率政策的通知》（财税〔2014〕57号），本法规条款中"依照6%征收率"自2014年7月1日起调整为"依照3%征收率"〕：

（1）县级及县级以下小型水力发电单位生产的电力；

（2）建筑用和生产建筑材料所用的砂、土、石料；

（3）以自己采掘的砂、土、石料或其他矿物连续生产的砖、瓦、石灰（不含黏土实心砖、瓦）；

（4）用微生物、微生物代谢产物、动物毒素、人或动物的血液或组织制成的生物制品；

（5）自来水；

（6）商品混凝土（仅限于以水泥为原料生产的水泥混凝土）。

一般纳税人选择简易办法计算缴纳增值税后，三十六个月内不得变更。

《国家税务总局关于药品经营企业销售生物制品有关增值税问题的公告》（国家税务总局公告2012年第20号）规定，属于增值税一般纳税人的药品经营企业销售生物制品，可以选择简易办法按照生物制品销售额和3%的征收率计算缴纳增值税，三十六个月内不得变更计税方法。

【审计思路】

首先，在放弃减免税后，一般纳税人三十六个月内不得再享受减免税，所以要慎重；享受的简易征税，按征收率3%计税，销项税额减少，但是有个问题是进项税额不能抵扣，还要考虑客户的接受度。

《关于全面推开营业税改征增值税试点的通知》（财税〔2016〕36号文）第二十七条中部分规定：下列项目的进项税额不得从销项税额中抵扣：

（一）用于简易计税方法计税项目、免征增值税项目、集体福利或者个人消费的购进货物、加工修理修配劳务、服务、无形资产和不动产。其中涉及的固定资产、无形资产、不动产，仅指专用于上述项目的固定资产、无形资产（不包括其他权益性无形资产）、不动产。纳税人的交际应酬消费属于个人消费。

工作实践中，我们曾经策划将子公司商砼公司（生产水泥混凝土）变更增值税计征方式为简易征收，但因为商砼公司在建设期有大量的设备和运输设备投资，如果在运营前期申请简易征收，将会导致大量的进项税额无法抵扣，存在税收损失，我们及时暂停了简易征收方案。但是在持续运营期间，公司仍可以考虑是否采用简易征收，降低税负，做好税务筹划测算。

《关于发布〈纳税人转让不动产增值税征收管理暂行办法〉的公告》（国家税务总局公告2016年第14号）对企业不动产转让增值税简易征收税收优惠和个人转让不动产做

了规定。《关于全面推开营业税改征增值税试点的通知》（财税〔2016〕36号文附件三试点过渡政策的规定）对过渡期的各项衔接优惠政策做了规定，在这里不一一展开。

（三）关于增值税差额征税的相关规定

根据《财政部 国家税务总局关于全面推开营业税改征增值税试点的通知》（财税〔2016〕36号）及《财政部 国家税务总局关于进一步明确全面推开营改增试点有关劳务派遣服务、收费公路通行费抵扣等政策的通知》（财税〔2016〕47号）的相关规定，营改增差额征税是指营业税改征增值税应税服务的纳税人，按照国家有关营业税差额征税的政策规定，以取得的全部价款和价外费用扣除支付给规定范围纳税人的规定项目价款后的不含税余额为销售额的征税方法。

差额征税相关规定汇总于表11-1。

表 11-1　差额征税相关规定汇总表

序号	类型	政策规定
1	金融商品转让	按照卖出价扣除买入价后的余额为销售额。金融商品转让，不得开具增值税专用发票
2	经纪代理服务	以取得的全部价款和价外费用，扣除向委托方收取并代为支付的政府性基金或者行政事业性收费后的余额为销售额。向委托方收取的政府性基金或者行政事业性收费，不得开具增值税专用发票，可以开具增值税普通发票
3	融资租赁	以收取的全部价款和价外费用，扣除支付的借款利息、发行债券利息和车辆购置税后的余额为销售额
4	融资性售后回租服务	以取得的全部价款和价外费用（不含本金），扣除对外支付的借款利息、发行债券利息后的余额作为销售额
5	电信企业为公益性机构接受捐款	以其取得的全部价款和价外费用，扣除支付给公益性机构捐款后的余额为销售额。其接受的捐款，不得开具增值税专用发票
6	房地产开发企业销售房地产项目	一般纳税人销售其开发的房地产项目，以取得的全部价款和价外费用，扣除受让土地时向政府部门支付的土地价款后的余额为销售额。注意，选择简易计税方法的房地产老项目除外
7	转让2016年4月30日前取得的土地使用权	选择适用简易计税方法，以取得的全部价款和价外费用减去取得该土地使用权的原价后的余额为销售额，按照5%的征收率计算缴纳增值税
8	建筑服务	一般纳税人跨县（市）提供建筑服务，适用一般计税方法计税的，应以取得的全部价款和价外费用为销售额计算应纳税额。纳税人应以取得的全部价款和价外费用扣除支付的分包款后的余额预缴税款
9		适用简易计税方法的，以取得的全部价款和价外费用扣除支付的分包款后的余额为销售额，并按此计税方法在建筑服务发生地预缴税款

（续表）

序号	类型	政策规定
10	转让不动产	一般纳税人转让其 2016 年 4 月 30 日前取得（不含自建）的不动产，可以选择适用简易计税方法计税，以取得的全部价款和价外费用扣除不动产购置原价或者取得不动产时的作价后的余额为销售额，按照 5% 的征收率计算应纳税额。纳税人应按照上述计税方法向不动产所在地主管地税机关预缴税款，向机构所在地主管国税机关申报纳税
11		一般纳税人转让其 2016 年 4 月 30 日前取得（不含自建）的不动产，选择适用一般计税方法计税的，以取得的全部价款和价外费用为销售额计算应纳税额。纳税人应以取得的全部价款和价外费用扣除不动产购置原价或者取得不动产时的作价后的余额，按照 5% 的预征率向不动产所在地主管地税机关预缴税款，向机构所在地主管国税机关申报纳税
12	转让不动产	小规模纳税人销售其取得（不含自建）的不动产，应以取得的全部价款和价外费用减去该项不动产购置原价或者取得不动产时的作价后的余额为销售额，按照 5% 的征收率计算应纳税额。纳税人应按照上述计税方法向不动产所在地的主管地税机关预缴税款，向机构所在地主管国税机关进行纳税申报
13		其他个人销售其取得（不含自建）的不动产（不含其购买的住房），应以取得的全部价款和价外费用减去该项不动产购置原价或者取得不动产时的作价后的余额为销售额，按照 5% 的征收率缴纳增值税
14		北京市、上海市、广州市和深圳市，个体工商户和个人将购买 2 年以上（含 2 年）的非普通住房对外销售的，以销售收入减去购买住房价款后的差额按照 5% 的征收率缴纳增值税
15	航空运输业	航空运输企业的销售额，应扣除代收的机场建设费和代售其他航空运输企业客票而代收转付的价款
16	一般纳税人提供客运场站服务	以其取得的全部价款和价外费用，扣除支付给承运方运费后的余额为销售额
17	中国证券登记结算公司	销售额不包括以下资金项目：按规定提取的证券结算风险基金；代收代付的证券公司资金交收违约垫付资金利息；结算过程中代收代付的资金交收违约罚息
18	旅游服务	可以选择以取得的全部价款和价外费用，扣除向旅游服务购买方收取并支付给其他单位或者个人的住宿费、餐饮费、交通费、签证费、门票费和支付给其他接团旅游企业的旅游费用后的余额为销售额。向旅游服务购买方收取并支付的上述费用，不得开具增值税专用发票，可以开具普通发票
19	劳务派遣服务	可以选择差额纳税，以取得的全部价款和价外费用，扣除代用工单位支付给劳务派遣员工的工资、福利和为其办理社会保险及住房公积金后的余额为销售额
20	安全保护服务	以取得的全部价款和价外费用，扣除代用工单位支付给外派员工的工资、福利和为其办理社会保险及住房公积金后的余额为销售额

序号	类型	政策规定
21	物业管理服务中收取自来水水费	向服务接收方收取的自来水水费，以扣除其对外支付的自来水水费后的余额为销售额，按照简易计税办法依 3% 的征收率计算缴纳增值税

《关于全面推开营业税改征增值税试点有关税收征收管理事项的公告》（国家税务总局公告 2016 年第 23 号，部分条款废止）第四条规定，按照现行政策规定适用差额征税办法缴纳增值税，且不得全额开具增值税发票的（财政部、税务总局另有规定的除外），纳税人自行开具或者税务机关代开增值税发票时，通过新系统中差额征税开票功能，录入含税销售额（或含税评估额）和扣除额，系统自动计算税额和不含税金额，备注栏自动打印"差额征税"字样，发票开具不应与其他应税行为混开。

【审计思路】

审计人员在审计子公司时，如涉及以上业务，需仔细核对，是否按相关税务优惠政策操作；如果可以差额征税，而实际按全额开具发票计税，就会给企业带来税务损失；假如一般纳税人转让 2016 年 4 月 30 日前取得的不动产（不含自建），适用一般计税方法计税，即按现行不动产转让 9% 的税率全额征税，而没有选择按简易计税方法计税，即以取得的全部价款和价外费用扣除不动产购置原价或者取得不动产时的作价后的余额为销售额，按照 5% 的征收率计算应纳税额，将给企业带来大额税务损失。

（四）关于兼营不同增值税税率项目相关规定

《增值税法（征求意见稿）》（尚未生效）第二十六条规定：

纳税人发生适用不同税率或者征收率的应税交易，应当分别核算适用不同税率或者征收率的销售额；未分别核算的，从高适用税率。

《增值税暂行条例》（2017 年修订）第三条规定：

纳税人兼营不同税率的项目，应当分别核算不同税率项目的销售额；未分别核算销售额的，从高适用税率。

《营业税改征增值税试点实施办法》（营改增 36 号文件附件一）第三十九条规定：

纳税人兼营销售货物、劳务、服务、无形资产或者不动产，适用不同税率或者征收率的，应当分别核算适用不同税率或者征收率的销售额；未分别核算的，从高适用税率。

【审计思路】

企业如果兼营不同增值税税率的项目未分别核算销售额，税务部门有可能会认为企业故意将高税率销售混入低税率销售中，一旦要求企业全部业务从高适用税率，将给企业带来较大的税务损失。故如果企业兼营不同增值税税率项目，一定要分类做好各项目的独立核算。审计人员在审计这类子公司时，需要核查其是否按规范要求进行财务核算和管理，规避税务风险。

（五）关于深化增值税改革的有关政策

《关于深化增值税改革有关政策的公告》（财政部　税务总局　海关总署公告 2019 年第 39 号）中的部分规章规定：

一、增值税一般纳税人（以下称纳税人）发生增值税应税销售行为或者进口货物，原适用 16% 税率的，税率调整为 13%；原适用 10% 税率的，税率调整为 9%。

二、纳税人购进农产品，原适用 10% 扣除率的，扣除率调整为 9%。纳税人购进用于生产或者委托加工 13% 税率货物的农产品，按照 10% 的扣除率计算进项税额。

三、原适用 16% 税率且出口退税率为 16% 的出口货物劳务，出口退税率调整为 13%；原适用 10% 税率且出口退税率为 10% 的出口货物、跨境应税行为，出口退税率调整为 9%。

四、适用 13% 税率的境外旅客购物离境退税物品，退税率为 11%；适用 9% 税率的境外旅客购物离境退税物品，退税率为 8%。

五、自 2019 年 4 月 1 日起，《营业税改征增值税试点有关事项的规定》（财税〔2016〕36 号印发）第一条第（四）项第 1 点、第二条第（一）项第 1 点停止执行，纳税人取得不动产或者不动产在建工程的进项税额不再分 2 年抵扣。此前按照上述规定尚未抵扣完毕的待抵扣进项税额，可自 2019 年 4 月税款所属期起从销项税额中抵扣。

六、纳税人购进国内旅客运输服务，其进项税额允许从销项税额中抵扣。

七、自 2019 年 4 月 1 日至 2021 年 12 月 31 日，允许生产、生活性服务业纳税人按照当期可抵扣进项税额加计 10%，抵减应纳税额（以下称加计抵减政策）。

八、自 2019 年 4 月 1 日起，试行增值税期末留抵税额退税制度。

（详细条文规定可查询完整公告）

【审计思路】

政府为促进经济发展，多次减税降费，增值税税率也几次下降。在这个过程中，因为部分企业与供应商签订的总价合同中未明确规定开具多少税率的增值税发票，只是模糊规定需要开具增值税发票，在降低税率后，这部分降低税率的优惠，就需要双方博弈谈判。审计人员在审计中可以建议企业在与供应商签订的总价合同中直接注明不含税总价和税额或注明开具多少税率的发票，如税率变动，含税总价相应变动。

针对规章中的税务优惠政策，如国内旅客运输服务进项抵税、生产 + 生活性服务业纳税人进项税可加计 10%、期末留抵税额退税等，审计人员可查对被审计单位是否有对应项目可享受。

（六）若干增值税的相关税务规章

《关于取消增值税扣税凭证认证确认期限等增值税征管问题的公告》（国家税务总局公告 2019 年第 45 号）有关增值税发票取消认证确认、稽核比对、申报抵扣期限等的相关规定。

《关于继续执行研发机构采购设备增值税政策的公告》（财政部公告 2019 年第 91 号）继续对内资研发机构和外资研发中心采购国产设备全额退还增值税的相关规定。

《关于资源综合利用增值税政策的公告》（财政部 税务总局公告 2019 年第 90 号）有关磷石膏、废玻璃等资源综合利用增值税政策。

各项相关税务政策，需要审计人员及时学习，不断更新知识库，只有这样才能在审计中精益求精，提出有建设性的意见。

（七）自产应税消费品用于业务宣传、对外赞助等的税务要求

《消费税暂行条例》第四条规定：

纳税人生产的应税消费品，于纳税人销售时纳税。纳税人自产自用的应税消费品，用于连续生产应税消费品的，不纳税；用于其他方面的，于移送使用时纳税。

《消费税暂行条例实施细则》第六条规定：

暂行条例第四条第一款所称用于连续生产应税消费品，是指纳税人将自产自用的应税消费品作为直接材料生产最终应税消费品，自产自用应税消费品构成最终应税消费品的实体。

条例第四条第一款所称用于其他方面，是指纳税人将自产自用应税消费品用于生产非应税消费品、在建工程、管理部门、非生产机构、提供劳务、馈赠、赞助、集资、广告、样品、职工福利、奖励等方面。

【审计思路】

关于法规规章中用于其他方面的，于移送使用时纳税，需要缴纳消费税；这些方面是将自产自用应税消费品用于生产非应税消费品、在建工程、管理部门、非生产机构、提供劳务、馈赠、赞助、集资、广告、样品、职工福利、奖励等方面。企业对以上其他方面的移送使用，一定要及时计提和缴纳消费税，规避税务风险。

四、合理避税与纳税筹划

合理避税的前提是要合法，通过纳税筹划来减轻个人、企业的税务负担，增加收入。审计人员在参与税务管理审计，提议纳税筹划方案时，切记减轻税务负担的前提是别违法，别带来风险，应把防范税务风险放在第一位，也就是说控制企业风险比节税更重要。

税务筹划是一种事先的安排，而不是事后"诸葛亮"，我们要提示对国家提供的税务优惠能享尽享；税务优惠的提供，也是为了促进相关行业的发展。对于有附加条件的税务优惠，可以对照文件要求，思索是否可以达到；在合法的前提下，如果通过纳税筹划可以达到条件，可以提出审计建议提交公司经营管理层定夺。

我们简要介绍几种常见的税务筹划方式。

（1）利用地区税收优惠政策

国内一些经济特区、经济开发区、经济园区等会有地方税务优惠，如地方税务减免、地方税务留成返还、房租补贴、项目资金补贴等。一些轻资产项目会考虑这方面的经济环境。例如，影视行业扎堆前往新疆霍尔果斯注册公司，主要就是考虑利用当地的税收优惠政策。

（2）利用行业优惠政策

政府对一些关系国计民生的行业、鼓励优先发展的科技行业都会有一定的优惠政策，如养老、医疗、教育等行业。《中国制造2025》规划打造中国的制造强国未来，其中十大领域，包括新一代信息技术产业、高档数控机床和机器人、航空航天装备、海洋工程装备及高技术船舶、先进轨道交通装备、节能与新能源汽车、电力装备、农机装备、新材料、生物医药及高性能医疗器械等，也是目前享有税务优惠和政府项目资金支持的行业。

（3）利用税收优惠政策减少税负

涉及各税种的法律、法规和规章，很多都有税收优惠条款，财政部、海关总署、国税总局等行政机关也会适时发布一些涉及税收优惠的文件。审计人员需要熟练掌握各项政策规定，理论结合实际，审查公司税务管理，推动公司对各项税务优惠政策的享受。

（4）加强内部财务管理，合法列支

日常的财务列支要取得合法凭据，不合规的票据将被要求在企业所得税税前调整，不予税前扣除；例如，对会议费的列支，要求有明细项目附加证明；对财产被盗损失，要有公安机关报案等资料。除达到要求的小额零星费用列支，无合法票据的白条列支将被税前调整，不予税前扣除。

第三节　税务管理审计案例解析

一、关于房产税的审计项目案例

集团审计部在审计下属子公司的税务管理情况时，发现存在如下情况。

（一）A公司

1.审计情况

A公司属自建厂房和投入设备运营的机械制造工厂，投产后已运营两年。审计人员查阅公司固定资产卡片清单，发现在房屋建筑物大类中存在列名为"生产厂房机器设备基础"资产项目 1 500 万元，审计人员对这个资产项目产生疑惑，于是要求公司工程项目部提供了建设项目合同和项目竣工结算书。

经过查对资料，生产厂房机器设备基础资产总价 1 500 万元，其中包括锅炉房、厂房、综合楼、磨砂车间土建工程 800 万元，需安装机器设备基础工程 700 万元。公司未将需安装机器设备基础工程分开归类，和其他资产统一归类在厂房建筑物类别下，并已据此缴纳房产税，按房产税计算方式，公司过去两年已累计多缴纳房产税 $700 \times 0.7 \times 0.012 \times 2 = 11.76$（万元）。

2. 审计解析

固定资产的成本，是指企业购建某项固定资产达到预定可使用状态前所发生的一切合理、必要的支出。固定资产原值指项目投产时（达到预定可使用状态）按规定由投资形成固定资产的价值，包括工程费用（设备购置费、安装工程费、建筑工程费）和工程建设其他费用中应计入固定资产原值的部分。

A 公司错误地将应分类归属到相应机器设备类的机器设备基础工程支出，而归属在厂房建筑物类，增加了房产税的计税基础：应税房屋原值。如果集团审计人员没有及时发现，企业也未有自查纠正，以建筑物会计折旧 20 年作为使用年限测算，企业将累计多缴纳房产税 117.6 万元，造成较大的税务损失。

（二）B 公司

1. 审计情况

B 公司属自建厂房和投入设备运营的建材制造工厂，已投产运营三年多。查阅公司固定资产卡片清单，房屋建筑类资产项目原值 5 000 万元；查阅公司房产税申报表时，发现申报的应税房屋原值也是 5 000 万元，审计人员产生疑惑，要求公司人员提供固定资产目录清单。经查对，由于公司管理人员税务申报错误，将会计分类的房屋建筑物原值 5 000 万元（其中有 1 500 万元不属于房产税从价计征时的计税基础），等同视为房产税从价计征时的应税房屋原值；按房产税计算方式，过去三年已累计多缴纳房产税 37.8 万元。

2. 审计解析

房产税在城市、县城、建制镇和工矿区征收，由产权所有人缴纳，是对产权所有人的财产房屋征收的一种财产税。

房产税从价计征的房屋原值与会计上的"固定资产——房屋建筑物"科目不完全一致。

（1）与房屋不可分割的各种附属设施或不单独计价的配套设施，也属于房屋，应一并征收房产税。

（2）独立于房屋之外的建筑物（如水塔、围墙等）不属于房屋，不征房产税。

（3）房地产开发企业建造的商品房，在出售前，不征收房产税；但对出售前房地产开发企业已使用或出租、出借的商品房应按规定征收房产税。

案例中 B 公司混淆这两个概念，将会计上的固定资产——房屋建筑物价值与房产税从价计征时计税基础房屋原值等同，错误地扩大了计算房产税的房屋价值范围，超出范围的有：厂区道路、烟囱、水井、围墙、停车场、码头、园林景观等，合计价值 1 500 万元；按当地房产税计算方式，过去三年已累计多缴纳房产税 37.8 万元。如果审计人员没有及时发现，企业后期未及时纠正，在房产建筑物的使用年限内，未来将每年多缴纳房产税 12.6 万元，给企业造成税务损失。集团审计部要求被审计单位及时纠正错误，调整后期申报计税基础，同时对过去三年已多缴纳的 37.8 万元与税务部门协商退回或是在后期申报中抵减。

（三）C 公司

1. 审计情况

C 公司属处于产业转型中的制造工厂，有部分闲置厂房处于出租经营中，因这部分闲置厂房属 2016 年 5 月 1 日之前的老建筑，故对出租收入公司选择按简易征收方式申报增值税，征收率 5%，2017 年含税房租收入 1 200 万元，2018 年含税房租收入 1 260 万元。2019 年年初，审计人员查对公司房产税申报表，发现公司对这部分从租计征房产税是直接以含税房租收入进行申报，申报房产税的计税基础错误，两年合计多缴纳房产税 14.06 万元。

2. 审计解析

房产出租的，以房产租金收入为房产税的计税依据，依照房产租金收入计算缴纳的，税率为 12%。这里的租金收入是不含增值税的收入。C 公司过去两年含税房租收入 2 460 万元，其中包括按 5% 征收率计征的增值税 117.14 万元，以含税价计征房产税，等于将增值税部分也计征了房产税，从租计征 12%，多缴纳了 14.06 万元。集团审计部要求被审计单位及时纠正，后期以不含税出租收入申报从租计征的房产税，并就过去两年累计多缴纳的房产税 14.06 万元与税务部门协商沟通，申请退回或在后期申报中抵减。

二、关于税收优惠的适用情况案例

（一）D 公司

1. 审计情况

D 集团公司出资 5 000 万元投资 AB 公司，从事汽车配件制造，占 AB 公司股权 60%。AB 公司 2017 年实现盈利 1 000 万元，2018 年实现盈利 1 200 万元，2019 年实现盈利 800 万元。D 公司从集团整体发展战略考虑，计划在 2020 年年初将 AB 公司的股权以 7 000 万元转让给某实业公司，集团审计部参与了股权转让的方案讨论，提出了先进行利润分配再进行股权转让的方案，获得赞赏。

2. 审计解析

不考虑其他附加税费，从企业所得税角度进行测算。

原方案：转让收入 7 000 万元，减去投资成本 5 000 万元，转让收入计入企业所得税，需要纳税 2 000 × 0.25 = 500（万元）。

先进行利润分配再进行股权转让方案：

按 60% 股权分配 2017—2019 年的累计利润（1 000 + 1 200 + 800）× 60% =1 800（万元）

则股权转让定价为 7 000 − 1 800 = 5 200（万元）

需要缴纳企业所得税（5 200 − 5 000）× 0.25 = 50（万元）

与原方案相比，方案优化后节约税负 450 万元。

《企业所得税法》第六条规定，"企业以货币形式和非货币形式从各种来源取得的收入，为收入总额。包括：（三）转让财产收入。"

《企业所得税法》第二十六条规定，"企业的下列收入为免税收入：（二）符合条件的居民企业之间的股息、红利等权益性投资收益。"

（二）E 公司

1. 审计情况

D 集团公司投资设立了 E 公司，从事光伏发电项目业务；2018 年 5 月初并网发电，当年实现售电含税业务收入 1 276 万元；收到项目建设 PC 总包方开具的设备发票 500 万元，税额 85 万元，当年缴纳增值税 91 万元，2018 年企业所得税汇算清缴纳税 0 元。集团审计部对项目进行审计，发现存在一项税务优惠增值税即征即退尚未享受，多纳税 45.5 万元。

2. 审计解析

集团审计部梳理了 E 公司的纳税情况：

《关于调整增值税税率的通知》（财税〔2018〕32 号）自 2018 年 5 月 1 日起纳税人发生增值税应税销售行为或者进口货物，原适用 17% 和 11% 税率的，税率分别调整为 16% 和 10%。

当年销项税额 1 276 ÷ 1.16 × 0.16 = 176（万元）

进项税额 85 万元，应纳税额 91 万元，已缴税金 91 万元，看起来好像没有错误。

《企业所得税法实施条例》第八十七条、《企业所得税法》第二十七条第（二）项所称国家重点扶持的公共基础设施项目，是指《公共基础设施项目企业所得税优惠目录》规定的港口码头、机场、铁路、公路、城市公共交通、电力、水利等项目。

企业从事前款规定的国家重点扶持的公共基础设施项目的投资经营所得，自项目取得第一笔生产经营收入所属纳税年度起，第一年至第三年免征企业所得税，第四年至第六年减半征收企业所得税。

企业从事光伏发电售电业务，已办理了企业所得税三免三减半备案手续，2018 年企业所得税汇算清缴纳税 0 元，符合要求。

集团审计部审计人员查对相关法条，发现如下税收优惠企业未享受：《关于继续执行光伏发电增值税政策的通知》（财税〔2016〕81 号）规定，"自 2016 年 1 月 1 日至 2018 年 12 月 31 日，对纳税人销售自产的利用太阳能生产的电力产品，实行增值税即征即退 50% 的政策。" E 公司 2018 年度因售电业务缴纳增值税 91 万元，未办理增值税即征即退手续，多缴纳税收 45.5 万元。集团审计部及时报备和通知业务部门，经过与税务机关沟通，通过修正增值税申报左改右，挽回了税收损失。

（三）F 公司

1. 审计情况

F 公司是 D 集团的下属子公司，从事体育器材制造。F 公司所在地是城区，随着当地社会经济发展，F 公司所有的土地和房产增值很大，土地和房产在 2013 年 1 月购入时的价值是 3 000 万元，缴纳契税 90 万元。集团公司从整体利益出发，计划将 F 公司所有的土地和房产出售变现；经过推广销售，目标客户愿意出价 9 300 万元（含税）。如果计划在 2020 年 1 月出售，如何操作对公司最有利？是直接进行资产挂牌出售还是其他方式？集团审计部参与方案研讨，提出剥离 E 公司除房地产外的其他业务和资产，以出售子公司股权方式实现企业价值最大化。

2. 审计解析

不动产直接挂牌出售，需要考虑土地增值税等问题。

纳税人转让不动产，产权变更登记日期在 2016 年 4 月 30 日前的项目，可以按老项目增值税简易征收 5% 税率计算。

需缴纳增值税：（9 300 – 3 000）÷ 1.05 × 5% = 300（万元）

附加税费：300 ×（5%+3%+2%）= 30（万元）

印花税费：9 300 ÷ 1.05 × 0.000 5 = 4.43（万元）

旧房及建筑物的评估价格，可按发票所载金额并从购买年度起至转让年度止每年加计 5% 计算扣除。计算扣除项目时"每年"按购房发票所载日期起至售房发票开具之日止，每满 12 个月计一年；超过一年，未满 12 个月但超过 6 个月的，可以视同一年。

评估价格：3 000 ×（1+7 × 5%）= 4 050（万元）

可以扣除的金额合计数：4 050+90+30+4.43 = 4 174.43（万元）

增值额：9 300 ÷ 1.05 – 4 174.43 = 4 682.71（万元）

增值率：4 682.71 ÷ 4 174.43 × 100% = 112.18%

适用税率 50%，速算扣除系数 15%，应纳土地增值税：

4 682.71 × 50% – 4 174.43 × 15% = 1 715.2（万元）

如果以出售转让子公司股权方式（不含税价 8 857.14 万元），不涉及土地增值税、增值税和附加税费；也就是说如果以直接转让房地产方式，相较增加的税费达到 1 745.2 万元（即使考虑资本转让所得税，仍有较大税负节约）。

（四）G 公司

1. 审计情况

G 公司是市政混凝土产品制造公司，2019 年开始承建城市交通项目，项目在《公共基础设施项目企业所得税优惠目录》范围之内。该企业 2019 年实现营业收入 8 亿元、利润 2 亿元，共同项目费用 1 亿元，其中城市交通项目收入 2 亿元、成本和税金 1.1 亿元。集团审计部参与了子公司税务筹划，并考虑对比了如下两种方式：

（1）城市交通项目与其他项目分开核算；

（2）城市交通项目与其他项目不分开核算。

希望通过比较，选择一个最优方案。

2. 审计解析

国税发〔2009〕80 号文件内容，对居民企业（以下简称企业）经有关部门批准，从事符合《公共基础设施项目企业所得税优惠目录》（财税〔2008〕46 号）（以下简称《目录》）规定范围、条件和标准的公共基础设施项目的投资经营所得，自该项目取得第一笔生产经营收入所属纳税年度起，第一年至第三年免征企业所得税，第四年至第六年减半征收企业所得税。企业同时从事不在《目录》范围的生产经营项目取得的所得，应与享受优惠的公共基础设施项目经营所得分开核算，并合理分摊企业的期间共同费用；没有单独核算的，不得享受上述企业所得税优惠。

方式一：城市交通项目与其他项目分开核算，且确定选择按销售收入比例分摊共同费用

城市交通项目应分摊的共同费用：20 000 ÷ 80 000 × 20 000 = 5 000（万元）

城建交通项目利润：20 000 – 11 000 – 5 000 = 4 000（万元）

2019 年应纳企业所得税：（20 000 – 4 000）× 25% = 4 000（万元）

方式二：没有按项目进行分开核算

2019 年应纳企业所得税：20 000 × 25% = 5 000（万元）

通过比较可以看出，如果没有分开核算，将要多缴纳企业所得税 1 000 万元。所以，对于多项目经营企业，有《目录》业务和非《目录》业务的，在日常管理过程中要注意将《目录》内项目与《目录》外项目分开核算、分摊费用、分设账目，加强与税务机关的沟通，以保证该享受的税收优惠政策能落实到位。

第十二章

数据化信息系统审计

第一节　数据化信息系统审计概述

一、工业企业开展信息系统审计背景

2015 年 5 月发布的《中国制造 2025》，是中国实施制造强国战略第一个十年的行动纲领，是部署全面推进实施制造强国的战略文件。"中国制造 2025"中提出了以信息技术与制造技术深度融合的数字化、网络化、智能化制造为主线，也明确了制造业发展的新趋势。

随着国内传统制造业与信息化的深入融合，工业"智"造快速发展，国内工业企业内部生产流程和管理中综合集成了各种类型的信息系统，涵盖工业自动化管理、生产过程管理、质量管理、产品管理、财务管理和综合管理等各个方面。伴随工业数字化、网络化、智能化的持续推进，工业企业对信息技术的投入越来越大，信息化程度的快速发展，促进了工业企业经营管理水平的提高，但也随之给工业企业引入了信息科技风险。在信息化进程中可能存在生产系统不明故障、操作轨迹未留痕、后台数据被非法篡改、开发流程管控缺失以及人为欺诈等各类风险。

同时工业企业信息化控制系统往往涉及一个城市或国家的重要基础设施，比如电力、燃气、自来水和交通等。一旦"中招"，后果非常严重，影响广泛。基于工业企业管理高度信息化的环境，工业企业的内部审计部门迫切需要承担起应负的责任，对工业企业信息系统开展审计，保证信息系统的稳定性和安全性，增强对信息科技风险的内部控制有效性。

2008 年财政部等五部委联合发布的《企业内部控制基本规范》指出："企业应当加强对信息系统开发与维护、访问与变更、数据输入与输出、文件储存与保管、网络安全等方面的控制，保证信息系统安全稳定运行。"2011 年审计署出台的《审计署"十二五"审计工作发展规划》指出，要"积极开展信息系统审计"，以实现控制目标。工业企业自身高度的信息化应用需要，要求内部审计部门运用信息技术开展信息系统审计，评价组织关于信息技术的管理目标是否实现。

2015 年，为适应新技术的发展，解决云计算、物联网、移动互联和工控领域信息系统的等级保护工作的需要，信息技术新领域等级保护重点标准申报国家标准的工作开展，标志着等级保护正式进入 2.0 时代。除了安全通用要求，"等保 2.0"对工业控制系统提出了安全扩展要求，以适用工业控制的特有技术和应用场景特点。

国内各级政府机构发布的一系列法律法规要求都提出要对工业企业开展信息系统的审计工作，工业企业信息系统审计成为一个不可回避的课题。

二、工业企业信息系统审计内容和方法

工业企业内审部门面对庞大的"待审计业务系统和数据",如何对系统进行评价和鉴定,对数据进行挖掘、分析、判断,发挥内部审计部门在防范风险、强化管理和提供增值服务中的作用呢?本章将对国内外专业机构发布的信息系统审计相关框架和指引进行解读,对工业企业开展信息系统审计的难点进行分析,对优秀案例进行展现,为工业企业内部审计部门开展信息系统审计提供帮助和指引。

(一)信息系统审计内容

要开展信息系统审计,我们首先要明白信息系统审计的外延和内涵。"对信息系统进行审计,利用信息系统进行审计"是信息系统审计的概括。但在实践中,大部分企业内部审计部门的信息化审计往往只践行了一部分,仅停留在"利用信息系统进行审计",即通过信息系统提高审计效率,拓展审计范围;而"对信息系统进行审计"则多流于表面,少有落实,甚至没有开展。对信息系统管控关注度不够,导致信息系统审计发展方向不明确,定位不全面。总体来说,工业企业信息系统审计主要包括以下方面。

第一方面,对信息系统进行审计。

1. 物理和环境安全。信息系统管理及控制设备的安全防护要求,包括放置控制设备的箱体或装置以及控制设备周围的环境。

2. 网络和通信安全。适配于工业控制系统网络环境的网络架构安全防护要求、通信传输要求以及访问控制要求,包括 VPN 及拨号使用控制和无线使用控制的要求。

3. 设备和计算安全。对控制设备的安全要求,控制设备主要是应用到工业控制系统当中执行控制逻辑和数据采集功能的实时控制器设备,如 PLC、DCS 控制器等。

4. 安全建设管理。产品采购和使用,以及软件外包方面的要求,主要针对工控设备和工控专用信息安全产品的要求,以及工业控制系统软件外包时有关保密和专业性的要求。

5. 安全运维管理。漏洞和风险管理、恶意代码防范管理和安全事件处置方面的需求,更加适配工业场景应用和工业控制系统。

第二方面,利用信息系统进行审计。

1. 利用大数据开展审计。使用现有信息系统的数据,协助开展业务审计。在内部审计战略转型的要求下,工业企业内部审计部门在开展审计的过程中,需要将财务、管理等不同系统中提取的数据关联起来,由点到面,对海量数据进行关联分析、分类、聚集、异常检测,通过数据挖掘,探索对企业利益构成影响的异常行为和因素。

2. 建设专业审计信息化平台。一些工业企业的内审部门,投资建设专业审计信息化平台,将内部审计管理、内部风险预警纳入系统管理。通过建立"在线审计风险预警监

控系统"分析模型,实现"多级描述、分层管控"的全面风险评估模式,涵盖企业现存的绝大部分系统风险。通过分析模型实现了统一规范评价标准,丰富和完善风险管理的技术和手段,达到了风险评估方法从"定性"向"定性与定量相结合"的转变,避免经验性审计所造成的风险和弊端。

(二)信息系统审计分类

1. 开展专项信息系统审计

针对信息系统某一部分,或者依据阶段性的文件要求对信息系统的一个方面开展重点审计。因为信息系统审计涉及面比较广,包括信息治理、信息系统管理、信息系统软件、信息系统硬件、维护等方方面面,大部分工业企业的信息系统也比较多,所以在内部审计力量和资源有限的情况下,选择某一方面或者单独某个系统,开展专项信息系统审计是可行之路。

2. 在内控审计中检查 IT 控制

在整体内部控制审计中,其控制矩阵会包含信息系统专门的内部控制检查,分为ITGC(信息系统控制环境检查)、ITAC(信息系统应用控制检查)。在整个企业的内控审计检查中,审计人员往往会发现大部分工业企业的系统安全可靠性问题异常突出,所以只有在系统安全可靠的前提下才能考虑其他审计目标的实现。系统的可靠性除决定于系统的功能外,还决定于操作和内部控制。企业的内部控制包括程序化的控制和要求员工执行的管理制度,所以除对通过计算机硬件实施的控制进行有效性评价外,还应对企业管理制度的完善性、适当性和有效性进行审计,在信息化环境下系统内部控制的测试比单机条件尤其是手工条件下重要得多。

3. 开展全面信息系统审计

对企业整体信息系统进行检查,包含公司 IT 治理审计、信息化管理审计、信息系统开发运维审计等。这不是针对信息系统某一部分,或者对某一个信息系统进行审计,而是对工业企业的整体信息化环境从上至下进行全面审计。这种类型的审计项目对审计人员的要求比较高,内部审计队伍如果不具备前两个类型审计的基础,可能需要寻求外部审计力量的帮助。

4. 利用信息系统的数据开展业务审计

利用信息系统数据和信息技术手段进行审计,最终目的是发现业务漏洞,这种审计是利用信息技术对大数据的快速检索优势进行的审计项目。

信息系统审计框架如图 12-1 所示。

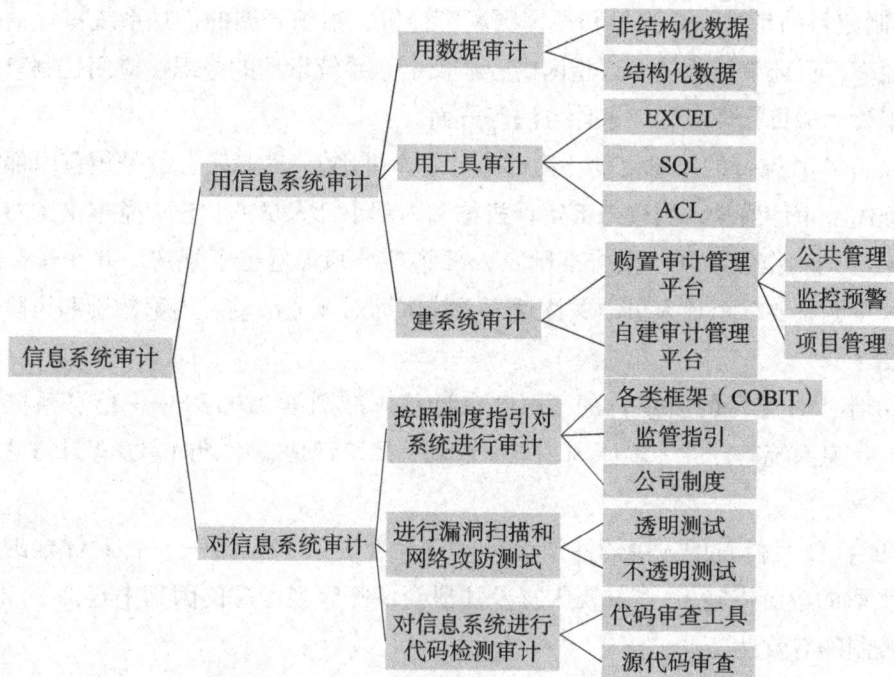

图 12-1　信息系统审计框架

三、数据化信息系统审计的法律和规范

内部审计人员在对工业企业信息系统开展审计项目时，应该事先进行调查研究，编制审计方案；而后按照审计方案来进行审计，最后依据法规和规范对信息化管理和信息系统进行评价，所以对常用信息法规和规范的整体掌握，是进行信息系统审计的必要前提。

（一）国内信息系统审计规范

我国在传统审计业务方面已经建成了一套比较成熟规范的法规、准则体系，但是在信息系统审计准则的建设方面相对滞后，主要零散分布于审计署、内部审计协会等机构的一些规定和指导文件中，没有形成完整的体系。信息系统审计相关的法规、准则文件主要有以下这些。

2011 年 1 月起施行的《中华人民共和国国家审计准则》将信息系统作为审计的重要内容之一，并在相关条款中进行了明确规定，内容涉及初选审计项目进行可行性研究，审计调查了解，判断重要性，对审计事项确定的审计应对措施，对相关信息系统进行有效性、安全性检查的判断，获取的电子审计证据，对审计发现的问题提出处理处罚意见等。

2012 年 2 月由审计署下发施行的计算机审计实务公告第 34 号《信息系统审计指

南》，其制定目的是进一步指导和规范国家审计机关组织开展的信息系统审计活动，提高审计效率，保证审计质量。该指南内容涉及信息系统审计的组织、应用控制审计、一般控制审计、项目管理审计、审计方法等方面。

2014年1月施行的新修订的《内部审计基本准则》，其制定目的是规范内部审计工作，保证内部审计质量，明确内部审计机构和内部审计人员的责任。基本准则对内部审计的一般准则、作业准则、报告准则及内部管理准则等进行了规定，并在作业准则的第十五条中明确要求审计人员"关注信息系统审计对业务活动、内部控制和风险管理的影响"。

2014年1月施行的新修订的《内部审计具体准则第2203号——信息系统审计》，该准则对信息系统审计的一般原则、审计计划、风险评估、审计内容、审计方法等进行了规定。

2010年11月修订的《中国注册会计师审计准则第1231号——针对评估的重大错报风险采取的应对措施》，该准则中提及注册会计师应当考虑的因素中包括了"信息技术一般控制的有效性"。

2007年《信息安全技术信息系统等级保护基本要求》正式发布执行，2014年《信息安全技术信息系统等级保护基本要求》（GB/T 22239—2008）开始进行修订，修订工作由公安部第三研究所（公安部信息安全等保护评估中心）主要承担。2017年6月《网络安全法》正式执行，明确了网络安全等级保护制度作为落实网络安全法网络安全建设的重要标准依据。2019年5月网络安全等级保护2.0标准正式发布。

整体而言，我国在信息系统审计的基础方面进行了一些规定，但没有实质性的解决方案，审计实践中很难推广。在信息系统审计活动中，信息系统法规、标准及相应指引缺失、不成体系，将会对审计工作质量、审计实践规范、信息系统风险防护等方面产生不利的影响。

表12-1展示了国内主要的信息系统审计准则与规范。

表12-1　国内主要的信息系统审计准则与规范

名称	发布机构
《中华人民共和国国家审计准则》	全国人大
《信息系统审计指南——计算机审计实务公告第34号》	审计署
《中国内部审计准则第1101号——内部审计基本准则》	中国内审协会
《中国内部审计准则第2203号内部审计具体准则——信息系统审计》	中国内审协会
《中国注册会计师审计准则第1231号——针对评估的重大错报风险采取的应对措施》	中国注册会计师协会
《商业银行信息科技风险管理指引》	银保监会
计算机信息系统安全等级保护的技术要求及相关标准	公安部

（二）国外信息系统审计规范

当前国际上常见的信息系统审计规范都是与 IT 治理标准或者指南相对应的。在信息技术快速发展的几十年间，许多国家或机构组织基于自身的认识和研究，发布了各自的 IT 治理框架及评估影响和实施情况的标准体系。这些标准体系已逐步发展为一系列指南，并衍生出与治理框架相对应的信息系统审计标准。目前国际上常用的信息系统审计准则与规范如表 12-2 所示。

表 12-2　国际常用信息系统审计准则与规范

准则名称	准则简称	发布机构	机构简称
《信息及相关技术的控制目标》	COBIT	国际信息系统审计协会	ISACA
《全球技术审计指南》	GTAG	国际内部审计师协会	IIA
《IT 风险评价指南》	GAIT	国际内部审计师协会	IIA
《联邦政府信息系统控制审计手册》	FISCAM	美国审计署	GAO
《信息技术基础架构库》	ITIL	英国中央计算机与电信局	CCTA
《国际信息安全管理标准》	ISO17799/BS7799	国际标准化组织	ISO

IT 治理框架有很多，目的都是对 IT 的某个方面实施控制。国际信息系统审计协会（ISACA）是全球公认的信息科技管治、监控、保安以及标准合规的领导组织，会员遍布逾 160 个国家，总数超过 86 000 人。该协会提出的 COBIT（Control Objectives for Information and Related Technology）是目前国际上通用的信息系统审计标准。这是一个在国际上公认的、权威的安全与信息技术管理和控制标准。该标准体系已在世界一百多个国家的重要组织与企业中运用，指导这些组织有效利用信息资源，有效地管理与信息相关的风险。COBIT 框架被众多组织视为世界领先的信息和技术治理的控制框架。

COBIT 与 GTAG、GAIT、FISCAM、ITIL、ISO17799/BS7799 等标准和规范的侧重点不同，但在对信息系统的控制、安全与服务方面都趋于一致。COBIT 主要侧重于信息系统的管理与治理，从信息系统的技术层面到非技术层面都有所涉及。GTAG 主要侧重信息系统技术方面的审计；GAIT 主要关注信息系统的一般控制，对其关键控制指标进行检验与评估；FISCAM 则注重信息系统的一般控制、应用控制及系统安全；ITIL 则侧重于对信息系统的服务质量的评价与监控；ISO17799/BS7799 主要侧重于信息系统的风险控制与安全管理。

四、工业企业开展信息系统审计的目的

信息系统审计的目标是通过对信息系统管理过程中重要环节的内部控制审计，检查信息系统安全管理、信息技术发展规划、信息系统运行维护管理、信息系统开发管理等方面，揭示信息系统管理中内控环节存在的问题，以完善内部控制，提高信息科技风险的管理水平。同时，内部审计也需评价信息系统运行的效益性，系统运作流程的合理性和合规性。

通过上述的信息系统审计目标，可以分析出工业企业信息系统审计目标，即以系统安全性、有效性、可靠性和效率性四方面问题为基础目标展开审计业务，并针对上述方面的问题提出整改意见和优化建议。

（一）信息系统的安全性

信息系统的安全性是指信息系统的软件和硬件、网络和数据资源是否得到妥善保护，不因自然和人为等外界因素而遭到破坏、更改或者泄露系统中的信息。更具体地说，容易受到影响的资源有应用软件、系统软件、硬件、网络（局域网、无线网）、数据库、消耗性材料和其他设备（如网络打印机等）。硬件可能因为自然天灾等不可抗力因素损坏或者遭到人为破坏；软件可能遭到病毒侵袭或者篡改；网络可能因为弱点、病毒或人为等原因发生网络故障；数据资源可能损坏或丢失；其他设备也可能未经批准被擅自使用。系统的安全性是通过相关的控制措施及冗余措施来加以保证的，所以检查信息系统的安全性就是审查相关的控制措施是否健全有效，容灾措施是否得力，并提出可行的意见及建议。

（二）信息系统的有效性

信息系统的有效性是指系统能否实现既定目标、系统各项业务的处理过程是否符合国家相关法律法规的要求。工业企业信息系统的有效性与工业企业信息系统所定义的工业企业业务相关，要评价系统的有效性，需要对系统的业务进行全面了解。通常在系统稳定运转一定时间之后，再对系统的有效性进行审查评价。通过审查，可以评价系统是否实现了预定的目标。只有有效的系统才能继续运行下去，无效的系统则必须经过修改或重新开发。对系统进行有效性评价的时候，应以业务相关的法律法规为依据，对系统各项业务的处理过程进行详细审查，对其是否符合有关规定进行评价，提出改进建议。对于一些复杂、开发成本高的系统，可以要求审计人员在开发阶段就介入审计。在系统开发阶段，由于用户对系统的需求并不十分清楚，或不完全了解国家相关法律法规，这些都会使系统的有效性受到影响。因此强调审计人员在系统开发阶段就全程参与，从而在源头上提供系统有效性的评估证据。

（三）信息系统的可靠性

信息系统的可靠性是由硬件可靠性、软件可靠性、网络可靠性、数据资源可靠性等决定的。硬件可靠性是指在某个时间周期内，在一定的控制环境下，硬件系统执行设定功能的成功概率。软件可靠性是指在运行环境中，在规定的运行时间或次数下，程序中运行不同测试用例的无差错率。网络的可靠性是指网络畅通、完成预定功能的可靠程度。数据资源的可靠性是指数据的真实性、完整性、准确性和及时性。数据的可靠性取决于信息系统对数据处理的可靠性及保证数据可靠性的控制措施是否健全有效。信息系统的可靠性还和信息系统的容错能力有关，信息系统的一些容错技术可以保证系统在发生错误的情况下最大限度地恢复正常运转。可靠性是信息系统重要的应急性能，特别是在信息系统中需要实时处理的业务，对可靠性要求更高。

（四）信息系统的效率性

信息系统的效率性是指用最少的系统资源的投入产生用户需要的最多信息。信息系统运行需要消耗各种资源，包括机器时间、计算机硬件、软件、人力等，在需要处理的数据量越来越多的情况下，这些资源都是稀缺资源。尤其是在工业企业的业务系统中，系统需要实时处理业务，对信息系统的处理和响应速度要求非常高。信息系统的效率体现在多个方面，如系统硬件处理能力、软件资源和数据资源的优化利用度、数据处理速度、查询的响应时间等。信息系统的效率并不由单个子系统的效率所决定，而是与整个信息系统的效率相关。就像一个木桶所能容纳的水取决于最短的那块木板一样，在评价整个信息系统的效率的时候，应该确定整个系统中的"短板"在哪里，只有这样才能有针对性地加以改进。

除了上述四个基本目标，还需要注意几点：完整性，主要是指信息的精确性和完全性，以及与评价期望相一致；可用性，主要是指在处理需求中，信息是可用的，还指对必要的资源和相关性能的维护；符合性，遵守运作过程中必须遵守的法律、法规和契约条款，如外部强制标准等控制目标。

五、工业企业信息系统审计的发展建议

工业企业的控制系统往往涉及一个城市或国家的重要基础设施，一旦"中招"，后果非常严重，影响广泛。基于工业企业的特殊属性，国家对于工业企业信息安全的重视程度越来越高，所以未来工业企业信息系统审计的要求和标准会越来越高，工业企业必须提高对信息系统审计的认识程度，加大研究投入。

（一）遵循国际标准，建立信息系统审计的整体发展规划

工业企业可以借鉴 COBIT 2019、等级保护 2.0 等国内外标准和原则，进而确立适

合工业企业的审计目标、对象、范围、方法、流程等，具体指导审计工作。工业企业在引入信息系统审计标准后，应对信息系统建设做整体的专业审计规划，制定年度工作目标及三年、五年风险控制目标，并与信息化建设发展相适应，形成审计标准方案和计划。

（二）推行风险导向，设计合理的信息系统审计管理模式

在开展审计过程中，审计人员要注意加强风险管理，加强对监管文件的全面搜集和解读，规避审计风险。在关注重要性的同时，要力求效益性，防止因审计不当导致工业企业新的风险发生。制定相应的风险评估指标，确定有效的风险控制检查表和检查点，形成全面覆盖工业企业各类信息系统和信息系统发展生命周期全过程的审计技术体系。

（三）改善内部审计，培养合格的信息系统审计专业人才

CIA 的《内部审计实务标准》明确要求"每位内部审计师都应该掌握履行其职责所需要的知识、技能和其他能力"。其能力主要包括，严谨的工作作风和高度的责任心，扎实的会计、审计知识和审计技能，敏锐的分析能力和准确的判断能力，文字表达能力；具备经营管理知识，通晓财政经济法规，对本部门、本单位的生产经营有一定了解。这些都不是简单的培训可以做到的，只有职业化才能保证内审工作持续健康发展。

工业企业要改革自身传统的内部审计部门结构与岗位设置，重视审计的开展，培养企业内部的审计专业人才，根据企业信息系统的技术架构和特点，结合审计资源条件，确立审计对应的技术角色架构和人才培养体系，改善内部审计，培养合格的信息系统审计专业人才。

（四）跟踪信息系统审计最新发展成果和信息系统审计发展趋势

信息技术发展的速度日新月异，这就要求审计从业者及时了解国内外信息系统审计的发展趋势；利用信息系统审计最新的思路、工具解决和指导信息系统审计工作。未来审计技术发展的动力主要来自信息系统审计的发展，这是国内外审计界的一个共识，许多大型工业企业集团在信息系统审计领域投入很大的资源，也正是由于看到了这一点。闭门造车不可取，必须了解国际和国内信息系统审计的最新发展成果，不断通过理论研讨和审计信息化系统建设紧跟信息系统审计发展趋势，只有这样才能保证发展方向的正确性和审计水平的先进性。

第二节　数据化信息系统审计思路

一、工业企业开展信息系统审计的难点

根据工业企业信息系统审计实务，开展审计项目的难点主要是什么？如何审计？审计评价的依据是什么？总体来说，现在的难点主要是审计范围不明晰、审计资源不足、审计评价标准欠缺。

（一）审计范围不明晰

1. 内审机构独立性不强

能开展信息系统审计的工业企业一般都是大型企业集团，它们对内部审计机构的独立性要求更高。但工业企业内生于集团公司，工业企业的内审部门建设也大多脱胎于集团母公司的审计治理体系，在机构设置上还往往兼有其他风险管理职能，大多归属公司经营管理层；或者虽然企业设置了独立的审计部门，但公司"三会一层"的治理结构未真正落实，导致工业企业审计部门的独立地位不高，难以充分发挥内审独立评价的作用。同时工业企业内部审计部门在开展信息系统审计的时候往往要借助内部信息化部门的专家力量，这种情况下独立性也难以得到保证。

根据内部审计的要求，工业企业应建立独立垂直的内部审计体系，设置独立的内部审计部门，董事会或其下设的审计委员会对内部审计的独立性和有效性承担最终责任，并对内部审计人员提出工作能力和专业素养的要求。上述规定，工业企业理应遵照执行，但实际上多受制于规模及编制影响。一方面，从管理上，存在内审部门职能兼具风险管理职能、风险管理人员兼顾内审岗位的情况，也存在虽设立内审部门但部门人员配备不足的情况；另一方面，从人员管理方面，存在内审部门领导受公司经营层考核的情况，也存在董事会或其下设的审计委员会缺乏实质性管理权力的情况。

独立性不强，导致信息系统审计的范围受到限制，不能充分发挥工业企业内部审计的作用。

2. 信息系统审计框架不清晰

各项法规和制度规范中，虽然规定了应定期进行全面信息系统审计的要求，但是并未对审计的范围做出明确规定。工业企业审计人员因信息系统软硬件知识的缺乏，也难以建立适合工业企业、满足法规要求的全面信息系统审计框架，因此难以实现对信息系统风险的全面覆盖。

由于各类信息技术在工业企业业务中的应用已经普及且技术变革提升速度极快，只有建立可靠的框架才能适当地控制整个信息系统环境，避免出现为企业带来不可接受风

险的控制缺口。

（二）审计资源不足

1. 内审人力资源制约

审计部作为工业企业职能部门之一，部分企业审计人员工作业绩的考核与其他职能部门一起进行，由公司高管层、员工打分来决定。这种考核体制主观因素较多，往往不能真实反映审计工作取得的成果，会影响内审人员的积极性。在职级晋升上也存在同样的问题，很多优秀的内审人员"倒"在了民主测评环节；导致在内部审计工作中，主动性和积极性不足，内部审计的监督职能也就不能有效地发挥。

2. 信息系统审计能力不足

大型工业企业的特点往往是大而庞杂，内部审计部门的基本人员配置很难保证有专职的信息系统审计人员。内部审计人员基本都具有财务审计经验，但对于信息系统审计缺乏全面的审计知识和审计经验，专职人员不足，兼职人员多，继续教育不足，信息系统内部审计知识掌握不全面，对信息系统建设管理、信息系统运维管理、软件开发管理方面的知识知之甚少，制约了信息系统审计工作的开展。

（三）审计评价标准欠缺

1. 政策法规依据不充分

国家法律法规、内部审计准则、公司内部制度等对信息系统审计都有相关的规定，但是规章制度的可执行性不强，强制力不足，政策法规作为内部审计要求的依据不充分。内部审计工作开展主要的法规依据是《审计法》和《内部审计准则》等法律法规，但各单位在具体实施时大多没有制定更加具体的业务规范和操作指南，对具体审计项目实施中内审人员责任履行不明确，对违规违纪现象的处理不清楚，无法激发内部审计人员工作的积极性，审计风险较大。

同时，审计人员对国家法律、法规及单位内部制定的信息科技治理、信息科技风险管理、信息科技审计、信息科技安全管理、信息系统开发测试、信息科技运行维护、业务连续性管理、信息科技外包等管理制度规定不够熟悉，在具体操作中难与审计项目、审计目标密切联系、适时应用，导致出具的审计报告不够全面，对审计对象的合法性、合规性、合理性及有效性评价不到位。因此工业企业内部审计人员一定要扎实掌握审计方面的规定及要求，合理运用，抓住主要矛盾及问题实质，形成正确、可靠的审计结论和建议。

2. 相关审计指南参考性不强

按照国家和行业的相关要求，工业企业行业也尝试开展了信息系统审计工作。不过，在实践中存在着对审计要求掌握不全面、缺乏可操作性指南等突出问题。公安部、工业和信息化部牵头组织起草、制定了信息安全等保 2.0 标准之工业控制系统，对国家及行业信息技术规章、规范、指引和标准进行了全面梳理，按照从严的原则，明确了信息系统规划、建设、运维和应急等活动，从信息系统审计的组织、内容两个方面，为行业机构自主开展信息系统审计工作提供了规范。但由于该指南是基于全面的大型组织，对部分工业企业的适用度不高。

在以上三个方面的六点问题中，信息系统审计框架不清晰、内审人力资源制约、政策法规依据不充分是大部分工业企业内部审计人员面临的棘手问题。

二、工业企业开展信息系统审计的基本流程

（一）选定审计范围

工业企业作为对风险极度敏感的企业，非常重视可促进 IT 治理及管理风险和安全的治理目标。但工业企业内部审计资源是有限的，内部审计部门一般需要根据风险分析和优先排序的结果，来确定具体的审计范围和对象。在确定审计范围时要充分考虑工业企业信息系统内部审计工作的特性，引入风险导向审计理念，根据业务监控预警、风险识别分析、规范管理的要求，整合资源、系统规划、科学设计、严密分析。

基于 COBIT 模型建立适合的工业企业信息系统审计框架，力求使审计有更精准的覆盖；从模型中根据项目目标，选择要突出的审计重点，更好地对工业企业的信息系统进行审计，避免审计风险。

图 12-2 是一个工业企业信息系统审计框架和重点示例。

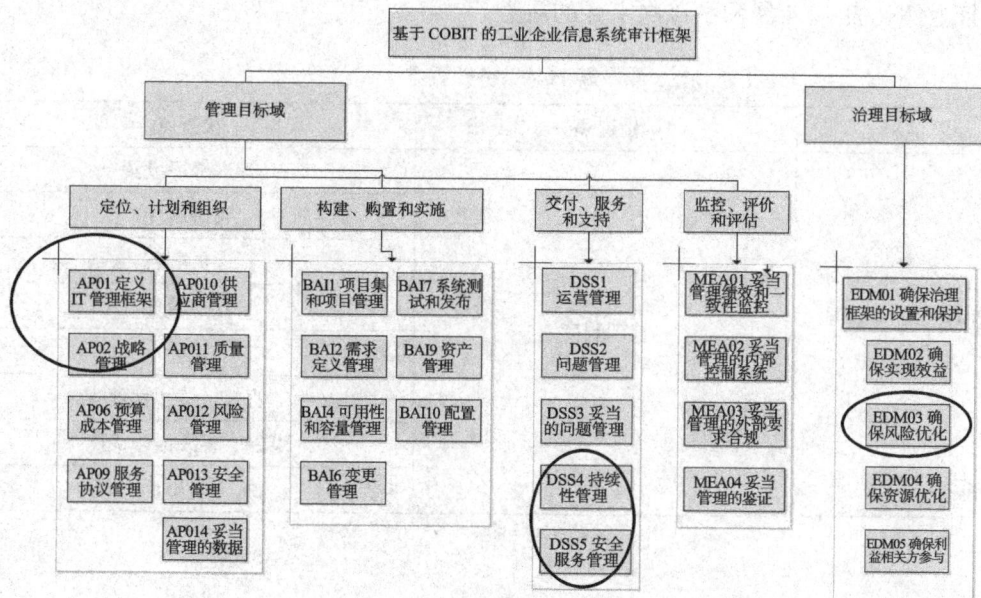

图 12-2　某工业企业信息系统审计框架和重点

从图 12-2 来看，基于审计的目标属于"EDM03 确保风险优化"，审计人员选择"AP01 定义 IT 管理框架""DSS4 持续性管理"和"DSS5 安全服务管理"作为本次信息系统审计的重点。此次信息系统审计聚焦在管理制度的完备性、机房物理环境管理、应急管理等三个方面。

接上图，表 12-3 展示了某工业企业某次信息系统审计项目目标。

表 12-3　某工业企业某次信息系统审计项目目标

项目	名称	目的
EDM03	确保风险优化	确保 IT 相关企业风险不超过企业的风险偏好和风险容忍度，识别和管控 IT 风险对企业价值的影响，以及最大限度地降低不合规的可能性
AP01	定义 IT 管理框架	实施一致的管理方法来满足企业治理要求，且涵盖以下治理组件，例如，管理流程、组织结构、角色和职责、可靠且可重复的活动、信息项、政策和程序、技能和能力、文化和行为，以及服务、基础设施和应用程序
DSS4	持续性管理	在发生重大中断事件（如威胁、机会、要求）时快速调整，维持业务运营，并将资源和信息的可用性保持在企业可接受的水平之上
DSS5	安全服务管理	最大限度地降低运营信息安全漏洞和事故造成的业务影响

（二）制定审计方案

这一阶段包含的工作内容较多，如确定审计项目的具体审计目标，通过查阅资料、与被审计单位管理人员座谈等途径，尽可能地熟悉审计对象活动的特点，掌握相关的背景资料，根据审计范围细化审计方案。

接上例，表 12-4 展示了该次审计的重点。

表 12-4　审计重点

IT 流程	检查项	检查点
AP01 定义 IT 管理框架	管理制度	管理部门设置
		管理制度
		人员配备
		设备管理
		审计
		业务持续性管理
		事件、事故报告机制
		保密协议

（续表）

IT 流程	检查项	检查点
DSS4 持续性管理	应急演练	应急预案管理
		应急演练对象
		应急演练实施
DSS5 安全服务管理	机房物理环境管理	场地选择
		门禁系统
		灾害预防措施和设备
		供电系统
		综合布线
		空调系统
		机房访问人员控制
		机房所在地安保
		设备安全管理
		机房安全管理制度
		机房设备维护

（1）管理制度的检查

管理制度的检查要求如表 12-5 所示。

表 12-5　制度检查要求

编号	检查项	检查点	基本要求
1	管理部门设置	专职管理	须具有专职业务操作、运行、安全管理的部门或岗位
2	管理制度	业务操作制度	须建立完备的业务操作制度
		运行管理制度	须建立完备的运行管理制度
		安全管理制度	须建立完备的安全管理制度
		变更制度	须建立变更流程制度
3	人员配备	管理人员	须安排专职业务操作、运行、安全管理人员
		关键岗位人员	须建立关键岗位人员管理制度，设置 AB 角，并定期进行培训
		人员离岗 / 变动管理	须建立人员离岗 / 变动管理制度
		专人管理	须对安全设备进行专人管理
4	设备管理	设备登记、维护、报废制度	须建立设备登记、维护、报废制度

（续表）

编号	检查项	检查点	基本要求
5	审计	审计制度	须建立审计制度
		业务持续性计划	须建立业务持续性计划，设置灾难恢复时间目标和恢复点目标
6	业务持续性管理	单点故障	须建立单点故障处理机制
		系统冗余	须具有系统冗余设施，保障业务连续性
7	事件、事故报告机制	报告制度	须具有事件、事故报告制度
		报告流程	须具有详细的事件、事故报告流程
8	保密协议	外包服务保密协议	如有外包服务，须与外包服务机构签订保密协议

（2）应急演练检查

应急演练检查要求如表 12-6 所示。

表 12-6　应急演练检查要求

编号	检查项	检查点	基本要求
1	应急预案管理	机房环境应急预案	须制定机房环境应急预案
		网络应急预案	已制定网络应急预案
		系统应急预案	已制定系统应急预案
		应急预案更新	须具有及时进行应急预案更新的工作机制
2	应急演练对象	机房环境应急演练	须具有开展机房环境应急演练的工作机制
		网络应急演练	须具有开展网络应急演练的工作机制
		系统应急演练	须具有开展系统应急演练的工作机制
3	应急演练实施	应急演练方案	须具有系统的应急演练方案
		应急演练组织	须具有应急演练组织
		应急演练记录	须具有对应急演练进行记录的机制
		应急演练报告	须具有应急演练报告机制
		问题整改报告	须具有问题整改机制

（3）机房物理环境管理检查

机房物理环境管理检查要求如表 12-7 所示。

表 12-7　机房物理环境管理检查要求

编号	检查项	检查点	检查要求
1	场地选择	周围强电磁环境	须避开强电磁场干扰
		周围易燃、易爆等隐患	须远离易燃、易爆场所等危险区域
		周围危险建筑	周围须无危险建筑
		自身建筑情况	机房自身须不为危险建筑
		机房在建筑物中的位置	机房场地须避免设在用水设备的下层或隔壁
		备份机房	须具有备份机房
		建筑物内独立区域	机房在建筑物内须为独立区域
2	门禁系统	设置门禁系统	重要区域应配置电子门禁系统
		个人身份识别	门禁系统须具有个人身份识别措施
		权限划分	实行分区管理的机房，门禁系统须分区域进行访问控制
		门禁系统应急措施	须具有门禁系统应急措施
		门禁记录	设计可调阅门禁记录情况权限
3	灾害预防措施和设备	灭火系统	机房须具有消防灭火系统
		自动灭火系统	机房须具有自动消防灭火系统
		自动预警消防系统	须具有自动预警消防系统
		手动消防器材数量和位置	须配备一定数量的消防器材且布局合理
		应急照明设备	须配备应急照明设备
		防雷击措施	须具有避雷装置，且设置交流电源地线
		防水防潮措施	须具有防水防潮措施
		消防救生门	面积大于 100 平方米的机房须配置消防救生门
4	供电系统	使用 UPS 供电	核心设备须使用 UPS 供电
		供电、通信线缆隔离	须隔离电源线缆和通信线缆
5	综合布线	布线规整	布线须规整
		统一标识	布线须采用统一标识
6	空调系统	专用空调	须配备机房专用空调
		机房温度	温度范围须满足（23±1℃）或更低温度
		空调冗余	须具有一定的冗余空调设备
		漏水监控	应具有漏水监测机制或者报警功能
7	机房访问人员控制	人员进入审批	须确保在外部人员访问受控区域前先提出申请，经身份核实批准后由专人全程陪同或监督，并登记备案
		身份核实	
		专人陪同	
		访问记录	

编号	检查项	检查点	检查要求
8	机房所在地安保	进出人员身份核实	须对进出机房或者机房所在建筑的人员进行身份核实
		外来人员登记	须对进出机房或者机房所在建筑的外来人员进行登记
		视频监控系统	机房或者机房所在建筑须配备视频监控系统
		报警措施	机房或者机房所在建筑须具有防盗措施
		应急处理流程	机房或者机房所在建筑须具有完善的应急处理流程
9	设备安全管理	设备的监控	设备或存储介质携带出工作环境时，须有监控和记录
10	机房安全管理制度	机房安全管理制度	须具有完备的机房安全管理制度
		落实情况	须具有落实机房安全管理制度的记录
11	机房设备维护	维护制度	须具有完备的维护制度
		维护记录	须具有详细的维护记录

（三）执行审计检查

按照审计方案，审计人员对表 12-4 中的"机房访问人员控制""机房所在地安保"两个控制点进行检查。信息系统审计检查，只有将审计经验与工业企业的实际情况相结合，才能得出更准确的审计结论。审计人员查阅基于信息安全等保证规范的检查标准，参照信息系统物理安全技术要求（GB/T 21052—2007）的具体规定对这两个控制点进行检查。

机房出入管理检查要求如表 12-8 所示。

表 12-8　机房出入管理检查要求

信息系统物理安全技术要求（GB/T 21052—2007）
7.2.13 出入口控制
7.2.13.1 机房应设单独出入口，另设多个紧急疏散出口，标明疏散线路和方向，应设置疏散照明和安全出口标志灯。机房出入口应有专人负责，未经允许的人员不准进入机房
7.2.13.2 携带物品进出机房时，应持有携物证。对可疑人员应检查其携带物品的内容，危险物品及可燃物品不准带入机房
7.2.13.3 应对出入口通道进行视频监控
7.2.13.4 机房出入口配置电子门禁系统，鉴别进入的人员身份并登记在案
7.2.13.5 应对重要区域配置第二道电子门禁系统，控制、鉴别和记录进入的人员身份并监控其活动

相关检查测试环节如下所述。

（1）符合性测试

企业内部规范要求机房出入口应有专人负责，未经允许的人员不准进入机房；同时要求进出机房需要经过申请，并经过信息技术部负责人审批，确保在外部人员访问受控区域经身份核实批准后由专人全程陪同或监督，并登记备案。执行符合性测试，检查机房出入审批记录，查看审批完整性。

（2）实质性测试

执行实质性测试，审计人员必须检查机房出入登记、机房出入刷卡电子记录，检查机房监控视频，检查机房设备操作系统内的日志信息，检查机房出入审批记录。将以上信息使用5W1H分析法进行分析（5W包括Who、When、Where、Why、What，1H指How）。剖析各类信息内在联系，全面、清晰、有条理地看待、分析问题，寻找控制例外。

根据出入刷卡记录确定何时（When）有人进出机房（Where），根据视频监控记录确定何人（Who）进出机房，根据设备维护日志确认进入人员从事什么操作（What），根据机房出入登记查看进入原因（Why），将以上信息与机房出入审批记录进行比对，确认机房出入是否得到有效控制（How）。

审计人员对机房出入刷卡记录、机房出入登记及申请表进行检查。机房出入应得到严格控制，工业企业外部人员不准凭已经过期的授权审批多日多次进入机房。

（四）进行审计评价

在审计评价阶段，企业内部审计部门应注重引用公安部、工业和信息化部的相关制度。例如，针对机房出入控制的控制例外问题可以提出"数据中心应建立信息安全管理规范，保证重要信息的机密性、完整性和可用性；应建立和落实物理环境安全管理制度，明确安全区域、规范区域访问管理，减少未授权访问所造成的风险"。进而对问题进行评价定性。

同时，审计人员也可以参照COBIT2019的CMMI成熟度管理思路，对控制点进行成熟度的分级评价，避免完全肯定或完全否定式的评价，促进管理水平的持续提升。

第三节　数据化信息系统审计案例

一、对信息系统开展专项审计

案例一　物理和环境安全审计

某工业制造企业关键的设备设计图采用电子化方式存储，通过设计图管理系统实现对企业关键制造设备信息的管理。这些设备设计图关乎企业的核心竞争力，对安全性要求很高，所以该系统要求每个具有设计图查看权限的技术人员单独使用自己的账号进行登录，同时系统限制技术人员只能对授权的图纸进行查看，而且系统后台会记录登录信息和图纸查阅记录。基于信息安全考虑，该系统不能通过VPN方式由公网接入，只能在企业的内网接入。

审计人员在开展信息系统审计，对物理和环境安全进行检查的时候，从人力资源部的人力资源考勤系统中调取了所有具有该系统权限的技术人员休假记录，同时从该图纸管理系统调取了账号登录信息，并进行比较。通过大数据分析，发现若干名技术人员的工号在休假期间有在图纸管理系统登录、调取设备设计图纸的情况。经访谈相关技术人员了解到，技术人员在休假期间，将账号及USB Key交给部门内其他不具有权限的人员使用，登录系统查阅图纸，且有将账号交于不相关岗位人员进行登录的情况，不利于企业机密信息的安全保护。

根据审计发现，内部审计人员提出了针对性的审计建议。该企业对涉及的技术人员进行了内部纪律处理，堵塞了图纸外泄的漏洞，保护了企业的核心利益。

案例二　网络和通信安全审计

某大型工业制造企业自行建设了内部网络，通过防火墙等安全设备与外网进行连通。内部网络根据工作需要划分了不同的子网，分为内部管理网络M域、供应商与物资管理域B域、内部设计网络D域、内部生产制造网络O域，网络之间通过网络安全管理设备进行管控，进行路由控制。

审计人员开展信息系统审计，对网络和通信安全审计进行检查。当检查到网络设备的时候，从网络管理设备中调取了设备的访问控制列表（ACL）的路由配置信息。根据安全管理制度，审计人员对路由配置信息进行逐条分析检查，在对照到最后一条路由配置信息的时候发现，最后一条的路由信息是"permit ip any any"，即该路由信息将允许所有的网络访问通过，并使所有前面的网络访问控制失效。通过访谈网络管理员，发现该网络配置信息是维护人员在设备维护过程中进行测试的时候临时放开的访问控制，但是在维护结束后，未进行检查，忘记删除该路由控制，导致所有路由控制均失效，网络出现了重大漏洞。同时负有复核责任的网络技术主管也未执行检查，直接在维护工单上签字，造成重大的网络安全隐患。

审计人员发出审计整改通知，建议网络设备的维护过程应严格执行复核制度，并定期进行网络漏洞扫描，坚决杜绝不同域网络直接的违规连通。

二、对审计信息系统建设开展审计

案例三　利用审计系统进行风险评估与风险定位

对付地面战争中的陆战之王坦克，最好的武器是什么？答案是"坦克"。同样，对待信息化大数据时代审计风险最好的武器就是审计信息系统。"在线审计风险预警监控系统"的分析模型实现了"多级描述、分层管控"的全面风险评估模式，涵盖了工业企业现存的绝大部分系统风险。分析模型实现了统一规范评价标准，丰富和完善了风险管理的技术和手段，达到了风险评估方法从"定性"向"定性与定量相结合"的转变。它允许采用风险评分方式，对企业的分支机构等依据风险目录中的风险事项内容，由系统对各个机构和风险点进行评估。通过风险评估指标模型计算等方法，综合分析企业面临的风险，避免经验性审计所造成的风险和弊端。

某工业企业建设开发的集中远程在线预警监控，通过全面宏观的"指标级"及微观的"事件级"预警数据分析，在年度内控评审前投入使用，实现了在审计项目开始前预警被审计单位异动指标，准确定位被审计单位的指标异动经营场所，指导审计项目组第一时间抓住主要审计方向，极大地提高了现场审计工作时效性和问题针对性。

某工业企业在现场审计前，利用在线审计预警系统对被审计单位的数据进行分析，发现某子生产企业某项原料的消耗指标高于平均水平。审计组带着疑问进入审计现场，通过现场工作对异动指标进行延伸审计，发现因相关设计不合理，生产线在流水作业中按照原设计耗费大量原材料，导致指标异常。发现此问题后，审计组及时提出审计建议，建议分公司变更设计，降低原料耗费比例。被审计单位根据审计建议及时调整相关政策，避免了更大损失和风险，进一步降低成本，提高经济效益。

案例四　利用信息系统进行财务查账分析

信息系统的实施和部署在很大程度上改变了企业的业务流程，ERP 管理系统、资金管理系统、营销资源管理应用系统、会计档案电子化管理系统等信息系统的上线启用，实现了从材料采购到付款、从发票的获取到资金支付等全流程信息流、资金流、业务流的集成，实现了跨职能部门的处理，同时企业财务数据的信息化为审计人员利用信息化系统开展审计提供了基础。

某工业企业开发的"在线审计风险预警监控系统"具有审计查账模块，充分利用工业企业内部系统数据集成的优势，通过数据接口取得管理信息系统域的财务数据，对财务数据进行分析。系统建立了明细账和报表多维度分析工具，审计人员可以直接利用分析工具对 ERP 系统标准报表进行数据查询和分析。用审计的视角重新对大量财务数据进行解读，保证审计人员快速掌握财务数据，及时发现财务指标异动，并进一步对异常数据进行现场核实和分析。

审计人员通过"在线审计风险预警监控系统"的审计查账模块对某分公司的财务成本数据进行分析，发现个别月份该公司营销成本数据存在波动异常，但同时市场资料显示该公司客户数量和销售数据并未出现同步增长。某工业企业内部审计部门打破常规，调整审计工作计划，及时通知派驻审计分部组成审计组进行现场审计。通过现场审计发现该公司为了拓展业务对有关费用进行了不合理的财务处理。通过审计预警发现和现场审计，审计人员对这部分成本进行重新计算核定，避免了公司利益损失和税务风险。

内部审计部门在建设"在线审计风险预警监控系统"过程中，组建和锻炼信息系统建设的专家团队，在实际项目建设过程中压担子、给任务，积极为他们提供锻炼机会和创造施展才华的条件。专家团队成员通过系统的项目需求和项目开发设计的全过程更深入地了解企业的信息系统，全面掌握了各项业务在企业内部的信息流、业务流、财务流，避免审计、业务、技术的脱节。实际系统开发设计工作推动了信息系统审计人员了解业务、精通技术，使其发挥了审计敏感性的专业特长。通过系统建设，打造出精通 IT 技术、熟悉行业财务、掌握企业最新业务、了解企业内部信息系统建设的专家型信息系统审计团队，保证了信息系统审计人员的专业质量。

第十三章

常规、专项、离任审计

第一节 本章项目概述

一、常规、专项、离任审计概念

常规审计是指正常性的审计，一般认为是个相对的概念，即在当前审计条件下，按照正常的审计手段和审计方式、使用通常的审计方法所进行的审计。如财务收支审计、年报审计、工程决算审计、绩效审计、内部控制审计，等等。常规审计还指国家审计机关建立全面的、经常的、有规律的一项最基本的审计监督秩序，并具有普遍性、必要性、连续性、时间性等特点。

专项审计是审计人员对被审计单位特定事项进行的审计，一般只就某一方面的内容进行审计，例如，专项资金申报审计、高新技术企业认定审计、财产损失认定审计、技术使用费审计、招待费用专项审计，等等。

离任审计也称任期经济责任审计，是指对任职者整个任职期间所承担经济责任进行的审查、鉴证和总体评价的活动，主要目的是客观评价任职者任期内的经济责任履行情况，是所有者对任职者的绩效考核和任用依据。主要内容包括任职期间应履行的领导责任、管理责任和法纪责任。

通俗地讲，常规审计主要是对日常经营管理等方面的监督检查，专项审计主要是对特别事项进行的专项核查鉴定，离任审计是对任职者任职期间的绩效成绩和问题不足给出结论和评价。

二、常规审计和专项审计的区别和联系

1. 审计的目标不同

常规审计的目标一般是对企业的运营管理状况及财务状况进行审计，而专项审计的目标一般是对特定事项进行系统调查了解，通过综合分析，向管理层反映情况、揭露问题、提出解决问题的建议，为管理层决策提供依据。

2. 审计的范围广度不同

常规审计的范围较广泛，几乎可以涉及企业所有的业务、部门、人员等，凡是企业内部所涉及的各个环节都可进行审计，而专项审计则是具体到某一项业务或某一方面的工作，是专门去审计某个部门、某项业务，是比较单一的审计，进行专项审计时不用关注其他的内容。例如，年报审计，它可以涉及企业年度财务收支、内控控制、经营成果等各个方面，属于常规性的审计；而招待费专项审计则是专门对招待费这一项开支所进行的特别审计，审计人员在审计时不用去考虑其他的费用列支。

3.审计的内容深度不同

常规审计与专项审计由于审计范围不同，所以两者在审计深度方面也有所不同。常规审计由于业务量大，涉及的方面、环节较多，不会做到专项审计那样细化，只能针对某些重要环节进行审计，不会关注到每一个方面。而专项审计工作是对企业某一方面或某个项目的专门审计，因此会更加深入，更加专业化，同时审计会涉及某一方面或某个项目的每个环节，通过专门的审查，能反映出某个专门事项的问题。

4.审计的作用不同

常规审计是从宏观出发，对重要内容和环节展开审计，它的作用是加强日常管理，控制风险。它通过对一些重要环节的审计，旨在控制潜在风险的发生，起到事前防范的作用，同时也可以了解日常经营情况。而专项审计由于具体到某一业务，因此审计结果也比常规审计更加详细具体，可以了解每一个细节的内部控制情况，同时可根据专项审计结果提出针对性的建议和控制措施。

5.审计的方法不同

常规审计的审计方法比较宽泛，审计人员主要是根据自己的业务知识和审计经验进行审计，对知识的广度要求较高。而专项审计根据审计目的往往会制定一套详细的审计方法，要求审计人员具有较高的业务水平和综合分析能力，对技能技巧要求较高。

6.审计的报告不同

常规审计报告一般有固定的格式，而专项审计有各种各样的委托者和使用者，没有固定要求，都是针对某一特定事项或某一特定目的所进行的审计，审计需求是多样的，因此专项审计报告也是各式各样的，没有固定模式。

三、离任审计

离任审计也即任期审计，是对任职者任期受托管理资产的效果及所负责任进行的监督、评价活动。现代企业经营权和所有权分离，为了反映任职者对受托资产的管理情况，产生了任期审计。任期审计在于查明经济责任，既对事又对人，而且审计涉及的任职者任职期间一般较长，容易发现平时不易发现的问题，有利于揭露舞弊。通过任期审计，可以引导和规范企业的经营思想和经营行为、维护企业的合法权益和揭露非法行为，具有重要的意义。离任审计一般具有以下作用。

1.有利于加强对任职者做出客观公正的评价

离任审计核实了财务状况，通过审查任职者任期发生的经济行为，可以深层次了解经济活动的真实情况，防止出现任职者在任职期间表面上表现不错，但离开岗位后问题就逐渐暴露出来的状况。通过对相关的经济指标等情况进行分析考核，能够客观、正确地评价其经济业绩。

2. 有利于规范经济行为，促进企业健康发展

离任审计着眼于防范、健全监督制约机制，促使任职者在平时自我约束、自我完善，增强纪律观念，促进企业健康发展。通过离任后审计，有利于发现财务管理漏洞，健全财务管理制度，提高财务管理水平，同时对继任者的经济责任界定清楚，有利于客观公正地鉴定前后任的经营业绩。

第二节　常规、专项、离任审计审计思路

常规、专项、离任审计都是因管理需求而发生的内部审计，它不但要依据现有的资料来确定某项事情，还要运用推理、判断、演练等方法来推定事实。审计目标决定了审计的方向，审计方向决定了采用的审计思路，审计思路决定了审计所采取的方法和技巧手段。

常规、专项、离任审计因审计目标不同，审计的范围和侧重点有所不同，再加上每个企业的内审流程都不一样，甚至同一企业的不同审计人员其思路也不一样，各有特点，但实质都是通过各种审计技巧和方法评价经营业绩成果，界定责任，发现问题、找出不足和差距。

内部审计的审计重点是关键控制点和存在重大风险的领域，专项审计和离任审计更要求重点突出。为保证时间和资源的合理利用，并取得预期工作效果，主要采用的审计方法包括以下几种。

1. 业务风险与控制点分析

为了解有关业务流程，对相关风险和控制点进行初步评级，内审人员应对业务流程负责人进行访谈，并审阅有关政策和程序的书面记录，把握内部控制制度在各子公司的总体运行情况。

2. 穿行测试

内审人员应将年度发生的交易随机选取适当样本进行必要的穿行测试，以确保各业务流程中关键控制点的存在，确定业务相关业务流程运行是否良好，针对风险的关键控制点是否存在且足够。

3. 实质性测试

内审人员应根据符合性测试的情况，确定重大风险领域及重要审计范围，并对其进

行实质性检查和测试，包括会计凭证审核、报表审计、存货监盘等方法，以消除相关风险所引起的疑虑。

4. 数据整理与分析

内审人员应综合整理审计过程中形成的各种数据和工作底稿，对子公司的经营情况和内部控制执行情况做出合理分析。重点分析内控制度设计的合理性和子公司日常经营中对内部控制制度的执行力度。

5. 借用外部专家法

专项审计一般是对某个专业项目的审计，审计人员对相应的业务不一定精通了解，这时不能敷衍了事，最好是请求支援，借用外部专家的力量，实现专业事专业做。例如，针对工程项目造价分析、工程项目竣工结算的审计，如果工业企业集团工程项目较少、集团审计部没有工程技术专才，就需要借助外部工程造价咨询公司的力量；为确认公司采购的精密原材料性能是否达标，就需要借助质量技术检测机构的力量。

第三节　本章案例解析

常规审计、专项审计在企业的日常经营中较为常见，主要目的是加强企业的日常经营管理和专项事项管理或鉴定，而离任审计一般只有在企业主要负责人发生变化时才进行，主要对离任者进行经济责任界定。下面我们通过三份审计报告案例，分别做具体解析。

案例一　常规审计报告案例解析

一、被审计企业基本情况

（一）W公司是一家集团下属企业，于2002年6月10日注册成立，注册资本2 000万元人民币。主要生产经营范围：生产销售城市燃气（液化石油与空气的混合气、液化石油气、天然气）。一般经营项目：城市燃气配套工程的设计和施工；生产灶具和配件，销售公司自产产品。

2019年2月集团审计部对W公司进行常规审计，截至审计日W公司铺设主管网80千米、签订市场合同2.6万户、涉及金额7 100万元，其中民用户2.9万户、工福户100户。W公司现有员工40人，包括总经理、副总经理各1人，财务部4人，工程部4人，综合办公室2人，运营人员28人。

（二）W公司经营情况

2018年1月至2018年12月损益表如下表所示。

2018 年 1 月至 2018 年 12 月损益表

项目	行次	金额
一、主营业务收入	1	41 092 458.49
减：营业税金	2	451 462.48
营业成本	3	26 399 434.08
二、主营业务毛利	4	14 241 561.93
减：销售费用	5	1 726 742.97
管理费用	6	1 363 132.96
财务费用	7	− 4 442.64
三、主营业务利润	8	11 156 128.64
加：其他业务利润	9	122 693.87
四、营业利润	10	11 278 822.51
加：营业外收入	11	4 070.00
减：营业外支出	12	2 066.44
加：以前年度损益	13	
五、利润总额	14	11 280 826.07
减：所得税	15	2 882 608.87
六、净利润	16	8 398 217.20

二、审计内容

本次审计主要检查企业内部控制的执行情况，各业务流程运行与公司制度、程序遵循情况，并对企业资产负债和经营成果的真实性、财务收支核算的合规性、企业资产质量变动状况等情况进行审计。

三、发现的主要问题

根据确定的审计方案，审计人员在进行审前调查的基础上，通过必要的审计程序和方法，对 W 公司财务收支状况真实性、资产质量、经营成果、企业重大经营活动和经营决策、经营合法合规性等方面进行审计。根据重要性原则，审计过程中发现如下主要问题。

（一）资产管理方面

审计人员在对资产进行监盘过程中，审计人员发现企业存在很多账实不符的情况。

1. 实际盘点数量小于账面数量。

如实际盘点材料已出库，由于未及时开具出库单，造成账面该资产数量大于实际盘点数量，违反了"物资管理制度"中的相关规定，可能造成公司资产的不正常流失。

2. 工程完工后清算退库不及时。

如工程实际已完工，但完工结算工作未完成，造成材料已退库，但未办理退库手续的情况，形成账实不符。

3. 子公司间资产调拨手续不完善或缺失。

审计建议：仓库管理员应要求相关人员及时办理手续，并加强对材料出入库的清点，特别需对已办出入库手续但实际未发生材料出入库的情况进行核实；子公司直接的资产调拨，要严格按照物资调拨制度执行，完善审批流程。

（二）工程管理方面

在工程项目进行审计的过程中，审计人员发现一些不符合公司工程管理制度和国家法律法规规定的情况。

1. 甲供材料预算与实际领用存在不符，超出公司制度规定的标准。公司"建设工程造价管理规定"中，对甲供材料损耗提供了相关参考系数：

①钢管（含镀锌钢管）材料损耗系数1.5%；

②PE管材料损耗系数1.0%；警示带、示踪线损耗系数2.0%；

③设备、阀门、管件等因厂家原因无法使用的（砂眼、内漏等），实行交旧换新，无损耗。

W公司未按照公司制度执行。

2. 存在未与施工单位签订"建设（工程）项目施工安全协议书"的情况。公司"建设（工程）项目安全管理制度"中规定，在建设（工程）项目开工前应与施工单位签订该协议书。

3. 工程相关单据的填制不符合工程管理规定：

①存在后补或无"工程开工单""工程竣工验收申请表""竣工验收（初验）报告"的现象；

②工程完工后未填制"工程营运交接单"；

③"××月现场进度汇报表"、完工报告、"工程竣工报告"和"工程竣工验收证明书"缺少相关单位的盖章；

④工程量的相关变更未进行签证流程洽商并签署"工程签证单"。

4. 存在未签订工程合同进行施工的情况。

5. 在建工程转固不及时。

审计建议：加强对子公司工程建设管理制度的培训；公司"工程建设管理规定"及"合同管理办法"中规定，所有工程项目施工前必须先签订施工合同，严禁先开工后补合同及审批手续的情况。工程开工前和建设过程中签订的补充协议应严格按照本规定要求和流程会签。

（三）营运管理方面

1. 销售合同与实际销售数量存在差异，未及时签订补充协议。

2. 材料采购不合理。例如，对于计划内采购，未做好前期的准备工作，如事先的现场施工环境查看，有关监管机构及物业公司的协商洽谈、民意调查等，未评估采购的合理性和必要性，导致过早采购的物资在无法及时领用时，既占用企业的大量资金，又增加所采购物资的减值风险。

审计建议： 针对实际销售数量与销售合同不一致的情况，尽快与客户签订补充协议，对销售户数进行重新确认，以避免争议，保障公司的合法权益。

（四）财务管理方面

1. 费用报销权限超标。例如，费用报销金额超 5 000 元，未上报总部相关部门审批；或将同一费用报销事项的发生金额或者项目进行拆分，使得报销金额在 5 000 元报销权限以内，以规避总部报销审批，上述两种情况均不符合财务管理制度的相关规定。

2. 备用金清理不及时，尤其是已离职人员的备用金，在其离职时未进行清理，离职后未及时追讨。

3. 存在凭证附件不全的问题。例如，缺失相关的银行回单；费用报销金额与对应的发票金额不一致，且发票金额少于报销金额；提取现金时无现金提取单。

4. 差旅费报销不规范。存在无出差申请单、未使用规定的差旅费报销单据、住宿费及补助超标等问题，不符合公司"差旅费报销规定"及财务管理制度。

5. 业务招待费报销不合规，存在无业务招待费申请单就报销付款的情况，不符合公司"业务招待费管理制度"。

审计建议： 加强对财务人员"费用报销管理规定"和"差旅费报销规定"等制度的培训，提高对各项费用的报销要求；对于违规程度较严重的，要依法依规进行严肃处理。

（五）人力管理方面

1. 工作交接问题。例如，岗位调动不交接工作。

2. 离职管理问题。例如，离职手续办理完毕前存在脱岗情况，致使重要工作被耽搁；涉及重要问题的员工，未解决遗留问题就批准其离职。

审计建议： 人力资源部制定统一的员工调动、离职交接制度和文件。

（六）行政管理方面

1. 公务车管理问题。例如，存在违规使用公务车辆处理私人事务的情况。

2. 加油卡管理问题。例如，加油卡管理混乱，未实现专车专卡。

3.档案管理问题。例如，未能妥善保管、有效存档气体采购结算单、场站运行记录、出库单、用户服务记录及维修工单等重要生产经营凭证，存在遗失、丢失等问题。

审计建议：所有公务车辆都安装GPS定位装置，确保车辆行驶状态与行驶轨迹可查。另外对加油卡采取"一车一卡"的管理方式，加油卡不得相互转借、挪用，更不得侵占燃油费；加强档案管理培训工作，提高员工文件保管意识。

四、审计结论

W公司管理工作尚不健全，今后在资产、运营、财务等方面应加强管理，强化内部控制管理工作，建立合理有效的内部职能衔接、沟通和监管机制，保证公司资产的安全和准确。根据以上审计所发现的问题，我们建议W公司总经理、运营部、工程部、财务部等职能部门高度重视，协助、指导、敦促W公司限期整改完善，审计部日后将不定期跟踪审计。

案例二 离任审计报告案例解析

一、被审计企业及企业负责人基本情况

（一）企业基本情况一

M公司是一家集团下属企业，于2005年3月15日注册成立，注册资本1 500万元人民币。公司经营范围为经营管道燃气（压缩天然气）；建设城区燃气管网，向居民用户及工商用户提供燃气服务；从事燃气相关配套工程的设计与施工。

1.公司组织架构及部门设置

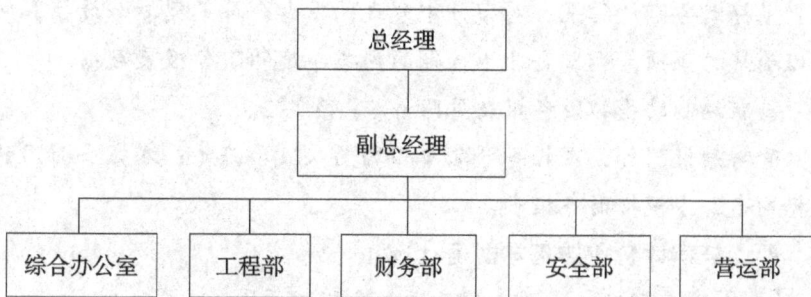

2.资产、经营及人员情况

2010年12月31日，M公司资产总额952.91万元，负债总额709.02万元，净资产243.89万元，资产负债率74.41%；2010年全年的主营业务收入306.85万元，利润总额59.80万元。截至2018年7月31日，M公司资产总

额 1 827.04 万元，负债总额 1 278.03 万元，净资产 549.01 万元，资产负债率 69.95%；2017 年全年主营业务收入 1 159.95 万元，利润总额 246.33 万元；2018 年 1—7 月营业收入 1 029.68 万元，利润总额 218.72 万元。

企业负责人在任期内已完成城市主管网铺设 36 千米、庭院管网 61 千米，拥有天然气用户 2.2 万户，通气点火约 1.4 万户，餐饮业用户 17 户；公司现用工总量 22 人。

（二）企业负责人基本情况

张××同志，1965 年 2 月出生，1986 年 10 月参加工作，中共党员，大专学历。2010 年 8 月 10 日入职 M 公司，负责市场开发工作，2013 年 5 月担任总经理职务。根据集团工作〔2018〕40 号文件，2018 年 7 月 24 日张仁韦同志不再担任 M 公司总经理职务。现对 M 公司原总经理张××同志进行离任审计，任职期间为 2013 年 6 月—2018 年 7 月。

二、审计内容及主要方法

在对企业内部控制进行了解和测试的基础上，对企业资产负债和经营成果的真实性、财务收支核算的合规性、企业资产质量变动状况和重大经营决策等情况进行审计。本次工作采用了检查、询问、监盘、观察、查询及函证、计算、分析性复核等审计方法。

三、模拟财务报表的编制

根据相关制度和规范的要求，为保证经济责任审计期间内各年度企业财务数据的可比性，客观公正地评价企业的经营绩效和企业负责人的经营业绩与经济责任，并考虑重大经济事项的追溯重述，对 2010—2017 年度财务报表进行了模拟调整；对 2018 年 1—7 月财务报表进行了审计调整。具体要求及调整原则如下：

根据财务审计结果，对审计中发现的重大会计差错、会计核算问题及其他可以确认的事项，调整企业审计期间内各年度的财务报表数据。

重新编制的模拟财务报表见附件 1、附件 2。

除特别说明外，本报告金额单位均为人民币万元；本报告引用的会计科目数据均来源于模拟财务报表。

四、被审计企业的基本财务状况

（一）审计期内各年财务报表项目变化及原因

1.资产负债表项目变动及原因分析

资产负债表简表如下表所示。

资产负债表简表

项目	2018-07-31	2017-12-31	2016-12-31	2015-12-31	2014-12-31	2013-12-31	2012-12-31	2011-12-31	2010-12-31
流动资产合计	1 018.45	693.22	497.58	1 061.08	126.08	195.08	307.84	460.85	350.06
非流动资产合计	808.59	743.13	606.88	213.17	157.89	169.85	696.78	650.82	602.85
资产合计	1 827.04	1 436.35	1 104.46	1 274.25	283.97	364.93	1 004.62	1 111.67	952.91
流动负债合计	1 278.03	1 051.37	932.74	1 007.30	934.16	903.40	839.45	834.92	709.02
非流动负债合计	—	—	—	—	—	—	—	—	—
负债合计	1 278.03	1 051.37	932.74	1 007.30	934.16	903.40	839.45	834.92	709.02
所有者权益合计	549.01	384.98	171.72	266.95	−650.19	−538.47	165.17	276.75	243.89

资产负债表主要项目分析：

（1）流动资产：截至2018年7月31日，M公司流动资产余额为1 018.45万元，2010年12月31日余额为350.06万元，增加了668.39万元，增幅190.94%。主要是应收账款和存货的增加。审计截止日应收账款余额为500.57万元，主要是对房地产开发商和物业的应收接驳费款项；存货余额为209.50万元，主要为在建的庭院管网的工程施工成本和原材料成本。

（2）非流动资产：截至2018年7月31日，M公司非流动资产余额为808.59万元，2010年12月31日余额为602.85万元，增加了205.74万元，增幅34.13%，主要是在建工程的增加。

（3）负债：截至2018年7月31日，公司负债全部为流动负债，共计1 278.03万元，2010年12月31日余额为709.02万元，负债增加了569.01万元，增幅80.25%。主要为预收账款、应付账款的增加，随着市场合同户数、管道气销量的逐步加大，预收的接驳费款项、应付的工程款和材料款亦有所增加，预收账款较2010年增加380.25万元，应付账款较2010年增加596.13万元。

（4）所有者权益：截至2018年7月31日，公司所有者权益金额为549.01万元，2010年12月31日余额为243.89万元，增加了305.12万元，增幅125.11%。其中实收资本增加1 071万港元（936.99万元人民币），2015年母公司分期出资的注册资本1 071万港元（963.99万元人民币）到位，增加实收资本1 071万港元，未分配利润减少631.86万元，为经营亏损（其中，计提的固定资产减值准备547.91万元）。

2. 利润表项目的变动及原因分析

利润表简表如下表所示。

利润表主要项目分析：

（1）营业收入及利润总额：M公司的营业收入主要为接驳费收入、管道气收入，2011—2013年营业收入相对平稳，2014年收入锐减，2015年开始，营业收入和利润总额有较大幅度的增长。但是，根据M公司目前管网的分布状况，M公司的管网及走向被竞争对手包围，未来市场的拓展严重受竞争对手的限制。

（2）期间费用：公司的期间费用主要为职工薪酬、折旧摊销费及办公费用，公司2017年费用总额为219.42万元，比2010年的73.31万元增加146.11万元，其中销售费用增幅较大，增加92.60万元，增长了309.54%，主要是公司职工薪酬持续上升，使得人工费用大幅增加；管理费用的增加同销售费用一样，主要体现在职工薪酬的上升。

利润表简表

项目	2018 年 1—7 月	2017 年度	2016 年度	2015 年度	2014 年度	2013 年度	2012 年度	2011 年度	2010 年度
营业收入	1 039.65	1 174.46	472.55	372.70	150.37	332.55	319.42	315.80	307.10
利润总额	218.72	246.33	−95.22	−10.31	−111.71	−697.20	−99.27	40.84	59.80
净利润	164.04	213.26	−95.22	−19.87	−111.71	−703.64	−111.58	32.86	52.10

（二）主要财务指标分析

1. 盈利能力状况：目前公司主要经营范围是管道燃气（压缩天然气）销售、接驳业务。接驳业务是公司的主要盈利点，由于市场合同户数的增加，接驳业务量有所增加，使得接驳费收入增加，且由于接驳费的毛利率较大，使得公司总体的销售利润率得到提升。

2. 资产质量状况：随着公司业务规模不断扩大，公司应收账款周转率、流动资产周转率及总资产周转率均逐年升高；任职期间公司不良资产减少，不良资产比率逐年下降。

3. 债务风险状况：M公司资产负债率一直处于较高水平，负债全部为流动负债，存在一定的偿债风险。

4. 经营增长状况：公司保持较高的销售增长率主要是由于接驳业务带来的收入增加所致，且由于接驳业务利润率高，公司销售利润率有所提升。

5. 任期内企业保值增值情况：经审计，M公司2011年国有资本及权益总额为243.89万元，根据本次经济责任审计调整后的财务数据，扣除客观因素影响，M公司2011年至2018年7月累计国有资本保值增值结果为减值。

五、审计过程中发现的主要问题

根据与管理层共同确定的审计方案，我们在进行审前调查的基础上，在审计过程中始终围绕张××同志任职期间企业财务收支状况真实性、资产质量、经营成果、企业重大经营活动和经营决策、经营合法合规性五个方面进行审计。根据重要性原则，审计过程中发现如下主要问题。

（一）企业营运管理方面

1. 接驳费和管道燃气费的收款管理不符合总公司的相关制度规定。

由于M公司合同管理薄弱，导致未按照市场合同约定的收款进度收取接驳费。以花园小区为例，如下表所示。

收款进度对比表

单位：万元

项目	收款日期（1）	收款金额	收款日期（2）	收款金额	收款日期（3）	收款金额	合计
市场合同约定情况	2017/3/30	26.40	2017/6/18	35.20	2017/6/29	26.40	88.00
财务实际收款情况	2017/10/17	15.00	2018/2/16	15.00	2018/3/27	10.00	40.00

2. 通气点火户数大于接驳费收取户数。

通气点火户数和接驳费收取户数对比表如下表所示。

通气点火户数和接驳费收取户数对比表

项目	时间	通气点火户数	收取接驳费户数
大仓家属院	截至 2018 年 7 月	113	80
M 支行家属院	截至 2018 年 7 月	53	45
北庄小区（7 户）	截至 2018 年 7 月	7	0
文化街小区	截至 2018 年 7 月	53	32
文化家园	截至 2018 年 7 月	40	35
晨丰小区	截至 2018 年 7 月	534	379

本次审计重点对晨丰小区进行了审计，晨丰小区合同户数 500 户、通气点火户数 534 户、实际收取接驳费 75.95 万元，尚有 36.855 万元未收回。

3. 材料出库管理混乱。

（1）燃气表出库数大于合同户数、竣工户数。例如，截至 2013 年 7 月底，南湖公园小区的燃气表累计出库数是 642 块，合同户数和工程施工户数为 592 户。

（2）燃气表出库数小于通气点火户数。例如，截至 2013 年 7 月底，龙者小区的燃气表累计出库数是 635 块，但是通气点火户数为 665 户；某局家属院的燃气表累计出库数是 0 块，但是通气点火户数为 5 户。

4. 项目合同报备书中的项目预算折现收益率高于 35%，但是工程竣工后（未办理工程决算），实际收益率（按竣工数计算）低于 35%。例如，M 支行家属院的项目预计收益率 81%，但是实际收益率为 18.62%；SJ 局家属院的项目预计收益率 38%，但是实际收益率为 17.33%。以上两个小区的预算成本和实际成本情况如下表所示。

预算成本和实际成本对比表

单位：万元

项目	项目合同报备书				实际执行情况			
	材料费	安装费	其他	合计	材料费	安装费	其他	合计
M 支行家属院	0.71	2.80	0.10	3.62	2.14	4.191	0.26	6.59
SJ 局家属院	0.50	0.41	0.05	0.96	0.54	0.76	0.03	1.34

（二）工程管理方面

1. 施工合同签订不规范。

施工合同的有关条款、相关信息不完整，例如，花园社区"××燃气管网施工合同"的有关条款填写不完整，缺少甲方签约代表的签字，缺少合同签订日期等信息。

2. 工程施工管理不规范。

（1）虚报工程量问题。

本次审计共抽查 4 个项目，均存在预算工程量大于现场实测工程量问题，按子公司付款比例权限 60% 计算，个别工程项目已经超额付款或基本等于结算后实际总价款，具体情况如下表所示。

单位：万元

项目名称	合同金额	已付款比例（%）	已付款金额	完工后实际总价
A 主管网	38 070.00	59	22 461.00	13 998.00
农行食堂	9 081.00	0		5 496.00
第一中学	31 168.00	59	18 389.00	22 583.00
花园社区	94 426.00	30	28 327.00	83 201.00

（2）工程材料问题。

工程施工过程中的部分用料不是公司规定的甲供材料，是由工程队在指定的供应商之外自行采购的，工程质量存在安全隐患。例如，火车站家属院和花园社区等社区使用的阀门为水阀门。

（3）预算管理超越审批权限。

工程预算超过 10 万元，未经过总公司审批。例如，花园社区一期"××燃气管网施工合同"显示的工程预算为 25.21 万元，未见经过总公司审批的工程预算审批单。

（4）现场进度报告不及时，部分进度报告未经监理及施工方签字，工程管理员没有按照总公司规定于每月末编制"×× 月现场进度汇报表"，而是在工程竣工后向财务提供现场进度汇报表，且部分项目的现场进度汇报表无工程监理、施工单位签字或盖章。

（5）隐蔽工程缺乏有效的记录证据。

对于施工过程中发生签证的隐蔽工程，未按照"×× 字〔2012〕018 号 建设工程造价管理规定"中要求的"应提供现场照片（涉及深度或长度的要用标尺表示）作为结算签证的依据，照片背后需三方签字"的规定确认执行。

（三）财务管理方面

1. 接驳费收入、成本确认未严格执行企业内部控制规范和公司制度。

（1）接驳费收入、成本确认的原始单据不充分。根据公司制度规定，工程已完工的收入、成本记账凭证后应附工程竣工验收报告、监理报告、工程竣工决算单。M 公司的记账凭证后附的原始凭证无竣工验收报告、监理报告和工程竣工决算单。

（2）M 公司未按照工程进度确认收入、成本，导致收入、成本存在跨期。

由于工程管理员没有按照公司制度规定每月向财务提供工程进度汇报表，而是在工程完工时提供工程进度汇报表，导致财务人员没有按照工程进度确认收入、成本。例如，长虹小区，财务部门提供的接驳费数据如下：2016年收款27户，收款金额5.42万元；2017年收款349户，收款金额74.24万元；2018年收款53户，收款金额11.6万元；截至2018年，累计收款91.26万元。根据工程施工合同，该小区的工程开工日为2017年10月8日，预计完工日期为2017年11月6日，实际完工日期为2018年1月21日。由于工程完工于2018年，财务在2018年确认长虹小区的接驳费收入。

（3）提前确认收入、结转成本。例如，星辰余园合同金额为133万元，累计收款25万元，不足制度规定的合同金额的20%，工程进度61%，财务人员提前确认接驳费收入81.51万元并结转相应成本。

（4）成本核算不准确。由于工程竣工后没有办理竣工决算，财务人员按照预算成本（包括材料成本、安装成本、其他成本）进行工程成本的结转。由于M公司材料领料控制较为混乱，实际工程量与预算工程量存在较大差异等问题的存在，导致成本核算不准确。

2. 应收账款管理未严格执行企业内部控制规范和公司制度。

（1）应收账款未执行对账控制。公司制度规定，公司每年应核对一次应收账款并保存核对记录备查，如核对数据不符，应及时找出差异原因后调账，核对方式可采取发"对账单"形式。M公司未执行年度应收账款的对账控制。

（2）应收账款未执行账龄分析控制。公司制度规定，公司要建立应收账款账龄分析制度，每月末，各公司对应收账款的账龄，按应收的性质分气款和接驳费分别编制"应收账款账龄明细表"，上报总公司财务部。M公司未执行账龄分析控制。

（3）应收账款未执行减值测试控制。公司制度规定每个年度末，应对应收款项逐一进行可回收性分析，确定应收款项发生减值的，应计提坏账准备。M公司未执行减值测试控制。

（4）应收账款未执行催收制度。公司制度规定，对销售收入难以及时收回的，要制定催收款计划，指定专人负责催收。财务或催款人员应及时跟踪客户应收账款余额，确保不超出其信用额度。对于多次催要，对方单位拒不付款的，催款责任人应及时形成说明意见，报子公司经理、总公司营运部协商解决方案。M公司未执行上述应收账款催收控制。导致截至2018年7月底超过两年以上的应收账款余额达到149.95万元。

3. 费用报销管理不规范。

（1）部分"管理费用——办公费""管理费用——劳动保护费""管理费用——物料消耗"科目核算的采购办公用品、劳保用品、物料消耗，没有与其对应的实物、采购清单及使用情况记录。审计人员抽查 M 公司 2018 年 1 月至 2018 年 7 月大于 2 000 元异常采购办公用品、劳保用品的凭证，大于 1 000 元异常采购物料消耗的凭证，经统计，累计采购金额达到 6.17 万元。

（2）部分费用报销的经办人不是 M 公司的内部员工。例如，抽查 M 公司 2018 年 1 月至 2018 年 7 月大于 2 000 元异常的交际应酬费的凭证，经统计，经办人汪莉报销的金额为 1.35 万元。

（3）M 公司以报销为由，通过管理费用的修理费、低值易耗品摊销、劳动保护费、交际应酬费、办公费科目，变相为员工发放奖金 5 000 元。例如，2018-05-30，100# 现金凭证；2018-05-31，89# 现金凭证。

4. 材料设备管理不到位。

M 公司的材料设备月度盘点表无相关部门负责人签字确认，未按规定执行存货盘点制度。

（四）合同管理方面

1. 燃气管网施工合同（以下简称"施工合同"）签订的日期早于管道供气合同（以下简称"市场合同"）签订的日期，不符合总公司的相关规定。例如，北庄小区（100 户）的施工合同签订日期是 2016 年 10 月 25 日，相应的市场合同签订日期是 2016 年 11 月 30 日；后小河的施工合同签订日期是 2018 年 2 月 12 日，相应的市场合同签订日期是 2018 年 3 月 30 日。

2. 个体管道燃气配套设施（初装）委托合同（以下简称"市场合同"）的甲方居民代表信息不完整，部分合同未填写居民代表的联系方式、身份证号码等信息，且未见相关人员对居民代表的授权委托书，该合同的效力存在瑕疵。

3. 施工合同签订存在无合同预算附件、无审批手续、合同倒签（先签订合同后补预算审批）的现象。

六、总体评价

在审计过程中，我们发现张 ×× 同志任职期间，M 公司在企业营运、工程、财务等多方面的管理中都存在严重的违规情况，个别行为还存在违法嫌疑。另外，M 公司管线被竞争对手包围，在同业竞争中处于极为不利的局面，政府划分的经营区域对 M 公司也极为不利，导致 M 公司陷入内忧外患的境地，为 M 公司未来的发展造成了极大的障碍。针对上述问题，张 ×× 同志作为 M 公司总经理，应负有不可推卸的领导责任。

针对公司目前存在的问题，新任领导班子应加以重视，在下一步的经营管理中，应严格遵守总公司的各项规章制度，利用自身经营条件，抓住发展中的机遇，积极应对当前面临的各种风险和压力，从而实现总公司提出的各项目标。

七、审计建议

1. 鉴于M公司的管控现状，建议总部相关职能部门在未来至少一年内加大关注力度，重点帮扶，加大监督检查力度，尤其在市场合同谈判、接驳费回款、施工队管理、工程质量、工程量、材料出入库等重要问题上加以关注，并落实解决后续遗留问题。

2. 经本次审计发现，M公司管理团队力量较为薄弱，建议总部加强M公司班子团队的建设工作。

案例三 专项审计报告案例解析

关于A公司年终存货盘点情况的审计报告

一、审计目标及范围：就A公司存货的真实性及完整性进行审计，涉及评价盘点工作的执行情况、资产状况、存储管理、账卡物相符情况等。

二、审计程序：监盘、询问、观察、数据分析等。

截至2019年12月31日，公司存货盘点余额为××万元。

三、审计发现如下。

（一）收发盘点差异形成盘盈××万元，主要原因有：

1. 工程领退料混乱；

2. 已开具领料单但实际未领用；

3. 工程退料未及时办理入库手续。

审计建议：仓库管理员应要求相关人员及时办理手续，并加强对材料出入库的清点，特别需对已办出入库手续但实际未发生材料出入库的情况进行核实。

（二）部分存货库龄时间较长，存货中存在不良资产，明细如下表所示。

存货明细表

序号	存货名称	规格型号	单位	结账日账面情况			备注
				数量	单价	账面金额	
1	45°注塑弯头	DN90	个	4	35.10	140.40	不良
2	90°电熔弯头	DN63	个	10	52.50	525.00	不良
3	90°电熔弯头	DN90	个	1	70.10	70.10	不良
4	90°注塑弯头	DN90	个	15	55.40	831.00	不良

（续表）

序号	存货名称	规格型号	单位	结账日账面情况			备注
				数量	单价	账面金额	
5	PE 管	DN90	米	332	36.40	12 084.80	不良
6	PE 管	DN315	米	560	460.40	257 824.00	不良
7	电熔套筒	DN90	个	1	39.10	39.10	不良
8	电熔套筒	DN200	个	1	216.30	216.30	不良
9	电熔变径	DN110/63	个	3	88.40	265.20	不良
10	电熔等径三通	DN63	个	12	47.90	574.80	不良
11	端帽	DN90	个	12	16.80	201.60	不良
12	端帽	DN110	个	7	31.80	222.60	不良
13	端帽	DN200	个	1	130.60	130.60	不良
14	钢塑过渡	DN200	米	1	1 378.00	1 378.00	不良
15	调压箱	70A	个	1	1 900.00	1 900.00	不良
16	注塑变径	DN160/110	个	4	64.53	258.12	不良
17	注塑等径三通	DN90	个	6	36.30	217.80	不良
18	注塑等径三通	DN110	个	3	59.40	178.20	不良
19	注塑等径三通	DN200	个	2	213.70	427.40	不良
20	注塑异径三通	DN160/90	个	2	133.30	266.60	不良
	合计					277 751.62	

审计建议： 向集团总部及时上报存货库龄情况，可由总部协调进行存货调拨至其他子公司作销售处理，尽快回收资金，保证流动资金的使用，提高存货周转率，对物资进行合理利用；对由专业人员判断不可使用且无转让价值的材料进行报废处理；加强责任追究，从采购源头控制呆滞材料的产生。

（三）仓库管理问题

1. 材料出库管理不严，未及时填写出库单甚至不填出库单，或填写出库单后实物不及时出库，造成账实不符。

2. 应付盘点，上报虚假盘点资料。

3. 库房现场管理混乱，未对新旧物资分区管理，未预留消防安全通道，未配备消防器材，库房未上锁管理，物资直接堆地码放遭水浸泡。

4. 厂家预留表具或个别回收再利用物资未登记手工账进行管理。

（四）盘点管理问题

1. 部分监盘人员未按照集团要求参与监盘或未对盘点进行全程跟进，如1月1日，有个别部门未参与存货盘点监盘。

2. 部分监盘人员不理解监盘工作，应付盘点。

审计建议： 严格按照集团总部要求进行存货盘点及监盘工作，对因监盘不力造成的盘点错误，应视情节严重情况对盘点人员进行处罚，并进行集团通报。对所有参与盘点的工作人员进行培训，特别要求监盘人员理解监盘要点，并组织盘点知识培训考试。

（五）其他方面

1. 对非人为责任所产生的盈亏差异要及时进行账务处理。

2. 财务部应着手进行存货跌价准备的测算工作。

3. 物资管理部门应尽快建立存货分析制度，每月出具一份分析报告。报告应对库存波动较大及库龄呈增长趋势的材料做出详细说明，必要时追溯至相应经办人、订单等。

审计评价： 年终盘点基本按照盘点计划进行，盘点结果表明公司存货是真实完整的，但物料管理部门的内控管理工作有待加强。

第十四章

舞弊审计

第一节　舞弊审计概述

舞弊审计不同于专注某一专业领域的专项审计，它通常是多个审计专项内容组合在一起的综合性审计项目，可以与其他多个专项审计融合后同时开展，也可以伪装成例行审计的方式开展。如果舞弊仅发生在一个专业领域，也可以像专项审计一样专注调查某一专项事件，并且采用对应的专项审计程序和思路。唯一不同的是，它的触发点和调查对象不一样，舞弊审计调查的起点和主线都是企业内部的关联人员，舞弊事件涉及的人员和事件是舞弊审计的起点和终点。

在什么情况下需要执行舞弊程序、需要调查的范围多大、需要调查的时间多长、涉及哪些部门和审计专项等，这些都要围绕舞弊人员和舞弊事项的重要程度来确定。在调查结束时，舞弊项目调查负责人需要对执行的舞弊审计事项在舞弊审计调查报告中给出是或否的定性结论，即关联人员是否存在舞弊事实；并根据舞弊审计报告的定性结论，确定是否需要给相关人员奖罚。如果需要处罚，请示相关领导之后出具处罚通告；如果涉及违法行为，还需要移送公安机关等外部机构。

下面我们对舞弊审计的一些重要内容进行简要介绍。

一、舞弊的定义

国际内部审计师协会将舞弊定义为："包含一系列以蓄意欺骗为特征的违规和违法行为，是由组织的外部和内部人员为谋取自身利益或损害组织利益而实施的犯罪。"审计人员要关注以下几个关键点。

1. 是否是蓄意欺骗行为。

2. 是否是一种违规或违法行为。在企业内部，违规主要指违反了企业的制度、流程、标准和通告禁止的事项。

3. 是否是为谋取自身利益或损害企业利益的犯罪行为。

这三项必须同时具备，否则舞弊事实是不成立的，这也是审计人员在执行舞弊审计时需要严格遵守的基础和判断依据。

二、舞弊审计的内涵

舞弊审计就是针对以上行为的调查与核实。在企业的工作实务中，舞弊审计的实际范围会更加广泛，不仅包括以上违规或违法内容，还包括员工侵吞公款、敲诈勒索、盗窃，以及管理层特别是董事会认为可能存在舞弊行为的必要审查内容，这些都可以成为舞弊审计的工作内容。

在实务中，大部分舞弊审计项目是公开进行的，像正常的专项审计项目一样先发审计通知，让被审计部门或下属单位准备好需要审核的资料。也有部分舞弊审计项目是秘密进行的，此类舞弊审计一般是在董事会或审计委员会授意下进行的秘密调查专项。舞弊审计调查的立项、调查、报告只有少数企业的核心人员知晓，如董事长、审计委员会成员等。这样做主要是考虑到各方利益及对公司的影响，有时秘密执行会更有利于企业的发展和真相的取得。

三、舞弊审计的内容

舞弊审计严格来说也是专项审计，这是因为舞弊审计调查的对象复杂多样，应用的审计方法经常涉及多个专项审计内容。舞弊审计是所有专项审计中范围最广泛的一种，属于最难归类的专项审计，因为只要涉及企业任何管理方面的异常都可以成为舞弊审计的范围，不像一些专项审计，会有固定范围和边界。一旦发生管理异常，审计人员都可以以舞弊审计的形式介入调查，由不同专业人员组成舞弊审计团队执行审计项目。例如，采购中的舞弊审计、工程中的舞弊审计、设计中的舞弊审计、销售中的舞弊审计、生产中的舞弊审计，以及发生跨越多个管理环节的联合舞弊审计，等等。

四、舞弊审计的作用

舞弊审计协助管理层核实舞弊是否真实存在，并判断舞弊对企业管理会产生什么样的不利影响，哪个管理环节出了问题、如何纠正。一般来说，舞弊审计的主要作用如下。

1. 预防作用。做好企业各内控环节和关键节点的把控，预防舞弊审计事项的发生。

2. 威慑作用。舞弊审计是悬在每一个管理人员头上的"达摩克利斯之剑"，让企业每一位员工时时警醒不要伸出贪婪之手。同时企业内部每一起核实及处理的舞弊审计案件，都会让员工印象深刻，有效预防其向企业"伸手"。

3. 有效促进管理控制，发现管理漏洞。每一次舞弊审计，实际上都是一次企业"健康管理大检查"，即"挖掉企业坏死的组织"（舞弊人员），同时也是发现舞弊根源及优化管理的最好时机。舞弊案件的核实可以最大程度地"刺痛"管理层和所有者，促使其督促企业管理的改进。

4. 以最小的代价减少损失，使企业获得更大的收益。据《2012年全球职务舞弊与滥用职权报告》调查，参与者称由于舞弊导致的损失占其每年总收入的5%。每一家企业的审计人员，相对于其他专业岗位来说，收入往往会更高，其创造的价值也是相当大的。

五、舞弊审计流程

1. 审计部门收到舞弊审计调查指令。

2. 舞弊审计准备。首先，在年度工作计划中要制定舞弊审计应急方案与措施，主要指企业一旦进行舞弊审计，企业内部审计机构要明确如何调配其他已定审计专项的时间与人员，以及执行舞弊审计计划。这些都要在年度工作计划中进行规划，确保整个企业的审计业务有序开展。

其次，企业内部审计机构（一般由企业的审计监察部门实施或主导）收到舞弊审计指令后，需要指定经验丰富的舞弊审计人员负责统筹舞弊审计的开展、人员的调配、资源的获取、执行方式的选择及程序的执行等准备工作。

3. 编制舞弊审计方案。审计人员首先要确定舞弊审计的执行方式。执行方式主要有两种：一种是公开方式，另一种则是秘密方式。然后按对应执行方式的要求组织确定人员，编制审计工作方案。

4. 舞弊审计实施。舞弊审计一般有秘密调查、突袭式审查和通报式审查三种方式，其实施程序差不多，但前两种需要做好保密措施，以免打草惊蛇，造成审计失败。在实际执行时，审计人员应依据企业的实际情况选择适合的审查方式，执行舞弊审计程序。

5. 编制审计报告。

6. 呈报舞弊审计结果并审批。

7. 如果涉及违法或需要移送公安机关等外部机构的情况，需请示企业有关领导并取得其书面同意，复印有关证据资料留底后，报送有关权力机关并做好后续配合调查工作。

8. 需要处罚的，编制处罚通告，并提交相关领导审批。

9. 审批通过后依据企业规范的公示渠道，在企业内部进行处罚决定公示。

10. 跟进企业职能部门处罚及罚款是否到位，并要求涉及部门依据企业审计制度要求，报送审计处罚的结果性文件原件到企业审计部门备案。

11. 以上所有工作完成后，收集整理舞弊审计证据资料和舞弊审计正式报告并归档，通常此工作由该舞弊审计的主审人员负责执行，有部门文员的，由部门文员协助整理，并做好编号及电子资料存档。

六、舞弊审计的结果及运用

公开或秘密执行的舞弊审计项目，在确定审计结论后，除管理层一致认为不公示会比公示更有利于企业的舞弊审计项目外，通常都会在审计报告审批通过后，在企业范围内使用企业规定的公示渠道（OA、通告、会议等）公示审计结果及奖惩决定。

舞弊审计结果除了对涉及人员进行奖惩外，另外还有一个重要作用，就是利用舞弊审计报告的发现，对管理环节中涉及的流程和制度的漏洞进行"修补"，优化企业管理，提高企业管理效率。

第二节　舞弊审计审计思路

对于审计人员来说，在繁杂的被审计对象中找出有效的审计线索和审计证据极其困难，其难度不亚于一次探险之旅。而带有伪装的舞弊审计项目，难度就更高了。但经验丰富的审计人员，总能像电影《加勒比海盗》中的杰克一样，化险为夷、好运连连，最后满载而归；而初级审计人员则可能正好相反，花了很大力气、很多时间、很多资源，往往只能以失败告终，令人沮丧。

但是初级审计人员也不用太担心，任何职业或事务都有其规律和方法，只要虚心学习就可以快速掌握。本章主要介绍能让大家迅速进入舞弊审计角色的审计思路，希望对大家的舞弊审计实务有所帮助。

一、管理者视角的审计思路

舞弊审计的每个项目都有其独特性。即使同一类型的舞弊案件，其特点、审计思路、审计路线、所需审计证据、审计目标、所需审查的深度都是完全不同的。这让每个初学者头痛不已：同一个舞弊案件，新手可能一周都理不清头绪，而有经验的审计人员可能在一周的时间内完成了舞弊案件审计的全部工作，出具审计结果报告并得到了上级的认可。为什么会有如此巨大的差异？其中一个主要区别，就在于有没有运用管理者视角。

管理者视角，就是站在企业所有者或高级管理者角度去规划和执行审计项目。管理者一般指企业的董事长或总经理，他们通常是舞弊审计项目的发起者和需求者。作为企业的所有者或最高经营管理人员，他们需要知道舞弊是否发生、是否会给企业带来不良后果、后果是否可以承受、相关人员是否还可以信赖，等等。所以对他们来说，审计结果越快出具越好。

但审计特别是舞弊审计，调查核实过程需要时间，有的可能需要相当长的时间才能得出真实的审计结果。顶尖的审计专家一样需要花时间来确定事实的真相，出具可信赖的审计报告。这二者的矛盾属性，让很多人无从下手，甚至还可能导致舞弊审计的失败。要打破这个魔咒，审计人员在做舞弊审计时，就要时时站在管理者角度去思考舞弊审计过程，全面规划及实施审计程序，在保证真实可靠的前提下，尽快得出审计结果。

舞弊审计和合规性审计最大的区别在于舞弊审计并不需要事事都进行验证。舞弊审计主要的方向是确定舞弊事项是否存在、哪些人员参与其中、给企业带来什么影响、需要怎么处理。与此无关的内容可以忽略。

审计证据、审计范围与审计速度成反比，需要开展调查的对象和内容越多，审计人员需要的工作时间就越长。需要强调的是，并不是证据越多越详细、范围越广就越好，审计人员还要考虑审计成本和审计的有效性。在执行舞弊审计时，审计重点要侧重满足需求者的重点内容事项，其他方面可尽量精减。但在实际工作中，并不一定每个需求者都能清楚告知重点内容、重点事项，在这个时候，审计人员就需要运用专业能力和换位思考的能力，取得管理者视角的审计思路和审计方法，为舞弊审计项目寻找出路。

二、"暗度陈仓"的审计思路

作为企业内部的第三方监督者，审计人员处理关系的能力极其重要。毫不夸张地说，处理关系的好坏决定审计人员在企业里的地位和生存状况。"大胆假设、小心求证"的信条要时刻挂心头，成为做每个项目前审计人员要好好思考的事项。在做舞弊审计项目时更应如此，因为调查的过程和报告结果，最终会决定一个或者多个同事的去留，影响他们的职业发展前途。有很多相关或无关人员通过各种途径关注着整个审计工作的进展，有的人甚至还会破坏审计工作的有效开展。任何一个环节的暴露都可能造成不可挽回的后果，因此审计人员在做舞弊审计项目时要格外慎重。

在日常工作中，审计人员和同事既是朋友关系，也可能是敌对关系。在其没有舞弊行为的前提下，二者就是朋友关系，共同努力，为企业的发展添砖加瓦。然而一旦对方存在舞弊或疑似舞弊行为，双方的角色就会发生质的变化。如果对方没有发现，尽量采用例行审计、"甲事乙做""声东击西"的隐蔽方式开展专项舞弊审计，从立项、现场、报告到处理，都需要秘密进行。如果经高层指示不需处理的，那么整个过程可能仅限审计参与人员和核心人员知晓。

三、换位思考的审计思路

舞弊审计较为高效的审计思路之一是换位思考，顾名思义，就是站在被审计相关人员的角度去思考整个舞弊审计项目。去思考假设自己是对方，为什么会这么做、掩盖自己行迹的方法有哪些、实施的路径有哪些、需要哪些人的配合、如何打通关节、会形成什么样的证据，等等。

此方法可以通过学习和应用，不断提升舞弊审计调查取证能力，例如，辅助资深审计人员实施舞弊审计项目、认真研习企业已完成的舞弊审计报告和相关底稿、模拟经典舞弊案件调查过程、阅读侦探类书籍、学习心理学中的有关思路和方法等。

四、其他相关审计成果、审计证据利用的审计思路

企业内部审计一般仅限于企业内部相关事项的审查，其范围相对不是很广，不同审计项目中具体的审计事实是相互关联的，很多已审查的事实证据是可以重复利用的。审计人员只要平时用心了解企业每份审计报告的概况，就可以在执行舞弊审计时联想相关的既往事实，直接引用其成果、证据、结论来支持审计调查。这样做不仅节约审计资源，还可以显著提高舞弊审计效率。

在引用以往审计报告中与本次舞弊审计相关的事实时，需对以往审计报告进行审慎的复盘。如果还存在疑问，必须进行证据补充或重新审查。复盘认为证据确凿且与本次舞弊审计强相关的事实，可以直接引用，但要在舞弊审计报告中注明引用报告名称、时间、相关卷宗号，将涉及内容底稿复印，留作本次审计的证据及底稿。

五、警民合作的审计思路

舞弊审计中的被审计人员很有可能触犯了国家的相关法律法规，或损害了相关利益方的合法权益。这时候，得到公安机关的帮助和支持就显得尤为重要。一般来说，与企业相关的主要是经济案件（刑事案件及由政府或公安部门发起的专项调查不在本次讨论范围），因此平时与企业所在地的公安部门多一些沟通和联系是很有必要的，主要原因如下。

1. 舞弊审计中的一些关键审计证据，需要法定机构的介入才可能有效获取。如果审计项目不是审计署或审计局等法定审计机构实施的，部分关键证据可能面临无法核实的情况，例如，涉案人员的账户情况、涉及企业股东真实信息等非公开信息。这时候公安部门的介入会让调查容易得多。

2. 请公安人员来企业开展有关的廉洁讲座，也是一种有效减少舞弊案件发生的方法。这种方法越来越受到大型企业的欢迎，毕竟相对于案件发生了再调查处理，开展讲座的成本要低得多。而且来自公安部门的真实案例，对企业员工特别是高层员工（中高层员工是反舞弊需要重点防控的对象）的冲击力是相当强的。

六、建立内部舞弊信息渠道的审计思路

有计划地建立舞弊审计信息渠道，对舞弊审计的开展有较大的促进作用，有效的舞弊信息可以对相关审计项目的实施起到事半功倍的效果。在实践中，大量舞弊审计案件都是在提供重要的舞弊线索和舞弊证据的前提下完成的。没有有效的舞弊信息渠道，舞弊审计项目就会在杂乱的线索中浪费大量的时间。

假设某个舞弊审计项目有三个有效疑点方向，只有每个方向确定审计线索、收集审

计证据、论证并全部获得审计结论后，才能确定最终的舞弊审计结论。如果每个方向的审计调查及结论确定需要 10 天，全部完成并定性则至少需要 30 天；而如果审计人员有可靠的渠道，并获得一些基础性证据，其时间可能会缩短至 10 天甚至更短。

既然信息渠道的建立这么重要，审计人员在实务中该如何去做呢？一般来说，常用的方法主要有：

1. 建立企业内部的舞弊审计举报渠道，包含舞弊审计刊物、OA、举报电话、邮箱及办公地点等；

2. 在各子公司设立舞弊联系人，制定企业内部的"吹哨人"奖励制度；

3. 有条件的可以加入反舞弊联盟等各类反舞弊组织，从相关组织的共享资源库获得舞弊人员线索；

4. 舞弊审计人员在平时执行例行检查或其他审计项目时，应有意识地收集舞弊线索，多与企业各部门的负责人和关键岗位人员联系、沟通，了解企业各个环节的运行状况及人员情况；

5. 应用大数据技术，即通过运用数据库、审计软件和其他应用平台，在后台监控和获取一些趋势数据、关键数据和异常数据，为舞弊审计提供有效的证据支持。

第三节　舞弊审计案例解析

本节将通过审阅某工业集团下属子公司在建工程设计环节舞弊案件调查及处理过程的方式进行案例解析。本节案例步骤与本章第一节标准的"11 个步骤"是有区别的，本案例实际只有 10 个步骤，缺少第 7 个步骤即移交公安机关。在审计实务中，很大一部分舞弊审计项目都不会涉及移交公安部门等权力机关执行进一步补充侦查和取证工作。

为了让读者更好地理解，本节将采用舞弊审计"11 个步骤"简要陈述、重点步骤详细讲述，以及附案例文件的方式展开。大家可以在实际工作中按照类似程序和文件进行舞弊审计应用。

一、本案例执行的完整舞弊审计程序

1. 集团审计部门收到董事长或审计委员会的调查指令。

2. 集团审计部门召开舞弊审计准备会议，并确定主审、审计专业人员及审计相关事宜。

3. 主审（或项目经理）负责编制舞弊审计方案。本次项目确定执行秘密的取证方式，并按秘密取证方式的要求组织确定审计及相关人员、审计实施方法并编制审计工作方案。

4. 舞弊审计实施。采用例行检查方式开展实为舞弊审计的项目，在实施过程中需要做好保密措施，以免打草惊蛇，造成审计失败。在实际执行时，通过扩大范围、索取部分与舞弊审计不相关的资料，掩盖本次舞弊审计项目的真实目的，通过例行检查项目调查获取相关证据，避免被怀疑。

5. 项目成员编制审计报告后提交主审审核。

6. 审计部负责人呈报舞弊审计结果并审批。

7. 主审确定按企业制度规定对多名核心人员进行处罚，编制处罚通告并提交相关领导审批。

8. 处罚审批通过后，审计部依据制度要求进行公示，并在企业内部官网及 OA 上公示处罚决定。

9. 主审跟进企业职能部门处罚及罚款是否落实到位。并要求涉及处理的设计部、财务部、人事部将处罚执行完成的结果性文件送到审计部备案。

10. 主审安排项目成员收集整理舞弊审计证据和舞弊审计正式报告并编号后归档。

二、重点步骤展开及相关案例文件

重点步骤 1. 集团审计部收到子公司举报设计部总监舞弊信件及董事长转来的要求彻底调查的指示。由于二期合同马上就要签订，如果此举报属实，依据框架协议相关条款合法拒绝签订二期合同，可避免给集团造成重大经济损失。如果舞弊举报属实，在更换其他施工方和供应单位后，此二期合同涉及工程造价可以下调至少 2 000 万元。由于涉及合同资金巨大、签订合同及工期要求的时间非常紧急，董事长指示集团审计部调用一切资源，不惜代价调查清楚此事，要求在 20 天内出具审计结果并报告董事会。

重点步骤 2. 集团审计部总经理和副总经理商议后决定，采用例行审计子公司的方式派出舞弊审计工作组。由于涉及金额大、时间紧，且是董事长亲自督办的案件，必须又快又准，不能出任何问题。集团审计部商议确定由集团审计部经验丰富的副总经理亲自挂帅，带领工程、监察、财务及经验丰富的律师合计七名同事执行本次任务。为了掩盖真实目的，防止被识破，其中工程和监察人员从子公司抽调，并且其进场时间与审计人员进场时间错开，律师以抽查合同执行情况及协助子公司案件处理的方式介入。

通过对整个事件及资料的分析，审计人员初步判断涉及人员还不知道舞弊事件已列入集团监察范围，且当年的例行审计工作正好还没有展开。集团审计部研究决定启动秘密舞弊审计执行程序，采用方式为隐避式。为了不打草惊蛇，影响后面数千万元合同的签订与实施，确定采用例行审计的方式执行此次舞弊审计调查取证工作并获得了董事长许可。

重点步骤 3. 召开专项舞弊审计全体参与人会议，讨论商议审计过程中需要调用的资源、人员、现场开展方式、分工及注意事项，并在会上确定由集团审计部副总经理担任本次舞弊审计项目的项目经理。会后由项目经理编写审计实施方案及审计通知书（并于当天邮件发送给子公司总裁，并要求其安排对接人及相关部门准备相关资料），第二天审计人员赴子公司执行审计调查及取证工作。

以下是一份审计通知书示例，仅供参考。

某工业集团审计通知书

主题： 关于对某工业集团子公司各职能中心进行全面审计的通知
对象： 某工业集团下属子公司总裁　夏总
内容：
根据"审计部年度工作计划"，我部计划于 2019 年 8 月 10 日至 8 月 31 日派驻工程审计、财务审计人员开始对子公司各职能中心业务情况（包括各部门的业务完成绩效，工作流程，过程资料归档，合同履约，进度款支付，与外围单位的日常协调、管控、费用控制等情况）进行例行检查，请贵公司提前准备好相关被查资料，大力配合我部检查人员的工作。
<div align="right">某工业集团　审计部 2019 年 8 月 9 日</div>
提报人： 关某
审　批： 某工业集团审计负责人　刘某
回执：
某工业集团审计部：
关于贵部的"某工业集团子公司职能中心审计通知书"我司已收悉，我司一定在此期间提前做好相关准备。
<div align="right">年　月　日</div>
某工业集团子公司负责人：夏总

注释：本表解释权归某工业集团审计部　　　　　　制表单位：某工业集团审计部

重点步骤 4. 到达被审计单位执行现场审计，具体执行审计程序及过程略。

重点步骤 5. 出具审计报告。因涉及内容复杂，且该舞弊是建设项目的一部分，出具两份审计报告：

1. **"详细舞弊审计报告"**略（本案例属于建设项目领域发生的舞弊案，如何编写参考本书建设项目的审计报告）；

2. **"舞弊审计定性报告"**。舞弊审计与其他专项审计最大的不同是舞弊审计必须出具定性结论。

实务中大部分舞弊审计只出一个舞弊审计报告，会在"详细审计报告"中包含定性结论部分的内容。本案例分两个单独的报告，这种报告法主要应用于舞弊报告特别复杂、特别长、特别专业的舞弊审计。本案例具体定性报告如下。

关于处理某工业集团子公司设计部舞弊的报告

某工业集团子公司工程项目设计部总监王某，工程师李某、张某（已离职）存在严重的管理失职，在没有签批的情况下通过设置技术壁垒的方式定下空心楼盖设计方案（在技术上有蜂巢芯、芯模、高分子模壳、空芯楼板等方案可选择），致使某省项目一期工程仅空芯楼板一项的成本增加了 500 万~1 700 万元（此价格差由审计部和工程成本部分别向不同的专业设计院询价取得）。如果方案不优化，根据后期我们某省二期和某市项目体量，成本将再增加 2 000 万元以上，集团审计部对涉及资料、录音及报告进行分析，确认属实，理由如下：

1. 空心楼盖设计方案未签批，存在舞弊的可能，经查公司选用的三家空心楼盖技术的装配箱厂家实际为一个家族企业，具有垄断价格的能力；

2. 招标现场录音记录侧面反映设计部与厂家存在串通的嫌疑；

3. 设计部在内控部要求优化后，半年未采取任何措施；

4. 相关人员之前找厂家谈判价格被告知，没有谈判余地，但在厂家获知公司将优化流程并可能取消合作的消息后，口头承诺继续合作价格可下降 40%；

5. 设计部发函要求上海设计院使用该技术方案；

6. 设计部在某市项目的宿舍暖气片上不采用北方通用暖气片，而是使用南方高档场所使用的暖气片，使造价从 200 多万元提高到 600 多万元。

鉴于以上事实，并且在子公司审计部强烈要求优化流程并取得子公司各部门（包括子公司总裁）一致同意的情况下，设计部仍一意孤行，任由本可降低成本的事件继续发生。如果不予及时制止，会增加上千万元的成本。故集团审计部审计组建议董事长给予设计部相关人员如下处罚：

1. 给予设计部总监王某降级降职处理；

2. 给予设计部建筑工程师李某降级处理，留司察看并责成其负责优化事宜，不积极落实优化减本事宜，将加重处罚力度给予开除；

3. 给予设计部结构工程师张某开除处理（已离职）。

可否，请董事长批示！

集团审计部
2019 年 9 月 17 日

重点步骤 6. 确定的审计报告按公司"审计管理制度"规定的程序执行审批程序。审批过程中董事长指示对设计总监王某解除劳动合同，并依公司相关规定处理。

重点步骤 7. 公示处理结果，详细公示文件如下。

关于对某工业集团子公司工程项目设计部负责人王某的处罚决定

集团各部、各公司：

经集团审计部查明，子公司工程项目设计部总监王某在工程项目工作中存在严重违规及管理失职行为，给公司造成重大损失，经请示总裁同意并根据"授权管理及责任追究制度"的 8.1 节及 9.3 节和"行政人事管理制度 V3.0"的 3.6.2.7 规定，给予王某如下处罚：

子公司设计部总监王某（男，2013 年 7 月 1 日入职，副总经理级）罚款 6 万元，同时解除劳动合同，并保留追究法律责任的权利。

本决定自挂网发布之日起生效。

某工业集团有限公司
集团审计部
2019 年 10 月 28 日

重点步骤 8. 项目经理安排项目组成员跟进行政职能部门处罚措施是否落实到位，并要求报送结果文件到审计部门；收集齐备上述文件后整理资料编号归档（通常此项工作由主审人员负责执行，由于本次项目经理属于高管，另行安排可胜任的项目组成员实施）。

三、舞弊审计过程中一些常见问题的解答

刚接触舞弊审计项目的人员，由于没有执行过类似项目，在执行舞弊审计项目时会有各种各样的疑问和困惑。这些都会隐藏在项目中，需要在实务中细细体会。在这里我们对执行舞弊审计过程中一定会遇到但又不知道如何解决的问题做简要解答。

1. 接到舞弊审计任务时，每个成员都有其他任务在身，没有人可调配怎么办？

答： 一般来说舞弊审计项目都是紧急的项目，是需要优先处理的项目。通常审计部门应把确定了的舞弊审计项目加进年度审计工作计划，另外还应预留一部分审计时间，用于应对可能出现的舞弊审计项目。当企业出现需要执行舞弊审计的事项时，审计部门应暂停、推后正在执行的常规审计项目，把时间、人员调配给舞弊审计项目使用。

2. 舞弊审计程序标准文件和格式在哪里找？

答： 舞弊审计一般使用通用的审计报告格式，详见本书第二章，也可以参考本案例中的格式。在审计实务中，企业通常会在"审计管理制度"或"监察管理制度"中对程序、文件、格式进行规范，并提供标准的模板供企业内部执行舞弊审计时使用。

3. 舞弊审计有没有固定的审计执行程序和审计方法？

答： 舞弊审计是其他专项审计的延伸，通常使用专项审计的程序和方法，没有固定的执行程序和方法。其不固定还表现在舞弊发生的不确定、应用一个还是多个专项程序不确定、是否需要执行完整的合规性审查内容不确定、是否公布审计结果和移送司法机关不确定，等等。在实践中，舞弊审计需要围绕舞弊事件、涉及人员来灵活应用审计执行程序和审计方法。本案例就应用了例行检查程序和方法。

4. 舞弊审计如何做效率更高？

答： 舞弊渠道的提前建立、已完成审计项目的编号存档、审计人员能力的提升、企业内部沟通的流畅、秘密取证方式的应用、外部机构和专家的应用等，都是提升舞弊审计效率的有效途径。本案例就是假借例行检查和外部设计院专家的方式执行舞弊审计工作，不但有效地分散了被审计人员的注意力，而且有效地获取了更多的有利证据。

5. 舞弊审计面谈时要注意什么问题？

答： 在舞弊审计面谈时，除了需要注意常规面谈中的一些注意事项、做好问答准备外，面谈的安全性和面谈技巧的运用也是非常重要的。安全必须放在首位，在舞弊面谈时必须二人以上在现场，现场不要有水果刀、剪刀等危险物品。面谈的措辞、氛围控制必须精确，一旦发现异常，及时进行处理。

6. 舞弊审计要如何定性?

答: 舞弊审计定性必须建立在实事求是的基础上,要有充分的证据作为支撑,否则不能给出肯定性结论。如果上级给出的时间不充分,需及时上报情况,申请延期。如果是客观原因无法给出肯定性结论,需陈述原因及解决方案。舞弊审计的定性极为重要,事关涉及人员的清白与前途。我们在定性时的逻辑顺序是:法律规范 > 行业规范 > 公司制度 > 公司公告。定性必须依据明文规范条款和证据做出,只要有一个环节不明确,就不能给出肯定性结论。

7. 管理者要求对舞弊证据查证不足的当事人离职处理该怎么办?

答: 首先我们要分析要求是否合理,且是否在自己的责任范围内。不在责任范围内的向管理者陈述理由,最好同时提供多种解决方案及理由供管理者选择;属于审计职权范围的,按审计制度规范程序执行,并在处理之前获得人力资源部和涉及人员上级的支持。做好这些前提工作后,再与当事人协商离职事宜。

第十五章

财务报表审计

第一节 财务报表审计概述

财务报表审计是指注册会计师对财务报表是否不存在重大错报提供合理保证，以积极方式提出意见，增强除管理层之外的预期使用者对财务报表信赖的程度。一般认为，财务报表审计起源于18世纪20年代英国的南海公司破产案件，这也是人类历史上最早的一次股灾。

英国的南海公司通过夸大业务前景和进行财务舞弊等手段，使得大众深信南海公司前景无限，投资者趋之若鹜，南海公司的股价短期内暴涨，在1720年1月南海公司股价处于128英镑，到3月上升至330英镑，5月其股价上扬至500英镑，6月升到890英镑，7月的时候更是上升至每股1 000英镑的价位，全民疯狂炒股。

同时期，许多公司争相模仿南海公司的"造假手段"，试图分上一杯羹。人们完全丧失了理智，他们不在乎这些公司的经营范围、经营状况和发展前景，只相信发起人说自己的公司如何能获取巨大利润，唯恐错过大捞一把的机会。一时间，股票价格暴涨，平均涨幅超过5倍。

为了制止各类"泡沫公司"的继续膨胀，英国国会在6月通过《泡沫法案》（Bubble Act），许多公司被解散，公众开始清醒过来，炒股热潮随之减退，并连带触发南海公司股价急挫，9月跌至每股175英镑，12月跌回124英镑。不少人血本无归，连著名物理学家牛顿也没有幸免，不得不感叹道："我能计算出天体的运行轨迹，却难以预料到人们如此疯狂。"

1720年年底，英国政府对南海公司的资产进行清理，英国国会秘密委员会委任了查尔斯·斯奈尔（Charles Snell）先生为南海公司查账。这是英国历史上首次委托民间第三方独立会计师进行核数调查，查账结果显示南海公司实际资本已所剩无几，其调查显示南海公司存在舞弊、会计记录严重不实等问题。

自此，委任第三方专业会计师审查公司财务状况的做法逐渐被人们接受，这种方法成功降低了企业舞弊的风险，因此促进了注册会计师审计及审计行业的发展。

注册会计师的审计能够有效降低财务报表使用人进行决策所面临的信息失真风险，提高经济决策的有效性，维护市场经济秩序和保护社会公众利益。

为了应对审计环境的变化，实现审计目标，审计方法也经历了从账项基础审计、制度基础审计再到风险导向审计的发展历程，注册会计师一直对审计方法进行变更，以满足委托人的需求。

风险导向审计基于审计风险模型，通过对财务报表固有风险和控制风险的评估来确定实质性测试的性质、时间和范围。风险导向审计模式要求注册会计师在审计过程中，以重大错报风险的识别、评估和应对作为工作主线。相应地，审计过程大致可分为以下几个阶段，即审计计划、风险评估、风险应对、编制审计报告。

本章主要按照审计计划、风险评估、风险应对、编制审计报告的顺序简要介绍审计程序，并辅以近几年证监会对会计师事务所处罚案例说明审计程序的重要性。

第二节 审计计划

凡事预则立、不预则废，对于任何一项审计业务，在执行具体审计程序之前，注册会计师都必须制定计划，使审计业务以有效的方式得到执行。一般来说，审计计划工作主要包括在本期审计业务开始时开展初步业务活动，制定总体审计策略，制定具体审计计划。

一、开展初步业务活动

在审计业务开始时，注册会计师需要开展初步业务活动以确定是否接受业务委托：

1. 具备执行业务所需的独立性和能力；

2. 不存在因管理层诚信问题而可能影响注册会计师保持该项业务意愿的事项；

3. 与被审计单位之间不存在对业务约定条款的误解。

注册会计师应当执行的初步业务活动包括：

1. 针对保持客户关系和具体审计业务实施相应的质量控制程序；

2. 评价遵守相关职业道德要求的情况；

3. 就审计业务约定条款达成一致意见。

注册会计师在承接业务时应当了解被审计单位的基本情况，包括企业历史沿革、所处行业、主要业务模式、主要财务数据分析、内部控制情况、管理层诚信情况等，以获取必要信息，充分评估自身的胜任能力和被审计单位管理层的诚信情况，并对审计业务进行恰当的风险分类，谨慎考虑是否承接业务。

二、制定总体审计策略

审计计划工作贯穿于整个审计过程。审计计划分为总体审计策略和具体审计计划两个层次。

注册会计师应当为审计工作制定总体审计策略，总体审计策略的目的是确定审计范围、时间安排、审计方向和审计资源，并指导具体审计计划的制定。

总体审计策略是具体审计计划的指导，具体审计计划是总体审计策略的延伸。注册会计师应当针对总体审计策略中所识别的不同事项，制定具体审计计划，并考虑通过有效利用审计资源以实现审计目标。

注册会计师应当根据实施风险评估程序的结果，对总体审计策略的内容予以调整。在实务中，注册会计师将制定总体审计策略和具体审计计划结合进行，可能会使审计计划工作更有效率及效果，并且注册会计师也可以采用将总体审计策略和具体审计计划合并为一份审计计划文件的方式，提高编制及复核工作的效率。

三、制定具体审计计划

注册会计师应当为审计工作制定具体审计计划。为获取充分、适当的审计证据，确定审计程序的性质、时间安排和范围的决策是具体审计计划的核心。

具体审计计划应当包括风险评估程序、计划实施的进一步审计程序和其他审计程序：为了充分识别和评估财务报表重大错报风险，注册会计师应当计划实施风险评估程序的性质、时间和范围；针对评估的认定层次的重大错报风险，注册会计师应当设计实施进一步审计程序的性质、时间安排和范围。

进一步审计程序包括控制测试和实质性程序。注册会计师计划的进一步审计程序可以分为进一步审计程序的总体方案和拟实施的具体审计程序（包括进一步审计程序的具体性质、时间安排和范围）两个层次：进一步审计程序的总体方案主要是指注册会计师针对各类交易、账户余额和披露决定采用的总体方案（包括实质性方案和综合性方案）；具体审计程序则是对进一步审计程序的总体方案的延伸和细化，它通常包括控制测试和实质性程序的性质、时间安排和范围。

具体审计计划应当包括根据审计准则的规定，注册会计师针对审计业务需要实施的其他审计程序。

在审计开始时，注册会计师必须对重大错报的规模和性质做出一个判断，包括确定财务报表整体的重要性和特定交易类别、账户余额和披露的重要性水平。当错报金额高于整体重要性水平时，就很可能被合理预期将对使用者根据财务报表做出的经济决策产生影响。

在计划审计工作时，注册会计师应当确定一个合理的重要性水平，以发现在金额上重大的错报。注册会计师在确定计划的重要性水平时，需要考虑以下主要因素：对被审计单位及其环境的了解、审计的目标、财务报表各项目的性质及其相互关系、财务报表项目的金额及其波动幅度。

案例一

ZSYT 会计师事务所因在审计过程中执行业务承接风险控制程序不到位而被浙江省证监局出具警示函。

浙江省证监局对 ZSYT 会计师事务所执行 ABC 集团 2017 年年报审计项目进行了检查并出具了警示函，根据警示函：注册会计师执行业务承接风险控制程序不到位。

1. 注册会计师在续接 ABC 集团 2017 年年报审计项目时，未实质性执行业务保持评价程序。底稿中所附的"业务保持评价表"存在明显错误。

2. 注册会计师未按照"ZSYT 会计师事务所客户关系和具体业务的接受与保持管理办法"的规定执行发表承接意见、判定项目风险等级等程序；上述行为不符合《中国注册会计师审计准则第 1121 号——对财务报表审计实施的质量控制》第二十六条的规定。

在实务中，当会计师事务所发生变更时，后任注册会计师在接受委托前应当与前任注册会计师进行必要的沟通，并对沟通结果进行评价，以确定是否接受委托。

后任注册会计师向前任注册会计师询问的内容应当合理、具体。必要沟通过程中通常值得关注和询问的事项包括：

1. 是否发现被审计单位管理层存在诚信方面的问题；

2. 前任注册会计师与管理层在重大会计、审计等问题上存在的意见分歧；

3. 前任注册会计师向被审计单位治理层通报的管理层舞弊、违反法律法规行为及值得关注的内部控制缺陷；

4. 前任注册会计师认为导致被审计单位变更会计师事务所的原因。

案例二

LAD 会计师事务所因在审计过程中执行前后任注册会计师的沟通程序不到位接受行政处罚。

中国证监会对 LAD 会计师事务所执行 A 公司重大资产重组审计项目进行了检查并出具了行政处罚决定书，根据行政处罚决定书，注册会计师未执行前后任注册会计师的沟通程序：2015 年 1 月，A 公司与 DH 会计师事务所解除合作关系，聘请 LAD 会计师事务所为重大资产重组的审计机构。注册会计师填写业务承接评价表（索引号 B07）未显示其曾关注变更会计师事务所的原因，或与前任注册会计师进行过必要的沟通。上述情况不符合《中国注册会计师审计准则 1153 号——前任注册会计师与后任注册会计师的沟通》第七条和第十八条的相关规定。

案例三

YTJT 会计师事务所因在审计过程中执行计划审计阶段程序不到位而被吉林省证监局出具警示函。

吉林省证监局对 YTJT 会计师事务所执行 B 公司 2014 年年报审计项目进行了检查并出具了警示函，根据警示函：注册会计师在执行计划审计阶段程序不到位，确定实际执行的重要性水平不谨慎。注册会计师选用总资产法确定重要性水平，选择的百分比为 1%，实际执行的重要性水平选择为财务报表整体重要性的 75%，明显微小错报选择为财务报表整体重要性的 5%，但底稿中未说明选定上述比例的原因和考虑因素。同时，根据《中国注册会计师审计准则问题解答第 8 号——重要性及评价错报》中关于实际执行的重要性水平的解答，项目存在总体风险较高、审计调整较多，存在或预期存在值得关注的内部控制缺陷等情形的，注册会计师可能考虑选择较低的百分比来确定实际执行的重要性。B 公司 2013 年度被 YTJT 会计师事务所出具无法表示意见的审计报告、2014 年被 YTJT 会计师事务所出具无法表示意见的内控审计报告，同时还存在对外开出数亿元商业承兑汇票尚未收回，其中 3 000 万元已经被起诉并败诉等事项，在上述情况下，注册会计师对实际执行的重要性水平仍选择了 75% 的较高比例，且无相关分析和解释说明。项目组确定实际执行的重要性水平不审慎，不符合《中国注册会计师审计准则第 1221 号——计划和执行审计工作时的重要性》第十四条及《中国注册会计师审计准则问题解答第 8 号——重要性及评价错报》第二条的规定。

第三节　风险评估

注册会计师对财务报表实施审计，其目标是以对财务报表是否存在由于错误或者舞弊导致的重大错报获取合理保证。风险导向审计模型要求注册会计师识别和评估重大错报风险，设计和实施进一步审计程序以应对评估的错报风险，并根据审计结果出具恰当的审计报告。

在风险导向的审计模型下，注册会计师以重大错报风险的识别、评估和应对为审计工作的主线，最终将审计风险控制在可接受的低水平。风险的识别和评估是审计风险控制流程的起点。风险识别和评估，是指注册会计师通过实施风险评估程序，识别和评估财务报表层次和认定层次的重大错报风险。其中，风险识别是指找出财务报表层次和认定层次的重大错报风险；风险评估是指对重大错报发生的可能性和后果严重程度进行评估。

一、了解被审计单位及其环境

注册会计师必须了解被审计单位及其环境，包括内部控制，以充分识别和评估财务报表重大错报的风险，并针对评估的重大错报风险设计和实施控制测试和实质性程序。

注册会计师应当实施下列风险评估程序，以了解被审计单位及其环境：询问管理层和被审计单位内部其他相关人员，分析程序，观察和检查。

注册会计师除了采用上述程序从被审计单位内部获取信息以外，如果根据职业判断认为从被审计单位外部获取的信息有助于识别重大错报风险，注册会计师应当实施其他审计程序以获取这些信息。例如，询问被审计单位聘请的外部法律顾问、专业评估师、投资顾问和财务顾问等。

注册会计师应当从下列方面了解被审计单位及其环境：

1. 相关行业状况、法律环境与监管环境及其他外部因素；

2. 被审计单位的性质；

3. 被审计单位对会计政策的选择和运用；

4. 被审计单位的目标、战略及可能导致重大错报风险的相关经营风险；

5. 对被审计单位财务业绩的衡量和评价；

6. 被审计单位的内部控制。

（一）了解被审计单位所处相关行业状况、法律环境与监管环境及其他外部因素

了解行业状况有助于注册会计师识别与被审计单位所处行业有关的重大错报风险。注册会计师应当了解被审计单位行业状况，主要包括：

1. 所处行业的市场与竞争，包括市场需求、生产能力和价格竞争；

2. 生产经营的季节性和周期性；

3. 与被审计单位产品相关的生产技术；

4. 能源供应与成本；

5. 行业的关键指标和统计数据。

了解法律环境及监管环境，有助于注册会计师识别某些法律法规或监管要求对被审计单位经营活动可能产生的重大影响。注册会计师应当了解被审计单位所处的法律环境及监管环境，主要包括：

1. 适用的会计准则、会计制度和行业特定惯例；

2. 对经营活动产生重大影响的法律法规及监管活动；

3. 对开展业务产生重大影响的政府政策，包括货币、财政、税收和贸易等政策；

4. 与被审计单位所处行业和所从事经营活动相关的环保要求。

注册会计师还应当了解影响被审计单位经营的其他外部因素，主要包括：

1. 宏观经济的景气度；

2. 利率和资金供求状况；

3. 通货膨胀水平及币值变动；

4. 国际经济环境和汇率变动。

（二）了解被审计单位的性质

注册会计师应当了解被审计单位的性质，其中包括使用权结构、治理结构、组织结构、经营活动、投资活动、筹资活动、财务报告。

1. 使用权结构。对被审计单位所有权结构的了解有助于注册会计师识别关联方关系并了解被审计单位的决策过程。同时，注册会计师可能需要对其控股母公司（股东）的情况做进一步的了解，包括控股母公司的所有权性质、管理风格及其对被审计单位经营活动和财务报表可能产生的影响；控股母公司与被审计单位在资产、业务、人员、机构、财务等方面是否分开，是否存在占用资金等情况；控股母公司是否施加压力，要求被审计单位达到其设定的财务业绩目标。

2. 治理结构。良好的治理结构可以对被审计单位的经营和财务运作实施有效的监督，从而降低财务报表发生重大错报的风险。注册会计师应当了解被审计单位的治理结构，从而考虑治理层是否能够在独立于管理层的情况下对被审计单位事务（包括财务报告）做出客观判断。

3. 组织结构。复杂的组织结构可能导致某些特定的重大错报风险。注册会计师应当了解被审计单位的组织结构，考虑复杂组织结构可能导致的重大错报风险，包括财务报表合并、商誉摊销和减值、长期股权投资核算，以及特殊目的实体核算等问题。

4. 经营活动。了解被审计单位经营活动，有助于注册会计师识别预期在财务报表中反映的主要交易类别、重要账户余额和列报。注册会计师应当了解被审计单位的经营活动。主要包括主营业务的性质，与生产相关的市场信息，业务的开展情况，联盟、合营与外包情况，从事电子商务的情况，地区分布与行业细分，生产设施、仓库的地理位置及办公地点，关键客户，重要供应商，劳动用工情况，研究与开发活动及其支出，关联方交易。

5. 投资活动。了解被审计单位投资活动有助于注册会计师关注被审计单位在经营策略和方向上的重大变化。

6. 筹资活动。了解被审计单位筹资活动有助于注册会计师评估被审计单位在融资方面的压力，并进一步考虑被审计单位在可预见未来的持续经营能力。

7. 财务报告。注册会计师应当了解影响财务报告的重要政策、交易和事项。主要包括：

（1）会计政策和行业特定惯例，包括特定行业的重要活动（如银行业的贷款和投资、医药行业的研究与开发活动）；

（2）收入确认惯例；

（3）公允价值会计核算；

（4）外币资产、负债与交易；

（5）异常或复杂交易（包括在有争议或新兴领域的交易）的会计处理（如对以股票为基准的薪酬的会计处理）。

（三）了解被审计单位对会计政策的选择和运用

注册会计师应当了解被审计单位对会计政策的选择和运用，主要包括：

1. 重大和异常交易的会计处理方法；

2. 在新领域和缺乏权威性标准或共识的领域，采用重要会计政策产生的影响；

3. 会计政策的变更；

4. 新颁布的财务报告准则、法律法规，以及被审计单位何时采用、如何采用这些规定等。

除上述与会计政策的选择和运用相关的事项外，注册会计师还应对被审计单位下列与会计政策运用相关的情况予以关注：

1. 是否采用激进的会计政策、方法、估计和判断；

2. 财会人员是否拥有足够的运用会计准则的知识、经验和能力；

3. 是否拥有足够的资源支持会计政策的运用，如人力资源及培训、信息技术的采用、数据和信息的采集等；

4. 是否按照适用的会计准则和相关会计制度的规定恰当地进行了列报，并披露了重要事项。

（四）了解被审计单位的目标、战略及可能导致重大错报风险的相关经营风险

目标是企业经营活动的指针。企业管理层或治理层一般会根据企业经营面临的外部环境和内部各种因素，制定合理可行的经营目标。战略是企业管理层为实现经营目标采用的总体层面的策略和方法。为了实现某一既定的经营目标，企业可能有多个可行战略。经营风险源于对被审计单位实现目标和战略产生不利影响的重大情况、事项、环境和行动，或源于不恰当的目标和战略。

注册会计师了解被审计单位的经营风险有助于其识别财务报表重大错报风险。多数经营风险最终都会产生财务后果，从而影响财务报表。经营风险可能会导致财务报表层次或认定层次的重大错报风险，但并非所有经营风险都会导致重大错报风险。注册会计师应当根据被审计单位的具体情况考虑经营风险是否可能导致财务报表发生重大错报。

（五）了解对被审计单位财务业绩的衡量和评价

被审计单位内部或外部对财务业绩的衡量和评价可能对管理层产生压力，促使其采

取行动改善财务业绩或歪曲财务报表。因此，注册会计师应当了解被审计单位财务业绩的衡量和评价情况，考虑这种压力是否可能导致管理层采取行动，以至于增加财务报表发生重大错报的风险。

在了解被审计单位财务业绩衡量和评价情况时，注册会计师应当关注下列信息：

1. 关键业绩指标（财务或非财务的）、关键比率、趋势和经营统计数据；

2. 同期财务业绩比较分析；

3. 预算、预测、差异分析，分部信息与分部、部门或其他不同层次的业绩报告；

4. 员工业绩考核与激励性报酬政策；

5. 被审计单位与竞争对手的业绩比较。

案例四

ZTY 会计师事务所因在审计过程中执行风险评估程序不到位而被中国证监会行政处罚。

中国证监会对 ZTY 会计师事务所执行 C 公司收购 D 公司审计项目进行了检查并出具了行政处罚决定书，根据行政处罚决定书，注册会计师在风险评估阶段，未保持应有的职业谨慎和职业怀疑，未识别出存在的舞弊风险。

D 公司业务单一，收入主要为户外 LED 屏体广告收入，2011 年至 2013 年 6 月，该类收入占比均达到 100%。由该业务产生的应收账款为 D 公司最主要的资产之一。D 公司应收账款余额大、占比高，且呈现快速上升趋势，2011 年末、2012 年末和 2013 年 6 月末的应收账款账面余额分别约为 1.18 亿元、2.04 亿元和 2.52 亿元，占总资产的比例分别约为 37.58%、48.11% 和 60.87%。D 公司应收账款具有重要性和异常性特征。

D 公司实际控制人叶某自己承接的广告业务单（以下简称"公司单"）数量、金额占比高，且业务特征与正常业务单存在明显异常：一是单个合同金额大，均为 100 万元以上的合同，而正常业务单合同金额较小，通常是几万或几十万元；二是审批流程简化，没有相关销售副总、销售区域负责人等人的签名；三是发起流程非常规，由销售管理部总监郑某代为发起，而正常销售业务合同申请的发起人通常为销售部（与销售管理部不同）的人员。D 公司"公司单"具有重大性和异常性特征。

ZTY 会计师事务所在对 D 公司 2011 年年报、2012 年年报、2013 年半年报审计（以下简称 D 公司 630 审计）过程中，已经识别出了 D 公司因面临业绩压力，存在收入高估的舞弊风险，以及 D 公司因未成立内审部门，存在管理层凌驾于控制之上的风险。

ZTY 会计师事务所未基于识别出的上述风险和"公司单"的重大性及异

常性，对"公司单"保持应有的职业谨慎和职业怀疑。

ZTY 会计师事务所在识别 D 公司报表层次和营业收入、应收账款认定层次存在特别风险后，未结合 D 公司"公司单"这一异常情况，对"公司单"审批流程简化等异常情形保持合理的职业怀疑，不符合《中国注册会计师审计准则第 1101 号——注册会计师的总体目标和审计工作的基本要求》第二十八条和《中国注册会计师审计准则第 1211 号——通过了解被审计单位及其环境识别和评估重大错报风险》第二十九条的规定。

二、了解被审计单位的内部控制

注册会计师的审计目标是对财务报表是否不存在重大错报发表审计意见，并非对被审计单位内部控制的有效性发表意见。注册会计师了解和评价的内部控制只是与财务报表审计相关的内部控制，并非被审计单位所有的内部控制。

注册会计师在了解内部控制时，应当评价控制的设计，并确定其是否得到执行，但不包括对控制是否得到一贯执行的测试。评价控制的设计是指考虑一项控制单独或连同其他控制是否能够有效防止或发现并纠正重大错报。控制得到执行是指某项控制存在且被审计单位正在使用。设计不当的控制可能表明内部控制存在重大缺陷，注册会计师在确定是否考虑控制得到执行时，应当首先考虑控制的设计。如果控制设计不当，不需要再考虑控制是否得到执行。

注册会计师通常实施下列风险评估程序，以获取有关控制设计和执行的审计证据：

（1）询问被审计单位的人员；

（2）观察特定控制的运用；

（3）检查文件和报告；

（4）追踪交易在财务报告信息系统中的处理过程（穿行测试）。

这些程序是风险评估程序在了解被审计单位内部控制方面的具体运用。询问本身并不足以评价控制的设计，以及确定其是否得到执行，注册会计师应当将询问与其他风险评估程序结合使用。

在实务中，注册会计师应当从被审计单位整体层面和业务流程层面分别了解和评价被审计单位的内部控制。整体层面的控制（包括对管理层凌驾于内部控制之上的控制）和信息技术一般控制通常在所有业务活动中普遍存在。整体层面内部控制的有效性将直接影响重要业务流程层面控制的有效性，进而影响拟实施的进一步审计程序的性质、时间和范围。

在初步计划审计工作时，注册会计师需要在业务流程层面了解内部控制，通常采取下列了解步骤：

（1）确定被审计单位的重要业务流程和重要交易类别；

（2）了解重要交易流程，并记录获得的了解情况；

（3）确定可能发生错报的环节；

（4）识别和了解相关控制；

（5）执行穿行测试，证实对交易流程和相关控制的了解；

（6）进行初步评价和风险评估；

（7）了解财务报告的流程。

案例五

　　ZTY 会计师事务所因在审计过程中执行了解被审计单位内部控制及控制测试程序不到位而被中国证监会行政处罚。

　　中国证监会对 ZTY 会计师事务所执行 C 公司收购 D 公司审计项目进行了检查并出具了行政处罚决定书，根据行政处罚决定书：注册会计师在了解被审计单位内部控制及控制测试审计程序中，对审批签名不全单据仍得出"控制有效并得到执行"的审计结论。

　　根据审计工作底稿，ZTY 会计师事务所将 D 公司销售与收款循环的内部控制"偏差"定义为：销售合同申请表未经审核签批，或合同/订单未经审核，或播出确认单未经审批，或未收到客户确认的业务回执。D 公司销售与收款循环的内部控制是通过上述环节中的审核签批实现的，各环节的审核签批即为该业务循环的控制点，审核签批的缺失即为控制未得到执行。D 公司完整的销售业务审批流程中，涉及"销售合同申请表""用印申请单"及合同订单、"LED 审批播出确认单"等单据，其中"销售合同申请表"由销售人员填写，需经本组区域销售总监、本地区域销售总经理、首席营销官、首席财务官、总经理签字审批；"用印申请单"和合同订单由销售人员和法务编制，需经法务经理、销售经理、财务经理和总经理签字审批；"LED 审批播出确认单"由媒体审批人员发起，需经销售人员、销售经理、区域销售经理和总经理签字审批。根据ZTY 会计师事务所在审计底稿"订单/合同审批与执行"部分的记录，ZTY 会计师事务所已了解上述业务流程和审批流程。但在实际执行过程中，ZTY 会计师事务所在了解内部控制有关穿行测试，以及控制测试中抽取的样本均存在大量审批签名不全的情况下，如在对 D 公司 630 审计项目中，ZTY 会计师事务所抽取了两份合同进行穿行测试，其中两份合同订单均存在缺少销售经理、财务经理、总经理签名的情形，ZTY 会计师事务所仍得出"控制有效并得到执行"的结论。ZTY 会计师事务所未对上述"偏差"的原因进行调查，也未对上述"偏差"产生的影响进行评估，审计程序流于形式。

综上，D 公司在销售与收款业务流程中，业务单据审批签字大量不全，内部控制存在重大缺陷，而 ZTY 会计师事务所未严格按照《中国注册会计师审计准则第 1314 号——审计抽样》第二十一条、《中国注册会计师审计准则第 1211 号——了解被审计单位及其环境识别和评估重大错报风险》第二十九条和《中国注册会计师审计准则第 1231 号——针对评估的重大错报风险采取的应对措施》第十条规定执业，导致未能对 D 公司内部控制情况做出正确的评价。

三、评估重大错报风险

评估重大错报风险是风险评估阶段的最后一个步骤。评估将作为确定进一步审计程序的性质、范围和时间安排的基础，以应对识别的风险。

在评估重大错报风险时，注册会计师应当实施下列审计程序。

1. 在了解被审计单位及其环境（包括与风险相关的控制）的整个过程中，结合对财务报表中各类交易、账户余额和披露的考虑，识别风险。

2. 结合对拟测试的相关控制的考虑，将识别出的风险与认定层次可能发生错报的领域相联系。

3. 评估识别出的风险，并评价其是否更广泛地与财务报表整体相关，进而潜在地影响多项认定。

4. 考虑发生错报的可能性（包括发生多项错报的可能性），以及潜在错报的程度是否足以导致重大错报。

在对重大错报风险进行识别和评估后，注册会计师应当确定，识别的重大错报风险是与特定的某类交易、账户余额、列报的认定相关，还是与财务报表整体广泛相关，进而影响多项认定。财务报表层次的重大错报风险很可能源于薄弱的控制环境。薄弱的控制环境带来的风险可能对财务报表产生广泛影响，难以限于某类交易、账户余额和披露，注册会计师应当采取总体应对措施。

同时，注册会计师在识别、评估重大错报风险时存在需要特别考虑的重大错报风险，即特别风险。

在确定哪些风险是特别风险时，注册会计师应当在考虑识别出的控制对相关风险的抵消效果前，根据风险的性质、潜在错报的重要程度（包括该风险是否可能导致多项错报）和发生的可能性，判断风险是否属于特别风险。在确定风险的性质时，注册会计师应当考虑下列事项：

（1）风险是否属于舞弊风险；

（2）风险是否与近期经济环境、会计处理方法或其他方面的重大变化有关；

（3）交易的复杂程度；

（4）风险是否涉及重大的关联方交易；

（5）财务信息计量的主观程度，特别是计量结果是否具有高度不确定性；

（6）风险是否涉及异常或超出正常经营过程的重大交易。

如果注册会计师认为仅通过实质性程序获取的审计证据无法将认定层次的检查风险降至可接受的低水平，应当评价被审计单位针对这些风险设计的控制，并确定其执行情况。

在被审计单位对日常交易采用高度自动化处理的情况下，审计证据可能仅以电子形式存在，其充分性和适当性通常取决于自动化信息系统相关控制的有效性，注册会计师应当考虑仅通过实施实质性程序不能获取充分、适当审计证据的可能性。在这种情况下，注册会计师应当考虑依赖的相关控制的有效性，并对其进行了解、评估和测试。

案例六

RH会计师事务所因在审计过程中执行风险评估程序不到位而被深圳市证监局行政处罚。

深圳市证监局对RH会计师事务所执行E公司2014年财务报表审计项目进行了检查并出具了行政处罚决定书，根据行政处罚决定书：注册会计师未充分、适当执行风险评估程序。

在2014年年报报告期内及审计报告出具前，E公司及相关人员存在以下事实：一是在报告期内连续被行政机关、自律组织认定存在信息披露违法违规行为；二是管理层、治理层频繁变动，董事长辞职；三是公司牵涉法律诉讼、被采取查封冻结措施；四是公司多次公告前任董事长刘××侵害公司利益，2015年4月4日公告的"关于公司在中国光大银行深圳分行水贝支行被盗开银行账户的核查情况公告"，指出2015年2月刘××利用尚未向公司时任管理层移交的相关证照及其私刻的公章，委派他人盗用公司名义开立银行账户。

在以上事实均已被公司披露的情况下，RH会计师事务所在风险评估程序中仍得出了如下结论：

1.在"了解和评价被审计单位整体层面内部控制"底稿中描述"公司文化强调诚信和合乎道德行为的重要性，高管以高标准要求自己并以身作则""治理层与管理层保持适当的独立性"；

2.在"风险评估和应对调查问卷"中对E公司"涉及的法律及监管风险"识别为低风险，在"风险评估与应对企业内部需考虑的因素"部分描述"管理层的职业操守和风险管理意识较高"并识别风险为"中"；

3.在"与客户沟通审计计划会议备忘录"中，沟通结果为控制环境"未变

化""业务层面的风险完全可控";

4. 在"舞弊风险因素调查表"中，对"管理层由一人或少数人控制，且缺乏补偿性控制""高级管理人员、法律顾问或治理层频繁变更""业主兼经理未对个人事务与公司业务进行区分""忽视与侵占资产相关的内部控制，如凌驾于现有的控制之上或未对已知的内部控制缺陷采取补救措施"等舞弊风险因素均填写为"不存在";

5. 在"就特别风险事项复核计划及风险评估工作底稿的记录"中，对"因管理层为严重不实表达财务报表或隐蔽资产的挪用而进行的重大及不寻常的交易所带来的舞弊风险"一项复核内容"是否表明可能存在舞弊风险"填写为"否"，"舞弊风险因素记录"为"未发现";

6. 在"识别和评估的舞弊导致的重大错报风险汇总表"中仅识别"非经营性资金往来"一项舞弊风险，并在"风险是否重大"一栏判断为"否"，审计说明为"公司存在大额的非经营性资金往来情况，已安排有经验的审计人员执行了审计准则中确定的与舞弊相关的指引程序"。

综上，RH 会计师事务所在风险评估程序中未严格按照《中国注册会计师审计准则第 1211 号》（2010）第十七条、第三十四条，以及《中国注册会计师审计准则第 1141 号》（2010）第十三条、第二十四条、第二十五条等要求，对控制环境的描述、评价与实际情况不符，对舞弊风险因素的识别与实际不符，未关注实际情况与管理层风险评估结果的差异，在执行审计业务期间也未就 E 公司披露的相关公告，对其风险评估结果进行适当的修正。由于 RH 会计师事务所未严格按照审计准则执行风险评估程序，未全面评估舞弊导致的财务报表层次重大错报风险，导致其对客观存在的舞弊风险因素采取的相应应对措施不足。

第四节　风险应对

在财务报表重大错报风险的评估过程中，注册会计师应当确定识别的重大错报风险是与特定的某类交易、账户余额和披露的认定相关，还是与财务报表整体广泛相关，进而影响多项认定。

一、财务报表层次重大错报风险与总体应对措施

注册会计师应当针对评估的财务报表层次的重大错报风险确定总体应对措施：

1. 向项目组强调保持职业怀疑的必要性;

2. 指派更有经验或具有特殊技能的审计人员，或利用专家的工作；

3. 提供更多的督导；

4. 在选择拟实施的进一步审计程序时融入更多的不可预见因素；

5. 对拟实施审计程序的性质、时间和范围做出总体修改。

财务报表层次重大错报风险难以限于某类交易、账户余额和披露的特点，这意味着此类风险可能对财务报表的多项认定产生广泛影响，并相应增加注册会计师对认定层次重大错报风险的评估难度。因此，注册会计师评估的财务报表层次重大错报风险，以及采取的总体应对措施，对拟实施进一步审计程序的总体审计方案具有重大影响。

案例七

LZH 注册会计师、YYJ 注册会计师因在审计过程中执行财务报表层次重大错报风险评估与总体应对措施不到位而被深圳市证监局出具警示函。

深圳市证监局对 LZH 注册会计师、YYJ 注册会计师执行的 E 公司 2014 年年报审计执业项目进行了检查，并对注册会计师出具了警示函，根据警示函：注册会计师未充分、适当执行风险评估程序。注册会计师在进行 E 公司 2014 年年报审计时，对 E 公司控制环境的描述、评价与实际情况不符；对舞弊风险因素的识别与实际不符；未关注公司实际情况与管理层风险评估结果的差异；在执行审计业务期间未就 E 公司披露的相关公告，对其风险评估结果进行适当的修正；也未全面评估舞弊导致的财务报表层次重大错报风险，导致对客观存在的舞弊风险因素采取的应对措施不足。上述情形不符合《中国注册会计师审计准则第 1211 号》（2010）第十七条、第三十四条和《中国注册会计师审计准则第 1141 号》（2010）第十三条、第二十四条、第二十五条的要求。

二、针对认定层次重大错报风险的进一步审计程序

拟实施进一步审计程序的总体审计方案包括实质性方案和综合性方案。其中，实质性方案是指注册会计师实施的进一步审计程序以实质性程序为主；综合性方案是指注册会计师在实施进一步审计程序时，将控制测试与实质性程序结合使用。当评估的财务报表层次重大错报风险属于高风险水平（并相应采取更强调审计程序不可预见性，重视调整审计程序的性质、时间和范围等总体应对措施）时，拟实施进一步审计程序的总体方案往往更倾向实质性方案。

进一步审计程序是指注册会计师针对评估的各类交易、账户余额和披露认定层次重大错报风险实施的审计程序，包括控制测试和实质性程序。

注册会计师应当针对评估的认定层次重大错报风险设计和实施进一步审计程序，包括审计程序的性质、时间安排和范围。注册会计师设计和实施的进一步审计程序的性

质、时间安排和范围，应当与评估的认定层次重大错报风险具备明确的对应关系。注册会计师评估的重大错报风险越高，实施进一步审计程序的范围通常越大；但是只有首先确保进一步审计程序的性质与特定风险相关时，扩大审计程序的范围才是有效的。尽管在应对评估的认定层次重大错报风险时，拟实施的进一步审计程序的性质、时间安排和范围都应当确保其具有针对性，但其中进一步审计程序的性质是最重要的。

注册会计师在综合运用不同审计程序时，除了面临各类审计程序的性质选择问题外，还面临如何权衡各类程序的范围问题。因此，注册会计师在综合运用不同审计程序时，不仅应当考虑各类审计程序的性质，还应当考虑测试的范围是否恰当。

案例八

LAD 会计师事务所因在审计过程中执行认定层次重大错报风险的进一步审计程序不到位而被中国证监会行政处罚。

中国证监会对 LAD 会计师事务所执行 F 公司 IPO 审计项目进行了检查并出具了行政处罚决定书，根据行政处罚决定书：IPO 审计底稿中计划类工作底稿缺失或没有在计划中对评估出的重大错报风险做出恰当应对，没有设计进一步审计程序，没有对舞弊风险进行评估和计划应对，违反《审计准则第 1231 号——针对评估的重大错报风险采取的应对措施》第五条、第六条和《审计准则第 1141 号——财务报表审计中与舞弊相关的责任》第十三条、第十六条、第十七条的规定。

LAD 会计师事务所 IPO 审计底稿（2010 年）无计划类工作底稿，无总体审计策略、具体审计计划、重要性水平确定表等；无"风险评估汇总表"或其他风险评估底稿。

LAD 会计师事务所 IPO 审计底稿（2011 年）无总体审计策略、具体审计计划；无"风险评估汇总表"或其他风险评估底稿。

LAD 会计师事务所 IPO 审计底稿（2012 年）具体审计计划中将"评估的重大错报风险"索引至 C47，但未见该份底稿。2012 年"风险评估汇总表"中将销售与收款循环评估为财务报表层次的重大错报风险、最高风险，并将其对报表的影响描述为虚增营业收入和虚增应收账款；将固定资产循环评估为高风险，将其对报表的影响描述为虚增资产，涉及在建工程、固定资产科目。但总体应对措施仅描述为"控制测试及实质性测试"，也没有就认定层次重大错报风险设计进一步审计程序。

LAD 会计师事务所 IPO 审计底稿（2010—2012 年）中没有舞弊风险评估的相关底稿。

三、控制测试

控制测试是指用于评价内部控制在防止或发现并纠正认定层次重大错报方面的运行有效性的审计程序。

在测试控制运行的有效性时，注册会计师应当从下列方面获取关于控制是否有效运行的审计证据：

1. 控制在所审计期间的相关时点是如何运行的；

2. 控制是否得到一贯执行；

3. 控制由谁执行或以何种方式执行。

从这三个方面来看，控制运行有效性强调的是控制能够在各个不同时点按照既定设计得以一贯执行。

因此，在了解控制是否得到执行时，注册会计师只需抽取少量的交易进行检查或观察某几个时点，但在测试控制运行的有效性时，注册会计师需要抽取足够数量的交易进行检查或对多个不同时点进行观察。

当存在下列情形之一时，注册会计师应当实施控制测试：

1. 在评估认定层次重大错报风险时，预期控制的运行是有效的；

2. 仅实施实质性程序并不能够提供认定层次充分、适当的审计证据；

3. 在认为仅通过实施实质性程序不能获取充分、适当的审计证据的情况下，注册会计师必须实施控制测试。

控制测试是在了解被审计单位内部控制、实施风险评估程序基础上进行的，与被审计单位的业务流程关系密切，因此，对控制测试通常应采用循环法实施。

控制测试所使用的审计程序的类型主要包括询问、观察、检查和重新执行，其提供的保证程度依次递增。如果期中实施了控制测试，注册会计师应当在年末审计时实施恰当的前推程序，就控制在剩余期间的运行情况获取证据，以确定控制是否在整个被审计期间持续运行有效。控制测试的范围取决于注册会计师需要通过控制测试获取的保证程度。如果拟信赖的内部控制是由计算机执行的自动化控制，注册会计师除了测试自动化应用控制的运行有效性，还需要测试信息技术一般控制运行的有效性。如果测试人工控制利用了系统生成的信息或报告，注册会计师除了测试人工控制，还需就系统生成的信息或报告的可靠性获取审计证据。

案例九

LAD 会计师事务所因在审计过程中执行认定层次重大错报风险的进一步审计程序不到位而被中国证监会行政处罚。

中国证监会山西监管局对 DX 会计师事务所执行 G 公司 2018 年内控审计

报告审计项目进行了检查并出具了警示函，根据警示函：存在违反业务规则和行业执业规范的情形，具体问题如下。

一、计划审计工作方面

未对公司及DX会计师事务所认定的部分高风险领域设计和执行内控程序。G公司2018年度内部控制评价报告列明的高风险领域包括对外担保，但注册会计师未对对外担保设计和执行内控审计程序，财务报表审计中虽对全部担保执行了实质性程序，但未发现部分担保存在审议程序滞后的情形。子公司G1公司销售与收款循环控制测试中，DX会计师事务所将营业收入的截止性认定确定为对财务报表会产生高风险的领域，但未对销售收入的截止性认定设计控制目标并进行测试。

二、实施审计工作方面

（一）了解潜在错报的来源并识别相应的控制方面

1. 未对资金管理中的募集资金管理和资金预算管理进行了解与测试。一是2018年10月，G公司未按时归还用于暂时补流的募集资金，且公司内部控制评价报告中将资金管理尤其是募集资金的管理工作作为内控中最重要的一环，DX会计师事务所在内控审计过程中未对募集资金的管理进行了解并执行控制测试。二是资金管理内部控制底稿显示公司根据预算进行付款，但DX会计师事务所未对资金管理预算的编制和执行进行进一步审计程序。

2. 未区分不同的业务模式对销售内部控制进行了解与测试。G公司及其子公司G1公司、G2公司、G3公司的销售业务包含浮动收益的影视剧投资、固定收益的影视剧投资、广告费（或推广费）收入，业务模式不一样，DX会计师事务所未考虑按不同业务模式的流程及风险特征有针对性地设计控制测试点，而采取统一控制点进行测试。

（二）控制测试方面

1. 未单独设计专门程序对商誉减值测试相关内部控制进行了解，也未对与商誉减值测试相关的预算管理设计并执行内控审计程序。在商誉减值测试的审计风险应对措施中，DX会计师事务所设计审计应对措施第（1）条为："评价并测试商誉减值测试相关的内部控制，包括对关键假设的采用及减值计提金额的复核和审批。"但DX会计师事务所没有单独设计专门程序对商誉减值测试相关内部控制进行了解。商誉减值测算中G公司采用未来现金流量法测算子公司G1公司、G4公司、G5公司可回收金额，可回收金额与公司预算密切相关，但DX会计师事务所未针对这几家子公司的预算管理设计并执行内部控制审计程序。

2. 未对应收款项催收环节执行测试。在G公司应收账款余额较大且在了解销售与收款循环内部控制中存在款项催收环节的情况下，DX 会计师事务所未对应收款项催收执行控制测试和穿行测试，未核实应收账款催收内控是否有效。

3. 应收账款信用控制内部控制审计不到位。审计底稿关于信用额度说明为："企业客户主要是各家电视台，其基本是国家控股的，其信用状况较好，实际操作中未再进行授信审批。"实际上 G 公司有较多非国企客户，DX 会计师事务所未对非国企客户信用控制执行审计程序。

4. 部分采购与付款业务审计程序执行不到位。G 公司要求对预算内 500 万元（含）以上的业务采购，以及预算外年度预算总额 10% 以内或单笔金额 100 万元人民币以内的业务采购，由董事长进行审批；对于预算外年度预算总额 10% 以上且单笔金额 100 万元人民币以上的业务采购，还应提交董事会对其进行决议。DX 会计师事务所在进行审计时，未关注相关采购是否属于预算内采购，也未关注到部分 500 万元以上的采购业务未经董事长审批的情况。

5. 未对银行存款安全管理控制活动中发现的偏差执行进一步审计程序。控制测试过程记录表中银行存款安全管理控制活动是否得到有效执行的结论为"否"，测试样本中 G 公司财务印章使用登记表中"银行账户的开立、变更或注销是否经财务经理、总经理、总裁、董事长审批"控制点对应的执行情况为"财务副总裁审批"，测试说明为"企业开户或销户需借公章，在申请借出公章时需经领导在申请表上写明原因"，但是 DX 会计师事务所未进一步追查借出公章的使用情况。

6. 对部分控制测试偏差未说明及进一步核实。G 公司本部 2018 年 8 月与 H 公司关于电视剧《欲望之城》委托摄制合同说明"在协议签署前 G 公司已按委托方要求开展了部分工作"。DX 会计师事务所在控制测试时选取了该合同，但是底稿中无关于该偏差的说明，也无对该偏差进一步核实的记录。

7. 预付账款管理中对应的合同进度管理部分未形成审计工作底稿，仅有审计结论。截至 2018 年 12 月 31 日，G 公司预付账款账面余额 6.01 亿元，占总资产的 28.14%，在 G 公司预付账款期末余额较大的情况下，DX 会计师事务所未就合同进度管理部分形成审计工作底稿，仅在"与治理层的沟通函""值得关注的内部控制缺陷"部分列明"采购与付款循环存在缺陷：未及时关注投资项目动态"。

8. 销售发货环节内部控制审计底稿不完整。在 G3 公司销售与收款循环内部控制测试核对供带证明并记录应收账款的环节中，拟测试样本数量处空白，样本描述为"未留轨迹，通过观察及询问确定"。但 DX 会计师事务所未形成观察记录和询问记录。

三、评价控制缺陷方面

未对缺陷性质的认定依据进行充分说明。企业层面内部控制缺陷汇总表显示 G 公司存在"季度报表中未合并子公司 G6 公司，虽然报表已经批准，但未有重大事项会计处理的审批记录"，缺陷性质为"一般缺陷"，底稿中未说明该缺陷认定为一般缺陷的依据。

四、实质性程序

实质性程序是指用以发现认定层次重大错报的审计程序。实质性程序包括对各类交易、账户余额和披露的细节测试及实质性分析程序。无论评估的重大错报风险结果如何，注册会计师都应当针对所有重大的各类交易、账户余额和披露实施实质性程序。

实质性程序使用的审计程序类型主要包括询问、检查、观察、函证、重新计算、重新执行和分析程序。

如果认为评估的认定层次重大错报风险是特别风险，注册会计师应当专门针对该风险实施实质性程序。如果针对特别风险仅实施实质性程序，注册会计师应当使用细节测试，或将细节测试和实质性分析程序结合使用，以获取充分、适当的审计证据。为应对特别风险需要获取具有高度相关性和可靠性的审计证据，仅实施实质性分析程序不足以获取有关特别风险的充分、适当的审计证据。

本部分以营业收入、应收账款、银行存款三个科目为例简要介绍实质性程序的实务运用，上述三个科目也是近几年证监会财务检查的重点，也是会计师事务所近几年遭受处罚最多的三个科目。

1.营业收入的实质性程序

（1）获取营业收入明细表，复核加计是否正确，与总账数和明细账合计数核对相符。

（2）实施实质性分析程序。

①将本期的主营业务收入与上期的主营业务收入、销售预算或预测数等进行比较，分析主营业务收入及其构成的变动是否异常，并分析异常变动的原因。

②计算本期重要产品的毛利率，与上期或预算或预测数据比较，检查是否存在异常，各期之间是否存在重大波动，查明原因。

③比较本期各月各类主营业务收入的波动情况，分析其变动趋势是否正常，是否符合被审计单位季节性、周期性的经营规律，查明异常现象和重大波动的原因。

④将本期重要产品的毛利率与同行业企业进行对比分析，检查是否存在异常。

（3）检查主营业务收入的确认原则、方法是否符合企业会计准则规定。

（4）从发运凭证中选取样本，追查至主营业务收入明细账，以确定是否存在遗漏事项。

（5）实施销售的截止测试。对销售实施截止测试，其目的主要在于确定被审计单位主营业务收入的会计记录归属期是否正确。

①选取资产负债表日前后若干天的发运凭证，与应收账款和收入明细账进行核对；同时，从应收账款和收入明细账选取在资产负债表日前后若干天的凭证，与发运凭证核对，以确定销售是否存在跨期现象。

②复核资产负债表日前后销售和发货水平，确定业务活动水平是否异常，并考虑是否有必要追加实施截止测试程序。

③取得资产负债表日后所有的销售退回记录，检查是否存在提前确认收入的情况。

（6）结合对应收账款实施的函证程序，选择主要客户函证本期销售额。

（7）存在销货退回的，检查手续是否符合规定，结合原始销售凭证检查其会计处理是否正确，结合存货项目审计关注其真实性。

（8）检查销售折扣与折让。

（9）核对收入交易的原始凭证与会计分录。

（10）确定营业收入列报是否恰当。

如果注册会计师认为被审计单位存在通过虚假销售做高利润的舞弊风险，可能要采取一些非常规的审计程序来应对风险，例如：

（1）调查被审计单位客户的工商登记资料和其他信息（可通过"启信宝或者天眼查"查询），了解客户是否真实存在，其业务范围是否支持其采购行为；

（2）检查与已收款交易相关的收款记录及原始凭证，检查付款方是否为销售交易对应的客户；

（3）考虑利用反舞弊专家的工作，对被审计单位和客户的关系及交易进行调查；

（4）对关联方销售交易实施审计程序。

①了解交易的商业理由。

②检查证实交易的支持性文件（例如，销售发票、销售合同、协议及入库单和运输单据等相关文件）。

③如果可获取与关联方交易相关的审计证据有限，考虑实施下列审计程序：

a. 向关联方函证交易的条款和金额，包括担保和其他重要信息；

b. 检查关联方拥有的信息；

c. 向与交易相关的人员和机构（如银行、律师）函证或与其讨论有关信息。

案例十

ZT会计师事务所因在审计过程中执行收入政策审计程序不到位而被山西监管局行政处罚。

中国证监会山西监管局对 ZT 会计师事务所执行 I 公司 2014 年财务报表审计项目进行检查并出具了行政处罚决定书，根据行政处罚决定书，ZT 会计师事务所对 I 公司 2014 年度财务报表审计时未勤勉尽责。

（一）对收入政策审计程序不到位

1. 审计工作底稿"收入确认政策检查表"（索引号：D4-4）显示"对于无须检验的产品，通过客户自提方式销售商品的，自客户装好货物并在出门证上签字时确认收入，在此之前收到的货款先确认为负债；通过铁路运输方式销售商品的，自获取铁路货运站开具的货票时确认收入，在此之前收到的货款先确认为负债。对于需要检验的产品，自获取客户验收单时确认收入，在此之前收到的货款先确认为负债"。而审计工作底稿显示，I 公司 2014 年贸易业务收入确认单据主要为货物销售结算单、增值税发票、收货确认单据（部分有）等，其实际未按照上述记录的具体方法确认贸易业务收入。

2. 审计工作底稿"确定适当的会计处理方法控制测试程序表"（索引号：C2V-6）显示，审计人员通过询问和观察，在底稿中记录 I 公司结合自身实际制定收入会计政策，并经管理层、董事会审核。ZT 会计师事务所认为，经测试被审计单位该项控制运行有效。但是，I 公司贸易业务实际未按照披露的会计政策确认收入，该测试程序未发现上述不一致。

ZT 会计师事务所未关注上述收入确认具体方法不一致的情况，相关审计程序不到位，违反《中国注册会计师审计准则第 1301 号——审计证据》第九条、第十条，《中国注册会计师审计准则第 1501 号——对财务报表形成审计意见和出具审计报告》第十六条的规定。

（二）销售业务循环控制测试不恰当

1. 审计工作底稿"铁运分公司收集销售日期控制测试程序和过程记录表"（索引号：C2V-1）显示，该流程非常重要，与控制相关的风险为高，控制点是"将收入日期与发运日期进行核对"。在审计过程中，ZT 会计师事务所只是将发票日期、记账日期和出库日期进行核对，没有核对发运日期。

2. 审计工作底稿显示，I 公司 2014 年贸易业务收入确认单据主要为货物销售结算单、增值税发票、收货确认单据（部分有）等，未见发运单据和发运日期，表明发运日期这一指标已经不适用于 I 公司。

上述审计程序中，ZT 会计师事务所未核对选取的测试指标"发运日期"，且该指标不适用于 I 公司，违反《中国注册会计师审计准则第 1301 号——审计证据》第九条、第十条，《中国注册会计师审计准则第 1231 号——针对评估的重大错报风险采取的应对措施》第十条的规定。

（三）贸易收入真实性审计程序不到位

1.审计工作底稿"××物流主营业务收入审定表"（索引号：D4）显示，××物流2013年和2014年贸易业务收入分别为1 787万元和59 852万元，2014年比2013年贸易业务收入增加58 065万元，增长32.49倍，审计结论为未见异常。ZT会计师事务所未关注该贸易收入的大幅增长情况。

2.ZT会计师事务所对铁运分公司合同检查抽取了4家客户的11笔凭证，收入占比为37.62%；对华旭物流合同检查抽取了6家客户的8笔凭证，收入占比为55.59%。在抽取的合同样本中，除价格要素外，I公司贸易业务销售合同的条款均相同。其中包括：2014年11月16日，××物流、I公司分别与其下游企业签署的两份"工矿产品购销合同"，除交易金额有差别外，在签约时间、合同标的、交货时间、交货地点等方面完全一致。但是，在实际业务中，上述合同标的物由××物流售出后，经第三方销售给铁运分公司，并由铁运分公司再次销售，重复确认收入。ZT会计师事务所审计过程中未关注I公司贸易的商业实质。

3.审计工作底稿"营业收入真实性测试表"（索引号：D4-6）显示，ZT会计师事务所对铁运分公司贸易业务收入执行真实性检查抽取的10个样本，均未见出门证或客户验收单，仅2个样本执行了替代程序；对××物流贸易业务收入执行实质性检查抽取的17个样本，均未见出门证或客户验收单等相关原始类单据，仅1个样本执行了替代程序。ZT会计师事务所未关注贸易收入缺失出门证或客户验收单等物流信息的情况。

ZT会计师事务所未关注贸易业务大幅增长，贸易业务不具备商业实质，贸易业务收入确认时缺失出门证、验收单等情形，相关审计程序不到位，违反《中国注册会计师审计准则第1301号——审计证据》第九条、第十条的规定。

2.应收账款的实质性程序

（1）取得应收账款明细表，复核加计正确，并与总账数和明细账合计数核对是否相符；结合坏账准备科目与报表数核对是否相符。分析有贷方余额的项目，查明原因，必要时做重分类调整。

（2）分析与应收账款相关的财务指标。

①复核应收账款借方累计发生额与主营业务收入关系是否合理，并将当期应收账款借方发生额占销售收入净额的百分比与管理层考核指标和被审计单位相关赊销政策比较，如存在异常应查明原因。

②计算应收账款周转率、应收账款周转天数等指标，并与被审计单位相关赊销政策、被审计单位以前年度指标、同行业同期相关指标对比分析，分析是否存在重大异常并查明原因。

（3）检查应收账款账龄分析是否正确，获取应收账款账龄分析表，以便了解应收账款的可收回性；测试应收账款账龄分析表计算的准确性，并将应收账款账龄分析表中的合计数与应收账款总分类账余额相比较，并调查重大调节项目；检查原始凭证，如销售发票、运输记录等，测试账龄核算的准确性。

（4）对应收账款实施函证程序。

除非有充分证据表明应收账款对被审计单位财务报表而言是不重要的，或者函证很可能是无效的，否则，注册会计师应当对应收账款进行函证。如果认为函证很可能无效，注册会计师应当实施替代审计程序，获取充分、适当的审计证据。如果不对应收账款函证，注册会计师应当在工作底稿中说明理由。

注册会计师应当对函证的全过程保持控制。同时，在函证过程中，注册会计师需要始终保持职业怀疑，对舞弊风险迹象保持警觉。

（5）对函证未回函及未函证应收账款实施替代审计程序。

对函证未回函及未函证应收账款，注册会计师应抽查有关原始凭据，如销售合同、销售订购单、销售发票副本、发运凭证及期后收款的回款单据等，以验证与其相关的应收账款的真实性。

（6）检查坏账的确认，注册会计师应检查有无债务人破产或者死亡的，以及破产或以遗产清偿后仍无法收回的，或者债务人长期未履行清偿义务的应收账款，应检查被审计单位坏账的处理是否经授权批准，有关会计处理是否正确。

（7）确定应收账款列报是否恰当。

案例十一

ZXH 会计师事务所因在审计过程中往来款函证程序执行不到位而被陕西省证监局出具警示函。

陕西省证监局对 ZXH 会计师事务所执行 J 公司 2017 年年报审计项目进行检查，并出具了警示函，根据警示函，注册会计师往来款函证程序执行不到位，审计底稿不完备。

注册会计师在 J 公司应收账款、预付账款函证中，未核对回函寄件人地址是否与发函清单中所列被函证方地址一致，未记录函证方式、被函证方联系人及联系电话等信息，未保留发函相关邮寄单据。在预付账款函证中，部分回函寄件人为同一地址、同一人，且与预付账款发函清单中所列被函证方地址不一致，部分回函无相关邮寄单据，注册会计师对此未有效关注并采取进一步应对措施。上述事项不符合《中国注册会计师审计准则第 1312 号——函证》第十四条、第二十三条，《中国注册会计师审计准则第 1131 号——审计工作底稿》第十条的规定。

3. 银行存款的实质性程序

（1）获取银行存款余额明细表，复核加计是否正确，并与总账数和日记账合计数核对是否相符。注册会计师应获取人民银行或基本存款账户开户行出具的《已开立银行结算账户清单》，以确认被审计单位账面记录的银行人民币结算账户是否完整。

（2）实施实质性分析程序，计算银行存款累计余额应收利息收入，分析比较被审计单位银行存款应收利息收入与实际利息收入的差异是否恰当，评估利息收入的合理性，检查是否存在高息资金拆借，确认银行存款余额是否存在，利息收入是否已经完整记录。

（3）检查银行存款账户发生额，分析不同账户发生银行日记账漏记银行交易的可能性，获取相关账户相关期间的全部银行对账单。从银行对账单中选取交易的样本与被审计单位银行日记账记录进行核对：从被审计单位银行存款日记账上选取样本，核对至银行对账单。浏览银行对账单，选取大额异常交易，如银行对账单上有一收一付相同金额，或分次转出相同金额等，检查被审计单位银行存款日记账上有无该项收付金额记录等。

（4）取得并检查银行对账单和银行存款余额调节表。取得并检查银行对账单和银行存款余额调节表是证实资产负债表中所列银行存款是否存在的重要程序。

（5）函证银行存款余额，编制银行函证结果汇总表，检查银行回函。注册会计师应当对银行存款（包括零余额账户和在本期内注销的账户）、借款及与金融机构往来的其他重要信息实施函证程序，除非有充分证据表明某一银行存款、借款及与金融机构往来的其他重要信息对财务报表不重要且与之相关的重大错报风险很低。如果不对这些项目实施函证程序，注册会计师应当在审计工作底稿中说明理由。当实施函证程序时，注册会计师应当对询证函保持控制，当函证信息与银行回函结果不符时，注册会计师应当调查不符事项，以确定是否表明存在错报。

（6）检查银行存款账户存款人是否为被审计单位。若存款人非被审计单位，应获取该账户户主和被审计单位的书面声明，确认资产负债表日是否需要提请被审计单位进行调整。

（7）关注是否存在质押、冻结等对变现有限制或存在境外的款项。如果存在，是否已提请被审计单位做必要的调整和披露。

（8）对不符合现金及现金等价物条件的银行存款在审计工作底稿中予以列明，以考虑对现金流量表的影响。

（9）抽查大额银行存款收支的原始凭证，检查原始凭证是否齐全、记账凭证与原始凭证是否相符、账务处理是否正确、是否记录于恰当的会计期间等内容。

（10）检查银行存款收支的截止是否正确。

选取资产负债表日前后若干天的银行存款收支凭证实施截止测试，关注业务内容及对应项目，如有跨期收支事项，应考虑是否应提出调整建议。

（11）检查银行存款是否在财务报表中做出恰当列报。

案例十二

BJXH 会计师事务所因在审计过程中执行银行存款审计程序不到位而被中国证监会行政处罚。

中国证监会对 BJXH 会计师事务所执行 K 公司新三板挂牌审计项目进行检查并出具了行政处罚决定书，根据行政处罚决定书，BJXH 会计师事务所对 K 公司新三板挂牌审计时银行存款审计程序不到位，导致未能发现虚增公司业绩和银行存款余额的事实。

第一，银行存款审计程序执行不到位。经查，注册会计师在执行银行对账单检查程序时，获取的工商银行山东 ×× 支行银行存款账户（银行账号 1610××0978，以下简称造假账户）对账单未加盖银行印章。注册会计师对此未保持应有的职业怀疑，识别上述情况并实施进一步的审计程序，以获取充分的审计证据证明银行存款及相关账户金额的真实性和准确性。上述行为不符合《中国注册会计师审计准则第 1141 号——财务报表审计中与舞弊相关的责任》第十三条和第十四条、《中国注册会计师鉴证业务基本准则》第二十八条、《中国注册会计师职业道德守则第 1 号——职业道德基本原则》第十七条、《中国注册会计师审计准则第 1301 号——审计证据》第十条和第十一条的规定。

第二，银行存款函证审计程序执行不到位。经查，注册会计师曾两次派人和 K 公司人员到工商银行 ×× 支行对造假账户 2014 年 12 月 31 日银行存款余额和 2015 年 4 月 30 日银行存款余额实施函证，但两次均不是直接当场从银行获取函证回函，函证结果均系银行后续邮寄给 BJXH 会计师事务所。注册会计师获取的两次造假账户银行回函印章和经办人签字存在明显差异，第一次 2014 年 12 月 31 日余额询证函证加盖工商银行 ×× 支行公章，与其他银行加盖业务章的做法不一致，且经办人为手写的"吴某"签名；而第二次 2015 年 4 月 30 日余额回函加盖的是工商银行 ×× 支行业务专用章，经办人处加盖的是"鲁某"章，两次签名或盖章存在明显不一致，注册会计师未对上述银行函证保持合理控制，且未对影响回函可靠性的因素予以考虑。上述行为不符合《中国注册会计师审计准则第 1312 号——函证》第十四条和第十七条的规定。

第五节　出具审计报告

审计报告是指注册会计师根据审计准则的规定，在执行审计工作的基础上，对财务报表是否在所有重大方面按照财务报告编制基础编制并实现公允反映发表审计意见的书面文件。

在得出审计结论时，注册会计师应当考虑下列方面：

（1）评价是否已获取充分、适当的审计证据；

（2）评价未更正错报单独或汇总起来是否构成重大错报；

（3）评价财务报表是否在所有重大方面按照适用的财务报告编制基础编制；

（4）评价财务报表是否实现公允反映；

（5）评价财务报表是否恰当提及或说明适用的财务报告编制基础。

一般情况下，审计报告应当包括下列要素：

1. 标题；

2. 收件人；

3. 审计意见；

4. 形成审计意见的基础；

5. 管理层对财务报表的责任；

6. 注册会计师对财务报表审计的责任；

7. 按照相关法律法规的要求报告的事项（如适用）；

8. 注册会计师的签名和盖章；

9. 会计师事务所的名称、地址和盖章；

10. 报告日期。

在适用的情况下，注册会计师应当在审计报告中对与持续经营相关的重大不确定性、关键审计事项、被审计单位年度报告中包含的除财务报表和审计报告之外的其他信息进行报告。

注册会计师出具的审计报告类型主要分两类：无保留意见的审计报告和非无保留意见的审计报告。

无保留意见，是指当注册会计师认为财务报表在所有重大方面按照适用的财务报告编制基础编制并实现公允反映时发表的审计意见。如果认为财务报表在所有重大方面按照适用的财务报告编制基础编制并实现公允反映，注册会计师应当发表无保留意见。

非无保留意见的审计报告包括保留意见的审计报告、否定意见的审计报告和无法表示意见的审计报告。当存在下列情形之一时，注册会计师应当按照《中国注册会计师审计准则第1502号——在审计报告中发表非无保留意见》的规定，在审计报告中发表非无保留意见：

（1）根据获取的审计证据，得出财务报表整体存在重大错报的结论；

（2）无法获取充分、适当的审计证据，不能得出财务报表整体不存在重大错报的结论。

注册会计师确定恰当的非无保留意见类型，取决于下列事项：

（1）导致非无保留意见的事项的性质是财务报表存在重大错报，还是在无法获取充分、适当的审计证据的情况下，财务报表可能存在重大错报；

（2）注册会计师就导致非无保留意见的事项对财务报表产生或可能产生影响的广泛性做出的判断。

注册会计师签发审计报告日不应早于注册会计师获取充分、适当的审计证据（包括管理层认可对财务报表的责任且已批准财务报表的证据）之前，并在此基础上对财务报表形成审计意见的日期。

案例十三

LZH 注册会计师、YYJ 注册会计师因在审计过程中发表的财务报表审计意见不恰当而被深圳市证监局出具警示函。

深圳市证监局对 LZH 注册会计师、YYJ 注册会计师执行的 E 公司 2014 年年报审计执业项目进行了检查并对注册会计师出具了警示函，根据警示函，注册会计师对 2014 年财务报表发表的审计意见不恰当。

针对 E 公司在审计期间已暴露相关舞弊事实和舞弊迹象的控制环境，LZH 注册会计师、YYJ 注册会计师未充分、适当执行风险评估程序，未全面评估舞弊导致的财务报表层次重大错报风险，导致对客观存在的舞弊风险因素采取的应对措施不足；在审计过程中未获取充分、适当的审计证据表明 E 公司 2014 年年报不存在未披露的经济事项及或有事项，未能充分保证财务报表相关的确认、计量与披露恰当；已识别现金收款、其他应收款等资金往来为评估的重大错报风险，却未针对审计发现的账外银行账户、缺乏商业理由的往来款项及明显不一致的往来款相关审计证据，进一步获取充分、适当的审计证据以消除由于舞弊或错误导致的重大错报的疑虑，未对有关往来款项的可收回性实施审计程序。在 2014 年审计报告出具日之前，E 公司已公告刘 ×× 离任后未移交有关印鉴证照、私刻公司公章、盗开公司银行账户等事实，对财务报表可能产生重大影响，但注册会计师并未据此修正风险评估结论并执行充分、适当的风险应对程序。综上，注册会计师在 E 公司 2014 年审计报告中"获取的审计证据是充分、适当的，为发表审计意见提供了基础"的陈述与事实不符，发表的审计意见不恰当。

上述情形不符合《中国注册会计师审计准则第 1101 号》（2010）第二十

条,《中国注册会计师审计准则第 1141 号》(2010) 第六条、第九条,《中国注册会计师审计准则第 1231 号》(2010) 第二十七条和《中国注册会计师审计准则第 1501 号》(2010) 第二十条的要求。

由于时间和篇幅的限制,本章未介绍财务报表审计必须包括的审计证据、审计工作底稿、审计抽样方法、审计中对舞弊和法律法规的考虑、其他特殊项目的审计、审计沟通、注册会计师利用他人的工作、对集团财务报表审计的特殊考虑、完成审计工作及审计业务质量控制等内容,上述未介绍的内容对于注册会计师完成财务报表审计同样至关重要。

第十六章

经济效益审计

第一节 经济效益审计概述

一、经济效益审计的客观基础

经济效益审计萌芽于 20 世纪 40 年代的西方国家，而真正现代意义的经济效益审计形成于 20 世纪六七十年代。内部审计产生初期，其审计范围主要是财产、资金的安全、完整，以及有无舞弊行为等，审计业务 20 世纪 40 年代仍局限于财务审计。到了 20 世纪 50 年代，企业受战后新技术、新科学的冲击，经济竞争过去主要靠资本雄厚占有竞争优势，此时则要依靠品种新、质量高、价格低、交货快、售后服务好才能占有竞争优势，而品种更新、质量提高、技术改进带来成本增加和资金短缺，因此必须对技术改进和效益优劣进行评价，以保证决策正确和可持续发展，由此兴起新型经营审计。经过国际内部审计协会（IIA）在 20 世纪 60 年代的大力倡导，经济效益审计成为内部审计业务中的重要内容。可见，内部审计的产生与发展必然促进经济效益审计的产生与发展，有着其内在的必要性和可能性。

随着企业所有权和管理权分离，企业的日常管理通过职业经理人进行，企业规模及经营范围不断增大，管理层次增多，企业管理人不仅应合法经营，还应有效经营、公平经营，管理人要按照经济性、效率性、效果性甚至公平性和环保性来使用和管理企业资源，管理人的责任也是经济效益审计的客观基础。

二、我国经济效益审计的发展

我国西周出现了效益审计的雏形。《周礼》记载，当时设有"宰夫"的官职，专门对财产经管者地方官员进行监督，直接向周王报告。宰夫向周王报告的内容包括"对足用、长财、善物者，请奖；对失财、用物辟名者，处官邢"。也就是说，对财产和资源充分利用，使之得以增长和良好的管理，请求给予奖励；由于管理不当导致财务流失，或挪用财物者，应受到规定的处罚。

我国改革开放以来，随着审计制度的不断发展，经济效益审计获得了长足发展，审计对象从主要对财政收支效益审计逐步扩展至各类型企业的经济效益审计，审计主体从政府审计机关逐步扩展至社会审计及企业内部审计机构。

（一）综合审计阶段

中华人民共和国审计署成立自 20 世纪 80 年代末，各级审计机关实施的审计主要是综合性审计。1985 年国务院颁布的《关于审计工作的暂行规定》第二条规定：（审计机关）"通过对国务院各部门和地方各级人民政府的财政收支，财政金融机构、企事业组织以及其他同国家财政有关的单位财务收支及其经济效益，进行审计监督，以严肃财经纪律，提高经济效益。"

1988 年国务院颁布的《中华人民共和国审计条例》第二条规定："审计机关对本级人民政府各部门、下级人民政府、国家金融机构、全民所有制企业事业单位以及其他国有资产单位的财政收支的真实、合法、效益，进行审计监督。"

（二）专项经济效益审计试点阶段

1995 年 1 月 1 日起实施的《中华人民共和国审计法》第二条规定："国务院各部门和地方各级人民政府及其各部门财政收支、国有金融机构和企业事业组织的财务收支，以及其他依照法规应当接受审计的财政收支、财务收支，依照办法规定接受审计监督。审计机关对前款所列财政收支或财务收支的真实、合法和效益，依法进行审计监督。"2006 年新修订的审计法第一条明确指出："为了加强国家的审计监督，维护国家财政经济秩序，提高财政资金使用效益，促进廉政建设，保障国民经济和社会健康发展，根据宪法，制定本法。"其中针对性增加了"提高财政资金使用效益"专项内容。

（三）经济效益审计全面开展阶段

为探索项目资金效益审计的路子，审计署多次制定发展规划，并组织实施。其中《2006 年至 2010 年审计工作发展规划》中提出，"全面推进效益审计，促进转变经济增长方式，提高财政资金使用效益和资源利用效率、效果，建设资源节约型和环境友好型社会""坚持财政、财务收支的真实性合法性审计与效益审计并重，使每年投入效益审计的力量占整个审计力量的一半左右、以专项审计调查为主要方式，以揭露严重损失浪费或效益低下和国有资产流失问题为重点，以促进提高财政资金使用效益和管理水平为主要目标，全面推进效益审计，到 2010 年初步建立起适合中国国情的效益审计方法体系"。这标志着我国经济效益审计发展有了明确的路线图。

2008 年，审计署《2008 年至 2012 年审计工作发展规划》首次提出绩效审计，并指出"全面推进绩效审计，促进转变经济发展方式，提高财政资金和公共资源配置、使用、利用的经济性、效率性和效果性，促进建设资源节约型和环境友好型社会，推动建立健全政府绩效管理制度，促进提高政府绩效管理水平和建立健全政府机关责任追究制。到 2010 年，每年所有的审计项目都开展绩效审计"。同时，"着力构建绩效审计评价及方法体系，认真研究、不断探索、总结绩效审计经验和方法。2009 年建立起中央部门预算执行绩效审计评价体系，2010 年建立起财政绩效审计评价体系，2012 年基本建立起符合我国发展实际的绩效审计方法体系"。

为了促进内部审计的规范化和职业化建设，中国内部审计协会颁布的内部审计具体准则，以及审计指南中也有涉及经济效益审计的内容。于 2014 年 1 月 1 日开始实施的具体准则中，《第 2202 号内部审计具体准则——绩效审计》，对绩效审计的一般原则、绩效审计的内容、绩效审计的方法、绩效审计的评价方法、绩效审计报告制定出了可以遵循的规范。"根据实际情况和需要，绩效审计可以同时对组织经营管理活动的经济性、效率性和效果性进行审查和评价，也可以只侧重某一方面进行审查和评价。"《第 2205 号内部审计具体准则——经济责任审计》也有涉及经济效益审计的内容，指出"经济责任审计的主要内容一般包括财政、财务收支的真实、合法和效益情况内部审计"。

这些准则及规定表明，我国经济效益审计工作进入全面发展阶段。随着我国经济的不断发展，经济效益审计工作也会逐渐完善。

三、经济效益的基本概念及构成

经济效益，是经济活动中投入与产出的比较关系。

任何经济行为和经济活动，都要投入一定的经济资源以取得相应的成果。一方面有投入，一方面有产出，两者比较就构成了经济效益。

（一）经济活动投入的两种方式

1. 消耗，即经济活动中实际耗费的资源，包括原材料、燃料、劳动力等物化劳动和活劳动。

2. 占用，即在经济活动中并不实际消耗，却必须具备的某些条件和要素，如资金的占用、固定资产的占用等。

以 A 公司生产经营过程为例，各类经济资源的消耗和占用情况如表 16-1 所示。

表 16-1　A 公司经济资源的消耗和占用情况

资源类别	消耗	占用
劳动对象	材料消耗	存货储备
劳动资料	折旧、修理费	固定资产净值
	期间摊销费	摊余价值
劳动力	工资、工时消耗	职工人数
资金	成本费用	资金占用

（二）经济活动的产出

经济活动的产出，即符合社会需要的有用成果或效果，包括两方面。

1. 有形成果，包括实物形态的有形成果和价值形态的有形成果。实物形态的有形成果，如产量、质量、品种、销售量等，它们一般用实物计量，而不用货币计量；价值形态的有形成果，如产值、销售收入、外汇收入、现金净流量等，它们一般都用货币计量。

2.无形效果，如生态环境的改善、增加就业机会、提高技术水平、提高健康水平等，它们一般没有具体的实物或价值形态，难以用定量方法进行比较精确的反映。

（三）经济效益的层次划分

经济效益是与多因素相关的问题，涉及许多方面，需要从各个不同的层次和角度来考察。将经济效益划分为不同的层次，并分析它们之间的关系，有利于从总体上把握经济活动的合理性和效益性，为经济效益审计提供一般的评价标准。

1.宏观经济效益和微观经济效益

宏观经济效益也即整体效益，是与宏观经济联系范围较大的经济效益，甚至可理解为整个社会范围的经济效益。微观经济效益一般指单个企业、产品、项目的经济效益，如公司利税的增长、产品成本的降低、项目投资方案的预计回收期和内含报酬率等。为了便于分析和考察，有时还要用到中观经济效益的概念，它一般是指地区、部门和行业的经济效益。

在进行经济效益审计评价时，应从宏观、中观、微观的不同角度进行考察，并以此作为一般的评价标准，即对于有利于宏观经济效益提高而微观经济暂时不明显的经济活动，一般可做肯定的审计评价；对于微观经济效益一时可观但不利于宏观经济效益提高的经济活动，一般不做肯定的审计评价。

例如，A公司拟进行资产重组，审计人员不仅要审查该项重组是否有利于A公司生产业务的发展、财务效益的提高，而且还应评价该项重组中经济资源是否得到合理配置，是否符合国家产业政策方向。如果宏观经济效益方面不能得到肯定评价，即便重组对当前公司的财务效益更好，也不应该给予无条件的肯定评价。

2.长远效益和眼前效益

长远效益是指能持久发生作用或必须经过较长时间才能显露出来的经济效益；眼前效益是指暂时发生作用或短期内可以见效的经济效益。在做审计评价时，长期效益和眼前效益应得到合理兼顾，过分强调眼前效益可能丧失长远效益，短期内表现出虚假经济效益；如果短期效益完全不能保证，则会影响投资的积极性、增加成本与资金压力及可持续性经营风险。

3.直接效益和间接效益

直接效益是能够直接得到并能以货币进行精确计量的效益。间接效益是不能直接得到而且不能用货币进行比较精确计量的效益，这种效益有时体现为经济效益，有时体现为社会效益或生态效益。对经济活动开展经济效益审计时，不仅要计算和评价它的直接经济效益，也应关注其间接效益。对直接经济效益暂时不理想，但具有良好间接效益的经济活动，首先应给予肯定的审计评价，再对改善其直接经济效益提出建议。

四、经济效益审计的定义

对于经济效益审计的定义，国内外无统一的标准和普遍的定论。有关各出版物均根据各自需要进行归纳定义。表16-2展示了几种常见的关于经济效益审计的定义。

表16-2　常见的经济效益审计定义参考

序号	定义	出处
1	根据世界审计组织的定义，效益审计是对政府事业、项目、组织高效率、有成果地开展运作的程度进行独立评价或检查，这种评价和检查需要对经济性进行考虑。审计目的是为公共措施的执行和后果提供相关信息。一般来说，效益审计以立法机构的决策和意图为依据，并可以在整个公共部门展开，即对中央政府、地方政府和半国营机构都可以开展效益审计	审计署外事司编《国外经济效益审计简介》
2	美国审计总署发布的《政府审计准则》中，对效益审计定义为：效益审计就是客观系统的检查证据，以实现对政府组织、项目、活动和功能进行独立评价的目标，从而增强公共责任性，为实施监督和采取纠正措施的有关各方决策提供信息	审计署外事司编《国外经济效益审计简介》
3	经济效益审计是由审计机构或人员对被审计单位的经济活动，采用审计程序，取得审计证据，对照评价标准，评价效益优劣，以促进其改善管理、发掘潜力、提高效益的独立性经济监督活动	中国内部审计学会编《企业效益审计》

综合上述经济效益审计的定义，我们可以从以下几方面理解经济效益审计的含义：

1. 审计的主体是独立的审计机构或审计人员；
2. 审计的对象是被审计单位或项目的经济活动；
3. 审计的性质是具有独立性的经济监督和评价活动；
4. 审计的职能除监督外，更重要的是评价被审计单位或项目经济效益的优劣；
5. 审计目的是促进被审计单位改善经营管理，落实责任，提高经济效益；
6. 审计的范围较广，需要综合、系统的审查与分析。

审计人员在审计实务中，可以根据经济效益审计的具体内容及目的，结合上述定义对经济效益审计进行定义。例如，A集团公司审计部派出审计组对A股份公司及其所属的5家控股公司进行经济效益审计，把经济效益审计定义为"经济效益审计是审计人员受财产所有者委托，根据法律、法规和标准，对被审计单位（项目）经济活动的真实合法性、管理制度的科学有效性，以及经营战略的长远正确性进行监督、评价和鉴证，以促进其提高经济效益，加强宏观调控的一种独立性经济监督活动"。审计组认为，经济效益审计＝真实合法性审计＋管理制度（法规）审计＋经营战略审计。

五、中国内部审计准则中的绩效审计

中国内部审计协会发布并于 2014 年 1 月 1 日开始实施的《第 2202 号内部审计具体准则——绩效审计准则》将绩效审计的概念界定为：绩效审计是指内部审计机构和内部审计人员对本组织经营管理活动的经济性、效率性和效果性进行的审查和评价。经济性，是指组织经营管理过程中获得一定数量和质量的产品或者服务及其他成果时所耗费的资源最少；效率性，是指组织经营管理过程中投入资源与产出成果之间的对比关系；效果性，是指组织经营管理目标的实现程度。

分析对比前述经济效益审计的概念及概念要素，内部审计准则中的绩效审计概念与经济效益审计概念是基本一致的。

在政府审计、内部审计、社会审计中，往往采用绩效审计、经营审计、管理审计等术语。不论将其称为绩效审计、经营审计，还是管理审计或其他词汇，其内容都包含经济性、效率性、效果性，本章界定的经济效益审计是经营审计范畴，不包含管理审计内容。根据国际内部审计协会的定义，经营审计是评价一个组织在管理部门控制下的经济活动经济性、效率性和效果性，并将评价结果和改进建议报告给有关人员的系统的过程。

六、经济效益审计的特征

经济效益审计是现代审计形式，它具有独特的外延和内涵，与传统审计有着必然的联系，但也不等同于传统的财务与合规性审计。经济效益审计的特征，归纳简述如下。

（1）经济效益审计目标的综合性。经济效益审计目标除合规性外，还有经济性、效率性、效果性。经济性关注在保证质量的前提下少投入，效率性关注资源利用效率、内部控制、完工及时性等，效果性关注目标完成情况和预期成果与实际成果的比较。审计人员应根据实际确定经济效益审计的基本目标、具体目标。

（2）经济效益审计对象的广泛性。经济效益审计对象包括被审计对象的各类资金及使用资金的部门，乃至资金的计划、管理等环节。

（3）经济效益审计标准的多层次性。经济效益审计标准包括国家有关政策、法规和制度，企业内部的各种计划、预算、方案、业务规范、各种标准、技术经济指标及本单位和国内外同类行业历史水平。

（4）经济效益审计程序的独特性。其主要表现为审计工作结束后只出具经济效益审计报告及审计建议书，一般不需要做出审计决定。

（5）经济效益审计方法的多样性。除常规审计方法外，还包括一些现代经济管理技术，如经济活动分析、管理会计、统计分析、管理咨询、经济预测等领域内所使用的方法和技术。

（6）经济效益审计作用的建设性。经济效益审计对被审计单位内部控制、经营与管理活动进行审查评价，针对企业经营与管理中存在的主要问题，提出改进的意见和建议，促进被审计单位改善管理，完善制度，提高效益。

七、经济效益审计与财务审计的关系

经济效益审计与财务审计之间既有联系，又有区别。它们的相同之处表现在都是对经济活动的合法性、合理性和经济性的监督和评价。关于它们的区别，各出版物总结的特征不尽相同，简单归纳于表 16-3。

表 16-3　经济效益审计与财务审计的特征辨析

序号	特征	出处
1	（1）对象不同。经济效益审计对象是各种经济资料和有关的技术经济资料、经营管理活动；财务审计的对象仅仅是会计资料和财务收支活动 （2）目标不同。经济效益审计通过审查各种经济资料和技术经济资料，评价被审计单位的经营管理活动是否经济，是否合理，是否有效益，并提出改进意见；财务审计则审查被审计单位会计资料和其他有关资料是否真实，财务收支是否合理合法，并发表审计意见 （3）职能不同。经济效益审计具有建设性和防护性职能，并以建设性为主；而财务审计具有批判性和制约性职能，并以制约性为主 （4）依据标准不同。经济效益审计的标准是有关法律、财经法规和制度，以及计划、目标、定额、技术经济指标、同行业同类指标；财务审计以有关法律、财经法规和制度为标准 （5）方法不同。经济效益审计除运用财务审计方法外，还利用经济数学方法和现代管理方法，既进行事后审计，也进行事前审计；财务审计则通过检查、调查和分析等方法，审查会计账簿和财务报表，分析财务指标，以事后审计为主	王学龙编《经济效益审计》
2	（1）效益审计与财务审计各有其不同的审计目标。如果一个项目的审计目标是审查会计资料的真实性、合规性，它是财务审计。如果项目审计的目标是评价经济活动的效益性，它是效益审计 （2）效益审计与财务审计在审计的程序、人员、结构等方面，也不尽相同 （3）财务审计与效益审计的对象和范围也有不同。财务审计的对象是会计资料；审查的范围主要是财务收支、财务状况、财务成果的真实性和合规性；审计的项目大多是事后审计。效益审计的对象是经济活动；审计的范围涉及生产、技术、经营、财务等领域；审计的项目既有事后、事中审计，更有大量的事前审计，如经营决策审计、经济合同审计、计划目标审计，等等 （4）财务审计的结论一般有两种情况：一是审计发现差错、舞弊、违纪等问题，做出"不真实、不合法"的审计结论并提出处理意见；二是审计未发现存在的问题，其结论只是证实其真实、合法。应当说，在社会经济秩序日益健全的情况下，后一种审计结论会越来越多。而经济效益审计的结论并非如此，无论审计查明的效益是优是劣，都需要在审计结论中表明其进一步提高经济效益所应消除的差距及其发掘潜力的方向性措施 （5）效益审计对基础数据的核实，有的可以借助于财务审计已经取得的审计证据，而更多的数据则需自行取证	中国内部审计学会编《企业效益审计》

八、经济效益审计与经济责任审计的关系

中国内部审计协会发布并于自 2016 年 3 月 1 日起施行《第 2205 号内部审计具体准则——经济责任审计》，以及《内部审计实务指南第 5 号——企业内部经济责任审计指南》对企业内部经济责任审计的原则、审计内容、审计程序和方法、审计评价依据、审计报告、审计结果的运用等进行了具体规范。经济效益审计是经济责任审计的基础，只有搞好经济效益审计才能相对准确评价出有关领导的经济责任。经济效益审计与经济责任审计的主要区别有两个。

（1）审计内容的区别，经济责任审计的内容更广泛，效益审计是其中重要的内容之一，经济责任审计中包含财政、财务收支的真实、合法和效益情况。《企业内部经济责任审计指南》明确指出财务收支的效益性审计的重点是审查企业的盈利能力状况、资产质量状况、债务风险状况、经营增长状况等方面经济指标完成情况。经济效益审计的具体内容，因客体、主体等的不同而不同，企业内部审计机构从事的经济效益审计主要是对经济活动的经济性、效率性和效果性进行的审计。

（2）审计的出发点和落脚点有区别，经济责任审计的出发点和落脚点是落实有关人员的经济责任，效益审计是证实经济性、效率性和效果性。

九、经济效益审计的分类

经济效益审计有多种分类方法，各相关资料主要按审计对象层次分类和按审计范围分类。

（一）按审计对象层次分类

1.宏观（中观）经济效益审计。宏观（中观）经济效益审计主要形式是政府绩效审计。宏观（中观）经济效益审计的内容范围一般可以包括公共资源责任履行情况，政府预算收支绩效，国家、政府和公共机构的管理效率，国有资产运营效益，国家投资（建设）活动，国家金融活动。

2.微观经济效益审计。微观经济效益审计包括企业经营审计和管理审计，行政事业经费绩效审计，项目经济效益审计。

项目经济效益审计中的项目指一次性的经济活动，是指常规的生产和业务以外的不经常发生的经济活动。项目经济效益审计的目的侧重于可行性和运营风险的评价，如固定资产投资项目和开发、理财项目的可行性、决策合理性和项目运营风险的审计等。

（二）按审计范围分类

按审计范围的大小，可以分为全面审计、局部审计和项目审计。

（三）其他分类

1.按实施审计的时间进行分类。经济效益审计按实施审计的时间可以分为事前、事中和事后经济效益审计。

2.按审计组织方式分类。经济效益审计按组织方式可分为定期审计和不定期审计。

十、经济效益审计的内容

企业经济效益审计的内容主要包括两部分，即全面性的经济效益审计和单项性的经济效益审计。

（一）全面性的经济效益审计

1.具有特定的任务：一是为了对经营者或管理者的经营业绩做出全面评定，二是为了对企业的重大经营问题进行全面检查和提高效益。

2.具有特定的时期，即在一定的履行经济责任时期终了对整个经营期间经营业绩所做的评价，以及在特定时期（如联营、兼并）对其效益进行的综合评价。

3.审计的内容一般以主要的经济指标为主；根据审计任务的不同，需要评价的经济指标及其内容也有差别。

（二）单项性的经济效益审计

1.经营决策审计：制定决策以前，对其有关影响决策的主要经济事项，如指标、定额等进行效益审计；在决策的过程中，如有不同的方案，对此进行审查对比、评价，提出审计建议，作为确定经营决策最佳方案的依据；决策方案执行以后，或是未制订方案而在生产经营过程中曾有多次决策，对其执行结果实现的效益加以评价，作为改进原有决策的依据。

2.计划目标审计：对企业或其所属单位的经营计划的评价；对企业内部经济责任的评价；对企业的计划目标的评价；投资概算和预算的审计，包括基建工程、技术改造工程等的年度或单项概算、预算的效益审计。

3.生产技术的效益审计：生产管理的效益审计，技术工艺的效益审计，科研成果利用的效益审计，产品质量的效益审计。

4.业务经营的效益审计：经营策略的审计，经营方式的审计，经营方法的审计。

5.管理机能的效益审计：管理组织效能审计，管理环境效益审计，人员素质效益审计，约束机制成效审计。

6.成本效益审计：产品成本效益审计，包含产品单位成本的评价、变动成本与固定成本的评价；企业盈利水平的评价，一般从三个方面进行，分别为产品盈利的评价、企业盈利的评价、盈利指标的评价。

7.资金效果审计

（1）流动资金利用效果审计，其中存货资金占主要部分，此项审计即以其作为重点。它的主要审计内容包括存货资金利用情况的检查，存货标准的评价，加快存货资金周转的审计，应收货款的效益审计，货币资金的效益审计，偿债能力评价。

（2）长期资金利用效果审计，其中以固定资金为重点，主要审计的内容是固定资产投资效果评价，固定资产利用情况的检查，长期投资（债券、股票、联营投资）效果评价。

（3）债务资金利用效果审计，包括流动负债、长期负债、所有者权益、构成经营资金来源的效益审计，主要内容包括经营资金来源结构的效益评价，流动负债利用效果评价，长期负债利用效果评价。

（三）内部审计具体准则对绩效审计的内容规定

我国内部审计协会发布的《第 2202 号内部审计具体准则——绩效审计》，要求根据实际情况和需要，绩效审计可以同时对组织经营管理活动的经济性、效率性和效果性进行审查和评价，也可以只侧重某一方面进行审查和评价。

绩效审计主要审查和评价下列内容：

1.有关经营管理活动经济性、效率性和效果性的信息是否真实、可靠；

2.相关经营管理活动的人、财、物、信息、技术等资源取得、配置和使用的合法性、合理性、恰当性和节约性；

3.经营管理活动既定目标的适当性、相关性、可行性和实现程度，以及未能实现既定目标的情况及其原因；

4.研发、财务、采购、生产、销售等主要业务活动的效率；

5.计划、决策、指挥、控制及协调等主要管理活动的效率；

6.经营管理活动预期的经济效益和社会效益等的实现情况；

7.组织为评价、报告和监督特定业务或者项目的经济性、效率性和效果性所建立的内部控制及风险管理体系的健全性及其运行的有效性；

8.其他有关事项。

十一、经济效益审计的方法

从经济效益审计的方法模式来看，经济效益审计方法多种多样，是一个方法体系。结合内部审计的实际情况，经济效益审计方法，按照经济效益审计的入手点不同，经济效益审计的方法模式有两种：以审查内部控制为基础的方法模式和以直接审查结果为基础的方法模式。在具体的审计项目中，究竟采用哪种方法模式，由内部审计人员根据审计目标来确定。

（一）以审查内部控制为基础的方法模式

这种模式是通过分析、检查、测试内部控制的主要方面，确定为保证取得预期结果，有关被审计事项的内部控制是否得到了合理的设计和贯彻。如果内部控制有效，则表明该项目很有可能取得满意的结果。在这种模式下，内部审计人员通常只能对内部控制的高风险、重要部分进行深入检查。这里的重要与否，是指该控制点对于被审计事项能否取得预期结果是否会产生大的影响。一旦确认了其中的一些主要缺陷，内部审计人员应该采取进一步的措施来确认问题的原因和对预期结果产生的影响。

（二）以直接审查结果为基础的方法模式

这种模式的重点是对已经取得的结果与预期的结果进行直接比较，得出审计结论。例如，直接审计 B 公司的年度纳税记录，并与年初预算进行比较。这种模式适用于对成果进行数量、质量和成本方面衡量的项目。如果被审计项目的结果是让人满意的，就表明过程或活动中存在严重缺陷的风险非常小。如果内部审计人员对被审计项目取得的结果不满意，就表明内部控制或活动中可能存在严重缺陷，需要深入检查和分析，以确认导致结果不满意的原因是什么。这种模式广泛应用于各被审计事项，促使内部审计人员重点关注取得的结果，并且在审计项目中明确回答被审计事项取得了或没有取得什么样的结果。

（三）经济效益审计方法体系

经济效益审计方法体系是指审计人员在取证过程中运用的具体方法。在经济效益审计中，需要选择审计项目、取得审计证据、做出审计结论及提出审计建议。审计人员完成这些任务，需要选择运用行之有效的方法，形成经济效益审计的方法体系。经济效益审计方法主要有以下几类。

1. 核实的方法

此类方法是财务审计中常用的方法，如审阅法、核对法、查询法、盘点法、调节法、鉴定法、观察法、调查法等，一般用于对效益数据正确性的检查。

2. 对比的方法

对比的方法就是将同类经济现象进行比较，通过比较，可以确定效益实现方面存在的差距。常见的对比方式有：

①实绩与计划或目标成果比，或实绩与定额比；

②本期实绩与上期实绩比，或本期实绩与历史最好成绩比；

③本单位实绩与同类型外单位实绩比；

④本单位与实绩先进（行业先进、地区先进、国际先进、标杆）比。

3. 分析的方法

分析的方法是经济效益审计中用得最多的方法。分析的方法多种多样，如因素分析法、平衡分析法、图表分析法、数量（学）分析法、预测分析法、量本利分析法等。分析法用来选择审计项目、确定效益不佳的原因、提高效益的潜力及改进建议的可行性等。

4. 评价的方法

评价的方法也可以说是一种特殊的分析法，如专题讨论会、公众评价法、逻辑判断法、投资报酬率法、现值法，等等。在经济效益审计中，审计人员要对有关的内部控制进行评价，对被审计单位实现的效益进行审计，对取得的审计证据的充分性进行评价，对改进建议的可行性进行评价。

十二、经济效益审计的准则和评价标准

（一）经济效益审计准则情况

审计工作必不可少的三大要素是审计准则、审计标准和审计证据。审计人员依据审计准则，审计被审计事项，取得审计证据，将审计证据对照审计标准，以评价被审计事项的真实性、合法性和效益性，得出审计结论，提出审计意见和建议。与财务审计相比较，经济效益审计准则尚不成熟、完善，已有的经济效益审计准则主要表现为政府绩效审计准则。我国内部审计协会 2013 年修订发布的《第 2202 号内部审计具体准则——绩效审计》，其主要内容包括总则、一般原则、绩效审计的内容、绩效审计的方法、绩效审计的评价标准、绩效审计报告、附则。

（二）经济效益审计的评价标准

经济效益审计评价标准是审计标准的重要组成内容，是对被审计单位经济活动效益性的基本要求和限定，是审计人员对审计对象经济效益高低、好坏及其程度做出评价的依据，是提出审计意见、得出审计结论的依据。掌握衡量被审计单位经济活动实际效益尺度、科学运用判断经济效益好坏的严密可行的标准，是实施经济效益审计的必备条件，也是保证经济效益审计质量的重要环节。

（三）经济效益审计评价标准的特点

1. 经济效益审计评价标准的多维性

经济效益审计需要进行多方位多层次的评价，需要一整套一系列的标准和相互联系的指标体系。经济效益审计评价标准是多元化的，具有多层次性，有宏观、中观和微观

标准，在微观中又有公司、子公司、部门、车间等标准；多角度性，如有财务指标和技术指标等；多方位性，如有采购、库存、生产、运输、销售等方面的标准。

2.经济效益评价标准的可控性

审计人员选择评价指标时需要考虑到，经济效益审计仅对被审计单位的经济活动可以控制的因素（或指标）进行评价，对控制不了的因素是无法评价的。例如，评价某公司原材料利用的经济效益时，一般选择材料单耗、材料利用率等指标进行评价，材料成本的购入价是该公司不可控的，单位产品的材料成本不能列为评价标准。

3.经济效益审计评价标准的动态性

经济效益审计标准是技术性指标，随着审计时间、环境、审计主体和客体等条件变化，生产技术和管理水平的要求变化，经济效益审计评价标准的内容和形式也不断充实、变化、完善和提高。内部审计机构和内部审计人员在确定经济效益审计评价标准时，应当与组织管理层进行沟通，在双方认可的基础上确定经济效益审计评价标准。

4.经济效益审计评价标准的非强制性

经济效益审计评价标准与被审计单位所处的社会经济环境、内部经营管理状况和水平相关，运用审计标准对被审计单位经济效益实现程度及开发利用情况进行定性、定量分析评价时，必须综合考虑各因素，掌握标准的分寸和水准，在实际操作中予以补充和完善。经济效益审计评价标准不具有强制性，在审计过程中对标准的掌握与应用有一定的弹性。

（四）经济效益审计评价标准的主要内容

1.国家的方针、政策、法令、制度。
2.各种计划、指标、预算、定额。
3.前期的审计标准。
4.本单位或国内外同行业的历史先进水平与平均水平。
5.科学测定的经济技术数据。

十三、经济效益审计评价指标体系

通用的企业经济效益审计评价指标体系一般有三种。

（一）投入—产出—效益指标体系

该经济效益审计评价指标体系适用于有投入产出的经济活动，具体如表 16-4 所示。

表 16-4　投入—产出—效益指标体系

一级指标	二级指标	三级指标
投入指标	消耗	固定资产折旧 工时消耗 原材料、燃料、辅助材料消耗 工资支出 各种费用支出 其他支出
	占用	全部职工和各类在册人数 固定资产占用额 流动资产占用额 日历工时或制度工时占用 其他自然资源占用
产出指标		总产值、商品产值、 总产量、品种指标、 销售收入、 优质品率、合格品率
效益指标	反映人力资源投入的效益指标	全员劳动生产率、工人劳动生产率、 定额工时完成率、工时利用率
	反映财力资源投入的效益指标	流动资金周转次数、固定资金产值率、 流动资金周转天数、年销售资金率、 成本降低额和降低率、 成本利润率、产值流动资金率
	反映物力资源投入的效益指标	主要设备台时产量、标准产量折旧率、设备台时利用率、 原材料利用率、材料单耗、万元产值能耗、 企业综合能耗
	反映投资项目的效益指标	投资效果系数、内含报酬率、 投资利润率、投资回收期
	反映技术进步、企业环境改善的效益指标	市场占有率、设备更新率、 产品质量稳定提高率、 新产品试制完成率

上述指标体系中常见指标公式如下：

（1）全员劳动生产率 = 某时期工业总产值 ÷ 该时期全部职工平均人数

（2）成本利润率 = 某时期产品销售利润 ÷ 该时期产品销售成本 ×100%

（3）全部流动资金周转天数＝（定额流动资金平均余额＋非流动资金平均余额）×分析期天数÷分析期的产品销售收入

（4）材料单耗＝某时期材料消耗总量÷该时期产品产量

（5）材料利用率＝某时期产品中的材料总量÷该时期材料消耗总量×100%

（6）工人劳动生产率＝某时期工业总产量（或实物量）÷该时期工人的平均人数

（7）设备台时利用率＝某时期设备实际使用台时数÷该时期设备制度台时数×100%

（8）设备台时产量＝某时期产品产量÷该时期设备实际使用台时数

（二）综合—局部—周转指标体系

综合—局部—周转指标体系如表 16-5 所示。

表 16-5　综合—局部—周转指标体系

一级指标	主要指标
综合指标	能反映经济效益主体整体的投入、产出之比的指标，如资金利税率、人均创利税额、总资产报酬率、净现值等
局部指标	能反映某一方面局部投入、产出之比的指标，如全员劳动生产率、流动资金周转率、产品合格率、成本计划完成率等
周转指标	能反映综合和局部指标变动的影响因素的指标，往往是提出审计建议的出发点。如总资产报酬率受利润报酬系数、销售利润率、资金周转总次数影响，资金周转率受销售收入、销售成本、流动资金占用额影响，全员劳动生产率受工人劳动生产率、制度工时利用率、工人占全员比重影响等

（三）企业国有资本金绩效评价指标体系

审计人员在进行效益评价时，可以借用该指标体系，对于不适用的指标可以在修正后，作为经济效益审计的评价标准，具体如表 16-6 所示。

表 16-6　企业国有资本金绩效评价指标体系

序号	项目	基本指标（80%）	修正指标（20%）
一	财务效益状况指标（42分）	净资产收益率（30分） 总资产报酬率（12分）	资本保值增长率（16分） 销售利润率（14分） 成本费用利润率（12分）
二	资产营运状况指标（18分）	总资产周转率（9分） 流动资产周转率（9分）	存货周转率（4分） 应收账款周转率（4分） 不良资产比率（6分） 资产损失比率（4分）

（续表）

序号	项目	基本指标（80%）	修正指标（20%）
三	偿债能力状况指标（22分）	资产负债率（12分） 已获利息倍数（10分）	流动比率（6分） 速动比率（4分） 现金流动负债比率（4分） 长期资产适合率（5分） 经营亏损挂账比率（3分）
四	发展能力状况指标（18分）	销售增长率（9分） 资本积累率（9分）	总资产增长率（7分） 固定资产成新率（5分） 三年利润平均增长率（3分） 三年资本平均增长率（3分）

上述指标体系中的主要公式如下：

（1）总资产报酬率＝（利润总额＋利息支出）÷资产平均总额×100%

（2）资产平均总额＝（期初资产总额＋期末资产总额）÷2

（3）净资产收益率＝净利润÷所有者权益（实收资本）×100%

（4）资本保值增值率＝期末所有者权益÷期初所有者权益×100%

（5）修正指标：资本保值增值率＝（期末所有者权益±客观因素）÷期初所有者权益×100%

（6）销售利润率＝利润总额÷产品销售收入×100%

（7）修正指标：销售利润率＝销售利润（主营业务利润）÷销售收入（主营业务收入）×100%

（8）存货周转率＝销售成本÷存货平均余额

（9）存货平均余额＝（期初存货余额＋存货期末余额）÷2

（10）应收账款周转率＝销售净收入（赊销净额）÷平均应收账款余额

（11）销售净额＝销售收入－现销收入－（销售退回＋折让＋折扣）

（12）平均应收账款余额＝（期初应收账款余额＋期末应收账款余额）÷2

（13）不良资产比率＝年末不良资产总额÷年末全部资产总额×100%

（14）资产负债率＝负债总额÷资产总额×100%

（15）流动比率＝流动资产÷流动负债×100%

（16）速动比率＝速动资产÷流动负债×100%

（17）速动资产＝流动资产－存货

（18）现金流动负债比（旧指标）＝（货币资金＋短期投资）÷流动负债×100%

（19）现金流动负债比（新指标）＝全年经营活动现金净流量÷流动负债×100%

（20）长期资产适合率＝（所有者权益＋长期负债）÷（固定资产＋长期投资）×100%

（21）销售增长率＝本年销售增长率（报告期）÷上年销售额（基期）×100%

（22）三年资本平均增长率＝$\sqrt[3]{三年未所有者权益/三年初所有者权益}-1$

（23）三年利润平均增长率＝$\sqrt[3]{第三年利润总额/三年前利润总额}-1$

（24）固定资产成新率＝固定资产净值÷固定资产原值×100%

第二节　业务经营效益审计

理论上一般认为，经济效益审计主要由业务经营审计、管理审计两部分组成。业务经营效益审计是指通过对被审计单位经营活动的合理性、经济性和有效性的审查，借以检查和证明被审计单位经营责任的履行情况，以促进其改善经营，提高经济效益。业务经营效益审计的理论内容主要包括经营思想、经营目标、经营策略审计，经营环境审计，经营预测决策审计，经营计划审计，采购与销售业务审计，经营控制审计，经营成果审计等。

管理审计是指对被审计单位的管理活动的效率性、效果性和经济性的审查，以期评价其管理工作的质量水平及管理机构、人员的素质和能力，进而加强管理，提高经济效益。管理审计的理论内容包括计划管理审计，生产管理审计，物资管理审计，劳动人事管理审计，技术管理审计，质量管理审计，设备管理审计，财务管理审计等。

本节通过案例对业务经营效益审计的流程、内容、底稿进行介绍，供内部审计人员参考。案例中的表格、内容可以根据实际情况进行增减、修改和完善。考虑到本书前面各章对采购、生产、库存、销售等审计循环有比较详细的讲述，涉及的这部分内容在本章简要说明。

A集团公司审计部派出审计组对A股份公司进行业务经营效益审计，A股份公司是制造企业。审计组的主要工作如下。

一、明确业务经营效益审计的目的及程序

业务经营效益审计流程表如表16-7所示。

表 16-7 业务经营效益审计流程表

单位名称：A 股份公司		签名	日期	索引号	
项目：业务经营效益审计流程表	编制人			页次	
截止日期：	复核人				

一、审计目标

1. 对公司的经营水平进行综合评价，分析其经营能力
2. 审查业务经营计划的完成情况及影响因素，找出关键问题，提出相应措施
3. 审查业务经营各个环节的状况，找出其薄弱环节和不适应的地方，找出影响经营效益的因素
4. 审查各生产要素对经营的保证程度，提出合理调配生产力各要素，保证业务经营能顺利进行，经营目标能按期实现的建议
5. 审查各生产要素的利用情况，对生产要素的利用程度进行评价
6. 研究改善经营活动，弥补经营缺陷，开发利用生产要素，挖掘利用潜力的途径

二、审计程序	执行情况	索引号
1. 收集被审计单位与业务经营效益审计有关的资料		
2. 审查确认被审计单位审计期间内经营战略是否正确、是否执行		
3. 调查审计期间内的经营范围和主要经营业务		
4. 审查分析被审计单位具体经营计划的制定及完成情况		
5. 审查审计期间内经营成果情况，并编制分析表		
6. 审查评价审计期间内经营目标完成情况，编制比较分析表		
7. 审查主要经营业务活动的合理性、有效性		
8. 审查其他经营业务活动		

二、收集与业务经营效益审计有关的各种资料

在对被审计单位进行业务经营效益审计前，需要收集与业务经营效益审计有关的各种资料，有关资料清单如表 16-8 所示。

表 16-8 业务经营效益审计有关资料清单

单位名称：A 股份公司			签名	日期	索引号	
项目：有关资料清单		编制人			页次	
截止日期：		复核人				
序号	资料名称		资料来源	提供时间	备注	
1	发展规划					
2	经营方针					
3	经营计划					
4	具体的年度生产计划					
5	经营范围					

（续表）

单位名称：A 股份公司		签名	日期	索引号	
项目：有关资料清单	编制人			页次	
截止日期：	复核人				
序号	资料名称	资料来源	提供时间	备注	
6	主要经营业务项目情况表				
7	下达主要经营目标的文件				
8	主要经营指标完成情况				

三、调查了解和分析经营战略

经营战略是企业为了生存和长远发展，依据环境变化和企业能力制定的关系企业全局的远景规划，包括经营思想、方针、政策和发展方向、目标、速度等内容。在对被审计单位的经营活动进行业务经营效益审计之前，需要调查了解和分析被审计单位的经营战略。

经营战略调查表如表 16-9 所示。

表 16-9　经营战略调查表

单位名称：A 股份公司	签名	日期	索引号		
项目：经营战略调查表	编制人			页次	
截止日期：	复核人				
调查内容			是	否	备注
1. 是否有发展战略					
2. 发展战略是否为低成本战略					
3. 发展战略是否为差异化战略					
4. 发展战略是否为侧重战略					
5. 发展战略是否为产品发展（扩大）战略					
6. 发展战略是否为产品的稳定战略					
7. 发展战略是否为紧缩战略					
8. 是否树立为用户服务的经营思想，一切从用户需要出发，用最经济的方法向用户提供满意的商品和服务					
9. 是否从市场的整体出发，运用各种市场经营方法，不断对市场动态进行预测和研究，以此组织全部经营活动					
10. 经营利润的取得是否从市场全局、社会需求考虑，着眼于长期的、综合的、符合社会要求的利益					

（续表）

单位名称：A 股份公司		签名	日期	索引号	
项目：经营战略调查表	编制人			页次	
截止日期：	复核人				
审计小结：					

四、调查了解经营范围和主要经营业务

审计人员需要了解被审计单位的经营范围和主要的经营业务，可以使用表 16-10 所示的经营范围和经营业务审定表。

表 16-10　经营范围和经营业务审定表

单位名称：A 股份公司		签名	日期	索引号	
项目：经营范围和经营业务审定表	编制人			页次	
截止日期：	复核人				
序号	经营范围	实际主要从事的经营业务、主要的产品		备注	
1					
2					
审计小结：					

五、审查和分析具体经营计划及执行情况

经营计划是企业根据经营战略、市场环境和企业能力进行经营活动所需的资源同经营目标之间的综合平衡，并以计划的形式加以综合、付诸实施。

经营计划及执行情况审定表如表 16-11 所示。

表 16-11　经营计划及执行情况审定表

单位名称：A 股份公司			签名	日期	索引号	
项目：经营计划及执行情况审定表		编制人			页次	
截止日期：		复核人				
项目内容	2018 年		2019 年		备注	
	计划情况	执行情况	计划情况	执行情况		
生产计划	A	已执行	A	已执行		
供应计划	B	执行良好	B	执行良好		
销售计划	B	已执行	B	已执行		
财务计划	C	执行良好	C	执行良好		
用工计划	C	已执行	C	已执行		
其他计划	D	未执行	D	未执行		
注：A 为有详细计划；B 为有计划；C 为有简略计划；D 为无计划						
审计小结：						

六、审查经营成果情况

经营成果是反映审计期间被审计单位业绩的主要标志，是业务经营效益审计的重点内容。对经营业务活动的经营成果进行经济效益审计时，需要关注如下事项：

1. 主要审查被审计单位审计期间经营成果的真实性、正确性；

2. 业务经营效益审计要突出审计重点，抓住主要业务，不要主次不分，影响审计效率；

3. 实施业务经营效益审计程序时，内部审计人员应主要应用对损益审计的工作成果，编制汇总分析表，进行深入的分析；

4. 分析表中的数据必须是经内部审计人员审计调整后的数据。

经营成果审定表如表 16-12 所示。

表 16-12　经营成果审定表

单位名称：A 股份公司		签名	日期	索引号	
项目：经营成果审定表	编制人			页次	
截止日期：	复核人				
内容：					

七、审查主要经营目标完成情况

经营目标是被审计单位经营思想、经营方针的具体体现，也是被审计单位编制计划和实施计划的依据。在实际审计中，也有被审计单位没有明确的经营目标的情况。在审查被审计单位的经营目标完成情况时，需要关注如下事项：

1. 被审计单位审计期间是否有明确的经营目标，经营目标的确定是否既考虑外部环境的变化，又考虑内部条件的可能性；

2. 被审计单位的经营目标是否有相应的实施步骤和具体措施，是否适时调整和完善；

3. 被审计单位经营目标是否量化，经营效益目标、企业发展目标和社会效益目标等是否协调；

4. 经营目标责任是否分解落实，内部经营单位的责权利关系是否协调有效；

5. 审计人员应在真实性的基础上，对比分析经营目标的完成情况，具体分析哪些指标，可根据被审计单位审计期间确定的指标来确认；

6. 对未下达审计期间经营目标的被审计单位，内部审计人员应注意收集国家制定和颁布的企业考核指标，并进行分析；

7. 审查、分析被审计单位审计期间内经营目标完成情况时，审计人员应把指标作为一个整体来分析，要注意综合指标和单项指标结合、直接指标和间接指标结合、当期指标和长期指标结合、技术指标和经济指标结合、长远经济指标和生态指标以及社会效益指标结合。

主要经营目标完成情况审定表如表 16-13 所示。

表 16-13　主要经营目标完成情况审定表

单位名称：A 股份公司		签名	日期	索引号	
项目：主要经营目标完成情况审定表	编制人			页次	
截止日期：	复核人				
项目内容	经营目标	完成情况		完成比率	
销售收入					
利润总额					
净利润					
净资产收益率					
总资产报酬率					
总资产周转率					
流动资产周转率					
资产负债率					
已获利息倍数					
销售增长率					
资本积累率					
不良资产比率					
资产损失率					
市场占有率					
社会贡献率					
社会积累率					
审计小结：					

八、审查供应业务活动

内部审计人员对供、产、销等经济活动的有效性进行审查，有利于帮助被审计单位找出与目标的差距和原因，改进生产要素的配置，提高经营效益。

供应业务活动的主要环节有采购业务、仓储保管业务。采购业务审查主要包括对物资供应计划及其完成情况的审查，对采购批量和采购成本效益的审查等。仓储保管业务审查主要包括物质储备定额合理性审查、物质储备计划完成情况审查、仓储保管设置与管理审查等。

九、审查生产业务活动

1. 审查生产过程内部控制制度的健全有效性

审查企业有关内部控制的完整性、科学性、严密性和可行性，主要审查所定制度是否衔接，能否相互制约、相互促进；审查内部控制制度的贯彻执行情况。

2. 审查生产计划的制定及执行情况

审查生产计划的制定依据是否合理与可靠，对品种、质量、产量和交货期的确定是否符合市场需要；审查各项具体生产计划是否达到综合平衡，即生产能力与生产任务、劳动力与生产任务、物资供应与生产任务等方面是否达到综合平衡；审查生产作业计划，审查范围涉及计划编制的依据、方法、作用，计划的实施与控制等；审查生产计划的完成情况，完成情况如果与计划差异过大，应查明形成的原因，并采取相应措施。

3. 审查生产组织与生产工艺流程

生产组织是将各种生产资料和劳动力在时间和空间上合理安排的过程。在审查生产组织时审计人员应注意以下几点。

（1）审查生产空间组织的合理性。内部审计人员应利用生产管理方面的专家意见，寻找生产活动的场地和机器设备的合理布局，对生产所必需的一切要素进行最经济的安排。

（2）审查生产时间组织的合理性。研究劳动对象在生产过程中各道工序之间的结合与衔接方式，目的在于提高产品在生产过程中的连续性，缩短产品生产周期。

（3）生产现场作业方法的改进。作业方法改进的专门技术叫作"作业研究"，是指对某一特定操作进行严密和科学的分析，消除不必要的操作，寻求最佳作业方法，以建立标准化的生产组织、技术设备、操作方法和工作环境，使人财物和设备发挥其最佳的经济效用。

生产工艺流程的审查，主要是分析企业所选择的工艺流程是否适用、合理和可靠，即选择的工艺方案能否适应客观条件要求，所选择的工艺流程是否最经济同时又能满足生产要求，采用的生产工艺流程是否既安全又符合质量及维修服务的要求。

4. 生产产品质量完成情况

主要是对产品质量计划完成情况、产品质量效益和产品质量管理工作进行审查。反映产品质量计划完成情况的指标有产品合格率、废品率、返修率、产品等级率、平均等级及等级系数等。其中最主要的是产品合格率。产品质量效益审查，是通过对改善产品质量而发生的费用与由此而产生的经济效益的比值进行评价。该比值大于1，说明有效益；若比值小于1，说明无效益。产品质量管理工作审查，包括产品质量检验和质量保证系统的审查。

十、审查销售业务活动

1. 调查销售过程内部控制制度的有效性

主要关注被审计单位销售管理部门的设置、销售渠道的选择、销售计划的制定、促销制度的制定、销售费用的控制、销售折扣的审核、销售退回的批准、坏账损失的核销等内部控制制度。

2. 调查了解被审计单位的销售环境

调查了解被审计单位的销售环境主要是指对市场需求和销售趋势的了解。主要掌握企业市场潜在的购买能力和同行的竞争态势，掌握发展趋势，以发现和解决本企业在销售活动中的问题。对竞争关系和市场构成进行调查了解。了解竞争对手对被审计单位的威胁，被审计单位采取的竞争策略，确定的目标市场、制定的销售模式、做出营销决策的依据等。了解被审计单位的企业形象评价，通过调查企业及其产品在消费者心中的印象，了解消费者对企业产品的质量、价格、商标、销售服务等的意见和要求，评价企业及其产品在市场竞争中的知名度。

3. 审查销售计划的制定与完成情况

（1）审查销售计划

确定计划销售量是否有合理依据，应将计划销售量与生产计划中的需要量相核对，将市场调查的销售预测与每种产品计划销售量相核对，看其是否一致。

（2）审查销售计划的完成情况

根据被审计单位的有关会计资料等，审查销售数量和收入计划完成情况。对销售计划完成情况的审查，一般与产品销售利润完成情况审查一并进行。审查销售计划和销售利润完成情况的方法：将实际销售量、销售收入和销售利润与相应的计划指标进行比较，计算计划完成程度；将销售量、销售收入和销售利润的计划完成程度进行比较，审查销售收入和销售利润增减变化的因素及其影响程度；对销售计划、销售利润完成情况进行综合分析评价。审查被审计单位在执行销售计划时是否千方百计地扩大产品销路。

4. 审查销售业务的真实性、有效性

对销售方式、销售定价、促销措施、销售组织和渠道、目标市场的开发等进行审查。内部审计人员要审查确认产品在各区域、最终顾客群和分销渠道等方面的实际获利能力。对于效率控制的审查，内部审计人员应分析、评价销售队伍、广告、促销、分销等的效率情况。

十一、审查成本经济效益

（一）审查内容

1. 目标（或计划）成本制定的审查

一是要审查目标成本的制定是否进行了认真的调查，包括向社会、市场和同行企业调查了解用户购买力，产品价格，产品及主要零部件的成本，以及原材料、元器件、外协件的价格变动等。

二是要审查是否进行了科学的成本预测，即根据企业一定产品、产量和利润等目标和生产技术、经营管理、技术措施，分析过去和当前与成本有关的因素的状况，预测成本在一定时期内的发展趋势。目前企业制定目标成本的方法主要有：

（1）根据目标利润和目标产销量计算；

（2）根据上年实际成本水平和本年成本降低因素加以调整，或根据同行业实际平均成本和企业条件调整确定。

三是要审查目标成本的构成，审查成本中各项目或各费用要素在成本中所占的比重，掌握本企业成本形成特征。

2. 费用成本内部控制制度的审查

调查了解有关内部控制制度的建立及执行情况，现场进行观察和测试，评价内部控制制度的健全程度和可信赖程度。对成本控制制度上的薄弱环节，应提出审计建议。

3. 日常成本控制的审查

目标成本制定后，若要如期完成，必须进行日常的成本控制。审计人员应审查成本费用归口分级管理情况，审查责任成本的核算情况。

4. 成本计划的完成情况审查

成本计划的完成情况主要反映在两个指标上，即全部商品成品成本计划完成率和可比产品成本降低计划完成率。

全部商品产品成本计划完成率 $= \sum$（计划期实际产量 $\times$ 实际单位成本）$\div \sum$（计划期实际产量 $\times$ 计划单位成本）$\times 100\%$

可比产品成本降低额 $=$ 计划期实际产量 $\times$（上期实际单位成本 $-$ 计划期实际单位成本）

可比产品成本实际降低率 $=$ 可比产品成本降低额 $\div$（实际产量 $\times$ 上期实际单位成本）$\times 100\%$

可比产品成本降低计划完成率 $=$（$1-$ 可比产品成本实际降低率）$\div$（$1-$ 可比产品成本计划降低率）$\times 100\%$

这两类指标数值大于 100%，说明成本降低任务没有完成，小于 100%，说明成本降低任务完成较好。

5. 成本经济效益实现程度的审查

成本经济效益的实现程度反映在两个方面：一方面是费用效益，就是各项活动的物化劳动消耗与相应产出之比；另一方面是总成本效益，就是总成本与相应的总收入、商品产值、销售利润之比。主要指标有：

单位产品材料费用＝某产品应分配的材料费用 ÷ 某产品合格数量

单位产品工资费用＝某产品定额工时（或实际工时）× 工资分配率 ÷ 某产品合格数量

工资分配率＝生产工人工资总额 ÷ ∑ 各种定额工时（或实际工时）

销售收入成本率＝销售总成本 ÷ 销售总收入 ×100%

成本利润率＝成品销售利润 ÷ 产品销售利润 ×100%＝ 销售量 ×[价格 ×（1–生产率）–单位成本]÷（销售量 × 单位成本）×100%

6. 重点产品单位成本审计

重点产品单位成本审计是成本效益审计的重点内容。重点产品是指成本比重大、在成本计划完成中起关键作用的产品。目的在于按成本项目计算成本差异，确定差异异常的成本项目，分析产生差异的原因及部门、个人的工作责任，控制不当的费用支出。

（1）原材料成本差异分析

材料用料差异＝材料计划成本 ×（实际单耗 – 单耗定额）

（2）工资成本差异分析

工资率差异＝（实际工时单价 – 计划工时单价）× 单位产品实耗工时

（3）制造费用成本差异的分析

某产品制造费用总额＝实耗工时数 × 费用分配率

某产品单位费用成本＝该产品实际工时单耗 × 费用计划分配率

工时消耗量差异＝（该产品实际工时消耗 – 该产品工时定额）× 费用计划分配率

费用分配率差异＝该产品实际工时消耗 ×（费用实际分配率 – 费用计划分配率）

（二）成本经济效益审计的主要底稿

成本经济效益审计流程表如表 16-14 所示。

表 16-14　成本经济效益审计流程表

单位名称：		签名	日期	索引号	
项目：成本效益的制定与完成审计流程表	编制人			页次	
截止日期：	复核人				

一、审计目标 1. 目标成本的合理性 2. 目标成本计划的完成情况 3. 目标成本控制措施的有效性		
二、审计流程	索引号	执行情况
（一）成本经济效益的事前审计，对目标成本制定情况进行审查，对目标成本的构成进行审查 （二）成本经济效益的事中审计 1. 费用成本内部控制制度审查 2. 成本计划的编制及分解情况审查 3. 成本日常控制审查，成本费用归口分级管理审查；责任成本核算审查 （三）成本经济效益的事后审计 1. 成本计划完成情况的审查 2. 成本经济效益实现程度的审查，单位产品费用效益的审查，总成本效益审查 （四）重点产品单位成本审计 1. 确定重点产品品种及单品 2. 重点产品原材料成本差异分析 3. 重点产品工资成本差异分析 4. 重点产品制造费用成本差异分析		
审计说明：		

目标成本制定审定表如表 16-15 所示。

表 16-15　目标成本制定审定表

单位名称：		签名	日期	索引号	
项目：目标成本制定	编制人			页次	
截止日期：	复核人				
审计结论 或者审计 查出问题 摘要及其依据	目标成本的制定： 1. 合理 2. 合理性存在问题 （1） （2）				
潜在风险及影响					
审计意见及建议					
复核意见					

第三节　人力资源利用率效益审计

企业的经济资源包括货币资金、人力资源、生产设备、原材料、各种能源等。本节主要通过案例介绍企业人力资源利用效益审计。

人力资源利用效益审计目的是对人力资源的利用情况进行评价，寻求充分利用劳动力，充分利用工作时间，提高工效的途径，提出审计建议，促使被审计单位发展生产力，降低成本，提高经济效益。

人力资源利用效益审计的内容包含两个层次。

一是人力资源开发利用程度的审计，主要测算和验证劳动力数量，劳动时间和劳动能力被开发、利用的程度，即现有的人力资源有多少被生产经营活动所实际利用，处于经济效益的创造过程中；有多少被闲置、浪费或被用于其他用途，处于经济效益创造过程之外。分析、评价人力资源开发利用程度变动的主要影响因素，并提出进一步提高资源利用程度的建议。

二是劳动生产率审计，通过对劳动生产率计划完成情况的审查、影响劳动生产率计划完成的各种因素的审查、劳动生产率指标变动及差距测算和分析，验证企业人力资源投入、产出关系，以及劳动生产率的变动趋势和原因。

A 集团公司审计部派出审计组对 A 股份公司进行人力资源利用效益审计。审计组的主要工作如下：

（1）制定审前调查计划；

（2）发放审计通知书；

（3）制定审计方案；

（4）审计实施及编制审计工作底稿。

一、人力资源利用效益审计的主要内容

1. 审查企业是否推行合理有效的激励制度

审查企业是否推行合理有效的激励制度主要是对工资和奖励的审查，一般包括审查企业是否建立一套完整的经济责任体系；是否已经建立一套严格的考核、核算方法；奖励分配是否体现奖勤罚懒，按劳分配。

2. 审查职务（岗位）与能力的适应程度

审查职务（岗位）与能力的适应程度应注意企业是否合理安排了每个人的工作，如果一个人得到称心又熟练的工作，会发挥最大的积极性并取得最高的工作效率。合适的工作岗位体现在：本岗位适合这个人员的技能和专长爱好，岗位人员了解所在岗位的工作条件，掌握本岗位所需要的资料和知识；对岗位工作人员有高标准的工作要求和明确的目标，要使本岗位人员有参与本职工作管理的权利和义务。

3. 劳动分工与协作的审查

劳动分工与协作的审查主要看是否有利于专业化生产；是否有利于合理配备人员，充分发挥每个人的专长；是否有利于缩短产品生产周期，提高产品质量，节约资源消耗，提高劳动生产率和降低产品成本；企业的生产是否保持连续性、比例性和节奏性。

4. 劳动组织形式审查

劳动组织形式审查主要审查是否坚持用计划组织指挥生产，保证工作地的生产相互衔接；工作地是否有必要的保护装置；工作地的供应、服务工作是否及时、优质；是否有良好的工作环境等；是否建立工艺纪律、安全操作规程、劳动纪律、岗位责任制等；班组是否均衡生产；班组生产能力是否得到充分发挥；审查是否实行优化劳动组合等。

二、人力资源利用效益审计底稿

本部分仅列出主要流程审计底稿，其余底稿略。

人力资源利用效益审计流程表如表 16-16 所示。

表 16-16　人力资源利用效益审计流程表

单位名称：A 股份公司		签名	日期	索引号	
项目：人力资源利用效益审计流程表	编制人			页次	
截止日期：	复核人				

一、审计目标

1. 确定被审计单位任期劳动力制度是否建立健全

2. 确定被审计单位任期劳动力资源利用的合理性、有效性

3. 确定被审计单位劳动定额的科学性和执行情况

4. 确定被审计单位任期人员状况情况

5. 确定被审计单位劳动组织的科学性、有效性

6. 确定被审计单位劳动生产率的高低

7. 确定被审计单位劳动力资源的开发情况

二、审计流程	索引号	执行情况
1. 测试劳动力配备与管理的内部控制制度是否健全有效 2. 通过对比分析审查劳动定额的科学合理性及对劳动生产率的影响 3. 通过设计调查表的形式，调查劳动力状况 4. 通过调查了解劳动组织情况 5. 通过收集有关资料，计算、分析劳动生产率 6. 调查了解劳动力资源开发情况 7. 综合评价劳动力资源的开发利用情况		

审计说明：

三、劳动生产率审计

1. 劳动生产率的有关指标

劳动生产率指标的实质，是劳动投入与劳动产出成果的对比关系。劳动生产率按实际需要，其指标可以采用不同形式。

（1）按劳动生产率的计算方式可分为正指标和逆指标，反映单位劳动时间每个职工所生产的产品产量或产值与劳动生产率的关系。

正指标公式：劳动生产率＝劳动成果／劳动耗费或占用

逆指标：劳动生产率＝劳动耗费或占用／劳动成果

正指标说明单位劳动时间或每个职工所生产的产品产量（或产值）指标数值愈大，劳动生产率水平愈高。逆指标说明，生产单位产品（或单位产值）所消耗的劳动时间或占用工人数的指标数值愈大，劳动生产率水平愈低。

（2）按劳动成果的表现形式可分为实物劳动生产率和产值劳动生产率。

实物劳动生产率＝产品总量／耗用总工时（或平均职工人数）

产值劳动生产率＝总产值（不变价格计算）／耗用总工时（或平均职工人数）

（3）按劳动耗费的表现形式和计算范围可分为全员劳动生产率、生产工人劳动生产率和劳动生产率。

全员劳动生产率＝工业总产值（或实物量）／全部职工平均人数

生产工人劳动生产率＝工业总产值（或实物量）／生产工人平均人数

劳动生产率＝人均实际用于产品生产的时间 × 单位工时产值（产量）× 生产工人占全员比重

内部审计人员在实际审计工作中，可以结合实际，设置和选取其他考查劳动生产率的指标。

2. 劳动生产率审计底稿

劳动生产率审计流程表如表 16-17 所示。

表 16-17　劳动生产率审计流程表

单位名称：A 股份公司		签名	日期	索引号	
项目：劳动生产率审计流程表	编制人			页次	
截止日期：	复核人				
一、审计目标 1. 确定劳动生产率计划完成情况 2. 确定劳动生产率变动的原因 3. 确定劳动定员的合理性及其执行的情况 4. 确定劳动力结构的变动情况 5. 确定劳动者流动的情况 6. 确定工作时间利用的情况 7. 确定提高劳动生产率的潜力					

（续表）

二、审计目标	索引号	执行情况
1. 审查评价劳动生产率计划完成情况以及变动情况 其指标主要有：劳动生产率计划完成情况、劳动生产率指数、与前期对比的劳动生产率、与历史最高水平对比的劳动生产率、与同行业先进水平对比的劳动生产率 2. 审查劳动生产率变动的原因 影响劳动生产率的因素较多，比较常见而且影响较大的有劳动时间的利用程度、劳动力数量和结构的合理性、劳动定员的合理性，以及劳动力的稳定流动情况等因素 3. 审查劳动定员的合理性及其执行情况 审查劳动人事部门制定的定员计划是否按劳动效率、设备和生产岗位等依据正确计算和编制。对于超计划的增员情况要查实其合法性和必要性，并通过主管部门查阅批准文件，核实有无未经批准的超定员数。同时，还可实地观察了解是否建立了科学的劳动管理制度，是否合理有效地使用了劳动力，有无浪费劳动力情况，诸如窝工、重复劳动、工作量不均衡等 4. 审查劳动力结构的变动情况 首先是按工作性质进行审查，一般可分为生产工人、技术人员、管理人员、服务人员和其他人员五类进行审查，主要应审核非直接生产人员（如服务人员和其他人员等）是否存在超编过剩、人浮于事的现象；审查生产工人配备是否齐全，分布是否合理；审查管理人员分工是否明确，责任是否清楚等 此外，还可以按年龄结构和按技术级别、职称进行分类审查。按年分类审查，主要是看企业人员结构是否老化，有没有"后继无人"的倾向，有无因徒工及新招收人员过多而出现人员素质低下、亟须进行培训的问题。按技术级别和技术职称分类审查，主要评价人员配备是否称职，是否有高级或高职称人员从事较简单的工作而造成人力资源的浪费，有无低级别或低职称人员从事难以胜任的复杂工作而影响了工作质量的情况 5. 审查劳动力流动的情况 反映劳动力流动情况的评价指标是劳动力流转率。对计算出来的劳动力流转率要做进一步分析，要把正常合理的离退休、有组织的工作调动同违纪和工伤事故、辞职等非正常的流动区别开。对非正常离职人员，应逐个分析检查其离职原因，并建议采取针对性的措施 6. 审查工作时间利用情况 审查评价工作时间利用程度，一般采用工时利用率指标。审查工时利用率，就是将两个不同时期的制度工时利用率、出勤率、作业率评价指标进行对比，查明企业工时利用效益的变化趋势，纠正工时利用中存在的问题，促进工时利用效益的提高 7. 测算提高劳动生产率的潜力 测算提高劳动生产率的潜力，一般采用提高劳动生产率可增加产值、提高劳动生产率可节约职工人数指标		
审计说明：A 股份公司产量超额完成 1.56%，但是由于全部职工人数超过计划 2.5%，劳动生产率反而下降 1%		

四、劳动生产率计划完成情况

1.劳动生产率计划完成情况的主要指标

劳动生产率计划完成情况 = 计划期实现的劳动生产率 / 计划期计划的劳动生产率 × 100%

劳动生产率指数 = 报告期的劳动生产率 / 前期劳动生产率 × 100%

与历史最高水平对比的劳动生产率 = 本期劳动生产率 / 历史最高水平的劳动生产率 × 100%

与同行业先进水平对比的劳动生产率 = 本期劳动生产率 / 同行业先进水平劳动生产率 × 100%

2.主要审计底稿

劳动生产率计划完成情况如表 16-18 所示。

表 16-18　劳动生产率计划完成情况

单位名称：A 股份公司		签名	日期	索引号	
项目：劳动生产率计划完成情况	编制人			页次	
截止日期：	复核人				
审计结论或者审计查出问题摘要及其依据		劳动生产率计划完成情况： 1.合理 2.合理性存在问题：劳动力浪费			
潜在风险及影响		劳动力浪费风险			
审计意见及建议		加强用工管理，提高劳动生产率			
附件资料		A 股份公司 2015 年全部职工平均人数 4 000 人，与计划相同，经过查实，有常年参加生产劳动的临时工 100 人未计入在内，增加 2.5%。总产值计划 4 800 万元，实际完成 4 875 万元，增加 1.56%。根据这些资料计算劳动生产率指标完成情况：计划 12 000 元 / 人，实际 11 800 元 / 人，下降 1%			
复核意见		结论可以确认			

五、劳动生产率变动原因

1. 影响劳动生产率的主要原因

影响劳动生产率的因素较多，比较常见而且影响较大的有以下几个。

（1）劳动时间的利用程度。

（2）劳动力数量和结构及分布的合理性。

劳动力的结构审查主要有：各类人员比例及变动原因审查，审查方法可以将每个工种的实际人数与计划（或和上期、和兄弟企业的人数）对比，查明差异原因；专业结构及变动原因的审查；水平结构及变动原因的审查。

劳动力分布的审查方法主要有：审查生产部门、管理部门、服务部门、车间的职工人数占职工总数的比例是否合理；审查科技人员、高等级工人在各部门的分布是否合理；除统计、数字计算外，可以举行座谈会听取意见。

（3）劳动定额和定员的合理性。

劳动定额包括人员配备定额（即定员）和工作定额，工作定额有工时定额和产量定额的形式。

劳动定员的审查主要指了解企业采用什么方法定员，劳动力保证程度等。

（4）劳动力素质及劳动力的流动性。

劳动力素质有职工职业道德水平、职工文化技术水平、职工健康水平、学习培训计划完成情况等。

考核劳动力流动性的指标有：录用率、离职率、流转率、替代率和流动性系数等。

录用率＝某时期新录用职工人数 ÷ 该时期全部职工平均在册人数 ×100%

流转率＝（某时期新录用职工人数＋该时期离职职工人数）÷ 该时期全部职工平均在册人数 ×100%

替代率＝某时期新录用职工人数和离职职工人数中较小的一个 ÷ 该时期全部职工平均在册人数 ×100%

流动性系数＝某时期不正常原因离职人数 ÷ 该时期全部职工平均在册人数 ×100%

（5）科技人员使用情况。

审查各类科技人员基本情况、科技人员占比等。

这些因素的变动，最终都会体现在企业总产值和职工人数的变动上，并造成全员劳动生产率的变动。

2. 主要审计底稿

劳动生产率变动的原因如表 16-19 所示。

表 16-19 劳动生产率变动的原因

单位名称：A 股份公司		签名	日期	索引号	
项目：劳动生产率变动的原因	编制人			页次	
截止日期：	复核人				
审计结论或者审计查出问题摘要及其依据	劳动生产率变动的原因： 1. 合理 2. 合理性存在问题：劳动力结构不合理				
潜在风险及影响	劳动力结构不合理风险				
审计意见及建议	改善劳动力结构				
附件资料	如果剔除常年临时工 100 人，实际职工人数和计划人数都是 4 000 人，为了深入审查全员劳动生产率下降 1% 的原因，审计人员进一步对实际和计划的总人数结构进行了审查，发现实际职工人数中管理人员的比重比计划下降了 1 个百分点，而服务人员和其他人员的比重却上升了 2.2 个百分点，这样非直接生产人员的比重由计划的 12% 上升到实际的 13.2%，而生产工人占全部职工比重由计划的 88% 下降到实际的 86.8%。这对全员劳动生产率的变动起到不利的影响				
复核意见	结论可以确认				

六、劳动定员的合理性及其执行情况

1. 劳动定额形式

劳动定额一般有两种形式：

（1）工时定额，指工人为完成某单位产品所需要的时间标准，是不应超过的限制数字；

（2）产量定量，指单位时间内已完成的产品数量所应达到的指标。

主要指标公式：

$$定额人数占有率 = 定额工人数 / 全部生产工人$$

$$产品定额率 = 定额产品品种数 / 全部产品品种数$$

2. 企业定员常用的方法

（1）按劳动定额定员，就是根据工作量和劳动定额计算定员。

定员人数 = 每班完成的工作量 / 劳动定额 × 出勤率 × 每日轮班数。本法通常用于生产工人的定员。

（2）按设备定员，就是根据设备的数量和工人管理设备的定额计算定员。

定员人数＝设备台数 × 设备每日开动班数 / 工人管理设备岗位定额 × 出勤率。本法适用于生产工人、服务人员的定员。

（3）按比例定员，就是根据各类人员的比例关系或某类人员占职工总数的比例，或某类人员与另一类人员之比来确定某类人员的定员。

某类人员的定员人数＝另一类人员人数（或职工总人数）× 某类人员所占的比例。本法适用于管理人员和服务人员的定员。

3. 主要审计底稿

劳动定员的合理性及其执行的情况如表 16-20 所示。

表 16-20　劳动定员的合理性及其执行的情况

单位名称：A 股份公司		签名	日期	索引号
项目：劳动定员的合理性及其执行的情况	编制人			页次
截止日期：	复核人			
审计结论 或者审计 查出问题 摘要及其依据	劳动定员的合理性及其执行的情况： 1. 合理 2. 合理性存在问题 （1） （2）			
潜在风险及影响				
审计意见及建议				
附件资料				
复核意见				

七、提高劳动生产率的潜力

1. 测算提高劳动生产率的潜力

在企业职工平均人数不变的前提下，提高劳动生产率可以使企业的产值或产量增加；或在保持企业总产值或产量不变的情况下，劳动生产率的提高可相应地节约或减少劳动力的占用。其公式为：

提高劳动生产率可增加产值＝（劳动生产率历史最高水平或行业先进水平－本期劳动生产率实际水平）× 本期职工平均人数

提高劳动生产率可节约职工人数＝本期职工平均人数－本期总产值 / 劳动生产率历史最高水平或行业先进水平

2. 主要审计底稿

提高劳动生产率的潜力如表 16-21 所示。

表 16-21　提高劳动生产率的潜力

单位名称：A 股份公司		签名	日期	索引号	
项目：提高劳动生产率的潜力	编制人			页次	
截止日期：	复核人				
审计结论 或者审计 查出问题 摘要及其依据	提高劳动生产率的潜力： 1. 合理 2. 合理性存在问题：劳动组织不合理				
潜在风险及影响	劳动组织不合理风险				
审计意见及建议	改善劳动力组织				
附件资料	管理人员占全部职工的比重计划为 5.5%，实际下降到 4.5%，此时应审查这是否是明确岗位责任制、精兵简政和提高工作效率的结果，有没有因为减少了管理人员导致管理职能削弱、生产经营混乱的现象				
复核意见	结论可以确认				

八、劳动时间利用审计

1. 主要指标

审计评价工作时间利用程度，一般采用利用率指标。

制度工时利用率＝制度工时实际用于生产的工时 / 制度工时＝出勤率 × 作业率。制度工时利用率是实际作业工时数占全部制度工时数的比重，它受到出勤率和作业率的影响。出勤率反映缺勤情况对劳动时间利用程度的影响，而作业率则反映停工情况和非生产性活动对劳动时间利用程度的影响。

作业率＝制度内实际生产工时数（不包括加班加点工时）/ 出勤工时数 ×100%，

作业率反映出勤工时数有百分之几用于实际作业。

制度工作日利用率＝实际工作日数 / 制度规定工作日数 ×100%

出勤工作日利用率＝实际工作日数 / 实际出勤日数 ×100%

2. 主要审计底稿

劳动时间利用审计流程表如表 16-22 所示。

表 16-22　劳动时间利用审计流程表

单位名称：A 股份公司		签名	日期	索引号	
项目：劳动时间利用审计流程表	编制人			页次	
截止日期：	复核人				
一、审计目标 1. 确定劳动时间利用的合理性 2. 查明企业工时利用效益的变化趋势 3. 纠正工时利用中存在的问题					
二、审计流程			索引号	执行情况	
1. 审查非正常缺勤发生的原因 2. 审查计划外停工发生的原因 3. 审查不必要非生产性活动发生的原因					
审计说明：生产工人全年平均工作日数实际比计划减少了 5 天，这是由于缺勤、停工和非生产性活动的时间增加，即工作日损失数增加 5.5 天和加班工作日增加 0.5 天的结果					

九、非正常缺勤

主要审计底稿如下。

非正常缺勤如表 16-23 所示。

表 16-23　非正常缺勤

单位名称：A 股份公司		签名	日期	索引号	
项目：非正常缺勤	编制人			页次	
截止日期：	复核人				
审计结论 或者审计 查出问题 摘要及其依据	非正常缺勤： 1. 合理 2. 合理性存在问题： （1）劳动力浪费 （2）劳动组织不合理				
潜在风险及影响	劳动力浪费风险，劳动力组织不合理风险				
审计意见及建议	加强劳动管理				
附件资料	非正当理由的缺勤发生 4 550 个工作日，见附表				
复核意见	结论可以确认				

十、计划外停工

略。

十一、不必要非生产性活动

略。

十二、不必要加班

1. 主要指标

加班加点比重反映加班加点突击生产情况，即加班加点工时占实际工时的百分比，这个指标越大，说明生产组织工作越不好。

加班加点比重＝加班加点工时数／实际生产工时数（包含加班加点工时数）×100%

2. 主要审计底稿

不必要加班如表 16-24 所示。

表 16-24　不必要加班

单位名称：A 股份公司		签名	日期	索引号	
项目：不必要加班	编制人			页次	
截止日期：	复核人				
审计结论或者审计查出问题摘要及其依据	不必要非生产性活动： 1. 合理 2. 合理性存在问题： （1）劳动力浪费 （2）劳动组织不合理				
潜在风险及影响	劳动力浪费风险，劳动力组织不合理风险				
审计意见及建议	建议企业加强经营管理和改善劳动组织				
附件资料	每人年平均加班 0.5 个工作日，总共加班 2 275 个工作日				
复核意见	结论可以确认				

第四节 固定资产投资效益审计

一、概述

投资项目具有一次性、投资金额大、投资期限较长等特点，本节通过介绍固定资产投资效益审计案例，说明项目投资可行性研究审计、项目投资决策审计的技术与方法，理财项目经济效益审计也可以将此作为参照。

二、固定资产投资项目审计应考虑的主要因素

（一）货币的时间价值或资金成本

货币的时间价值是放弃货币现在的使用机会所取得的无风险报酬率。在测算经济效益指标时，应把项目各年的现金流入量折算为现值与现金流出量进行比较。资金成本是进行货币时间价值计算时确定折算率的依据，资金成本应该根据项目投资的筹措情况加以确定，应该注意资金成本（折算率）的偏差往往会影响项目效益审计的最后结论。

（二）风险报酬和通货膨胀贴水

投资项目风险是指项目投资不能达到预期目标的可能性。一般认为购买国债和银行存款收取利息是无风险的，但在我国，商业银行仍有破产、倒闭的可能。风险报酬是由于投资存在较大风险，而期望得到的高于货币时间价值的额外报酬。项目的风险越高，要求的风险报酬率也越高。在通货膨胀程度达到一定的水平时，投资项目的折算率应该包含通货膨胀贴水率，即在货币随时间贬值的前提下，未来取得的现金流入能够合理补偿现在（过去）发生的现金流出。

投资项目期望报酬率 = 货币时间价值 + 通货膨胀率 + 风险报酬率

（三）现金净流量

现金净流量是投资项目建设和运行各年所发生的现金流入量和现金流出量之差。现金净流量是计算项目经济效益指标的主要依据，一个项目的现金流量可以用现金净流量的形式表达，它可以清晰地反映项目各年现金流入和现金流出的变动情况，以及项目投资回收的时间。

现金净流量 = 现金流入量 − 现金流出量

= 项目运营收入 − 项目运营成本（不包括折旧）

= 项目运营净利润 + 折旧

（四）机会成本

因为选择最优方案，而放弃次优方案所丧失的次优方案潜在收益，称为最优方案的机会成本。固定资产投资决策，往往是在两个或两个以上的可行方案之间选择最优方案，所以对投资项目的审计必须考虑机会成本。只有当实现最优的现实收益大于放弃次优方案丧失的潜在收益即报酬大于其机会成本时，方案才是最优方案。

（五）技术进步和市场竞争

固定资产投资项目在一定技术水平上形成或增加了生产能力，但是如果同行业或同类产品的生产技术进步很快，固定资产投资项目的成果，如设备、生产线等，可能会在技术上陈旧落后，过早被淘汰报废，直接影响该投资项目的寿命和经济效益。同样，市场的激烈竞争也会导致运营费用的提高或收入的减少，甚至减少项目的运营年限和经济效益。

A 集团审计部派出审计组，对 A 股份公司的固定资产投资项目进行效益审计，审计组的工作如下：

（1）制定审前调查计划；

（2）下发审计通知书；

（3）制定审计方案；

（4）实施审计及制作审计工作底稿。

三、固定资产投资项目效益审计方案

A 股份公司固定资产投资项目效益审计方案如表 16-25 所示。

表 16-25　A 股份公司固定资产投资项目效益审计方案

一、被审计单位名称：A 股份公司
二、审计项目：固定资产投资项目效益审计
三、审计立项依据：A 集团公司审计部〔2016〕5 号文件
四、审计方式与方法 审计方式：就地审计 审计方法：全面审计与重点审计结合
五、审计目的：对 A 股份公司固定资产投资项目建设状况进行审计调查，审查固定资产投资项目效益，提出审计建议，促进公司加强管理、提高效益服务
六、审计范围：对 A 股份公司 2018 年度的固定资产投资项目效益实施审计，必要时追溯到以前年度或延伸至审计日

（续表）

七、审计内容：

1. 固定资产投资项目必要性审查

2. 供销市场预测的审查

3. 固定资产投资项目规模和工艺方案的审查

4. 固定资产投资项目设计方案的审查

5. 固定资产投资项目财务预测的审查

6. 固定资产投资项目经济效益和社会效益的测算评价

7. 可行性研究报告可靠性的审计结论

8. 固定资产投资项目原投资额的审查

9. 固定资产投资项目各年现金净流量的审查

10. 固定资产投资项目折现率的审查

11. 固定资产投资项目年限的审查

12. 应用指标进行固定资产投资项目投资决策的方法是否科学的审查

13. 固定资产投资项目工期进度的审计

14. 固定资产投资项目完成质量的审计

15. 达到设计能力状况的审计

八、应关注的风险领域：

1. 固定资产投资项目微观层次上的效益与宏观层次上的效益不一致的风险

2. 盲目引进的风险

3. 重复建设的风险

4. 市场预测所用的数据来源不可靠的风险

5. 市场预测的范围不适当、不完整的风险

6. 固定资产投资项目市场能力过剩的风险

7. 供销市场预测不准确的风险

8. 固定资产投资项目规模过大的风险

9. 固定资产投资项目工艺方案落后的风险

10. 固定资产投资项目工艺方案与现有条件不配套的风险

11. 设备的技术资料不完整的风险

12. 固定资产投资项目超概预算风险

13. 固定资产投资项目环境污染的风险

14. 固定资产投资项目投资概预算过大的风险

15. 固定资产投资项目资金不到位的风险

16. 固定资产投资项目负债过高的风险

17. 固定资产投资项目运行的年限预计不合理的风险

18. 固定资产投资项目现金净流量预测不准确的风险

19. 固定资产投资项目折现率使用不当的风险

九、审计时间安排：略

十、审计要求：略

四、审计实施及审计工作底稿

1. 固定资产投资项目必要性的审计工作底稿

固定资产投资项目必要性效益审计流程表如表 16-26 所示。

表 16-26　固定资产投资项目必要性效益审计流程表

单位名称：A 股份公司		签名	日期	索引号	
项目：固定资产投资项目必要性效益审计流程表	编制人			页次	
截止日期：	复核人				
一、审计目标 1. 确定是否有利于宏观经济效益的提高 2. 确定是否存在盲目引进、重复建设的问题 3. 确定固定资产投资项目背景和必要性					
二、审计流程				索引号	执行情况
1. 审查是否有利于宏观经济效益的提高 某固定资产投资项目如果仅对固定资产投资项目当事人的微观经济效益有利，却不符合国家产业政策和地方经济发展的客观需要，从理论上讲可以直接下"不必要"或"不可行"的审计结论。对内部审计人员来说，遇到这种情况一般应该提出建议，尽可能使固定资产投资项目的投资方向既符合微观经济效益提高的要求，又符合宏观经济效益提高的要求 2. 审查是否存在盲目引进、重复建设的问题 盲目引进主要针对固定资产投资项目中包含的新技术、设备工艺等引进项目；重复建设主要是针对固定资产投资项目成果的主要功能是否与本单位、本地区、本部门的已建或在建固定资产重复 3. 审查固定资产投资项目背景和必要性 固定资产投资项目背景能够解决固定资产投资项目当事人在生产、经营、事业、发展中的问题，满足固定资产投资项目当事人的需要；固定资产投资项目必要性是指固定资产投资项目成果的功能能够给固定资产投资项目当事人带来的利益是否必要					
审计说明：					

宏观经济效益审计流程表如表 16-27 所示。

表 16-27　宏观经济效益审计流程表

单位名称：A 股份公司		签名	日期	索引号	
项目：宏观经济效益审计流程表	编制人			页次	
截止日期：	复核人				
审计结论 或者审计 查出问题 摘要及其依据	宏观经济效益表： 合理				
潜在风险及影响	固定资产投资项目微观层次上的效益与宏观层次上的效益不一致的风险				
审计意见及建议					
附件资料					
符合意见					

2. 供销市场预测的审计工作底稿

供销市场预测经济效益审计流程表如表 16-28 所示。

表 16-28　供销市场预测经济效益审计流程表

单位名称：A 股份公司		签名	日期	索引号	
项目：供销市场预测经济效益审计流程表	编制人			页次	
截止日期：	复核人				
一、审计目标 1. 确定市场预测方法科学性 2. 确定市场预测所用的数据来源是否可靠 3. 确定市场预测的范围是否适当和完整 4. 确定市场预测固定资产投资项目的适当与完整性 5. 确定形成固定资产投资项目的市场能力					

（续表）

二、审计流程	索引号	执行情况
1. 审查市场预测方法科学性 在可行性研究中的市场预测，通常包括固定资产投资项目运行所需要生产要素的供应市场和固定资产投资项目产品的销售市场两种预测。供应市场的预测方法比较简单，一般可以根据所需的生产要素、生产企业的现有生产能力和拟建、扩建中的生产能力进行测算。但也应该注意，有些必要的生产要素并不是以企业化的方式生产出来的，如专门技术、人力资源等；有些要受到政府的管制，如土地使用权等。上述的预测方法对这些要素的供应就不适用。对市场预测方法进行审查时，主要应注意所用方法与预测的内容是否相适用，方法的选择是否符合预测目的的要求等 2. 审查市场预测所用的数据来源是否可靠 市场预测所用的数据来源主要有历史资料、市场调查资料和由政府和上级部门机构（如行业主管部门、统计部门、商业和外贸部门等）提供的资料，对数据来源可靠性的审查，除了审查其来源是否正规、有据可查外，还要审查数据是否具有代表性和现实意义等 3. 审查市场预测的范围是否适当和完整 固定资产投资项目运营生产要素的供应市场和固定资产投资项目产品的销售市场，很可能涉及当地市场和外地市场、国内市场和国外市场，特别是发展出口产品和进口替代产品时，预测范围是否完整对确定固定资产投资项目的规模有很大影响。在对国际市场进行预测时，应注意企业的供销预测与国家的进出口能力是否相适应，其中销售预测主要是预测有多少产品可以打入国际市场；供应预测主要是预测我国可能进口的产品数量，而不是世界各国对该产品的总供应量 4. 审计市场预测固定资产投资项目的适当与完整性 固定资产投资项目的供销市场预测不仅是对可以得到的供应数量和销售数量的预测，同时还应该包括对供应和销售有关的重要条件进行的预测 5. 审查形成固定资产投资项目的市场能力 所谓固定资产投资项目的市场能力是指由生产要素的市场供应和固定资产投资项目产品的市场销售而形成的对固定资产投资项目规模的约束，市场能力是固定资产投资项目供销市场预测的工作成果，它为可行性研究的以后各阶段工作提供了基础		
审计说明：		

形成固定资产投资项目的市场能力如表 16-29 所示。

表 16-29　形成固定资产投资项目的市场能力

单位名称：A 股份公司		签名	日期	索引号	
项目：形成固定资产投资项目的市场能力	编制人			页次	
截止日期：	复核人				
审计结论或者审计查出问题摘要及其依据	形成固定资产投资项目的市场能力：合理				
潜在风险及影响	供销市场预测不准确的风险				
审计意见及建议	预测合理				
附加资料					
复核意见					

3. 固定资产投资规模和工艺方案的审计工作底稿

固定资产投资项目规模和工艺方案效益审计流程表如表 16-30 所示。

表 16-30　固定资产投资项目规模和工艺方案效益审计流程表

单位名称：A 股份公司		签名	日期	索引号	
项目：固定资产投资项目规模和工艺方案效益审计流程表	编制人			页次	
截止日期：	复核人				
一、审计目标 1.固定资产投资项目规模确定合理性的审查 2.固定资产投资项目工艺方案先进合理性审查					
二、审计流程				索引号	执行情况
1.审查固定资产投资项目规模，确定合理性 一般要确定固定资产投资项目的经济规模，首先应确定该固定资产投资项目获得预期利润的起始规模，在此基础上根据固定资产投资项目市场能力提出多种备选方案进行分析比较，找出经济规模即最优方案					

（续表）

二、审计流程	索引号	执行情况
2. 审查固定资产投资项目工艺方案的先进合理性 工艺技术的先进程度经常受固定资产投资项目规模的限制，固定资产投资项目规模越大，工艺技术可能越先进。工艺技术的先进程度还应适应国情和企业的实际情况，并不是任何固定资产投资项目都是工艺越先进越好。先进的工艺需要其他相关因素与之相配合，如原材料、设备、操作技术和管理水平等，任何一个因素不配合都会导致整体水平的下降。其包括审查固定资产投资项目最优工艺方案，审查设备的选择是否与工艺要求相协调，审查设备的购置决策是否经济有效，审查设备的可靠性和技术资料的完整性		
审计说明： 		

设备的购置决策经济有效性审计如表 16-31 所示。

表 16-31 设备的购置决策经济有效性审计

单位名称：A 股份公司		签名	日期	索引号	
项目：设备的购置决策经济有效性审计	编制人			页次	
截止日期：	复核人				
审计结论或者审计查出问题摘要及其依据	设备的购置决策经济有效性： 1. 合理 2. 合理性存在问题：投资规模超概算				
潜在风险及影响	固定资产投资项目超概算风险				
审计意见及建议	投资规模超概算				
附加资料	该项目批复概算金额 2.43 亿元，实际投资额达到 2.61 亿元，超过概算金额 0.18 亿元，这一因素使项目总资产报酬率降低 6%				
复核意见	结论可以确认				

4. 固定资产投资项目设计方案的审计工作底稿

固定资产投资项目设计方案效益审计流程表如表 16-32 所示。

表 16-32　固定资产投资项目设计方案效益审计流程表

单位名称：A 股份公司		签名	日期	索引号	
项目：固定资产投资项目设计方案效益审计流程表	编制人			页次	
截止日期：	复核人				
一、审计目标 1. 固定资产投资项目选址的审查 2. 三废处理设计的合理性审查					
二、审计流程				索引号	执行情况
1. 审查固定资产投资项目选址 对于一个新建固定资产投资项目，恰当的选址是一个重要的问题。它不仅涉及自然资源、水文地质、交通运输和社会基础设施等问题，而且还涉及国家和地方经济发展政策。审查固定资产投资项目选址，应当检查固定资产投资项目的选址是否考虑了上述因素，是否符合国家的有关经济政策 2. 审查"三废"处理设计的合理性 "三废"的处理设计是设计方案审查的重点内容，首先要调查固定资产投资项目建成运行会产生哪些废气、废水和固体污染物，对环境有什么不良影响；然后检查固定资产投资项目设计方案对这些问题采取了什么有效措施，能否符合国家规定的排放标准；最后应该审查"三废"治理工程与固定资产投资项目主体工程能否同时设计、同时施工、同时交付使用					
审计说明：					

"三废"处理设计的合规性如表 16-33 所示。

表 16-33　三废处理设计的合规性

单位名称：A 股份公司		签名	日期	索引号	
项目："三废"处理设计的合规性	编制人			页次	
截止日期：	复核人				
审计结论或者审计查出问题摘要及其依据	"三废"处理设计的合规性： 合理				
潜在风险及影响	固定资产投资项目环境污染的风险				
审计意见及建议	"三废"处理设计合规				
附加资料	获得环境保护批准				
复核意见	结论可以确认				

5. 固定资产投资项目财务预测的审计工作底稿

固定资产投资项目财务预测效益审计流程表如表 16-34 所示。

表 16-34　固定资产投资项目财务预测效益审计流程表

单位名称：A 股份公司		签名	日期	索引号	
项目：固定资产投资项目财务预测效益审计流程表	编制人			页次	
截止日期：	复核人				
一、审计目标 1. 投资概预算合理性审查 2. 投资资金来源及筹资方案优化的审查 3. 与固定资产投产运行有关的财务预测审查					
二、审计流程				索引号	执行情况
1. 审查投资概预算合理性 所谓投资概预算合理性，指投资概预算应与投资活动发生当时取得等量同类生产能力或使用价值的平均成本相当；基本建设投资项目概预算应该与投资当时单位建筑面积的实际平均造价相当 2. 审查投资资金来源及筹资方案优化 审计人员可以检查与固定资产投资项目有关的投资协议、贷款合同以及固定资产投资项目当事人单位的会计资料，检查投资所需要的资金是否有合法而充裕的资金来源，资金的及时到位是否有保障 在市场经济条件下，筹措资金的渠道往往有很多种，所以在一般情况下，一个固定资产投资项目的投资资金是由若干种不同资金来源组成的"拼盘"。在这种情况下，还应该审查"拼盘"固定资产投资项目的筹资方案是否经过优化 3. 审查与固定资产投资项目投产运行有关的财务预测 固定资产投资项目投产运行过程中发生的各项费用、成本、税金、收入也是可行性研究报告中财务预测的重要内容，这部分预测的结果形成固定资产投资项目的未来现金流量，是计算固定资产投资项目经济效益指标的重要数据来源，所以应该重点审查其可靠性 固定资产投资项目财务预测经过审查如果确认为不可靠，在审计结论中应提出重新预测的建议，或者内部审计人员通过自己的预测来建议修正原可行性研究报告中的预测结果。如果可以确认原财务预测的可靠性，那么可以此为基础进行固定资产投资项目经济效益的测算					
审计说明：					

投资概预算合理性如表 16-35 所示。

表 16-35　投资概预算合理性

单位名称：A 股份公司		签名	日期	索引号	
项目：投资概预算合理性	编制人			页次	
截止日期：	复核人				
审计结论 或者审计 查出问题 摘要及其依据	投资概预算合理性： 合理				
潜在风险及影响	固定资产投资项目投资概预算过大的风险				
审计意见及建议	投资概预算合理				
附加资料	已通过专业基建审计				
复核意见	结论可以确认				

6. 固定资产投资项目经济效益和社会效益测算评价的审计工作底稿

固定资产投资项目经济效益和社会效益测算评价审计流程表如表 16-36 所示。

表 16-36　固定资产投资项目经济效益和社会效益测算评价审计流程表

单位名称：A 股份公司		签名	日期	索引号	
项目：固定资产投资项目经济效益和社会效益 测算评价审计流程表	编制人			页次	
截止日期：	复核人				
一、审计目标 1. 固定资产投资项目经济效益指标测算 2. 固定资产投资项目的社会效益评价					
二、审计流程				索引号	执行情况
1. 审查固定资产投资项目经济效益指标的测算 反映固定资产投资项目经济效益的指标包括净现值（NPV）、现值指数（PVI）、 内涵报酬率（IRR）、投资回收期（N） 2. 审查固定资产投资项目的社会效益 社会效益评价一般用定性方法，包括对贯彻国家经济政策的影响、对地方经济 建设的影响、对地方社会进步和生态环境的影响、对缩小城乡差别的影响、对 提高科学技术水平和国民健康文化水平的影响等					
审计说明：					

固定资产投资项目经济效益指标的测算如表 16-37 所示。

表 16-37　固定资产投资项目经济效益指标的测算

单位名称：A 股份公司		签名	日期	索引号	
项目：固定资产投资项目经济效益指标的测算	编制人			页次	
截止日期：	复核人				
审计结论 或者审计 查出问题 摘要及其依据	固定资产投资项目经济效益指标的测算： 1. 合理 2. 合理性存在问题： （1） （2）				
潜在风险及影响					
审计意见及建议					
附加资料					
复核意见					

7. 固定资产投资项目各年现金净流量的审计工作底稿

固定资产投资项目各年现金净流量效益审计流程表如表 16-38 所示。

表 16-38　固定资产投资项目各年现金净流量效益审计流程表

单位名称：A 股份公司		签名	日期	索引号	
项目：固定资产投资项目各年现金净流量效益审计流程表	编制人			页次	
截止日期：	复核人				
一、审计目标 1. 确定各年现金净流量的依据 2. 确定国家经济政策变动的影响 3. 确定固定资产投资项目相关年限内经济形势的变化的影响					
二、审计流程			索引号	执行情况	
1. 确定各年现金净流量的依据 确定各年现金净流量的依据是固定资产投资项目投资运行中各年的成本、费用、收入、税金等要素，而这些要素的数值都会受到设计生产能力即假设业务量的影响，应该核对所假设的业务量与确定概预算所用的设计生产能力之间的一致性，以及与经过审计优化的固定资产投资项目规模的一致性 2. 确定国家经济政策变动的影响 确定是否考虑到国家经济政策变动对成本、费用、收入和税金的影响，包括银行存贷款利率的变动，与固定资产投资项目产品经营有关的税率、税种的变化，以及国家或行业、部门的会计政策的变化等 3. 确定固定资产投资项目相关年限内经济形势的变化的影响 确定是否考虑到固定资产投资项目相关年限内经济形势的变化影响，包括加入世贸组织对行业经营的影响、通货膨胀或通货紧缩的影响等					
审计说明：					

8. 固定资产投资项目折现率的审计工作底稿

固定资产投资项目折现率效益审计流程表如表 16-39 所示。

表 16-39　固定资产投资项目折现率效益审计流程表

单位名称：A 股份公司		签名	日期	索引号	
项目：固定资产投资项目折现率效益审计流程表	编制人			页次	
截止日期：	复核人				
一、审计目标 1. 确定决策时所用的折现率与可行性研究中财务预测所确定的投资资金的筹措方案是否一致 2. 折现率的确定是否考虑了风险报酬率和通货膨胀贴水率					
二、审计流程			索引号	执行情况	
1. 确定决策时所用的折现率与可行性研究中财务预测所确定的投资资金的筹措方案是否一致 折现率确定的基础是固定资产投资项目投资的资金成本，应该注意决策时所用的折现率与可行性研究中财务预测所确定的投资资金的筹措方案是否一致，内部审计人员可以根据资金筹措方案测算加权平均的资金成本，然后与投资决策所用的折现率进行对照，测试其相符的程度 2. 折现率的确定是否考虑了风险报酬率和通货膨胀贴水率。资金成本仅仅是无风险的报酬率，在投资风险较高或通货膨胀较严重的条件下，还应审查折现率的确定是否考虑了风险报酬率和通货膨胀贴水率，以完整地反映固定资产投资项目投资者所期望的报酬水平					
审计说明：					

9. 固定资产投资项目年限的审计工作底稿

固定资产投资项目年限审计流程表如表 16-40 所示。

表 16-40　固定资产投资项目年限审计流程表

单位名称：A 股份公司		签名	日期	索引号	
项目：固定资产投资项目年限审计流程表	编制人			页次	
截止日期：	复核人				
一、审计目标 1. 确定固定资产投资项目年限与固定资产使用年限、固定资产投资项目产品的寿命周期孰短 2. 确定固定资产投资项目年限与经济使用年限孰短 3. 确定固定资产投资项目产品的寿命周期					
二、审计流程			索引号	执行情况	
1. 确定固定资产投资项目年限与固定资产使用年限、固定资产投资项目产品的寿命周期孰短 将决策所用的固定资产投资项目年限，与固定资产投资项目的固定资产使用年限和固定资产投资项目产品的寿命周期中的短者进行比较，测试固定资产投资项目年限有无超过以上两个指标，造成盲目乐观导致决策失误的问题 2. 确定固定资产投资项目年限与经济使用年限孰短 固定资产投资项目的使用年限也可以以现行制度规定的折旧年限为准，但要考虑该项固定资产所处的具体使用条件和使用强度。使用年限分为物理使用年限和经济使用年限，如果股东资产投资项目的固定资产技术更新很快，或者属于专用设备，则应该考虑无形损耗因素和提前报废的可能，采用经济年限为准 3. 固定资产投资项目产品的寿命周期 固定资产投资项目产品的寿命周期，应该考虑到技术进步日益加快的时代，产品更新换代的速度越来越快、产品寿命越来越短的趋势					
审计说明：					

固定资产投资项目年限与经济使用年限如表 16-41 所示。

表 16-41　固定资产投资项目年限与经济使用年限

单位名称：A 股份公司		签名	日期	索引号	
项目：固定资产投资项目年限与经济使用年限	编制人			页次	
截止日期：	复核人				
审计结论或者审计查出问题摘要及其依据		固定资产投资项目年限与经济使用年限： 1. 合理 2. 合理性存在问题： （1） （2）			
潜在风险及影响					
审计意见及建议					
附加资料					
复核意见		结论可以确认			

固定资产投资项目产品的寿命周期如表 16-42 所示。

表 16-42　固定资产投资项目产品的寿命周期

单位名称：A 股份公司		签名	日期	索引号	
项目：固定资产投资项产品的寿命周期	编制人			页次	
截止日期：	复核人				
审计结论或者审计查出问题摘要及其依据	固定资产投资项产品的寿命周期： 1. 合理 2. 合理性存在问题： （1） （2）				
潜在风险及影响					
审计意见及建议					
附加资料					
复核意见					

第五节　资本运营效益审计

一、资本运营的概念

资本运营是企业或政府为了达到某种目的，以企业的整体法人资产或部分法人财产为对象所开展的经营活动。

资本运营一般有特定的目的，概括来说，主要有但不限于以下几种：

1. 调整企业的资产结构，优化企业经济资源配置；

2. 优化社会生产力布局，促进社会经济资源的合理流动；

3. 提高企业经济效益或国有资产的整体营运效益；

4. 实现企业制度的改革，转换企业经营机制；

5. 实现企业或地区、部门的经营战略。

二、资本运营的种类和方式

1. 资产重组

资产重组是指企业出于特殊目的和企业发展战略需要，对企业的资产进行合理划分，采取分立、合并等方式，对企业资产和组织重新组合和设置。它涉及企业的产权、债权、资本、资产和组织机构重组。狭义的资产重组包括改制企业的资产和负债的划分及重组。实际上，债权债务的划分也是资产重组的重要内容。

2. 企业债务重组

债务重组是当债务企业陷入财务困境而丧失偿债能力，债权方修改债务条件做出让步的做法。在市场经济条件下，债务重组是债务、债权双方对自身利益权衡的一种结果。

3. 企业兼并

企业兼并是指在市场机制作用下，企业通过产权交易获得其他企业的产权，使其他企业的法人资格丧失，并获得其控制权的行为。

4. 企业破产

企业破产是指债务人因经营管理不善造成严重亏损而不能清偿到期债务，法院以其全部财产依法抵偿所欠债务，债务人的经济实体就此消失。

三、审计内容

（一）资产重组

1. 非经营性资产处理的审计评价

非经营性资产如果比例过高，往往影响改制后企业的资本收益率，降低企业的市场吸引力。因此，在改制重组中一般对非经营性资产进行妥善处理。对非经营性资产处置的审计原则有效益性原则，消除或减少企业办社会原则，保持企业稳定原则。

2. 经营性固定资产重组的审计评价

一般在下列情况下考虑剥离经营性固定资产：长期未产生效益或效益低下的固定资产、基于未参加改制企业的发展战略需要剥离的经营性资产、为生产管理服务的行政管理用固定资产。

对经营性固定资产处理的审计要求包括审查改制后企业生产经营体系的完整性；审查是否会引起同业竞争或增加关联方交易；审查改制后企业经济效益的提高，尤其是有关效益指标数值的提高是否会增强企业的市场吸引力；审查是否有利于企业或集团的发展战略目标的实现；审查是否有利于达到预期的筹措资本金的规模效果；审查是否有利于改制后企业的规范管理和运作等。

3.经营性无形资产重组的审计评价

企业改制的资产重组经常会涉及专利权、商标权和土地使用权的处理问题，但一般与专有技术和商誉不存在关系。对经营性无形资产的审计要求包括审查是否有利于改制后企业建立完整的生产经营能力；是否有利于提高企业的经济效益；是否可以避免造成新的同业竞争和关联方交易；是否使无形资产作为一项重要的经济资源能够得到充分合理的利用，而不至于闲置浪费。

4.经营性长期股权投资重组的审计评价

对经营性长期股权投资重组的审计要求包括持股比例较高的子公司，可能构成同业竞争或重大关联方交易的被投资企业，以及经济效益比较好的被投资企业，应该考虑划入改制以后的企业参加重组；持股比例不高的被投资企业、经济效益较差的或与改制后企业没有直接业务联系的企业可以不参加重组。

（二）企业债务重组

1.对企业债务的成因进行分析

企业债务形成的原因一般有由于经营管理上的主观原因所引起的债务，历史原因造成的过度债务，体制原因造成的过度债务。债务重组不应该替企业承担经营管理不善的责任，所以债务重组的范围应该是前述第二种和第三种过度债务。内部审计人员应在对被审计企业债务成因进行分析的基础上，对重组范围合理性进行评价。

2.债务重组的程度分析

债务重组的程度一般遵循的原则如下。

（1）重组后应保持正常的资产负债比率。较合理的程度即正常水平是50%左右。重组过度使资产负债率过低，可能会影响企业的资产规模和获利能力，不利于提高经济效益。

（2）剩余负债应具备一定的偿债能力。

3.与有效资产对应的负债审查

经过债务重组，一部分负债以非现金资产偿还或转为资本，另一部分负债保留。重组后的企业需要步入良性循环，需要发展生产经营活动，依靠的是能够发挥作用的资产，因此这部分资产所对应的负债应该通过债转股转为资本，使它们的资金来源趋于稳定。其他非有效资产所对应的负债，可以不重组，通过对其处置，收回资金予以偿还。

4.重组后制度创新的审查

重组后企业制度创新审查包括重组后企业股权结构的审查评价，对重组后企业的领导人员加强经济责任的评价，加强对债转股协议和债务重组协议的执行情况的审查等。

（三）企业兼并

1. 企业兼并的原因和动机的审查

对兼并原因和动机的审查，应以经济效益实现程度为标准。

2. 企业兼并能力的审查

兼并能力包括：

（1）兼并企业出资购买被兼并企业，承担被兼并企业债务能力的审查；

（2）兼并企业优势的审查；

（3）兼并企业对被兼并企业的吸收消化能力的审查，包括生产能力、销售能力、管理能力等。

3. 企业兼并对象选择的审查

核查兼并对象选择的工作内容广泛，包括从核查所得到的财务数据、参观企业的设施、与管理人员讨论有关的问题，到对被兼并企业内外条件的详细调查等。

4. 企业兼并决策方案的审计

审计人员应对兼并决策方案的可行性、科学性进行评价，以降低兼并决策风险。对决策过程中的净现值法涉及的要素即兼并初始现金流量、兼并后现金流量、预测期、折现率等进行审查。

（四）企业破产

1. 破产整顿方案的可行性审查

破产整顿方案可行性审查的具有内容包括检查整顿方案与和解协议的一致性，验证整顿措施的针对性和可行性等。

2. 破产责任审计

破产责任审计内容一般包括由于各种经济事项而造成财产损失，包括投资损失、事故损失、受骗损失、自然灾害损失等；企业经营亏损导致财务状况恶化，无法持续经营。

内部审计人员从以上两方面收集证据，测算造成经济损失的数额和对企业破产的影响，判断有关当事人在以上问题中应承担的责任。

四、资本运营效益审计案例

A集团公司审计部派出审计组，对A股份公司资本运营效益进行审计，审计组的工作如下。

（一）审前调查计划

审前调查计划如下所示。

一、了解基本情况

A股份公司资本运营效益审计组进驻A股份公司后，了解的基本情况如下。

A股份公司为A集团的全资子公司，经资产重组，2018年9月26日签署协议，转让给B股份有限公司。资产重组基准日为2018年3月31日。

A股份公司2018年3月31日的资产状况为：资产总额为10亿元，负债总额为7亿元，所有者权益总额为3亿元。

A股份公司（资产重组上市部分）2018年3月31日的资产状况为：资产总额为9.7亿元，负债总额为5.5亿元，所有者权益总额为4.2亿元。

A股份公司（剥离剩余部分）2018年3月31日的资产状况为：资产总额为0.3亿元，负债总额为1.5亿元，所有者权益总额为 − 1.2亿元。

二、A股份公司的资产重组协议主要内容

1. 2018年9月26日，A集团与B股份有限公司签订"A股份公司资产重组协议"，A集团将A股份有限公司（资产重组上市部分）移交给B股份有限公司。

2. 移交的资产经评估为39.3亿元，评估基准日为2018年3月31日；接收费用为32亿元，A集团将这32亿元用于安置A股份公司（剥离剩余部分）的员工。

3. 对职工住宅、学校以及在基准日不能进入收购范围的少量土地及对应地面资产进行剥离，这部分资产不移交给B股份有限公司。

（二）审计通知书（略）

（三）审计方案

审计方案如下所示。

A股份公司资本运营效益审计方案

一、被审计单位名称

A股份公司。

二、审计项目名称

资本运营效益审计。

三、审计立项依据

A集团审计部〔2019〕号文件。

四、审计方式与方法

1. 审计方式：就地审计。

2. 审计方法：全面审计与重点抽查相结合，利用计算机审计软件进行辅助审计。

五、审计目的

对A股份公司的资本运营状况进行审计调查，了解A股份公司资本运营效益情况，审查资本运营效益。提出审计建议，为促进企业加强经营管理、提高效益服务。

（续表）

六、审计范围	

六、审计范围

对 A 股份公司 2018 年度的资本运营效益实施审计，重大问题可追溯到以前年度或延伸至审计日。

七、审计内容及重点

（一）审计内容

1. 非经营性资产处理。

2. 经营性资产处理。

（二）审计内容的重点提示

1. 非经营性资产处理。

2. 经营性资产处理。

八、审计时间安排

略。

九、审计要求

参审人员按照审计方案的要求，对规定的审计范围和审计内容进行审计，并按规定时间完成审计任务。在审计过程中，保守商业秘密，及时反馈审计信息。查出的问题，要求事实清楚，定性准确，数字无误，依据充分。

2019 年 × × 月 × × 日

（四）审计实施及审计工作底稿

审计组根据以上情况编制了如下工作底稿。

1. 非经营性资产处理审查底稿

非经营性资产处理效益审计流程表如表 16-43 所示。

表 16-43 非经营性资产处理效益审计流程表

单位名称：A 股份公司		签名	日期	索引号	
项目：非经营性资产处理效益审计流程表	编制人			页次	
截止日期：	复核人				
一、审计目标 1. 审查非经营性资产处置是否符合效益性原则 2. 审查非经营性资产处置是否符合消除或减少企业办社会原则 3. 审查非经营性资产处置是否符合保持企业稳定原则					
二、审计流程				索引号	执行情况
1. 对非经营性资产处置是否符合效益性原则进行审查 2. 对非经营性资产处置是否符合消除或减少企业办社会原则进行审查 3. 对非经营性资产处置是否符合保持企业稳定原则进行审查					

非经营性资产处理如表 16-44 所示。

表 16-44　非经营性资产处理

单位名称：A 股份公司		签名	日期	索引号	
项目：非经营性资产处理	编制人			页次	
截止日期：	复核人				
审计结论 或者审计 查出问题 摘要及其依据	非经营性资产处理的审查： 合理				
潜在风险及影响	经过资产重组以后，改制企业的经济效益不但未提高，甚至反而降低				
审计意见及建议	非经营性资产剥离工作基本合理				
附件资料					
复核意见	结论可以确认				

2. 经营性固定资产重组审查底稿

经营性固定资产重组效益审计流程表如表 16-45 所示。

表 16-45　经营性固定资产重组效益审计流程表

单位名称：A 股份公司		签名	日期	索引号	
项目：经营性固定资产重组效益审计流程表	编制人			页次	
截止日期：	复核人				
一、审计目标 1. 确认改制后公司生产经营体系的完整性 2. 确认改制是否会引起同业竞争或增加关联方交易 3. 确认改制后企业经济效益是否提高 4. 确认改制是否有利于企业或企业集团的发展战略目标的实现 5. 确认改制是否有利于达到预期的筹措资本金的规模效果 6. 确认改制是否有利于企业的规范管理和运作					
二、审计流程				索引号	执行情况
1. 审查改制后公司生产经营体系的完整性 2. 审查改制是否会引起同业竞争或增加关联方交易 3. 审查改制后企业经济效益是否提高 4. 审查改制是否有利于企业或企业集团的发展战略目标的实现 5. 审查改制是否有利于达到预期的筹措资本金的规模效果 6. 审查改制是否有利于企业的规范管理和运作					
审计说明：					

经营性固定资产重组如表 16-46 所示。

表 16-46　经营性固定资产重组

单位名称：A 股份公司		签名	日期	索引号	
项目：经营性固定资产重组	编制人			页次	
截止日期：	复核人				
审计结论 或者审计 查出问题 摘要及其依据		经营性固定资产重组： 1. 合理 2. 合理性存在问题： （1） （2）			
潜在风险及影响					
审计意见及建议					
附件资料					
复核意见					

3. 经营性无形资产重组审查底稿

经营性无形资产重组效益审计流程表如表 16-47 所示。

表 16-47　经营性无形资产重组效益审计流程表

单位名称：A 股份公司		签名	日期	索引号	
项目：经营性无形资产重组效益审计流程表	编制人			页次	
截止日期：	复核人				
一、审计目标 1. 确认是否有利于改制后企业建立完整的生产经营能力 2. 确认是否有利于提高企业的经济效益 3. 确认是否避免造成新的同业竞争和关联方交易 4. 确认无形资产作为一项重要的经济资源是否能够到充分合理的使用					
二、审计流程				索引号	执行情况
1. 审查是否有利于改制后企业建立完整的生产经营能力 2. 审查是否有利于提高企业的经济效益 3. 审查是否避免造成新的同业竞争和关联方交易 4. 审查无形资产作为一项重要的经济资源是否能够到充分合理的使用					
审计说明：					

经营性无形资产重组如表 16-48 所示。

表 16-48　经营性无形资产重组

单位名称：A 股份公司		签名	日期	索引号	
项目：经营性无形资产重组	编制人			页次	
截止日期：	复核人				
审计结论 或者审计 查出问题 摘要及其依据	经营性无形资产重组： 1. 合理 2. 合理性存在问题： （1） （2）				
潜在风险及影响					
审计意见及建议					
附件资料					
复核意见					

4. 经营性长期股权投资重组审查底稿

经营性长期股权投资重组效益审计流程表如表 16-49 所示。

表 16-49　经营性长期股权投资重组效益审计流程表

单位名称：A 股份公司		签名	日期	索引号	
项目：经营性长期股权投资重组效益审计流程表	编制人			页次	
截止日期：	复核人				
一、审计目标 1. 确认持股比例比较高的全资子公司、控股子公司，可能构成同业竞争或重大关联方交易的被投资企业，以及经济效益比较好的被投资企业，是否考虑划入改制以后的企业参加重组 2. 确认持股比例不高的被投资企业、经济效益较差的或与改制后企业没有直接业务联系的企业是否不参加重组，留在原企业即控股公司持有					
二、审计流程				索引号	执行情况
1. 审查持股比例比较高的全资子公司、控股子公司，可能构成同业竞争或重大关联方交易的被投资企业，以及经济效益比较好的被投资企业，是否应该考虑划入改制以后的企业参加重组 2. 审查持股比例不高的被投资企业、经济效益较差的或与改制后企业没有直接业务联系的企业是否可以不参加重组，留在原企业即控股公司持有					
审计说明：					

经营长期股权投资重组如表 16-50 所示。

表 16-50　经营长期股权投资重组

单位名称：A 股份公司		签名	日期	索引号	
项目：经营长期股权投资重组	编制人			页次	
截止日期：	复核人				
审计结论 或者审计 查出问题 摘要及其依据	经营长期股权投资重组： 1. 合理 2. 合理性存在问题： （1） （2）				
潜在风险及影响					
审计意见及建议					
附件资料					
复核意见					